共同海損法

リチャード・ローンデス原著
甲野莊平譯述

明治三十二年發行

共同海損法

日本立法資料全集 別巻 1191

信山社

法學士甲野莊平譯述

共同海損法

東京

博文館藏版

序

泰西ノ文明ト東洋ノ文明トハ種々ナル原因ニヨリテ其發達ノ情勢ヲ異ニスト雖モ蓋シ其最モ徑庭アルモノハ各箇人間ニ於ケル權利關係ニシテ惟フニ共同海損ノ權利ノ如キ亦其一タルベキカ即チ共同海損法ナルモノハ遠ク其淵源ヲ希臘ノ古代法ニ發シ爾來連綿トシテ泰西諸國ノ海運業者及ビ商人間ニ汎用セラルト雖ドモ東洋諸國ニ在テハ古來ヨリ此種ノ方法ヲ備ヘタルヿナシ唯本邦ニ於テハ曾テ平均法ト稱スル海損分配ノ習慣ヲ存シタリト雖ドモ其方法ハ甚タ粗畧ニシテ到底此ニ所謂共同海損法ト比視スベクモアラス本

邦人ガ始テ共同海損ナル名稱ニ接シ、始テ其方法ヲ採用シ、且ツ始テ其組織ヲ研究スルニ至リシハ僅々數年前ニ在リトス故ニ我商法ニハ明カニ其適用規定アルニ關セズ海運業者、海上保險業者其他一般商人等ヲ首メトシ法律專門ノ人士ト雖𪜈共同海損ノ何タルヤヲ解スルモノ殆ド曉星ヲ見ルガ如シ然ルニ戰後ノ影響トシテ第一ニ直接ノ結果ヲ呈シタルモノハ實ニ海運ノ發達ニ及ブモノナク朝ニ在テハ航海奬勵法、航路特別助成方法、造船奬勵法等ノ實施トナリ野ニ在テハ船舶ノ增加ト共ニ歐、米、濠等ノ外國航路ノ開始ヲ見ルニ至リ從テ之ニ關連スル輸出入貿易、金融機關、保險業務ノ如キモ各々其面目ヲ一變シ今ヤ本邦ハ世界ニ於ケル商業上ノ位置トシテハ優ニ東洋ノ方面ニ嶄然頭角ヲ露スニ及ベリ加之多年研鑽ノ新條約ハ既ニ實施セラレテ我邦民ノ多事多望ナル蓋シ現時ノ境涯ニ比スベキ時代ナシ唯夫レ政治上商業上其果シテ能ク歐米人民ト驅逐シテ讓ルナキヤハ朝野一般ニ懸念スル所ナリトス而シテ本書ニ論ズル共同海損法ノ如キモ貿易益發達シ航海益頻繁ナルト共ニ將來愈必要ノ智識タルベクシテ余ガ此譯述ヲ計畫シタル趣旨ハ全ク此ニ胚胎スルモノナリ幸ニ若シ聖代ノ文化ニ對シテ銖錙ノ補益ズルモノアラバ余ノ面目之ニ過キザルナリ』

茲ニ譯述セル原書ハ曾テ船舶衝突法論及ビ海上保險慣例論ヲ著シタル英國ノ海損精算者「リチヤード、ローンデス」氏ノ著述ニ係ルモニシテ共同海損ノ法理、習慣、裁判例、慣例等ヲ知ラントセバ方今蓋シ此書ニ勝サルモノナカルヘシ況ヤ共同海損ナルモノハ船舶、積荷、運賃ノ三者ヲ基礎トスルヲ以テ其裁判例等ヲ精察スルキハ啻ニ海上法ノ一班ノミナラズ船主、船長、積荷主及ビ保險業者間ニ於ケル交互ノ關係ヲ知ルヲ得ベキニ於テヲヤ且ツ余ハ參考ノ爲メ卷末ニ佛蘭西、獨逸、日本商法ノ共同海損法幷ニ「ヨーク、アントワープ」規則ヲ附加シタルヲ以テ讀者ニシテ若シ本篇ノ所說ヲ應用シ

テ此等ノ各法規ヲ解釋セバ萬般ノ義理自ラ明瞭タル
ベキヲ信ズ而シテ余ハ本書ヲ譯述スルニ付テハ成ル
ベク原書ノ意義ヲ保存センヿヲ努メタルヲ以テ邦文
ノ躰裁トシテハ或ハ失當ノ文辭ヲ採用セル處アルベ
シト雖モ業務多忙ニシテ充分ニ訂正ヲ加フル能ハズ
讀者之ヲ寛恕セバ幸甚ナリ聊カ玆ニ譯述ノ趣旨ト原
書ノ要領ヲ叙説シテ以テ序文ニ代フ

明治卅二年七月

東京日本郵船株式會社樓上ニテ

譯　者　識

共同海損法目次

第四章　非常經費タル救助料

第二編　共同海損ノ精算

共同海損法目次終

共同海損法

法學士　甲野莊平譯述

緒言

共同海損法ハ其起源ヲ古代ノ希臘法ノ殘片ニ發スルモノニシテ、羅馬ノ「ヂアスチニアン」法典中ノ一章ハ之ヲ以テ其原義トセリ、其文ニ曰ク、『ロード島ノ法律ニ規定スル所ニ依レバ、若シ船舶ヲ輕クセントシテ貨物ヲ海中ニ投棄シタルトキハ、其凡テノ者ノ爲メニ付與セラレタルモノハ、凡テノ者ヨリ分擔シテ之ヲ賠償スベシ』トアリ、蓋シ此言句ハ簡短ナルニ拘ラズ、航海者ガ危難ニ際シテ組織スル所ノ一種特別ナル共同躰ノ原則及ビ例證ヲ示スモノニシテ、即チ危險ノ際凡テノ者ヲ救助スルガ爲メニ付與セラレ、或ハ犧牲ニ供セラレタル物ハ、之ニ由テ安全ヲ達シタル凡テノ者ヨリ共同分擔シテ償還スベキモノトナスニ在リ、思フニ此規則ハ航海者ノ實際ノ必要ヨリ胚胎セルモノニシテ、古來何レノ國ニ於テモ一汎ニ行ハル、所ナリ、

「エム、パーデサス」氏曰ク『フエニシヤ人及ピカーセージ人ガ盛大ニ貿易ヲ行ヒタル時代ニ於テハ、希臘、就中、小亞細亞ノ希臘植民地及ビ其附近ノ島嶼ノ人民モ既ニ海上通商ヲ營ミ、其航路ハ敢テ長遠ナラズト雖モ勢力頗ル見ルベキモノアリ、蓋シ此等ノ植民地ハ四圍ニ豐穰ナル國土ヲ有シ、河川港灣其間ニ介在シテ各地ノ距離モ亦タ遠隔ナラズ、況ヤ其農產物ハ互ニ異ルヲ以テ種々ノ便宜上ヨリ其產出物ヲ交易シ、以テ之ヲ當時ノ中央倉庫タルフエニシヤ市ニ運漕スルヲ常トス云々』トセリ、故ニ其通商ノ區域ハ未タ遠クエージヤン海ヲ越ユルニ及バザリシモ、優勢ナル貿易ノ發達セシハ疑フベカラザル事實ナリトス、而シテロード島ハ即チ海上ノ女主ト稱スル數市中ノ一ニ屬スルモノニニシテ、「ポ

リピヤス」氏ノ記錄ニ依レバ、ピーニック戰爭ニ於テハ羅馬ニ左袒シ、巡洋船隊トシテカーセージノ艦隊攻擊ニ奏効尠カラズトセリ、又タ「シセロー」ノ時代ニ至テモロード島民ノ海軍ニ關スル勢力及訓練等ノ餘響ヲ遺留セシヿハ「シセロー」ガ自言セル所ニシテ、而〆「パーデサス」氏ハ充分ノ證明ヲ擧示セズト雖モ、ロード島民ノ海上法ヲ以テフエニシヤ人ヨリ受傳セルモノトセリ、

共同海損ノ原則ヲ文字ニ現シテ之ヲ世上ニ流用セシメ、以テ其眞正ノ起原ヲ吾人ニ知ラシメタルモノハ恐クハロード島ノ希臘人民ヲ以テ第一ト看做スヲ得ベシ、蓋シ共同海損ナルモノガ此ノ如ク殆ド一定ノ形式ヲ備フル迄ニハ、必ズヤ古昔ヨリ一汎ニ傳播セル所ノ慣例タルベクシテ、想フニ幾千年前ノ昔ニ在テハ商人或ハ積荷ノ所有者ハ猶ホ恰モ現今ノ行商ノ如ク、常ニ自ラ其貨物ト共ニ諸港間ヲ航海セシヲ以テ、當特地中海或ハエージヤン海ノ如キ天候不測ノ塲處ヲ航通スル小船

舶ガ難破ノ危險ニ遭遇スルヿ稀ナラザルナリ、然ルニ斯ル場合ニ臨テ之ヲ避ケントセハ唯ダ一部ノ積荷ヲ減少シテ船躰ヲ輕クスルニ在リト雖モ、此手段タルヤ諸他ノモノニ利益ヲ與フルニ反シテ、其犧牲トナリテ海中ニ投棄セラレタル貨物ノ所有者ハ全ク損失ヲ蒙ルニ至ルベシ、是ニ於テカ其貨物ヲ海中ニ投棄スルニ當テハ必スヤ先ヅ所有者ノ承諾ヲ得テ、若シ其船舶ガ港津ニ安着シタルトキハ、凡テ犧牲ニ依テ利益ヲ受ケタル者ハ其損失償却ニ對スル割前ヲ支拂フベキヿヲ契約セシニ外ナラザルナリ、(最初ハ明約ナリシト雖モ漸次習慣トナリ、遂ニ默約ニ歸セシガ如シ)

羅馬人ガ他國人ノ發明物ヲ利用改良スルニ巧妙ナルハ「ヂヤスチニアン」法典ノロード島法打荷ノ章ニ於テモ吾人ニ其好證ヲ示スモノナリ、即チ前掲ノ條文ハ後世一種ノ原義トシテ認メラレ、又タ其後ニ至リテハ「セルビヨン」、「チヒリチス」、「ラベヲ」等ノ如キ、當時有名ナル法律學者ノ判決及ビ論說集ノ解釋書ニ於テ其演義ニ接スルヲ得ベシ、然ドモ其方法ノ原則ヲ追蹤スルハ極テ容易ナラズ、之ヲ達セントセバ、先ヅ(第一)ニ打荷ハ單ニ一般ノ原則ヲ說明スヘキ一例タルニ過キズシテ、船檣切斷ノ如キモ共同海損タルヿヲ示シ、(第二)ニハ、此分擔ノ規則ハ財產權ニ對シテ適當ノ關係ヲ保持スベキモノニシテ、之ヲ應用スベキ場合ハ唯ダ共同ノ爲メニ行ハレタル任意ノ犧牲ヨリ發スル海損ノミニ限リ、彼ノ偶然ノ結果タル船舶或ハ積荷ノ損失ニシテ、其所有者ガ各自單獨ニ負擔スベキモノトハ嚴格ニ區別スベキヿヲ定メ、(第三)ニハ、以上ノ二件明瞭タルトキハ原則ノ實際應用ニ對スル複雜ノ諸問題ヲ决スルヲ要ス、羅馬帝國ノ瓦解後ニ至リテハ其法律ハ全ク世上ノ忘却スル所トナリ、且ツ其効力モ直ニ消滅シタリ、而シテ歐魯巴ノ全部ハ野蠻人ノ蹂躪ニ歸セシヲ以テ、法律文ノ言辭ノ如キモ漸次解說スルモノナキニ至リ、曾テ文明國ノ法典トシテ誇稱セラレタルモノモ遂ニ顧視スルノ人ナク、千百三十五年ピザン人ガアマルヒー占領ニ際シテ羅馬民法ノ一寫本ヲ發見シタルニ當リ、當時ノ學者ハ歐洲ニ同書ノ存在ヲ疑ヒタルニ徵シテモ其一派ノ情境ヲ推知スベキナリ、然ルニ此打荷ノ章ハ航海業者ノ蒐集ニ係リシヤ、或ハ傳說ニ出デタルヤ、或ハ實際ノ便宜上ヨリ規則トシテ慣用セラレタルヤハ今ヨリ不明ナリト雖モ、其綱領ノミハ歐魯巴ノ航海業者間ニ殘留シ、其後幾多ノ海上法中ニ簡單無趣ノ文義ヲ以ヲ現出シ來リ、彼ノ莊重ナル羅馬法典ノ條章ハ遂ニ接スルヲ得ズト雖モ、長年月間ニ於テ徐々ニ再生シタルモノ多シ、而シテ此等ノ法規ハ各ホ別名ノ下ニ權原タル効力ヲ有スルニ至レリ、

右ノ如キ歐魯巴諸國ニ於ケル幾多ノ法典或ハ習慣錄等ニ就キ、其中最モ有効ニ認識セラルヽモノヲ求ムレバ、ヲレロン法ヲ以テ第一トス、蓋シ此法典ノ起原ハ不明ナリト雖モ、之ヲ其規定ノ事項ニ徵スルトキハ、當時酒類ノ中央產出場タル佛國ポルドー州ノ裁判判決例集タルヲ窺フ

ヲ得ベクシテ「セルドン」氏ノ說ニ由レハ、英國ノ「リチヤードー」一世ガイルザレムヨリ歸途ノ際、ヲレロン島ニ滯在中之ニ改正ヲ加ヒテ海上法トシテ發布シタルモノナリトセリ、而シテ此說ノ果シテ眞ナル哉否ハ措テ論ゼザルモ、此裁判例集ガ數百年間歐魯巴ノ大部分ニ有勢ノ權原トシテ採用セラレタルハ確實ノ事實ニシテ、即チ英國ニテハ海上法院ノ海上法注釋書中ニ之ヲ抄錄シ、終ニ千四〇二年ノ國會議決ニ於テ、海上法院ハヲレロン法及ビ普通法ノミニ據リテ裁判々決ヲ下スベキヿヲ定メ、又タフランダー、カタロニヤ、ゼノア、及ビ和蘭ノ昔時ノ法律ノ如キモ同樣ニ此ヲレロンノ裁判例ヲ其儘ニ記入セリ、

今マ此裁判例集ヲ觀ズルニ、簡短ナル五十六條ノ規定ヨリ成ルモノニシテ、其順序ハ複雜不整ナリト雖モ海上業務ニ關スル處置ノ條規ヲ示セリ、例バ船長ハ船舶共同所有者ノ承諾ヲ經ズシテ船舶ヲ賣却スベカラズ、然トモ內國港タルボルドー、ロチエラー等ノ諸港ヨリ遠隔ノ外國

港ニ航行セルニ當リテ船務上金錢ヲ要スルトキハ、船長ハ之ヲ調達スルガ爲メ獨斷ヲ以テ船具ヲ抵當ニ供スルヲ得ベク、又タ天候ノ航海ニ適當スルヤ否ヲ決定スルニハ船長ハ須ク乘船者ノ多數ニ依ルベク、若シ然ラザル場合ニハ其損失ニ對シテ船長自ラ責任ヲ負フベク、又タ海岸ニ於テ船舶難破スルトキハ船員ハ船具又ハ積荷ノ救助ニ充分盡力スベク、然ルトキハ船長ハ其救助品ノ價格ヲ限度トシテ船員ニ至當ノ給料ト歸國費トヲ支拂ヒ、而シテ之レガ爲メニ要スル金額ハ其救助シタル物品ヲ抵當トシテ調達スベシトナスガ如キ、其他海上船舶衝突ノ防禦方法及ヒ罰則等ノ規定ヲ有シ、約言セバ一種ノ海商法典ト見做スベキモノナリ、此ニヲレロン法中共同海損ニ關スルモノヲ摘要セバ實ニ左ノ三條ニ過キス、

（第八條）一船舶アリ、ボルドー或ハ其他ノ港津ヨリ出帆シテ航海中暴風雨ニ遭遇シ、船內ノ貨物ヲ投棄セザレバ到底、避難スベカラザルニ

至レリ、此際ニ當テハ船長タルモノハ其義務トシテ在船者ニ告グルニ、「吾人ハ酒類及貨物ヲ投棄スルニアラザレバ此危難ヲ避クル能ハズ」ト發言スルニ至ルベシ、而シテ在船ノ商人ニシテ之ヲ贊成スルトキハ、其打荷ヲ承諾シ、且ッ船長ノ要求ノ正當ナルヲ認告スベシト雖モ、若シ商人ニシテ船長ノ提議ニ合意セザルトキハ、船長ハ神明ニ對シテ其打荷ハ人命、船舶、貨物及ビ酒類救助ノ爲メニ行フモ決シテ悪意ニ發セザル所以ヲ船員ト共ニ宣誓シ、以テ相當ナル數量ノ貨物ヲ投棄スルニ躊躇スベカラザルナリ、而シテ此ノ如ク投棄セラレタル貨物ハ安着ノ塲合ニ有スベキ價格ヲ評定シテ、其金額ヲ一々商人間ニ分擔セシメ、船長モ亦タ其損害償還ニ對シテ船舶或ハ運賃ノ中其一ヲ擇テ割前ヲ負擔セシムベキモノトス、但シ船員ハ各々一屯宛ノ荷物ヲ限リテ此負擔ノ責ヲ免ルルト雖モ爾餘ノ數量ニ就テハ、苟モ自ラ海上ニ於ケル一箇ノ成年男子ナリト主張スル以上ハ、必ズ其額ニ應ジテ打荷ノ損失ヲ分擔スベク、若シ自ラ此ノ如ク主張セザルモノハ分擔責任ナキ荷物ヲ全ク有スベカラズ、而シテ船長ハ、又タ其神明ニ對スル誓言ヲ實行スベキモノトス、是レ此場合ニ於ケル判決ナリ、

（第九條）船長ガ暴風ノ際船檣切斷ノ要アルトキハ、船舶及貨物ノ救助上其切斷ノ當然ナル所以ヲ商人ニ指諭セザルベカラズ、又タ時トシテハ同樣ノ目的ヲ以テ錨鎖及錨ヲ切除スルヿアリテ、凡テ此等ノ場合ニ於テハ打荷ノ場合ト同ジク其價格ヲ一々計算シ、商人ハ積荷ヲ受取ル以前ニ於テ猶豫ナク之ヲ割前分擔セザルベカラズ、而シテ船舶ガ到着シテ船長ガ談議ノ爲メニ積荷ノ引渡ヲ延引セル間ニ於テ詐僞ノ行ハレタルトキハ、船長ハ此等ノ酒荷ニ對シテ他ノ酒荷ト同一ナル運賃ヲ收得スルヲ得ベシ、是レ此場合ニ於ケル判決ナリ、

（第三十五條）海上ノ確定習慣トシテ羅馬法ニ詳記スル所ニ依レバ、船

舶ヨリ打荷ヲ行フトキハ、其船內ノ凡テノ商品及携帶品ハ各〻相當ノ價格ニ於テ打荷ニ對スル割前ヲ支拂フベシ、故ニ銀杯ニシテ船用或ハ船員用ニアラザルモノモ打荷ヲ分擔スベク、又タ未ダ裁縫セズ若シクハ着用セザル上衣及襯衣ノ如キモ凡テ同樣タルベシトアリ是レ此塲合ニ於ケル判決ナリ、

此他歐羅巴ノ昔時ノ海上法中ウイスビー法ノ如キハ、バルチック海ウイスビー市ノ大祭ニ際メ歐洲各地ノ船員及ヒ商人ノ集會決議ニ基キタルモノト傳說セラレ、猶ホアムステルダム、ハンザー同盟、フランダー及ビカタロニヤ等ノ如キモ各々海上法ヲ有スルト雖㕵、上揭八九ノ兩章ヲ直譯シテ採用シ、或ハ同意義ノ規定ヲ摘載シタルニ過ギズ、故ニ其何レノ法典ニ於テモ打荷、船檣切斷、或ハ錨鎖切除ハ共同分擔ニ關スル普通ノ引例ニシテ、船舶及ビ積荷ノ共同安全上ニ支出セル非常經費、例バ座礁船舶ヲ浮揚スルガ爲メニ蒙リタル經費ノ例證ノ如キハ、全ク其

後ニ發布セラレタル法典ニ於テ漸次增補シタルモノナリ、而メ今マヲレロンノ裁判例ヲ始メトシ、其他之ヲ採用布演シタル近世歐魯巴ノ諸海上法ニ付テ觀ズルニ、此分擔ノ基礎タル觀念トシテハ、遭難ノ當時ニ於ケル船長及ビ積荷主間ノ協議若シクハ契約ニ存セシメタルガ如ク、即チ積荷主ハ其荷物ノ喪失ヲ承諾シ、船長及ビ爾餘ノ積荷主ハ之ニ依テ安全ヲ達セバ各〻相當ノ賠償ヲ爲スベキ計畫ニ存セシメタルガ如シ、然𪜈此觀念ハ羅馬法中ニ些少ノ痕跡ヲ認ムル能ハズシテ、該法ノ文意ヲ究ムルトキハ寧ロ自然正義ニ基ケル義務トシテ規定ヲ下シタルガ如キヲ知ルベキナリ、

共同海損法ニ關シテ、以上ノ如キ發端ノ事情ヨリ漸次發達ノ形跡ヲ追ハント欲スル者ハ、「バアデサス」氏ノ著書ニ於テ夥多ノ材料ヲ發見スルヲ得ベシ、而シテ其發達ノ情態ニ關スル概念ヲ得ントセバ、「マクラクラン」氏ノ言ノ如ク、先ヅ如何ニシテ法律或ハ規則ナルモノガ活躰タル習

慣ニ準據シテ文字上ノ形式ニ化生シタルカヲ觀察スルコ必要ニシテ、活動ノ性態上ヨリ論ズルトハ、法律或ハ規則ナルモノハ習慣ニ比シテ遙ニ迂遠組略ノ記錄ナレバナリ、蓋シ古代ノ航海業者ナルモノハ其同業者間ニ於ケル固有ノ習慣及ビ法律ニ依テ支配セラレ、以テ非常ノ變化ニ堪能ナル一種ノ共同團躰ヲ組織スルモノニシテ、故ニ國別ノ如何ニ拘ラズ互ニ親睦交通シ、其他國人トシテ區別ヲ立ツルハ唯ダ內國陸上ノ人民ニ對シテ稱スルニ過ギザルナリ、而シテ其新規則ヲ作リ、或ハ必要ナル規則ニ制裁力ヲ付與スルノ好機會タリシモノハ、實ニ諸國ノ市場ニ於テ行ハレタル所ノ航海業者、商人、及ビ海員等ノ集會ニシテ、例バ當時交易ノ中心タル羅馬ニ於テ時々催サレタル集會ノ如キ、或ハ十字軍ニ糧食ヲ運搬供給シタル際ノ如キ、或ハバルチック海ニ於ケルウイスビーノ祭禮市場ニ諸國ノ船舶ノ輻湊シタル時ノ如キ之レナリ、即チ此等ノ集會ニ於テ決議セラレタルモノハ、單ニ各人ノ記憶ニ依ラシメ、或ハ成文規則トナセルニ拘ラズ、自然ニ一種特別ノ制裁力アルモノト看做サレ、此ノ如クニシテ漸次ニ海上ニ於ケル普通法或ハ習慣ノ一躰ヲ發達シ來リ、以テ歐魯巴ノ諸市ノ裁判判決例ト共ニ一汎ニ有効ニ認識セラレタリ、

共同海損法ガ成文法ノ形式ヲ有セシ以來ノ發達ヲ尋ヌルニ凡ソ三段ニ大別スルヲ得ベシ、(第一)羅馬法ニシテ、之レ法學者ガロード島法ノ原則ノ發達セルモノト看做スモノナリ、(第二)ヲレロン法ヲ初メトシテ其他前述セル近世歐魯巴ノ諸古代法ナリ、此等ノ諸法ハロード島法ノ原義ヲ復興シ「或ハ蘇生セシメ、或ハ單ニ引用シタルニ過キザルモノナリ、(第三)羅馬法注釋書ノ再編ニシテ、之レ一度ビ紛失シタル羅馬民法ノ發見後ニ行ハレタルモノナリ、去レド此注釋書再編ノ功績ヲ以テ西班牙或ハ伊太利ニ歸スベキヤハ猶ホ不明タルヲ免レズ、而シテ「アルソンフヲー」第十世ノ命令ニテ、千二百六十六年ニ發布セラレタルパルチダス

法典ニ於テハ、共同安全ノ爲メ海上ニ行ハレタル犧牲ノ共同分擔ニ關スル幾多ノ規則ヲ有スレトモ、其多クハ明ニ「ヂヤスチニアン」法典ノ打荷ノ章ヲ飜譯或ハ摘用セシモノニシテ、又タピザー市ニテ千百六十年頃ニ發布シタル「コンスチチユタム、ユーセス」法ノ如キモ同ジク羅馬法ノ痕跡ヲ露ハシ、且ツ其規定モ大ニ簡單ニシテ、恰モ其編纂者ハ羅馬法典ヲ瞭解スルヲ得ズ、若シクバ實用上錯雜ニ陷ルヲ避ケタルモノヽ如シ、然レ𪜈其他ニ於テ羅馬法典ヨリ脫化シタル條文少カラザルヲ以テ、此ピザン法ハ其他ノ古代法若シクバ北部地方ノ諸法典ニ比スレバ、共同海損ニ關スル詳則ヲ有スルモノト云フベシ、

次ニ吾人ガ注意スベキハ海上貿易ノ方法ニ關スル一大變遷ニシテ、即チ商人ガ自ラ貨物ヲ以テ行商的ニ航海營業スルノ方法ヲ廢止シ、之レニ代フルニ取引アル各要港ニハ支店或ハ代理店ヲ設置シ、自身ハ常ニ陸上ニ滯在シテ其業務ニ從事セルコト是レナリ、蓋シ此變遷ハ伊太利

人ニ始マリシモノニシテ、彼ノロンバルツーノ諸市、就中ピサア、フローレンス、及ビベニスノ如キハ、第十四及ビ第十五ノ兩世紀ニ於テ海上貿易ノ首位ヲ占メタル海市ニシテ、世界ノ航海業者トシテハ現時ノ海上國ニ比スルモ決シテ劣ル所ナキガ如シ、而シテ此等ノ諸市ハ各〻獨立自治ノ都府ナルヲ以テ、其有力ナル富商ハ忽チ政治上ノ職務ヲ有スルニ至リ、從テ常時陸上ニ在住スベキ必要ヲ生ジテ、長年月間ノ航海ハ甚ダ自ラ不便ヲ感ズルニ至レリ、故ニ猶ホ其海上貿易ヲ續行セントセバ到底代理ノ組織方法ニ依ルノ止ムヲ得ザルニ歸スベクシテ、然ルニ伊太利人ノ創設的能力ニ秀テタルヤ、久シカラズシテ近世貿易ニ要スル複雜組織ノ新方法ヲ案出セリ、例バ爲替手形、複式簿記、代理店組織、及ビ海上保險ノ如キ之レナリ、此ニ於テカ積荷ノ所有者ハ漸次陸上ニ在住スルコトナリテ、此慣例ハ遂ニ一汎トハナレリ、然モ此ノ如ク商人ガ各自ニ船舶內ニ存在セザル時ハ、其結果トシテ、船長ノ權力及ビ責任ヲ增

加スルハ固ヨリ免ルベカラザル所ニシテ、就中打荷ノ場合等ニ於テハ最モ其然ルヲ知ルベキナリ、

吾人ノ推察ニ由レバ、當時商人間ニ於テハ必ラズ一箇ノ問題ヲ發シタルナルヘシ、即チ共同安全ノ爲メニ損失セル犧牲ニ對シテ共同分擔ヲナスノ方法ハ古昔ヨリ行ハル、所ナリト雖モ、此方法ハ既ニ近世貿易ノ施行ニ必要ナキヲ以テ、便宜上寧ロ之ヲ廢止スルニ如カズトナスノ意見是レナリ、何トナレバ船長ハ既ニ在船者ノ異議ニ抗抵シ幷ニ其意見ヲ諮問スルノ要ナキヲ以テ、若シ船長ガ危險ノ際ニ當リ一部ヲ毀損スベキヤ或ハ全部ヲ喪失セシムベキヤヲ撰擇決意セシトスルトキハ、單ニ船長ノ責任ニ於テ自由ニ處置セシメ、凡テノ利害關係者ハ之ヲ海難ノ際ニ於ケル船長ノ決定行爲トシテ承認スレバ茲ニ足ルベク、而シテ一方ニ於テハ商人及ビ船主ハ保險ニ依テ各自ノ利益ヲ保護シ得ルヲ以テ、其結果ハ畢竟共同分擔ヲ行フト大差ナク、且ツ意見ノ衝突及ビ煩

雑ナル手數ヲ大ニ消滅スルヲ得ベシトナス者ナリ、然ルニ此意見ガ實際遂ニ世間ノ採用スル所トナラザリシモノハ大ニ其故ナクンバアラズ、蓋シ前述セル貿易方法ノ變遷ニ付キ最モ重視セラレタル問題ハ、船長或ハ船長及ビ船員ヲシテ航海危難ノ際ニ當リ全部ノ爲メニ一部ヲ犧牲トナスノ全責任ヲ負ハシメタルニ在リテ、之レ實ニ非常ニ重大ナル任務ナリ、即チ船内各人ノ生命及ビ全躰ノ財産ハ、全ク船長等ノ公平、勇氣及ビ裁斷ノ如何ニ由テ支配セラルヽモノニシテ、然ルニ海上ニ於テ生命及ビ財産ノ保存上最モ必要ナルハ、此重任ヲ帶ベル船員等ガ危急ノ際自信ノ決定ヲ固守斷行スルニ如クナキニ拘ラズ、船長等ハ船主ノ使用人タルヲ以テ、若シ船主ノ意ヲ害スルトキハ解傭セラルヽノ恐ヲ有セリ、然ラバ則チ共同ノ危險ヲ避クル爲メニ如何ナル犧牲品ヲ撰擇スベキヤ、即チ打荷ト船檣切斷或ハ避難港進入トニ付テ其何レヲ撰ブベキヤヲ決定スルニ當リテ、船長ハ果シテ能ク公平ヲ持シ、或ハ不公平タル疑ヲ避クルヲ得ルヤ、加之ノミナラス商人或ハ其保險者ヨリハ時々異議ノ提出ニ接シ、例バ船主ニ損失ヲ來スベキモ輕少ノ犧牲手段ヲ以テ効果ヲ收メ得タルニ拘ラズ、特ニ貴重ノ積荷ヲ犧牲ニ供シタリトナスガ如キ、善意或ハ悪意ノ批難ノ生セザルナキヲ得ンヤ、夫レ然リ、然リト雖モ亦タ一方ヨリ觀察スレバ、共同分擔ノ規則ナルモノハ何人ノ財產ガ第一ニ犧牲タリシヲ問ハズ、唯ダ其塲合ニ最モ効力確實、費用低廉ニシテ、全部ノ救助ニ適切タルモノヲ要スルヲ以テ、此際船長ガ利益ト義務トノ間ニ於テ有スル疑惑躊躇ノ念ハ此規則ノ爲メニ自然ニ消滅シ其ノ心中ニハ唯ダ純粹ナル航海上ノ觀察力ノミヲ存シテ、即チ其行爲ハ政治家或ハ慈善者ガ海上ノ生命財產ニ對シテ保存ノ途ヲ講スルト同一轍ニ出ヅベキナリ、思フニ此關係ヨリ生ズル利益ハ、共同海損ノ規則ヲ永久世間ニ採用セシメタル所以ヲ說明スルニ足ルベキナリ、降テ千五百五十六年乃至千五百八十四年間ニ於テ、海上案內ト稱スル著名ノ論說ニシテ共同海損ニ關スル解說書發行セラレタリ、此書ハ當時ルイエンニ新設セラレタル領事裁判所用トシテ編輯セラレタル、保險法注釋書ナリト雖モ、其ノ中ニハ船積契約、冒險貸借、及ビ共同海損等ノ如キ事項ヲモ論及セリ、而シテ千八百六十一年ニ於ケル「ルイ」第十四世ノ勅令ハ共同海損ノ定義ニ法律上ノ効力ヲ付與シタリト雖トモ、其定義ハ明ニ右ノ海上案內ニ記セルモノニ模倣シタルモノナリ、勅令ノ文ニ曰ク、『船舶及ビ商品ノ全部ノ爲メ若シクハ其一者ノ爲メニ要シタル非常經費、幷ニ船舶ノ船積及ビ發航ヨリ歸着及ビ陸揚ニ至ル間ニ於テ船舶及ビ商品ニ生ゼル損害ハ凡テ海損トシテ計算スベシ、而シテ船舶或ハ商品ノミノ爲メニ要シタル非常經費、幷ニ船舶或ハ商品ノミニ對シテ單獨ニ生ゼル損害ハ單獨海損ニシテ、船舶及ビ商品ノ共同ノ利益及ビ安全ノ爲メニ蒙ル所ノ非常經費及ビ損害ハ之レ共同海損ナリ、單獨海損ナルモノハ其損害ヲ受ケ或ハ其經費ヲ要セシメタル物ノ支拂負擔ニ歸シ、共同海損ナルモノハ船舶及ビ貨物ノ兩者ニ於テ各ホ其價格ノ多寡ニ比例シテ一汎平等ニ負擔スベシ』トアリ、而シテ此勅令タルヤ歐魯巴諸國ヲ通ジテ洽ク採用スル所トナリ、千七百〇二年ニ發布セラレタルロッテルダムノ勅令ノ如キモ殆ド同意義ノ定義ヲ設ケタリ、曰ク『船舶或ハ貨物ヲ保存センガ爲メ若シクバ著大ナル災害ヲ防ガンガ爲メニ任意ニ行ヒタル凡テノ損害ハ共同損害ト看做シ、船舶及ビ積荷ニ依テ負擔スベキモノトス』トシ、又タピルバヲーノ勅令ニモ曰ク、『共同海損ナルモノハ船舶ノ難破或ハ喪失ヨリ船舶及ビ積荷ヲ救助センガ爲メニ行ハルヽ處ノ手段ヨリ生ズルモノナリ』トセリ、

英國ハ海上法典ヲ有セザル唯一ノ海商國ニシテ、古代ニ於ケル商業上ノ立法ハ商人自ラ之ヲ行ヒタルガ如シ、而シテ古來ノ傳說上、英國ニ海上保險ノ慣例ヲ輸入シタルモノハ「メッシー」時代ニ於テ英國ニ來住セシロンバルド市民タリトハ、保險證券面ノロンバルド街ナル名稱ヲ以

テ證スルニ足ルナリ、然トモ「バーデサス」氏ガ「ウイルリヤム」第一世時代ニ於ケル打荷ニ關スル法令ナリトシテ指示シタルモノハ、英國ノ法令集ニ見ザル所ニシテ、從テ吾人ハ之ヲ充分ナル權原ト見做ス能ハザルナリ、「エリサベス」女王ノ勅令ニ記スル所ニ依レバ、當時英國ニ在テハ、保險及ビ商業ニ關スル諸問題ハ其途ニ勘能經驗アル若干ノ年老商人ニ由テ處分セラレ、此等ノ商人ハ龍動市長ノ任命セル所ナリト云フ、然ルニ該勅令ハ此組織ニ代フルニ一種ノ商事法庭ヲ設ケタリシモ、之レ亦タ商人間ニ格別ノ利益ヲ付與スルコトナクシテ直ニ廢止セラル丶ニ至レリ、而シテ此等同時代ニ於テ商人ガ自用ノ爲メニ發行シタル「ビーベス」「マーゲンス」及ビ其他同種ノ書册ノ記事ニ據レバ、當時商業ニ關スル規則ハ一團ノ習慣ヨリ成立セルモノニシテ、其習慣ハ大抵暗ニ歐洲大陸ノ諸法典及ビ海商法ヨリ脱化シタルモノナリトセリ、然トモ其龍動ニ於テ「ロイド」氏ノ珈琲館ガ海上保險業ノ本部タリシヨリ以來ハ、該

館ハ又タ自然ニ此等ノ習慣法ニ關スル報告集散ノ中樞トナリ、遂ニ「ロイド」ノ習慣ナル有名ノ稱號ヲ占ムルニ至レリ、
蓋シ英國裁判所ノ判決ニ於テ共同海損ナル文辭ヲ見タルハ千七百九十九年ヲ以テ首メトスルガ如シ、即チ當時ノ海上法院ノ「ロールド、ストーベル」氏ハ曰ク『共同海損ナルモノハ全部ノ利害關係物ガ割合ニ應ジテ分擔スベキ損失ノ爲メニ生ズルモノナリ、何ントナレバ、之レ全躰ノ共同的利益及ビ保存ノ爲メニ蒙ル所ノ損害ナリ』トセリ、然ルニ此定義ハ其二年後ニ至リ、キングスベンチ裁判所ニ於テ判事「ローレンス」氏ガ「バークレー」對「プレスグレーブ」事件ニ關シテ下シタル定義ニ依テ廢止セラレタリシガ、此「ローレンス」氏ノ所說ハ實ニ第一章ニ記スルガ如ク英國ノ共同海損法ノ基礎トナリシモノナリ、

第一章　定義及ビ一般原則

第一節　研究綱目ノ區別

航海危險ノ際全者ノ爲メニ付與セラレ、或ハ犠牲ニ供セラレタルモノハ全者ノ分擔ニ依テ償還セラルベシトハ、是レ古代ヨリ現今ニ至ル迄航海業者及ビ海上貿易者間ニ於テ洽ク一致スル處ニシテ、ロード島法ノ格言及ビ判事「ローレンス」氏ノ定義モ其義ハ一ナリ、蓋シ正義及ビ利益ニ關スル原義ヲ首メトシ、船積契約ノ普通條件ノ如キ、又タ船長、船主及ビ商人間ニ於ケル通常關係ノ如キハ諸國ニ於テ概ヲ同一ナルヲ以テ、此元始ノ原則ヨリ發シタル實用上ノ處置方法モ亦タ諸國ニ於テ同一タルベキハ當然ナリ、然ルニ事實上其然ル能ハズシテ甚シキ差異ヲ見ル所以ノモノハ、是レ或國ノ法律ガ不正或ハ不全タルヲ證スルモノニシテ、而シテ海上貿易ニ於テハ、若シ一國ノ海上法ニ缺點アルニ當リテ他國ガ之レト取引スルトキハ、直ニ交互ノ困難ヲ招クガ如キ密着ノ關係アルヲ以テ、輓今ニ至リ此共同海損ノ處置ニ付キ萬國ノ一致ヲ圖ランガ爲メ熱心ノ盡力ヲ見ルニ至レリ、然トモ學説上ニ於ケル共同海損ト、或ル一國一社會間ニ於ケル法律及ビ慣例タル共同海損トハ全ク別物ニシテ、吾人ハ將來ニ於テ此種ノ萬國一致ノ規定ノ存在ヲ欲スルモノナリト雖モ、此計畫ニ付テハ此ニ論ズルコトヲナサズ、吾人ノ研究セントスル所ハ、現今大英國ノ法律及ビ實際上ニ於テ認ムル共同海損トハ抑モ如何ナルモノナルヤニ在ルナリ、而シテ此研究ヲ遂ケントセバ先ヅ大躰ニ於テ歴史的ノ研究方法ニヨリ、且ツ主トシテ種々ナル緊要事件ノ判決例ヲ順次丁寧ニ説明セザルベカラズ、故ニ其研究スベキ事項ハ自ラ別レテ左ノ二大問題トナルベシ、

(第一)、如何ナル損失或ハ經費ガ分擔ニヨリテ償還セラルヽヤ、

(第二)、其分擔ハ如何ナル有樣ニ於テ制定セラレ或ハ精算セラルヽヤ、

此第一問題ハ其解釋最モ困難且ツ緊要ナルモノニシテ、便宜上更ニ之ヲ三項ニ區分スベシ、即チ積荷ノ犧牲、船舶ニ所屬スル部分ノ犧牲、及ビ非常經費ノ三者是レナリ、然トモ本章ニ於テハ直チニ此等ノ問題ニ入ルヲ止メ、先ヅ其他ニ於テ右三項中ニ屬セザレトモ預メ決定ヲ要スベキ一二ノ問題ヲ觀察スル所アルベシ、

第二節　定義

此ニ英國法ニ採用セラレタル共同海損ノ定義ヲ觀ズルニ、英國ノ普通法裁判所ガ共同海損ノ原則ニ制裁力ヲ附與シタルハ、一千八百〇一年ニ於ケル「バークレー」對「プレスグレーブ」事件ヲ以テ第一ノ裁判例トス、然レトモ此事件ノ訴訟審問ニ於テハ共同海損ノ原則ハ既ニ確定セルモノト承認セラレ、單ニ其ノ應用ニ付テ爭論ヲ生ジタルノミナリシガ、判事「ローレンス」氏ハ其ノ判決ノ發端ニ論ジテ曰ク、『船舶及ビ積荷保存ノ爲メニ行ハレタル非常ノ犧牲或ハ經費ヨリ生ズル凡テノ損害ハ共

同海損ニ屬スルモノニシテ、凡テノ利害關係者ハ割合ニ應ジテ之ヲ負擔セザルベカラズ』トセリ、而シテ此定義タルヤ前述セル千六百八十一年發布ノ「ルイ」第十四世ノ勅令ニ所定セルモノト殆ド同意義ナリト雖トモ、躰裁上幾分ノ改良セル所アルヲ以テ、爾來英國ニ於ケル最高ノ權原トシテ認メラレ、其遂ニ定則タルニ至ル迄ハ裁判所ニ於テ常ニ引用スル所トナレリ、即チ「コーピントン」對「ロバーツ」事件及ビ「ジョーブ」對「ラングトン」事件ハ此定義ヲ以テ判決ノ論據トシ、判事「ブレット」氏モ「スベンセン」對「ワーレース」事件ニ於テ、『此定義ハ「ローレンス」氏ガ商法ニ關シテ下シタル幾多ノ良好ナル註釋ノ一ニ屬スルモノニシテ、其文義廣括ニシテ且ツ正確ヲ失スルヿナシ、即チ氏ハ實ニ英國法學者ノ精華トシテ商法學者ノ一大家タルヲ見ルニ足ル』ト賛評シテ、此定義ヲ判決ノ論據ニ採用セリ、

「ローレンス」氏ノ定義ニ比シテ其實質ハ殆ド同一ナリト雖モ、其後諸他

ノ定義ヲ下シタル判事少シトセズ、今マ參考ノ爲メ其一二ヲ擧グレバ、判事「ブラックバルン」氏曰ク『共同海損タル經費ヲ生セシムルニハ、共同ノ危險ニ際シテ一物ヨリモ數多ノ物ヲ保存スルガ爲メニ一ノ任意ナル犧牲物アルヲ肝要トシ、又タ此ノ如キ目的ノ爲メニ要セラレタル非常經費ハ、金錢ヲ費ス代リニ恰モ金錢ノ價値ヲ投棄シタルモノヽ如ク同一程度ニ於テ犧牲タルベキナリ、去レバ船主ガ坐礁船舶ヲ浮揚スル爲メニ錨鎖或ハ錨ヲ犧牲ニ供スルモ、若シクハ此ノ際ニ傭入レタル非常用ノ人夫ノ勞役價値タル賃銀ヲ支拂フモ、皆ナ共同海損タルヲ得ベシ』トシ、判事「ウイルド」氏ハ曰ク、『共同海損ニ對スル要償ナルモノハ、積荷或ハ船躰ノ一部ガ殘餘ノモノヲ急迫ナル危難ヨリ救助セン爲メニ毀損セラレタル時ニ生ズルモノナリ、去レバ航海中天候或ハ其他ノ危難ニ因リテ船舶ノ喪失セントスルニ當リ、船舶及ビ積荷ノ全損ヲ防禦スルノ手段トシテ一部ノ積荷ヲ海中ニ投棄シ、或ハ船檣ヲ切斷スル時ハ、此ノ損害ハ凡テノ利害關係者ノ共同利益ノ爲メニ蒙リシモノナルヲ以テ、獨リ船主ノミノ負擔トナラズシテ凡テノ者ノ共同分擔ニ歸セザルベカラズ』トシ、判事「ロヽルド、キンクスダウン」氏ハ曰ク、『之レ船舶及ヒ積荷ノ共同利益ノ爲ニ蒙リタル損失ニシテ、之レニ依リテ利益ヲ受ケタル者ハ法律上各ミ割合ニ應シテ分擔スヘキ義務アルモノナリ』トシ又タ近時ニ於テ、ハ「ロヽルド、エシヤー」氏ハ曰ク、『船舶及ヒ積荷ガ非常ノ危難ニ接シタルニ當リテ、之ヲ救助スルカ爲メニ財産或ハ金錢ヲ任意ニ犠牲トナシ、其經費ニ依テ船舶及ヒ積荷ノ救助其効ヲ奏スル時ハ、此任意ノ犠牲ヲ供シタル人ハ之ニ依テ救助セラレタル財産ノ所有者ニ對シテ共同海損ノ分擔ヲ要求スルノ權アリ』トシ、判事「ポーピル」氏モ曰ク、『凡テノ利害關係者ノ爲メニ行ハレタル非常手段或ハ危險ニ因リテ生ツタル損失或ハ經費ハ、其共同危難ニ接シテ、此手段或ハ危險ニ付テ利害關係ヲ有セルモノヨリ各自割前ニ應ツテ分擔セザルベカラ

ズ』トセリ、

既ニ緒言ニ於テ説明シタルカ如ク、彼ノ「ロード」島法ノ格言ナルモノハ簡短ナル數句中ニ於テ能ク共同海損ニ關スル規則ヲ始メトシ、其理由並ニ好例ヲ含蓄表示スルモノニシテ、而シテ以上ニ擧示シタル幾多ノ定義中其何レカ右ノ格言ニ適合スルヤハ不明ナリト雖モ、「ブラックバルン」氏ガ「アンダーソン」對「太洋滊船會社」事件ニ於テ、『共同海損ナルモノハ「ロード」島法ニ基クモノナリ、而シテ其法律ニ示セル例證ハ僅ニ打荷ノ場合ノミナリト雖モ、其原則ニ至テハ凡テノ者ノ利益ノ爲メニ正當ニ行ハレタル各種ノ任意犧牲ノ場合ニ應用スベクシテ、又タ實際ニ於テ適用セラレタリ』ト論去セシガ如ク、歴史上ノ觀察トシテハ實ニ英國ノ裁判所ハ「ルイ」第十四世ノ勅令ノ媒介ニ依リテ「ロード」島法ノ格言ヲ傳受シタルモノナリ、然レドモ其後ニ至リテハ著名ノ判事等ハ敢テ「ロートレンス」氏ノ定義ニ固着セズ、寧ロ進デ共同海損ノ起源ニ遡テ注意ス

ルノ傾勢ヲ示スニ至レリ、

第三節　共同海損ノ權利ノ起源ハ自然正義ナルヤ又ハ契約ナルヤ

共同海損ノ定義ニ次ギ、其後英國裁判所ニ於テ更ニ重要ナル一大問題トシテ論議セラレタルモノアリ、即チ共同海損ニ關スル權利ハ、其ロード島法タリ、羅馬法タリ、其後ノ成文法タリ、或ハ記錄外ノ習慣タルニ拘ラス、或ル一定ノ權原ニ基キシモノナルヤ、若シクハ一種ノ原理ニ基キシモノナルヤ否ヤ、而シテ若シ其後者タルニ於テハ其原理ハ自然正義若シクハ利益ニ基キシモノナルヤ、或ハ又タ當事者間ニ於テ最初ハ明約タリシモ漸次默約ニ推移シタル如キ契約ニ胚胎セシヤ、或ハ代理ニ關スル學說ニ據ルモノナルヤ等ノ問題ヲ生ゼリ、

昔時ノ英國法學者ニシテ「イマーリゴン」氏及其他ノ佛國法學者ノ學派繼ヲ承シタルモノハ、概子此權利ヲ以テ自然正義ニ基クモノトセリ、「ロ

トルド、テンダーデン」氏ノ如キ是レナリ、而シテ判事「パーク」氏モ其著書保險論ニ於テ共同海損ニ付キ『此義務ハ分配的正義ノ大原則ニ基クモノナリ、何ントナレバ共同ノ安全ニ必要ナル行爲ヨリ損害ヲ受ケタル人ニシテ、此行爲ニ依テ利益ヲ受ケタル人ヨリ報酬ヲ得ザルガ如キハ有リ得ベカラザル事ナリ』ト論シタリ、然トモ英國判事ノ裁判例ヲ觀スルニ、此ノ如キ見解ヲ首トシ、其他自然正義或ハ一般利益ナル言句ノ如キハ、假令ヒ暗ニ其判決ノ論據タリシコト疑ナシト雖トモ彼ノ中古時代ニ慣用セラレタル暗默ノ契約或ハ暗默ノ代理ト稱スル概念ノ如ク、裁判例ノ表面ニ現ハレタルコト甚ダ稀ニシテ、故ニ共同海損ノ問題ガ頻繁ニ現出スルニ從テ、各判事ハ此分擔要償ノ權利ヲ正確ナル基礎ニ置カンコヲ努メ、英國普通法ノ精神ト一致セシムルニハ成ルベク暗默ノ契約或ハ暗默ノ代理法ニ其基礎ヲ求ムルニ如クハナシトシ、乃チ忽チニシテ此種ノ見解ヲ持スルモノヲ韜出スルニ至レリ、蓋シ之ヲ契約說ニ付テ觀察スルトキハ、各積荷主ハ船積或ハ船積契約ノ際、船主及ビ其他ノ積荷主ニ對シテ船長ハ航海危險ノ場合ニ於テ凡テノ必要ナル犧牲ヲ行フ權能ヲ有シ、其犧牲ノ經費ニ付テハ各自割前ニ應ジテ分擔スベキ旨ヲ暗默ニ契約セリト看做スヲ得ベク、或ハ又タ假想上各當事者ハ猶ホ昔時ノ如ク各自危險ノ現場ニ存在シテ、右ニ同樣ナル契約ヲ締結セリト看做スヲ得ベク、更ニ又タ代理說ニ付テ觀察スルトキハ、船主或ハ積荷主カ危難ノ際自ラ必要ニ之ヲ爲スベキ行爲ニ付テハ、船長ハ職務上其人ノ爲メニ之ヲ行フノ權能ヲ有シ、即チ船長ノ此種ノ行爲ハ如何ナル場合ニ於テモ其本人ノ行爲ナリト看做スヲ得ベクレバナリ、

右ノ如ク共同海損ノ權利ノ起原ニ關スル諸說ハ、實質上ヨリモ寧ロ表面上ノ差異ニ存スルニ關セズ、近年ニ至リ英國ノ判事中ニ一大論議ヲ惹起スニ至リ、判事「タトキン」、「ウィルリアムス」氏曰ク『共同海損法ハ、正義、

公共處分、及ビ便宜ノ三者ニ基テ生シタルモノニシテ、其諸他ノ現行法律或ハ規則ニ先ツテ古昔ヨリ有效ニ行ハレタルヲ怪マザルトキハ、之レ明ニ法律タルノ理由タルベキナリ、……………余ノ判斷ニ依レバ、此法律ノ原則ハ英國ノ不文法中ニ包含セラレテ、既ニ其一部ヲナスモノト看做サヾルヲ得ズ』トシ、「ロールド、ブランヴエル」氏ハ「ライト」對「マーウード」事件ニ付キ、控訴院ノ判決トシテ曰ク、『本件ニ於ケルガ如ク共同ノ利益ノ爲メニ此ノ如キ犧牲行ハレタルトキハ、規則上共同海損ニ屬スルモノニシテ、其利害關係者ハ割前ニ應ジテ之ヲ負擔セザルベカラズ、而シテ此規則ノ起原或ハ原則ノ何タルヤハ論ズルノ要ナシト雖モ、英國ニ於テ損害ヲ要償スル方法ヨリ判スル時ハ、暗默ノ契約ニ由リテ利害關係者ガ分擔スルモノト看做スベシ』トセリ、然ルニ「バートン」對「エングリッシ」事件ニ付キ控訴院判事「ブレット」氏ハ右「ブランヴエル」氏ノ論説ヲ批評シテ曰ク、『抑モ積荷ヲ打荷トナシタルニ當リ、此ノ如キ損害要償ハ如何ニソ生ズルモノナルヤ、之ヲ學説上ヨリ觀スレバ船長ガ船主ノ使用人タル資格ヲ以テセズ、却テ積荷主ノ使用人トシテ爲シタル行爲ニ起ルモノニシテ、此積荷主ノ使用人タル資格ハ其場合ノ必要ニ因リテ船長ニ付與セラレタルモノナリ、而シテ此損害要償ハ、船舶及ビ積荷ノ利益ノ爲メニ積荷主カ行ヒタル任意ノ犧牲ニ因テ生ズルモノニシテ、單ニ船主ノ爲メニ行ハレタル行爲ヨリ生ズルモノニアテズ、然ラバ則チ共同分擔ニ對スル權利ハ抑モ如何ナル法律ニ因テ生ゼシモノナルヤ、「ロールド、ブランヴエル」氏ガ「ライト」對「マーウード」事件ニ關スル判決ニヨレバ、暗默ノ契約ニ發スルモノトセリ、然トモ余ハ之ヲ以テ啻ニ運送契約ノ一部ト思惟セザルノミナラズ、其源ハ全然契約ニアラズシテ、却テ古代ノロード島法ニ發生シ、海上法規トシテ既ニ英國法ニ合躰セラレタルモノト信ズルナリ、故ニ此權利ハ契約事項ニアラズ、全ク共同危難ノ結果ニ於テ生ジタルモノニシテ、即チ此種ノ場合ニ於テ全部ノ財産ヲ救助センガ爲ニ供セラレタル犧牲財産ノ損害ニ對シテハ、全者ニ於テ之ヲ分擔賠償スベシトハ是レ實ニ自然正義ガ命ズル所ナリ』トシ、其後「ブレツト」氏ハ又タ曰ク、『船長ノ行爲ハ打荷ノ適當或ハ不適當タリシヤニ因リテ船長ノ資格ヲ異ニスルモノナリ、即チ其第一ノ塲合ニ在テハ船長ハ積荷主ノ代理人トシテ行ヒ、第二ノ塲合ニ在テハ船長ハ船主ノ使用人トシテ行ヒタルモノナリ』トセリ、而シテ判事「バウエン」氏ハ右ノ「バートン」對「エングリツシ」事件ノ判決ニ於テ、共同海損ノ權利ノ起原ヲ實際ニ論議スルノ必要ナキヲ示サンガ爲メ諸多ノ關係事項ヲ蒐集シテ曰ク、『法律上ノ原則ヲ討究スルニ當リ、其暗默契約ノ方法ニ由テ生ゼシヤ否ハ屢バ單ニ言辭上ノ爭論ニ止マルヿアリ、共同海損分擔ナルモノハ歷史上古代ヨリ商業及ビ海上ノ法律ニ依テ傳來セル原則ナリ、然トモ其一旦法律トシテ確定セラレ、且ツ積荷主ガ之ヲ航海ノ一危險トシテ承認スルニ至リタルトキハ、積荷主ト船主ガ其船積ノ際既ニ此原則ヲ含メル暗默契約ニ由テ互ニ義務ヲ負フニ至ルベキハ容易ニ想像スルヲ得ベクシテ、之レ猶ホ恰モ一ノ習慣ニ關シテ契約スル者ガ、此習慣ヲ以テ暗ニ契約ノ一部タラシムルニ異ルナシ、然トモ此解説タルヤ法律上正當ノ論法タルニ拘ラズ、若シ眞ニ學術上ノ觀察ヲ以テ解説スルトキハ、此海損分擔ノ要償ナルモノハ到底海上法ノ一部ニ屬シ、船長ガ船主及ビ積荷主ノ代理人トシテ爲シタル行爲ノ結果ニ生スルモノニシテ、即チ暗默ノ契約ニ由リ船舶及ビ諸他ノ積荷ハ分擔ニ應ズベキモノトシテ、船長ガ此行爲ニ依テ一部ノ積荷ヲ打荷スルモノナリ』トセリ、

第四節　危險ハ損害要償者ノ過失ヨリ生ズベカラズ

次ニ吾人ガ精細ニ觀察スベキ事項ハ「ロード島法ノ格言ニ付キ、「ロールド、ブラックバルン」氏ガ下シタル前掲ノ贊評中ニ見エタル『正當ニ行ハレタル』ナル言句之レナリ、玆ニ吾人ガ注意スベキハ、抑モ共同海損法ナ

ルモノハ海上保險法ニ屬セザル一種ノ法律ニシテ、此分擔ハ海上保險ノ發明前既ニ數百年前ヨリ實施セラレ、船積契約ニ屬スル海上運送法ノ一部分トシテ船積契約ノ條件ニ依リテ支配セラル、モノナリ、現ニ英國法ノ所定ニヨレバ、海上保險ハ『損失ノ直接原因ヨリ以上ニ遡テ論究セズ』ト云フ格言ニ準ヒテ發達シタルモノニシテ、即チ保險者ハ船舶ガ衝突、坐礁、或ハ沈沒ニ由テ喪失シタルトキハ、假令ヒ其災難ハ船員ノ過失若シクバ懈怠ニ因テ生シタルニ拘ラズ等シク責任アリトスルニ反シ、船主ト積荷主間ノ交互ノ關係ヲ決定スベキ船積法律ニ於テハ全ク其趣ヲ異ニシ、損失ノ各原因ハ眞正ニシテ實効ヲ有スル原因ニ追及スベキモノトシ、即チ學術語トシテハ『原因ノ原因』ヲ求ムベキモノトセリ、然トモ以上ニ述ベタル所ノ保險法ト船積法ニ於ケル區別ハ英國ニ於テハ近年漸ク明瞭ニ定メラレタルモノニシテ、而シテ船主等ハ此區別上ヨリ隨發スル各種ノ義務ヲ承認スルニ付テハ未ダ全躰ニ一致セザルガ如ク、随テ船荷證劵ニ條件ヲ追加シ、幷ニ交互保險ノ新法方ニ依テ其義務ヲ免レンヿニ盡力セリト雖トモ、本書ニ於テハ此問題ニ付テ深ク論ズルノ要ナク、單ニ共同海損法ニ直接關係スル事項ヲ說明スルニ止マルベシ、

船主或ハ積荷主ガ船舶及ビ積荷ノ全損ヲ避クルガ爲メニ其財產ヲ犧牲ニ供シ或ハ經費ヲ支拂ヒテ、之ヲ共同海損トシテ分擔ヲ要償スルトキハ必要ノ際擧證ノ責アルモノニシテ、之ヲ詳言スレバ、其船舶及ビ積荷ノ全損ナルモノハ、自己、或ハ自己ノ使用人、或ハ其他自ラ代テ責任ヲ帶ブベキ人ノ過失ニ發セズ、即チ自己ニ於テ其責ヲ負フベキモノニアラサルヿヲ證明スルヲ要ス、何ントナレバ若シ船舶及ビ積荷ノ喪失ガ畢竟己レノ責任ニ歸スベキモノタラシメバ、其喪失ヲ避クル爲メニ自ラ行ヒタル犧牲ハ實際上自己ノ外猶ホ他人ノ利益ノ爲メニ行ヒタリト主張スベカラザレバナリ、而シテ此犧牲ノ分擔規則ニ關スル制限ハ

近年英國ニ於テ訴訟手續ヲ變更シテ、法律ト正義ヲ同化セシメタル以來ハ非常ニ重視セラルヽモノニシテ、此訴訟手續ノ變更トハ即チ彼ノ相殺權ヲ大ニ擴張シテ、普通法ノ系統ニ屬スル判事ト衡平法ノ系統ニ屬スル判事ヲ同等ノ位置トナシ、勅令ヲ以テ『若シ同一ノ事件ニ付キ、衡平法ト普通法ノ規則間ニ衝突或ハ差異ヲ生ズル時ハ衡平法ヲ採用スベシ、』ト定メタル事是レナリ、

船主ナルモノハ、船積契約ヲ爲スニ當テ、其船舶ガ航海ニ堪能ニシテ且ツ適當ノ船員ヲ備フルコトヲ各積荷主ニ向テ暗ニ契約スルモノナリ、然ルニ實際ニ於テ船舶ハ此等ノ條件ヲ具備セス、爲メニ其積荷ガ損害ヲ蒙リ或ハ喪失スル時ハ、此損失ナルモノハ船主ノ責任ニ歸セザルベカラズシテ、而シテ其喪失或ハ損害ハ船底ニ存在スベカラザル孔口或ハ破隙ヨリ浸水スルガ如キ航海不能ノ條件ニ直接原因スルト、又ハ尋常ノ强風若シクハ激浪ノ爲メニ容易ニ舷板、鉤釘等ヲ脱去シテ船舶ヲ

沈沒セシメタルガ如キ事變或ハ海難ニ直接原因スルトヲ問ハザルナリ、去レバ若シ此ノ如キ航海不能ナル船舶ノ船主或ハ其ノ使用人タル船長ガ、此ノ如キ損失ヲ防クノ目的ヲ以テ積荷幷ニ船舶ニ對シテ犧牲ヲ行ヒ或ハ非常經費ヲ支出スルト雖トモ、船長ハ之レヲ共同海損トシテ其ノ分擔ヲ積荷ニ要償スル能ハザルナリ、何トナレバ假令ヒ船長ハ之レニ依テ船舶ト共ニ積荷ヲ救助シタリト雖トモ畢竟全ク船主ノミヲ利益シタルモノナレバナリ、此故ニ漏水スル船舶ヲ避難港ニ回航スル塲合ニ於テ、若シ其ノ漏水ガ船舶ノ航海不能ニ起因セルトキハ、船主ハ其ノ回航費用ヲ共同海損トシテ積荷主ヨリ要償スベカラザルノミナラズ、有期保險上、假令ヒ其ノ保險證面ニハ船舶ノ航海堪能ニ關スル保證條件ナシト雖トモ、船主ハ又タ保險者ニ對スル要償權ヲ失フモノトス、

次ニ船主ハ船積契約ニ於テ常ニ『海難或ハ航海上ノ事變ヲ取除キ云々』

等ナル除外條項ヲ設ケ、以テ積荷ノ所有者或ハ荷送人ニ對スル萬般ノ責任ヲ拒絶スルト雖トモ茲ニ大ニ注意ヲ要スベキヿアリ、即チ船主ナルモノハ到達港ニ於テ引渡スベキ積荷ヲシテ、其船積ノ當時ニ同樣ナル形狀ヲ保タシムル爲メニハ、自己ノ使用人ヲシテ凡テ適當ノ盡力ヲナサシムルヿヲ當初ヨリ暗默ニ契約スルモノニシテ、故ニ此方面ヨリ船主ガ船積契約ニ用ヒタル除外條項ノ効力ヲ解釋スルトキハ、其凡テノ適當ナル盡力ニモ拘ラズ、偶々海難或ハ事變ノ爲メニ完全ナル荷渡ヲ不能タラシメタル場合ニ限リテ適用スベキモノナリ、更ニ又タ此ニ『原因ノ原因』ナル語ニ付テ觀ズルニ、若シ暴風、濃霧、或ハ其他ノ事變ナキニ拘ラズ、船長ガ算測ヲ誤リ、或ハ船員ガ不當ニ執舵シ、若シクハ測量ヲ怠リタルガ爲メ船舶ヲシテ膠沙セシメタル」ハ、船主ハ自己ノ經費ヲ以テ之ヲ引下ロスヲ要シ、且ツ此レガ爲メニ積荷ニ生ジタル損害ヲ賠償セザルベガラズト雖トモ、積荷ニ對シテハ分擔ヲ要償スベカラザル

ナリ、

又タ他船ト衝突ノ場合ニ於テモ、若シ其衝突ガ自己ノ船舶ノ過失ニ出デタル結果ナルトキハ、船主ノ責任ハ以上ト同一ニシテ、而シテ假令ヒ其衝突ガ他船ノ過失ニ原因スルト雖トモ、若シ船荷證券ノ除外條項ガ單ニ海難ノミナルトキハ積荷主ニ對スル責ヲ免ルベカラズ、何トナレバ此ノ如キ災難ハ海難ニアラズシテ全ク航海ノ事變ニ屬スレバナリ、然レトモ暴風或ハ濃霧ノ如キ事變ト共ニ、船員ノ不當ナル處置ニ因テ他船ト衝突ヲ起シタル如キ複雜ノ場合ニ關シテハ、法律上猶ホ未決問題ニ屬セリ、

以上ノ如ク論究シ來ルトキハ茲ニ一大原則ヲ下スヲ得ベシ、即チ犧牲ヲ要セシメタル危險ニシテ、若シ其危險ノ原因ガ損害要償者ノ過失ニ發シ、或ハ分擔者ニ對シテ法律上若シクハ其他ノ關係ニ於テ損害要償者ガ代テ責任ヲ負フベキ人ノ過失ニ發スルトキハ、共同海損分担ノ要

償ヲナスベカラザルナリ、

第五節　結果ニ關スル原則

原因ノ問題ニ次デ研究スベキモノハ結果ニ關スル問題ナリ、故ニ本節ニ論セントスル所ハ、英國法上分擔要償ヲ生セシムル犧牲行爲ハ其結果ニ付キ如何ナル範圍迄効力ヲ及ポスヤノ問題ニ在リ、此問題ハ共同海損ノ定義ニ於テ充分説明ナキノミナラズ、ロード島法ノ格言ニ於テモ其解釋ヲ見ザル所ニシテ、而シテ若シ「ローレンス」氏ノ定則中ニ於ケル『其結果ニ於テ生ズル凡テノ損失』ナル文句ニ對シテ全然之ヲ文義的ニ解釋セバ、其範圍甚ダ廣大トナリテ恐クハ氏ノ眞意ヲ害スルニ至ルベキナリ、蓋シ或ル見解ニ依レバ、犧牲ヲ行ハザリシトキハ敢テ生スル能ハズ或ハ生ゼザリシ如キ損失ニ對シテモ、猶ホ其犧牲ノ結果トシテ悉ク分擔ニ依テ之ヲ償還セシムベシト説クモノアリト雖トモ、之レ到底實行スベカラザル見解ナリ、例バ船舶及ヒ積荷ヲ急迫ノ危難ヨリ救助センガ為メニ船檣ヲ切斷セバ、航海ノ速力ヲ減少スルヲ以テ更ニ新危難ニ陷ラザルヲ保シ難ク、然ルニ此犧牲ニシテナカツセバ能ク到達港ニ安着スベカリシ塲合ニ於テ、若シ其犧牲行為ヲ行ヒタルガ為メ船舶偶マ敵手ニ陷ルトキハ、此損失ヲ船檣切斷ノ結果ト看做シテ之ヲ分擔ニ依テ償還セシムベキヤ、之レ決シテ當然ト云フベカラザルナリ、即チ此例證ハ本問題ニ對シテ最モ恰好ナル解釋例ナリト信ズ、而シテ此ノ如ク論シ來ルトキハ或ハ曰ハク、原因ト結果ナルモノハ交互ニ關係スルモノニシテ、既ニ前節ニ於テ共同海損行為ノ原因トシテ看做スベキモノハ、近因ニ非ラズシテ却テ眞正ニシテ實効アル原因ニ追及スベキコトヲ斷定シタル以上ハ、結果ニ關シテモ亦タ同一規則ニ從フベシト論ズルモノアルベシト雖トモ、敢テ然ラズ、若シ然ルトキハ犧牲ガ原因ニシテ、且ツ同時ニ結果タル如キ損失ヲ共同海損ニ算入スベカラザル塲合多キニ至ルベキナリ、千八百八十四年ノ「ノッチングヒル」事件ニ付キ、判事「ブレット」氏ハ損害賠償ノ範圍ニ關スル英國法ノ原則ヲ汎論シテ曰ク、『損害ノ範圍ニ關スル規則ハ、損害ガ契約訴訟或ハ私犯訴訟ニ於テ要償セラル丶ヤト同一ニシテ、「ハードレー」對「バキセンデール」事件及ビ其他ノ事件ニ於テ數次決定セラレタル處ナリ、「メーン」氏ノ損害論第三版三十九頁ニ曰ク、「此ノ如キ塲合ニ於テ決定スベキ唯一ノ問題ハ、其要償セラレタル損害ガ被告人ノ行爲ヨリ生ズル自然且ツ正當ナル結果ナルヤ否ヤニ在リ、而シテ其結果ニシテ事物ノ通常經過上其行爲ヨリ發生スベキ如キ、或ハ契約ノ塲合ニ於テ當事者間ニ於テ豫想セラレタル如キモノナレバ其損害ハ右ノ性質ヲ帶ブルモノナリ」、トス云々』トセリ、故ニ今マ吾人ハ此規則ヲ推シテ更ニ之ヲ共同海損ノ塲合ニ適用スルニ、共同海損ニ於テ決定ヲ要スベキモノハ、如何ナルモノガ凡テノモノノ利益ノ爲メニ與ヘラレタルヤニ在リテ、而シテ與フルトハ與ヘントスル意旨ヲ常ニ含蓄スベキヲ以テ、此ニ吾人ガ確認ヲ要スルモノハ他ナシ、即チ如何ナル損失ガ犧牲行爲ノ自然且ツ正當ナル結果トシテ看做スベキヤニ在リ、換言セバ船長ガ其犧牲行爲ヲ决行セシ際ニハ、如何ナルモノヲ以テ凡テノモノノ爲メニ與ヘンヿヲ當然ニ思惟シタリシヤ之レナリ、故ニ若シ犧牲行爲後ニ於テ一ノ損失ヲ生ジ、而シテ其損失ハ船長ガ犧牲行爲ノ當時曾テ思惟セザリシモノナルトキハ、此種ノ損失ノ發生ハ船長ガ當然ニ豫想シ、或ハ正當ニ豫想スベキモノタリシヤ否ヤヲ觀察スルヿ最モ緊要ナリ、

右ノ原則ヲ應用スルニ付キ殊ニ吾人ノ注意ヲ要スルハ、經費ノ仕拂ヨリ成立スル犧牲行爲ノ場合ナリ、蓋シ此種ノ場合ヲ處置スルニ當テハ、數多ノ連續セル手段ヲ一躰ニ總合シテ之ヲ終局ノ目的ニ對スル一大犧牲行爲ト看做シ、而シテ其各手段ノ結果トシテ生ズル悉皆ノ損失ハ、此ノ如ク總合シタル一大犧牲行爲ヨリ原因セルモノトシテ處置スベ

キ要アルコトアリ、例ハ船舶及ヒ積荷ヲ危險ノ位置(沈沒或ハ坐礁或ハ避難港入港ノ場合ノ如キ)ヨリ救助セントスルニハ、單一ノ手段ヲ以テ突嗟ノ間ニ其目的ヲ成就スベカラザルコトアリテ、即チ此際ニハ先ヅ第一ノ手段ヲ結了シタル後チ、更ニ第二ノ手段ニ着手シテ順次數多ノ各別ナル手段ヲ連續執行スベキ必要アリ、然ルニ此等ノ各手段ハ各ヽ非常經費ヲ要スルニ拘ラズ、爾餘ノ手段ヲ續行セザル限リハ全躰ノ目的ニ對シテ些少ノ價値ナキモノニシテ、故ニ此ノ如キ場合ニ於テハ、此等數多ノ連續手數ヲ一躰ニ總合シテ之ヲ一大犧牲行爲ト看做スベキハ固ヨリ當然ノ處置ナリトス、而シテ此處置ヲ充分ニ正當ニ行ハントセバ、右ノ犧牲行爲中ニハ猶ホ船長或ハ其他ノ犧牲執行者ガ當然ニ豫想スベキ所ノ凡テノ結果ヲ網羅セシメザルベカラズ、

第六節　精算ノ定則及ビ共同海損ノ要件

『公平ナル賠償ヲ要求スル者ハ又タ自ラ公平タルヲ要ス』トハ、英國ノ衡

平法ニ於テ古來ヨリ常用スル格言ナリ、而シテ共同海損ノ精算ニ付テモ此自然正義ニ關スル原則ハ其揆ヲ一ニシ、即チ犧牲ニ供セラレタル財産ハ自ラ救助ヲ蒙リタル塲合ニ同一ノ割合ヲ以テ損害ノ分擔者タルモノトセリ、是レ實ニ古代ヨリ何レノ國ニ於テモ定則トスル所ニシテ、之ヲ詳言スレバ、分擔ナルモノハ全躰ノ安全ノ爲ニ何人ノ財産ガ第一ニ犧牲ニ供セラレ、或ハ何人ノ金錢ガ消費セラレ、或ハ何人ノ信用ガ抵當ニセラレタルモ其結果ハ各人ニ無關係ナルモノトシテ處分スルモノナリ、然レドモ分擔ニ關スル事項ハ第二篇精算論ニ於テ講スベキヲ以テ、此ニハ單ニ原則ヲ示スニ止マルベシ、

次ニ共同海損タルベキ損失ハ如何ナル條件ヲ必要トスルヤヲ左ニ説明スベシ

(イ)終局ノ奏効ヲ必要トスルヤ、――犧牲ニシテ其奏効完全ナラザルトキハ種々ナル問題ヲ生ズルコトアリ、例バ船舶及ヒ積荷ハ一旦犧牲

ニ依テ救助セラレタリト雖ドモ其後ノ事變ノ爲メニ喪失或ハ損失セル場合ニ於テハ分擔ヲ行フベカラザルヤ否ヤ、或ハ其犧牲ニ供セラレタル積荷ハ次ニ生シタル事變ニ遭遇セザルヲ以テ、殘餘ノ財產ニ比シテ分擔ノ割前ヲ減少スベキモノナルヤ否ヤ、或ハ其犧牲ニシテ單ニ經費仕拂ノ場合タルニ於テハ、其經費ヲ支出シタル人ハ物品ヲ以テ犧牲ニ供シタル人ニ比シテ不良ノ位置ニ付セラルベキヤ、或ハ金錢及ビ財產ヲ損失セルモノハ其他ノ犧牲ヲナシタルモノニ比シテ分擔ノ多寡如何等ノ問題ヲ生スベキナリ、而シテ此等ノ疑問ヲ解釋セントセバ前述シタル如ク、『甲者ノ財產ノ代リニ乙者ノ財產ガ凡テノモノノ爲メニ犧牲トシテ與ヘラルヽト雖ドモ、其結果ニ於テハ何人モ不當ニ利益シ、若シクバ不利ナル位置ヲ付セラルヽ丅ナシ』ナル原則ニ準據スベキモノナレドモ、其如何ナル有樣ニ於テ之ヲ處置スベキハ之レ精算論ニ屬スル問題ナリ、故ニ其篇ニ至テ觀察スベシ、

(ロ)危險、――――危險ナルモノハ共同海損ノ明白ナル一要件ニシテローード島法ノ格言或ハ「ローレンス」氏ノ定義ニ於テモ見ル所ナリ、而シテ昔時ノ學者ノ所論ニ依レバ、犧牲ナルモノハ正當ノ理由ヲ有シ且ツ危迫ノ危險ヲ避クル爲メニ行ハレタルモノニシテ、恐怖ノ結果タルベカラズトセリ、然レドモ此『急迫』トハ單ニ眞正或ハ實在ノ危險ヲ意味スル言辭ニ外ナラズシテ、何ントナレバ將來ニ逼ルベキ危險ヲ避クル爲ニ、時機ヲ慮リテ能ク犧牲ヲ決行スルハ敢テ之ヲ抑制スベキ必要ナケレバナリ、況ヤ危險ノ分量ニ關シテ英國ノ法律上猶ホ別種ノ見解アリトハ、事實上若シクバ權原上ニ於テモ發見シ能ハザル所ニシテ、特ニ異見ヲ主張スルノ要ナシ、

共同海損ノ規則ナルモノハ、船長ガ危急存亡ノ際ニ當リ、將來ニ於クル強烈ノ損失ヲ避ケンガ爲メ、寧ロ進デ或ル損失ヲ蒙ラント思惟スル場合ニ於テ其決意ヲ簡明ナラシムル一大効能ヲ有スルモノナリ、然ルニ

若シ此規則ニ關シテ新ニ精密ナル區別ヲ設ケ、以テ船長ノ意思ヲ煩雜ナラシムルトキハ、此規則ノ効能ハ必ズヤ幾分ノ範圍ニ於テ減殺セラルヽニ至ルベキナリ、而シテ各種ノ場合ニ付テ觀察スルニ、一方ニ於テハ危險ノ範圍及ビ程度ト、他方ニ於テハ犧牲ノ價格及ビ効力トハ常ニ變化スルニ拘ラズ、船長ガ此兩局面間ニ於テ其行爲ヲ決定スルニ足ルベキ大躰ノ權衡ヲ量ルヲ要シ、又タ能ク之ヲ量ルヿヲ得ルモノハ畢竟此規則ノ存在ニ因ルモノナリ、故ニ斯ル關係ヨリ觀察スルトキハ、如何ニ精覈ナル理論ナリト雖トモ、現行ノ規則ニ比シ一層細密ニシテ、且ツ危急突嗟ノ間船長ノ決意ヲ更ニ簡明ナラシムル如キモノヲ案出スルヿ到底望外ナリト云フベシ、

犧牲行爲ヲ正當タラシムル危險ニ關シテ一定ノ確固タル程度ヲ設クベシトハ、從來有名ナル人士ノ屢バ論說シタル所ナリ、然レヒ其所說ハ權原タル効力ナク、又タ見解モ一致セザルモノ多キガ如シ、其一說ニ依

レバ、故意ニ毀損シタル財産ヲ犧牲ト稱シ得ル塲合ハ、其財産ヲ毀損スル代リニ他ノ財産ノ損滅ヲ免ルヽカ、或ハ其財産ヲ毀損セザレバ全部ヲ損滅スル代リニ他ニ損滅ヲ免ルヽモノアル塲合ニ限ルベシ、何トナレバ此ノ財産ハ何レノ塲合ニ於テモ損滅ヲ免レズ、即チ其ノ際ニ在テハ些少ノ價値ナキモノナルヲ以テ、此ノ如ク解釋セザレバ犧牲トナスニ足ラズトセリ、是レ即チ「スチーブン」氏及ビ「ビヂツケー」氏ノ論旨ナリ、然レ圧此學説ハ英國裁判所ノ判決ニ於テ採用セザル所ニシテ、故ニ一ノ積荷ニシテ火災ニ罹リ、其火災ハ唯ダ注水ニ依テ消滅シ得ル時ハ、此注水ヨリ生シタル損害ハ判決上共同海損トシテ賠償セラルベキナリ、近年ニ至リ「マツクラクラン」氏ハ「スチーベン」氏及ビ「ビヂツケー」氏ニ類似ノ見解ヲ主張シ、共同海損ニ於テハ全損ニ對スル代替物アルヲ要シ、其代替物ハ船長ノ撰擇セシモノニ限ルトシ、又タ「バーリー」氏ノ如キハ、犧牲ヲ行ハザレバ全損ノ慘狀ニ陥ルガ如キ塲合ニ於テノミ犧牲ハ正

當タルヲ得ベシト論スレ圧、要スルニ余ノ經驗上、此等幾多ノ學說中一トシテ實際ニ便宜ナル指針ト認ムベキモノナシ、

(ハ)非常經費ノ支出ニ關スル種類及ビ程度、——經費支拂區別ニ關シテハ、判事「ブラックバルン」氏ガ「クヰンスベンチ」裁判所ニ於テ「ウヰルソン」對「ビクトリヤ」銀行事件ニ付テ與ヘタル一ノ裁判權原アリ、然レドモ其ノ區別ハ煩雜ニシテ、到底彼ノ概括ナル綱領ヲ示セルロード島法ノ格言、或ハ「ローレンス」氏ノ定義ト相容レザルモノノ如シ、今マ其所說ニ依レバ、經費ノ仕拂ガ共同海損トシテ要償セラルヽニハ、啻ニ其金額ニ於テノミナラズ、又タ其種類ニ於テモ共ニ非常ノ性質タルヲ要ス、例バ共同安全ノ爲メニ船舶ヲ避難港ニ進航スルガ如キ通常外ノ方法ニ依リテ、船用炭ヲ度外ニ消費シ、或ハ船員ノ給料ヲ增加シタル場合等ノ如キハ、共同海損タルヲ得ズトシ、其判決文ニ於テ、『此方法ハ假令ヒ經費ノ仕拂ヲ度外ニ巨額タラシメタリト雖圧、之ヲ以テ非常ノ性質ヲ帶ビ

タル經費仕拂ト稱スベカラズ、何ントナレバ此ノ如キ場合ハ、船舶ヲ浮揚スルニ際シテ喞筒使用ノ爲メニ船長ガ臨時人夫ヲ傭入レタル場合ノ如キ、若シクバ其他ノ場合ニ於テ啻ニ經費ノ非常ニ巨額ナルノミナラス、併ヲ其性質モ亦タ非常ノ勞役ノ爲メニ要シタルモノト同一視スベカラザレバナリ』トセリ、而シテ此判決ハ現今猶ホ有効ナル權原タルニ拘ラズ、吾人ハ其理由ノ果シテ正確ナルヤヲ疑ハザルヲ得ズ、蓋シ商業上ノ見解ヨリスレバ、給料ノ支拂ヲ増加スルニ關シテ、人夫ヲ臨時傭入ルヽト、臨時長時間使用スルトノ間ニ於テ、前者ヲ犧牲ト稱シ得ルモ後者ハ然ル能ハズトナスガ如キハ未ダ曾テ見ザル所ノ區別ニシテ、故ニ之ヲ諸國ノ慣例及ビ法律ニ就テ觀スルモ、給料ノ増加ナル者ハ、苟モ之ヲ増加セシメタル作業ガ通常外ノ方法ニ屬シ、且ツ共同安全ノ爲メニ行ハレタルモノナルトキハ常ニ其給料ノ増加ヲ共同海損トシテ處置セザルハナキナリ、要スルニ定義中ニ於ケル『犧牲』或ハ『凡テノモノノ爲メニ付與スルモノ』等ノ言句ヲ解釋スルニ當リ、商業上普通ノ意義ヲ用ヒサルガ如キハ英國商法ノ精神ニ違背シ、從テ正當ノ解釋ト看做スベカラザルモノニシテ、而シテ此等ノ問題ニ關シテハ後ニ詳說スル所アルベシ、

第一篇　共同海損

第二章　積荷ノ犠牲

第一節　小引

本章ニ於テハ第一章第一節ニ述ベタル研究項目ニ從ヒ、先ヅ其第一問題トシテ、歷史上英國ノ上級裁判所ノ判決ニ於テハ如何ナル損失或ハ經費ヲ以テ正當ナル共同海損トナシタルヤヲ攻究スベシ、抑モ共同海損ハ千八百七十三年ニ於ケル上級裁判所裁判管轄條例ノ發布前ニ在テハ、普通法裁判所ノ裁判管轄ニ屬シ、從テ普通法ニ依テ支配セラレタリト雖モ、右條例發布後ニ及ンデハ、前章ニ示シタル勅令ノ規定ニ基キ衡平法ノ適用ニ依テ大ニ其面目ヲ發達セリ、是レ實ニ衡平法ハ普通法ニ比シテ、遙ニ汎廣ナル救濟方法ト洽博ナル精神トヲ含有スルニ因ルモノニシテ、而シテ此變化ガ昔時ノ裁判々決ノ價値ニ對シテ如何ナル結果ヲ及セシヤハ吾人ガ觀察セントスル所ナリ、然ルニ此等昔時ノ判決ヲ攻究スルニ當リテ吾人ガ常ニ注意ヲ要スル一事アリ、即チ昔時英國ノ普通法裁判所ニ於テ、商法、就中、共同海損、爲替手形、船積及ビ海上保險等ニ關スル問題ヲ處分シタル特別ノ狀態是レナリ、蓋シ當時ニ在テハ此種ノ問題ハ英國商人ガ伊太利移住民ヨリ傳受セル學術ニ屬スルモノトナシ、其學術ハ商人ヨリ組織セラル丶所ノ法庭ノ支配ニ歸スルモノトセリ、而シテ此法庭ハ一種ノ曖昧不法ナル團躰ニシテ、其各員ハ啻ニ自ラ創設シタル習慣及ビ規則ヲ以テ裁判々決ヲ補足セシノミナラズ、普通法裁判所ニ於ケル海上法ノ各難問ニ對シテハ、猜疑或ハ不安ノ念ヲ以テ學術的ノ價値ナキ文章及ビ理論ニテ之ヲ論評スルヲ憚ラザリシ、是レ實ニ吾人ガ今マ猶ホ記憶ニ存スル事實ナリト雖𪜈、現今ニ至テハ此惡感情モ既ニ殆ド消滅セシヲ以テ、衡平法ガ其餘燼ヲ掃去スルモ蓋シ近キニ在ルベシ、本章及ビ三章、四章、五章ハ共ニ本書ノ研究項目タル第一問題ヲ構成スルモノナリ、而シテ吾人ガ此等ノ各章ニ於テ主トシテ從來ノ判決例ヲ擧示スルヲ以テ目的トナス所以ハ、畢竟未決ノ諸問題ニ對シテ甚ダ參考トナルベキヲ信スレバナリ、故ニ此記錄ヲナスニ當リ最モ愼戒スベキモノハ、解說上漫リニ想像ヲ添加セザルニ在リテ、余ハ成ルヘク之ヲ明瞭且ツ完全ニ記錄セシヿヲ努メ、且ツ自說ニ反對或ハ同意ナル判決ヲ故意ニ取捨シ、若シクバ此等兩者ニ對シテ不當ノ批評ヲナスヿヲ忌避セリ、

如何ナル損失或ハ經費ガ共同海損ノ定義中ニ屬スルヤノ問題ハ、便宜上之ヲ三大項目ニ區別スベキヿハ既ニ第一章第一節ニ述ベタル所ナリ、即チ積荷ノ犧牲、船舶ニ所屬スル部分ノ犧牲、及ビ非常經費ノ三者ニシテ、此非常經費ハ其性質複雜ナルガ爲メ又タ之ヲ數項ニ區別スベシ、而シテ此三者ニ就キ先ヅ第一ニ積荷ノ犧牲ヲ論ズル所以ノモノハ、打

荷ナルモノハ其他ノ犧牲ニ比シテ最モ早ク英國裁判所ノ判決ニ現ハレタルノミナラス、其性質モ最モ簡單ナレバナリ、蓋シ積荷ノ犧牲ナルモノハ航海ノ通常情躰ニ屬セザル一行爲ニシテ、若シ航海安全ニシテ、即チ航海ノ事變ヨリ起因スル災害ニ接セザルトキハ決シテ生スベキモノニアラズ、然ルニ之ニ反シテ、船舶ニ所屬スル部分ノ犧牲及ビ非常經費ノ二者ハ其趣ヲ異ニシ、則チ通常ノ諸經費ヲ首メトシ、航海中種々ナル天候ノ塲合ニ應ジテ通常使用スル所ノ綱具及ビ屬具ノ消耗等ノ如キハ、船主ガ常ニ預期スベキモノナルヲ以テ、此等ノ通常經費及ビ消耗ハ正當ノ犧牲タルベキ損失ノ塲合ヨリ區別スベキ要アリテ、是レ吾人ガ打荷ノ性質ヲ最モ簡單ナリト稱シタル所以ナリ、

第二節　打荷

英國ニ於テ打荷ニ關スル分擔問題ヲ生シタルハ、「コークス」氏ノ裁判記錄ニ記載セル所ノ「ゼームス」一世ノ六年ニ於ケル「マウス」事件ヲ以テ其

嚆矢トス、此ノ事件ニ依レバ、曾テ「マウス」ト稱スル一人アリ、小匣ト百十三磅ノ金額トヲ携帶シテグレーブセンドヨリ龍動ニ旅行シ、途中一川ノ渡船ニ乘込タルニ、其同船ノ一乘客ガ右ノ携帶品ヲ河中ニ投棄シタリ、故ニ「マウス」ハ其損害賠償ノ訴訟ヲ提起セシニ、被告ハ之ニ對スル抗辯トシテハ、其乘船中暴風ニ遭遇シ、船內諸人ノ生命ヲ救助スルガ爲メ必要上右ノ品物幷ニ其他ノ手荷物ヲ投棄シタリトセリ、而シテ其裁判審問ノ結果ニヨレバ、若シ此等ノ品物ニシテ船內ヨリ投棄セラレザリシ時ハ、船客ハ悉ク溺水スベク、即チ其手荷物ガ船客ニ依リテ投棄セラレタルハ、全ク船舶ヲ輕クセンガ爲メナルコト明白タリシヲ以テ、各判事ハ一致ノ決定ヲ下シ、其船客ノ行爲ハ生命ノ救助ニ在ルヲ以テ、法律上至當ノモノナリトセリ、今マ其判決理由トシテ「コークス」氏ノ裁判記錄ニ示ス所ニ依レバ、曰ク、『假令ヒ船頭ガ過重ノ荷物ヲ船積セシト雖𪜈、此ノ如キ塲合幷ニ避クベカラザル事變ニ際シテハ、生命ノ安全ノ爲メ船客ガ船內ノ品物ヲ投棄スルハ法律上至當ノ行爲ニシテ、其品物ノ所有者ハ唯タ船頭ニ對シテ過積ノ關係ニ於テ要償スベキモノナリ、何ントナレバ此過失ハ船頭ガ過重ニ船積セシニ存スレバナリ、然レ𪜈若シ其積荷過重ニアラズシテ、單ニ暴風ノ如キ不可抗力ノ爲メニ危難生ジタルトキハ、船頭ハ些少ノ過失ナキヲ以テ各船客ハ人命ノ保護及ビ救助ニ對シテ其損失ヲ負擔セザルベカラズ、故ニ若シ海上暴風ニ遭遇シタル時ハ、船舶ヲ輕クシテ人命ヲ救助スルカ爲メ船客ガ商品ヲ投棄スルト雖モ、法律上正當ノ行爲ナリトス云々』トセリ、

次デ千八百〇一年ニ於ケル「グラチチユーヂン」事件ニ付キ、「ロールド、ストーベル」氏ハ打荷ニ關シテ曰ク、『假令ヒ事物ノ通常ナル情躰ニ於テハ、船長ハ積荷ニ對シテ之ヲ安全ニ保護運送スベキ目的ノ外一ノ關係ナシト雖トモ、危急ノ場合及ビ不慮ノ事變ニ際シテハ、代理人並ニ貨物處分人ノ資格ヲ付セラルヽモノナリ、然レトモ此資格ハ積荷主ノ直接

ナル行爲及ビ任命ニ出ヅルモノニアラズ、却テ法律上ノ一汎處分ニ由ルモノニシテ、苟モ法律上ノ解釋トシテ、船長ハ船内ニ於ケル貴重ノ財產ニ對シテ保護幷ニ注意ヲ要セザルモノトナサヽル限リハ、必ズヤ以上ノ如ク推論セザルベカラズ、故ニ航海ノ繼續又ハ避難港進入ヲ要スル塲合等ニ於テ、船長ガ積荷ニ對シテ正當ナル代理人ノ處分ヲ行フハ固ヨリ其所ナリトス、而シテ海中ニ一部ノ積荷ヲ投棄スル塲合モ亦タ同一理ニシテ、其最モ適當ナル解釋トシテハ、船長ヲ以テ急迫ノ際此權力ヲ行使スル權力アリトナスニ在リ、即チ船長タルモノハ其欲スル所ノ品物ヲ擇ビ、並ニ其數量ヲモ隨意ニ決定シテ投棄スルヲ得ベクシテ、其數量ノ割合ガ全積荷ニ對スル四分ノ一タリ、二分ノ一タリ、若シクハ四分ノ三タルヲ問ハザルノミナラズ、船員ノ生命救恤ニ必要ナル非常ノ塲合ニ在テハ、全部ノ積荷ト雖トモ之ヲ投棄スベカラザルノ理由ナク、而シテ之ニ對スル唯一ノ義務トシテハ船舶ガ其海損ノ割前ヲ分擔スルニ在ルノミ、然レトモ此全部ノ積荷ヲ投棄スル權力ハ通常ノ規則ヲ應用シ能ハザル非常ノ危險ノ場合ニ於テノミ行フベク、又タ積荷ヲ投棄スル數量ノ割合ノ如キモ、唯ダ各場合ノ必要上ヨリ其當不當ヲ判定スベキ者ナルヲ以テ、苟モ必要ナキ時ハ積荷ノ投棄ハ行フベカラズシテ、況ヤ單ニ船舶ノ速力ヲ增シ、若シクバ荷物積付ノ便宜等ヨリ積荷ヲ投棄スルガ如キハ、設令ヒ其數量ハ小ナリト雖トモ不正行爲タルヲ免レサルナリ、而シテ此ニ所謂必要ナル場合トハ、各場合ニ於テ其程度ニ輕重アルベシト雖ヒ、其種類ニ於テハ凡テ同一タルヲ要ス」トセリ、次ニ千八百十一年ニ生ジタル「プライス」對「ノーブル」事件ニ依レバ、曾テ「ブラザース」號ト稱スル一船舶アリ、佛國ノ私船ニ依テ捕獲スル處トナリ、此私船ハ該船舶ヲマルセーユ港ニ回航セシメシガ爲メ、一名ノ運轉手及ビ二名ノ水夫ヲ除クノ外ハ船長及ビ其他ノ船員ヲ悉ク下船セシメ、代フルニ佛國人タル一名ノ船員ヲ乘船セシメタリ、而シテ其航海中暴風ニ遭遇セシヲ以テ此佛國船員ハ英國船員ト協議シ、其贊成ヲ得テ船舶ヲ輕クスルガ爲メニ船砲、錨、及ビ鐵鎖ト、幷ニ中甲板ニ存在セル許多ノ貯蓄品トヲ海中ニ投棄セシガ、該船ハマルセーユ港到着前ニ於テ運轉手及ビ其他ノ英國船員ニ依テ再ビ捕獲ヨリ恢復スル所トナリ、遂ニシブラルタルニ回航セラレタリ、此ニ於テカ船主ハ打荷ニ對スル分擔ニ付テ積荷主ニ請求ヲナシ、被告ハ之ニ對シテ抗辯ヲナセリ、其理由ニ依レバ、(第一)、此打荷ハ必要ナクシテ行ハレ、(第二)、此打荷ハ船舶ガ敵手ニ存在セル間ニ於テ行ハレ、即チ財産ガ所有者ヨリ分離セル際ニ於テ行ハレ、(第三)、此打荷ヲ行ヒタルモノハ船長或ハ其他ノ船員ノ如キ之ヲ行フベキ正當ノ權能者ニアラズ、却テ全ク無關係ノ人ニ依テ行ハレタルモノナリトセリ、然レドモ「クヰンスベンチ」裁判所ハ此抗辯ニ關セズ原告ノ請求ヲ認テ判决シ、首席判事「サー、ゼー、マンスヒールド」氏曰ク、『一部ノ貨物ガ爾餘ノ貨物ノ所有者ノ利益ノ爲メニ投棄セラレタルニ當リ、其喪失シタル貨物ノ所有者ガ救助セラレタル貨物ノ所有者ニ對シテ分擔ヲ要償シ得ルヤハ本件ニ於テ決定スベキ問題ナリ、而シテ法律ノ規定上、貨物ヲ粗暴不當ニ投棄シタル塲合ニ關スル處分ノ如何ニ拘ラズ、本件ノ塲合ハ決シテ然ルモノニアラズ、之ヲ運轉手ノ證言ニ徴スルニ、不良ノ天候ニ遭遇シ必要已ムヲ得ズシテ此等ノ物品ヲ海中ニ投棄シタルモノニシテ、思フニ若シ積荷ヲ投棄スルヲ得セシメバ決シテ貯蓄品ヲ投棄セサルベク、畢竟生命保存ノ要ニ發スルモノナリ』トセリ、又タ判事「ヘーヌ」氏ハ曰ク、『此財產ハ捕拿セラレタリト雖ドモ未ダ其所有權ヲ變更セズ、尙ホ回復ノ望ヲ存セリ、况ヤ其財產ハ一回モ裁判宣告ニ接シタルコナキヲ以テ猶ホ前所有者ニ屬スルモノニシテ、海損及ビ分擔ノ法律ハ保險ノ慣例ニ比スレバ遙ニ從前ヨリ存在シタルモノナリ』トセリ、

右ノ事件ニ次デ生ジタルハ「バットラー」對「ウィルドマン」事件ナリ、此事

件ニ依レバ曾テ西班牙ノ一船舶アリ、敵船ヨリ襲侵セラレ些少ノ抗抵ヲナサズシテ直ニ其捕獲スル處トナレリ、然ルニ船長ハ其際船内ニ有セル一萬弗ノ金額ヲ捕拿品トシテ敵手ニ引渡スヲ遺憾ナリトシ、之ヲ海中ニ投棄セシヲ以テ、其所有者ハ此金額ノ保險者ニ對シテ保險金ヲ請求シ、保險者ハ其責任アリト判決セラレタリ、何ントナレバ此場合ニ於テハ、打荷ヲ行ヒタル意思ハ船舶及ビ積荷ノ共同危險ヲ避クルニアラザリシヲ以テ、裁判審問ノ際ニ於テモ此損失ヲ共同海損トシテ論辯シタルモノナシ、

第三節　甲板積貨物ノ打荷

打荷ヲ共同海損トナスノ規則ニ關シ古昔ヨリ確定セル一ノ除外規定アリ、即チ船舶ノ甲板上ニ於テ運送セラル、貨物ハ、假令ヒ投棄セラル、モ一般原則トシテハ分擔ニ依テ賠償セラル、コトナク、然レドモ若シ救助セラレタル時ハ、他ノ貨物ト同樣ニ分擔ノ責アリトナス事之レナ

リ、蓋シ其理由トスル處ハ、一汎ニ船舶ノ甲板ナルモノヲ以テ荷物ヲ積込ムベキ正當ノ場處ニアラズトスレバナリ、然レドモ沿岸航海若シクハ或種類ノ貨物ノ回漕ニ於ケルガ如ク、甲板積運送ヲ習慣トシテ公認スル場合ニ於テハ、此除外規定ハ適用スベカラザルモノトス、

此ニ甲板積貨物ノ打荷ニ關スル昔時ノ權原ニシテ英國法ノ基礎タルモノヲ尋ヌルニ、「ルイ」第十四世ノ勅令第十三章ニ曰ク、『貨物ニシテ甲板積タリシモノハ、其打荷トセラレ或ハ打荷ノ爲メニ損害セラルヽト雖ドモ分擔ヲ要償スル能ハズ、其所有者ハ唯ダ船長ニ對シテ賠償ノ途ヲ求ムベキナリ、然レドモ甲板積貨物ニシテ救助セラルヽ時ハ分擔スルヲ要ス』トアリ、此條文ニ付キ「バアリン」氏ハ説明シテ曰ク、『貨物ノ甲板積ニセラルヽ場合ハ、既ニ船内ニ其積入ノ餘地ナキニ因ルカ、或ハ船長ハ適當ノ積付ケヲナスベキ職務アルニ拘ラズ注意ヲ怠レルニ因ルモノニシテ、其何レノ場合ニ於テモ共ニ船長ノ過失ナリトス、何ントナ

レバ船長ハ此ノ如ク船舶ニ多量ノ貨物ヲ過積シテ、以テ其貨物ヲ危險ノ場所ニ露出セシムル權ナケレバナリ、而シテ此條文ガ打荷トセラレ或ハ損害セラレタル甲板積貨物ニ對スル賠償ヲ許サヾル理由ヲ案スルニ、甲板積貨物ハ船內ノ動作ヲ妨害シ易キモノナルヲ以テ、打荷ヲ必要スル場合ニ當リテハ先ヅ第一ニ打荷セラルヽモノト推定セラレ、畢竟船舶ノ適當ナル運轉ニ對スル障害物タリトスレバナリ、然レドモ本條ニ定メタル規則ハ、沿岸ノ各港間ヲ往復スル端艇或ハ其他ノ小船ニシテ、習慣上甲板及ビ船艙內ニ積荷スルモノニ適用セズ』トセリ、而シテ「イマーリゴン」氏ハ、「バアリン」氏ノ此解釋ヲ擧示シタル後チ附言シテ曰ク、『船長ニ對スル要償權ハ、若シ其貨物ガ商人ノ承諾ヲ經テ甲板積トセラレタル場合ニ於テハ成立セズ』トシ、又タ曰ク、『此佛國ノ勅令ハバーバリーヨリ輸入スル處ノ馬、家畜、及ビ羊毛ノ甲板積運送ヲ許セリ、然レドモ此免許タルヤ此種ノ貨物ノ所有者ト船長ノミニ對シテ有效タルモノニシテ、苟モ爾餘ノ積荷主ノ承諾ナクシテ此種ノ貨物ヲ甲板積トナシタル時ハ、假令ヒ投棄セラルヽト雖ドモ之ヲ以テ共同海損ニ算入スルヲ許サズ』トセリ、又タ「アボツト」氏ハ曰ク、『此佛國勅令ハ甲板積貨物ヲ明カニ共同海損ノ利益ヨリ除去セシモノニシテ、而シテ英國ニ於テモ亦タ同一ノ規則ヲ慣行セリ、之レ甲板積貨物ハ概シテ船内ノ動作ヲ妨グルモノナレバナリ、故ニ船長タルモノハ習慣ガ慣例ヲ認メタル場合ヲ除キテハ、商人ノ承諾ヲ經ズシテ貨物ヲ甲板積トナスベカラズ』トセリ、

甲板積貨物ニ關スル諸權原ハ實ニ以上ニ記述セル如クニシテ、而シテ英國精算者ガ此等ノ權原ニ適合セルモノトシテ曾テ永年間執行シタル慣例ニ依レバ、甲板積貨物ハ凡テ共同海損ノ利益ヨリ除去シ、若シ積荷主ノ承諾ナクシテ甲板積トシテ運漕シタルトキハ、打荷或ハ事變ヨリ生ズル損失ハ船主ノ責任ニ歸シ、若シ積荷主ノ承諾アリシ時ハ積荷

主ノ責任ニ歸スベキモノトセリ、故ニ船主或ハ積荷主ハ此ノ如ク其塲合ノ異ルニ因リテ責任ヲ負フヲ以テ、常ニ保險ニ依リテ自己ノ責任ヲ防禦シ、其極遂ニ北亞米利加及ビバルチツク海ニ於ケル材木運漕ノ如キ、明白ニ甲板積ノ習慣アル塲合ニ於テモ猶ホ同一ノ規則ニ從ヒタリト雖ドモ、此ノ如キ塲合ハ前揭ノ權原ニ照セバ明カニ其誤解タルヲ知ルベシ、然ルニ此英國ノ慣例ハ、千八百二十七年ノ「ガウルド」對「ヲリバー」事件ニ於テ「コンモンプリース」裁判所ノ判決ニテ變動セラレタリシガ、此事件ハクヰベツクヨリ龍動ニ運漕スベキ甲板積材木ヲ航海中共同安全ノ爲メニ投棄シタルニ因リ、其積荷主ヨリ共同海損トシテ其損失ノ分擔ヲ船主ニ請求セシモノナリ、而シテ此兩港間ニ於テ材木ヲ甲板積トナス商業習慣ノ存在セルヿハ原被兩告ノ共ニ承認スル處ナリト雖ドモ、船主ノ抗辯ニヨレバ、此ノ如キ甲板積貨物ハ假令ヒ打荷トセラルヽモ共同海損ノ事項トシテ處置スベキ習慣ナシト主張シ、原告ハ又タ之レニ對シテ、分擔要償權ナルモノハ甲板積貨物運送ノ習慣ヨリ必要ニ生ズル法律上ノ結論ナリトセリ、此ニ於テ判事「チンダル」氏ハ從來ニ於ケル種々ノ權原ヲ精査シ、遂ニ原告ニ要償權アルモノト判決スルニ至レリ、

此判決ニ對シテハ、「ロイド」及ビ其他ノ英國精算人ハ之ヲ以テ終局ノ判決トシテ承服セズシテ再ビ訴訟ヲ提出セシガ、其極從來ノ慣例ハ更ニ不完全ナル情態ニ變更スルニ至レリ、第二ノ「カウルド」對「ヲリバー」事件即チ之レナリ、然レドモ此場合ニ在テハ第一ノ場合ニ於ケルガ如ク、甲板積貨物ノ所有者ハ船主ニ對シテ單ニ其損失分擔ノ要償ヲナサズシテ、却テ甲板積貨物ノ全價格ヲ要償シ、其事實トシテハ甲板上ニ搭載セラレタル材木過重ニシテ、其積付ノ不當ナルヲ論告セリ、而シテ陪審官ハ實際ニ於テ其甲板上ノ積付不當ニシテ、航海ノ危險ヲ增加スベキ證跡ヲ發見セシヲ以テ、判決ハ再ビ船主ノ敗訴ニ歸セシガ、其「コンモンプリ

ース」裁判所ニ於ケル決定ニ依レバ、甲板積貨物ノ打荷ヲ共同海損トナサヾル習慣ハ、甲板積貨物運送ノ習慣．効力ヲ變更スルニ足ルモノナリト雖ドモ、然レドモ若シ積荷主ガ其甲板積ヲ承諾シ、或ハ自ラ其積付ニ關渉シタル時ハ共同海損分擔ノ責任アルモノトセリ、然ルニ此判決後久シカラズシテ精算者間ニ一種ノ慣例ヲ發シ、『共同分擔』ナル別名ヲ有スル處分方法ヲ設ケテ、以テ之ヲ眞正ナル共同海損ヨリ區別スルコトナリ、保險業者及ビ船主モ又タ之ヲ承認シテ其恰モ既ニ習慣タルガ如ク看做スモノヲ生ズルニ至レリ、蓋シ此區別ハ前掲セル二ケノ判決例ヲ誤解セル理論ニ基キタルモノニシテ、其理論ニ依レバ、甲板積貨物ノ打荷ハ、習慣ノ如何ニ拘ラズ到底共同海損タルベキモノニアラズト雖ドモ、苟モ其當事者タル商人或ハ船主或ハ保險者ニシテ甲板積ヲ明カニ承諾シタルモノハ、其打荷ノ塲合ニ於テハ猶ホ恰モ共同海損タルガ如ク其損失ニ對シテ分擔スベキモノトナスニ在リ、然レドモ此見解ヲ實際ニ適用セントセバ種々ナル紛議ノ發生ヲ免レザルベクシテ、就中其所謂『共同分擔』ヲ精算スルニ際シ、甲板積ヲ承認セズ即チ分擔責任ナキ人ノ所有財產ハ、猶ホ名義上ニ於ケル分擔者トシテ算入スベキヤ否ノ如キハ最モ重要ノ問題タルベキナリ、

甲板積貨物ニ關シテハ猶ホ幾多ノ問題ヲ生ジタリト雖ドモ右ノ『共同分擔』ト稱スル一種ノ方法ハ其後ノ裁判々決ニ由テ廢止セラレタルヲ以テ既ニ詳說スルヲ要セズ、是レヨリ進デ近時ノ裁判例ヲ記述センニ、其第一ニ示スベキモノハ控訴院ニ於ケル「ライト」對「マーウード」事件之レナリ、此事件ニ依レバ曾テ「グラジ」號ト稱スル一漁船アリ、紐育ヨリ英國ポーツマウス迄運送ノ目的ヲ以テ百頭ノ家畜ヲ甲板上ニ搭載シ、積荷主船主間ニ締結セル書面契約ニ於テハ其甲板積運送タル旨ヲ有シテ、且ツ其船荷證劵ニハ、『死亡ニ對シ、或ハ如何ナル種類若シクバ性質ノ事變及ビ損害ニ對シテモ責任ナシ』トノ條件ヲ備ヒタリ、然ルニ航海

中天候猛悪ナルニ因リ、船長ハ船舶ノ安全ヲ慮リテ家畜ノ全數ヲ海中ニ投棄セシカバ、家畜ノ所有者ハ之ヲ以テ所謂『共同分擔』トナシテ其損失ニ對スル割前ノ支拂ヲ船主ニ向テ要償セリ、而シテ裁判審問ニ於テハ家畜ノ甲板積習慣ノ存在ニ關スル證明充分ナラザリシト雖モ、原告ハ其論據ノ權原トシテ、「ジヨンソン」對「チヤプマン」事件ニ於ケル判事「ウイルス」氏ノ判決ヨリ以下ノ如キ一節ヲ引用セリ、即チ其文ニハ、『此事件ハ積荷主ヨリ船主ニ對シテ提起シタル訴訟ニシテ、其傭船契約面ニハ甲板積ノ趣旨ヲ有セリ、故ニ其當事者間ノ意思ニ於テ甲板積ヲ承認セルコハ直ニ發見スルヲ得ベクシテ、從テ此甲板積ハ適法ノ行爲トシテ處置セザルベカラズ、而シテ當事者ノ契約ニ由テ苟モ其適法ノ行爲タルコ明確タルニ於テハ、當然ニ共同海損ノ規則ニ從フベキモノナリ』トアリ、依テ陪審官ハ原告ノ要償ヲ正當トシテ申答シタリシガ、其「クヰンスベンチ」裁判所ニ於ケル訴訟ニ於テモ同裁判所ノ判事ハ原裁判ヲ認容シ本件ヲ以テ「ジョンソン」事件ニ於ケル原則ト同一ナリトシヲ、其訴訟ヲ却下シタルニ由リ、遂ニ進ンデ控訴裁判所ニ抗告セラル、ニ至レリ、而シテ此ニハ充分ナル論辯ノ後、判事「ブランムウエル」氏ハ左ノ如ク判決宣告セリ、

『原告ハ、船舶及ビ積荷ノ安全ノ爲メニ打荷セラレタル所有貨物ニ關シテ、船舶及ビ運賃ノ所有者タル被告ニ對シ、共同海損ノ性質ニ於テ或ハ其性質ノ如キ分擔ヲ要償セリ、玆ニ最モ注意スベキハ、本船ハ一汎ノ公衆ニ對シテ貨物ヲ運漕セルモノニシテ原告ノ傭船ニアラズ、而シテ原告ノ貨物ハ原告ノ承諾ヲ經テ甲板積トセラレ、從テ其運賃モ船艙積貨物タルニ比スレバ幾許カ低廉タルベクシテ、又タ本件ニ關スル甲板積習慣ノ存在ハ充分ノ證明ナキ事之レナリ、抑モ本件ニ於ケルガ如ク一般ノ利益ノ爲メニ犧牲ノ行ハレタル時ハ規則上共同海損ニ屬シ、利害關係者ヨリ割合ニ應ヅテ負擔スベキモノニシテ、此規則ノ起原或ハ原

則ノ何タルヤハ此ニ論ズルノ要ナシト雖モ、今マ英國ニ於テ之レガ權利トシテ承認スル所ニ依レバ、其起原ハ一ノ暗默契約ニ於テ凡テノ利害關係者ヨリ分擔スベキモノト定メタルモノヽ如シ、然ルニ此規則ノ除外條件トシテハ、甲板積貨物ハ假令ヒ打荷トセラルヽト雖モ共同海損トシテ分擔セラレサルモノニシテ、其既ニ法律タルニ於テハ又タ敢テ其理由或ハ原則ノ如何ヲ解說スルノ要ナキナリ、然レモ今マ其信憑スベキ理由ニ依レバ、甲板積貨物ナルモノハ其投棄容易ナルガ爲メ、船艙積貨物ガ未ダ打荷トセラルヽ要ナキ場合ト雖モ先ヅ第一ニ投棄スベク、且ツ時トシテハ不當ニ投棄セラルヽ如キ危險ノ積荷タルニ在ルガ如シ、故ニ若シ共同海損ナルモノヲ以テ暗默契約トシテ處置スルトキハ、危險ト利益トガ適當ノ比例ヲ失フ場合ニ於テハ默約ナキモノト看做スヲ要シ、若シ又タ共同海損ヲ以テ法律ノ規定トシテ處置スルトキハ、其規定ハ即チ除外例ヲ生ジタル理由ト見做スベキモノニシテ、乃チ打荷セラレタル荷物ガ荷送人ノ承諾ナク甲板積トセラレタルトキハ、船主ハ貨物所有者ニ對シテ其責ヲ負フベク、之ニ反シテ荷送人ノ承諾ヲ經テ甲板積トナシタル時ハ、船主及ビ其他ノ積荷所有者モ其打荷ニ對シテ無責任タルベキナリ、然レド沿岸貿易ニ從事スル船舶ノ塲合、或ハ一汎若シクハ一地方ニ於テ甲板積ヲ商業習慣トシテ公認スル塲合ノ如キハ此除外例ニ屬セザルモノトス』、

次ニ「バートン」對「エングリッシ」事件ノ控訴院判決ニ於テハ、商業習慣ニ據リテ甲板積ニセラレタル貨物ガ打荷トセラルヽ時ハ、假令ヒ傭船契約證面ニ、甲板積貨物ハ『商人ノ危險ニ屬ス』トノ約欵アリト雖ドモ共同海損タルベシト宣言シ、以テ「ガウルド」對「ヲリバー」事件裁判ノ原則ニ猶ホ一歩ヲ進メタリシガ、其事件ノ事實ニ依レバ、一船舶バルチック海ノ一港ヨリ龍動迄滿船ノ材木ヲ運送セシニ、其傭船契約ニハ、『該船ハ必要ノ際全額運賃ヲ以テ甲板積トナスコトアルベシ、但シ其甲板積ハ商人ノ

危險ニ屬ス』ナル條項ヲ有シ、且ツ此種ノ航海ニ於テ材木ノ甲板積習慣ノ存在セルコハ明白ニ證明セラレタルニ在リ、而シテ其初メ「クヰンスベンチ」裁判所ニ於テハ、判事「ケーブ」氏ハ此『商人ノ危險ニ屬ス』ナル言句ヲ以テ、甲板積貨物ノ打荷ニ對スル船主ノ責任ヲ免除スルモノナリト判決シ、其理由トスル所ニヨレバ、苟モ船主ニシテ共同海損ノ權利ヲ變更セント欲セバ、船荷證券ニ其旨ヲ記載スベカラザルノ理由ナク、且ツ船主ハ既ニ傭船契約ノ一沉條件ニ依テ自己ノ責任ヲ保護セラル、ヲ以テ、此『荷送人ノ危險ニ屬ス』ナル言句ハ到底荷送人ニ打荷ノ危險ヲ負擔セシムル意味ニ外ナラズト論去セリ、然レドモ控訴院ニ於テハ此判決ヲ排斥シ、更ニ左ノ如キ理由ニ於テ判事「ブレット」氏ハ判決ヲ宣告セリ、『此「商人ノ危險ニ屬ス」ナル條項ハ、船主ヲシテ成ルベク多額ノ運賃ヲ收入セシムルガ爲メ一部ノ積荷ヲ甲板積トナスヲ得セシメ、而シテ其危險ヲ商人ニ歸セシムルモノナルヲ以テ、此約欵ハ明白ニ船主ヲ利益シテ運送契約上船主ノ責任ヲ制限スルモノナリ、元來一般ノ規則ヨリ論ズルトキハ、契約ノ約欵ニ關シテ疑問ヲ生ゼル場合ニ於テハ、之レガ爲メニ利益ヲ享受スベキ當事者ニ對シテ嚴格ニ解釋スベキモノニシテ、今ヤ此解釋方法ヨリ觀察セバ、抑モ積荷主ハ如何ナル權利ニ由テ其積荷ノ損失ヲ船主ニ分擔セシムルヲ得ルモノナルヤ、而シテ若シ本件ニ於テ其打荷ノ責任ハ船主ノ使用人ノ行爲ニ起因シ、苟モ彼ノ欵欵ヲ欠クルトキハ船主ハ其行爲ニ對シテ責任ヲ有スベキモノタラシメバ、吾人ハ被告タル船主ニ於テ其責任ナシト思惟セザルヲ得ズ、何ントナレバ此約欵ハ船長或ハ船員ガ船主ノ使用人トシテ行ヒタル凡テノ行爲ニ對シテ効力ヲ有シ、即チ不當ナル打荷ノ場合、若シクハ船長或ハ船員ノ不注意ヨリ生ズル衝突或ハ坐礁ニ發スル損失ノ如キモ悉ク此約欵内ニ包含セラルヽモノニシテ、然ラザレバ船主ハ凡テ此等ノ損失ニ對シテ其責ヲ負ハザルベカラザルナリ、夫レ然リ、然リト雖モ抑モ此約欵ハ果シテ分担ニ對スル要償權ヲ包含スルモノナルヤ、且ツ此要償權ハ如何ニシテ生ズルモノナルヤ、先ヅ之レヲ學説上ヨリ觀スルトキハ、此要償權ナルモノハ船長ガ船主ノ使用人タル資格ヲ以テセズ、却テ積荷主ノ使用人タル資格ニ於テ行ヒタル行爲ニ發シ、而シテ此積荷主ト船長トノ關係ハ其場合ノ必要ニ因リテ船長ニ付與セラレタルモノニシテ、又タ之ヲ理論上ヨリ觀スルトキハ、積荷主ガ船舶及ビ積荷ノ利益ノ爲メニ任意ニ行フ處ノ犠牲ニ基クモノニシテ、船主ノ行爲ヨリ生ズルモノニアラザルナリ、次ニ共同海損分擔ニ對スル要償權ハ抑モ亦タ如何ナル法律ニ據テ發生セルヤヲ尋ヌルニ、「ロールド、ブランヴエル」氏ノ「ライト」、對「マーウード」事件ノ判決ニ於テハ暗默契約ニ發スルモノトセリ、然レドモ余ハ之ヲ以テ啻ニ運送契約ニ屬セザルトナスノミナラズ、全然契約ノ性質ヲ帶ビザルモノト思惟シ、却テ其源ヲ古昔ノロード島法ニ發シテ、遂ニ海上法規トシテ英國ノ法律中ニ合躰セラレタル權利ナリト信ズルナリ、即チ此權利ハ全ク共同危險ノ結果ニ生ズルモノニシテ、全躰ノモノヲ救助スルガ爲メニ一人ヨリ提供シタル犧牲財產ノ損害ニ對シテ、凡テノ利害關係者ガ之ヲ分擔賠償スベキハ自然正義ノ當然ニ要スル所ナレバナリ、故ニ若シ吾人ノ見解ニシテ果シテ正當ナルトキハ、分擔ノ責任ハ決シテ契約ヨリ生ズルモノニアラズ、從テ被告ガ論據トスル處ノ傭船契約ニ於ケル約欵ハ之ニ對抗スベキ効力ナキナリ、之レ余ガ本件ニ關シテ「クヰンスベンチ」裁判所ノ判決ト意見ヲ異ニスル所以ナリ、而シテ船長ガ一部ノ積荷ヲ正當或ハ不當ニ犧牲トナスノ行爲ハ各ミ船長ノ資格ヲ異ニスルモノニシテ、即チ一ハ積荷主ノ代理人トシテ行ヒ、一ハ船主ノ使用人トシテ行ヒタルモノナルヲ以テ、判事「ケープ」氏ガ傭船契約ニ於ケル言句ノ意義ニ關シテ陳述シタル疑問ハ生スベキ理由ナク、畢竟共同海損ノ責任ハ傭船契約中如何ナル言句アリト雖ドモ之ニ據テ其責ヲ免ルベキモノニアラズ、是ヲ以テ余ハ本件ニ在テハ

被告即チ船主ハ分擔ノ責アリト思惟ス云々』、

蓋シ甲板積貨物運送ヲ以テ商業習慣タラシメントスル計畫ハ從來屢バ船主ノ試ミタル所ナリ、例バ棉花ノ如キハ米國諸港ト英國間ニ於テ甲板積トシテ運送スルヿ稀ナラズ、而シテ此ノ如キ場合ニ於テハ船主ハ時トシテ荷送人ト明白ノ契約ニ依テ之ヲ行フト雖ドモ、時トシテハ荷送人ノ承諾ヲ求メザルノミナラズ、全ク一片ノ通知ヲモ發セズシテ之ヲ行フヿアリテ、此承諾ナキ場合ニ於テハ、船主ハ永年間ニ於ケル一般ノ認識ニ從ヒ自ラ其危險ヲ負擔スルモノトセリ、然ルニ近年ニ至リ船主ノ主張スル所ニ依レバ、此ノ如キ慣例ハ既ニ習慣タル性質ヲ備フルモノニシテ、故ニ此種ノ甲板積積荷ヲ正當ニ打荷トスルトキハ共同海損トシテ處置スベキモノナリトシ、即チ「ヂキソン」對「ローヤル、エツキスチエンジ、シツピング」會社事件ノ訴訟ニ於テハ、甲板積積荷ノ所有者ヨリ船主ニ向テ其積荷ノ全價ノ賠償ヲ要求セシト雖ドモ、船主ハ之ニ對シテ唯ダ共同海損タル損失ノ割前ヲ超テ分擔ノ責ナシト抗辨スルニ至レリ、而シテ此事件ハ遂ニ控訴院ニ於テ船主ノ敗訴ニ歸セシガ、判事「ブレット」氏ノ判決理由ニヨレバ、若シ此訴訟ニシテ船荷證券ニ關スル訴訟トシテ處置スベキモノナルトキハ、被告ハ其責ヲ免ルベカラズ、何ソトナレバ其貨物ハ海中ニ投棄セラレタルト、或ハ自ラ海中ニ墜落シタルトニ拘ラズ、貨物ハリバプールニ於テ實際引渡サレタルヿナシ、而シテ被告ハ貨物ノリバプール渡ヲ契約シ、此契約ニハ除外條件ヲ有スルト雖モ、苟モ原告ヨリ甲板積承諾ヲ得スシテ其積荷ヲ不當ニ甲板積トナシタル時ハ、此除外條件ハ船荷證券ヨリ其効力ヲ消滅スルモノナリ、然バ則チ被告タル船主ハ原告タル積荷主ノ甲板積承諾ヲ證明スルヲ得ルヤ否トセリ、

以上種々ナル判決例ヲ觀察シ來リテ、玆ニ甲板積貨物ノ打荷ニ關スル法律ヲ總括スレハ左ノ如ク結論スルヲ得ベシ、

甲板積貨物ノ打荷ナルモノハ、甲板積荷物ヲ運送スベキ一汎ノ商業習慣アル場合ヲ除キテハ分擔ニ依リテ賠償セラルヽコトナシ、例ババルチツク海及ビ英領北亞米利加ノ材木運送ノ如キハ即チ此種ノ習慣アル場合ナリ、然レトモ此場合ニ於テモ猶ホ注意ヲ要スベキコトアリ、即チ甲板積ニ關シテ英國ノ法令上一定ノ制限アルニ拘ラス、過重ノ甲板積ヲナシ、若シクバ航海ノ季節ニ不當ナル甲板積ヲナシテ其制限ヲ犯違スルトキハ、此等ノ不法ナル甲板積荷物ノ打荷ニ對シテ分擔ヲ要償スベカラザルナリ、又タ滊船ガ亞米利加ヨリ棉花ヲ運漕スル場合ノ如ク、臨時或ハ秘密ニ之ヲ甲板積トシテ回漕スルコトアリト雖トモ、是レ未ダ以テ商業習慣ヲ構成シタルモノトナスベカラズ、要スルニ甲板積貨物運漕ノ習慣ナキトキハ此ニ分擔ヲ生ズルコトナシト雖トモ、貨物ノ所有者ニシテ甲板積ヲ承諾スルトキハ、其打荷ノ損失ハ其所有者ノ負擔ニ歸シ、若シ然ラザルトキハ船主ノ責ニ歸スベク、且ツ船主ハ此何レノ場合ニ於テモ其打荷トセラレタル貨物ノ運賃ヲ損失スベキモノトス、而シテ此等ノ規則ハ船荷證劵ノ約欵ヲ以テ變更ヲ許サヽルモノニシテ、又タ其約欵ニ關シテ假令ヒ曖昧ノ疑義アリト雖モ以上ノ規則ニ對抗スルヲ得ザルモノトス、

或ル種類ノ積荷ハ、運送上適當ナル積入場處ナキガ爲メ常ニ甲板積トシテ運送セラルヽモノアリ、例バ沿岸航海ノ船舶ニ於テ瀛罐車ヲ運送スル場合ノ如キ之レナリ、思フニ此ノ如キ場合ハ、一汎ニ之ヲ以テ至當ノ運送トシテ認識スル間ハ、恰モ適當ノ場處ニ積入レタルガ如ク、或ハ習慣ノ存在セル場合ノ如ク同樣ニ看做シ、若シ其打荷トセラレタルトキハ共同海損トシテ之ヲ處置スルヿヲ得ルガ如シ、

第四節　上甲板室ニ於ケル積荷ノ打荷

船首樓、船尾樓、甲板室、或ハ其他荷物積入レノ爲メニ上甲板ニ設ケタル庇屋內ノ積荷ハ、猶ホ船艙內ノ積荷ト同樣ニ處置スベキヤハ一ノ問題

タリト雖トモ、是レ畢竟船舶ノ噸數ノ測量方法ヨリ生スル所ノ疑問ナリ、蓋シ以上ニ擧示セル如キ樓室ハ船躰ノ骨格ト共ニ構造スルヲ得、且ツ船舶ノ噸數內ニ算入シ得ベキモノニシテ、而シテ此噸數ナルモノハ理論上積荷運送ノ資格ヲ現スモノナルヲ以テ、其全噸數中ヨリ船員ノ住處及ビ其他類似ノ容積ヲ相當ニ控除セル殘餘ノ部分ハ、之ヲ以テ貨物ノ正當ナル積入塲處ト看做スモ敢テ不當ニ非ラザルベシ、然ルニ之ニ反對ナル見解トシテ判事「ロールド、エシヤ」氏ガ說ク所ニ依レバ、苟モ船舶ノ何タルヲ知ルモノハ、貨物ヲ通常積込ムベキ塲處ハ船艙タルヲ知ルベクシテ、船艙トハ甲板上ヲ意味セズ、必ズ甲板ヨリ下底ノ部分ヲ意味スルモノナリトシ、氏ハ之レガ證明タルベキ習慣ヲ發見センヿヲ欲シタルガ如シ、故ニ此問題ハ今マ猶ホ未決ナリト雖モ、其性質ニ於テハ法律問題ト稱スルヨリモ寧ロ海事問題ニ屬スベキモノナリ、而シテ精算者間ノ慣例ヲ觀スレバ、「デキンソン」對「ローヤル、エツキスチエンヂ、シッピング」會社事件ノ生ゼシ迄ハ、船躰ノ骨格ト共ニ構造セラレ且ツ船舶ノ噸數中ニ算入セラルヽ樓室内ノ積荷ハ、船艙内ノ積荷ト同一ニ處置スベキモノトセリ、

第五節　積荷ノ缺點ニ起因スル打荷

本節ニ於テ論ゼントスル問題ハ、打荷ヲ要セシメタル危險ノ原因ガ積荷ノ缺點ヨリ生ゼシトキハ、分擔要償權ニ如何ナル關係ヲ及スベキヤニ在リ、此問題ニ關シテハ從前曾テ一ノ學說行ハレタルヿアリテ、其見解ニ依レバ、貨物ガ自ラ犧牲ヲ要セシメタル危險ノ源因タルニ於テハ、假令ヒ打荷トセラルヽモ分擔ヲ要償スベカラズトナスモノナリ、故ニ苧麻ノ如キ積荷ガ、其濕氣ヲ帶ベルガ爲メ船積後熱氣ヲ發シタル場合ニ當リ、火災ヲ生ズル恐レヨリシテ打荷トセラレタルトキハ、其損失ハ其積荷ノ惡性ニ起因スルモノトシテ分擔ヲ行ハズ、又タ積荷ガ事變ノ爲メニ難破物ノ情態トナリテ、船舶ノ航海ヲ妨害スルヲ以テ打荷トセ

ラレタル場合ノ如キモ、同ジク其積荷ヲ以テ危難ノ源因ト看做シテ同一ノ規則ヲ應用セリ、而シテ此學說ハ多年間海損精算者ノ慣例ニ依テ準據セラレタリシガ、爾後裁判々決ニ於テ大ニ論難スル所トナリ、且ツ其範圍ヲ大ニ制限變更スルニ至レリ、

今マ先ヅ「ジョンソン」對「チャプマン」事件ヲ觀察スルニ。此事件ニ依レバ、一船舶アリ、材木ヲ甲板積トシテ航海中險惡ナル天候ニ遭遇セルヿ二回ニ及ベリ、其第一回ニ於テハ高浪甲板積貨物ヲ動搖セシメ、其一部分ヲ喞筒ニ衝觸セシメテ其使用ヲ妨害セリト雖モ、船員ノ盡力ニヨリテ材木ヲ元狀ニ保持スルヲ得タリ、次デ第二回ニ至リ、海水甲板ニ漲リ甲板積貨物ハ再ビ動搖シテ兩側ノ喞筒ニ衝撞セシヲ以テ、船長ハ喞筒及ビ船舷ニ生ズベキ損害ヲ防ギ、且ツハ船舶及ビ積荷ノ安全ヲ圖ルガ爲メニ一部ノ材木ヲ海中ニ投棄セリ、是ニ於テカ此甲板積貨物ノ所有者ハ船主ニ對シテ打荷分擔ノ訴訟ヲ提出セシガ、船主ハ之ガ抗辯ノ理由トシテ、

其材木ハ打荷ノ際既ニ難破物ノ情態ニ存セルモノナリトセリ、而シテ當時ノ精算者ノ慣例ニ依レバ、難破物ノ情態ニ於ケル材木ノ打荷ハ共同海損ト看做サヽルモノニシテ、此點ニ付テハ原被兩造ガ共ニ承認セル所ナリト雖モ、裁判々決ハ本件ノ打荷ヲ以テ正當ニ共同海損ナリト認メ、其理由トシテ曰ク、『此積荷ハ第一回ノ動搖ニ際シテハ一旦ハ保持セラレタリ、之レ明カニ廢物ナル意義ヲ有スル難破物ノ情態ニ存在スルモノニアラズ、若シ廢物タルニ於テハ固ヨリ賠償セラルヽノ理由ナク、假令ヒ賠償セラルヽト雖モ使用スベカラザルナリ、而シテ其危險ハ天候ニ因テ、船舶、積荷、及ビ船員ニ向テ一汎ニ起リシモノニシテ、其材木ヨリ生ジタル特別ノ危險ハ、全者ガ遭遇セル共同危難ノ一情境タルニ過ギズ』トセリ、

右ノ判決ヲ下シタル判事「ウイルス」氏ハ苧麻發熱ノ塲合ヲ分テ、一ハ保險セラレタル危險ヨリ發熱セルモノト、一ハ其積荷ニ固有ナル缺點ヨ

リ發熱セルモノトノ二者ニ區別シ得ヘキヿヲ暗示シテ曰ク、『打荷ヲシテ共同海損分擔タラシムルニハ共同危險ノ存在スルヲ要シ、而シテ此危險ハ海上ノ危難ニシテ且ツ全般ノモノニ對シテ共同ナラザルベカラズ、故ニ「コーン」氏ガ卓論セル如ク、不良ノ天候ニ際シテ自ラ固有セル損害ノ元素ヲ發揮セシメタルモノヽ如キハ、此ニ所謂共同危險タル能ハザルナリ、例バ濕氣ヲ帶ビタル棉花ガ其船積後發火シタルヲ以テ海中ニ投棄セラレタル塲合ノ如キ之レナリ、何ントナレバ是レ實ニ其貨物ヲ積入レタル人ノ過失ニ生ズル特別ノ危險ニシテ、共同危險トハ稱シ難キニ由ルナリ』トセリ、

次ニ、「ピーリー」對「ミッドルドック會社」事件ニ於テハ、曾テ一船舶アリ、石炭ヲ積荷トシテ運送セシニ、其石炭ノ自然ノ燃燒ヨリ發火シ、注水ニ依テ之ヲ消滅スルヲ得タリト雖ヒ爲メニ船主ニ運賃ノ損失ヲ釀シタリ、而シテ此損失運賃ハ共同海損トシテ處置スベキヤ否ヤノ問題ヲ生ヲ

タルニ當リ、前掲セル「ウヰルス」氏ノ判決文ハ此分擔要償ニ反對スベキ權原トシテ引用セラレタリシガ、然レドモ判事「ワトキン、ウヰルリヤムス」氏ハ曰ク、『彼ノ塲合ニ於テハ棉花ハ濕氣ヲ帶ビテ船積セラレ、故ニ外部ノ事變ナキニ拘ラズ單ニ其發火ノ理由ヲ以テ海中ニ投棄セラレタルモノナリ、是レ商人ガ其打荷ニ付キテ分擔要償ノ權利ナシト決定セラレタル所以ナリ、然ルニ其塲合ノ原則ヲ以テ本件ニ適用セントスルハ全ク誤謬ニ出ヅルモノニシテ、彼棉花事件ノ判決理由ニ依レバ、若シ犧牲ニ供セラレタル財產ノ所有者ガ自ラ過失ヲ有シ、而シテ其過失ガ犧牲ヲ要セシメタル原因ナルトキハ自ラ其損失ヲ負擔スベク、決シテ之ヲ以テ共同海損トナスベカラズ、即チ何人ト雖トモ自己ノ不正ニ依テ利益スベカラズト云フニ在リ』トセリ、故ニ此判決ニ依レバ、打荷ヲ要セシメタル危險ガ其固有ノ缺點ヨリ生ツタル塲合ニ於テ、若シ其犧牲物ノ所有者ニ過失ナキトキハ共同海損トシテ分擔ヲ要求スル權アリトナスモノナリ、是ニ於テカ前掲セル從來ノ學說ハ其適用ノ範圍ニ大ニ狹縮セラレ、終ニ現今ノ原則トシテハ、運送ニ不當ナル情態ノ貨物ヲ不正ニ船積スルモノハ、其不當ノ情態ニ原因シ、或ハ其不當ノ情態ノ發生ニ原因スル損失ヲ以テ共同海損トシテ賠償ヲ受クベカラズト定ムルニ至レリ、

第六節　打荷ノ際偶發スル損害

打荷ヲ行フノ際避クベカラザル損害ヲ偶發スルトキハ、之ヲ以テ打荷ノ爲メニ生ジタル一部ノ損失ト看做シテ共同海損中ニ算入スベキモノトス、例ハ艙內ノ積荷ニ接近シ、或ハ之ヲ投棄センガ爲メニ甲板、支水隔壁等ニ穿孔スル塲合ノ如キ是レナリ、故ニ積荷ヲ投棄セントシテ艙口ヲ開放シタルニ當リ、甲板上ニ闖入セル波浪ノ爲メニ積荷ヲ損害シタルトキハ、凡テ此種ノ損害ハ共同安全ノ手段上避クベカラザル結果タルヲ以テ、理論上ニ於テモ亦タ共同海損タルベキモノナリ、實ニ此規則ハ

羅馬法ト共ニ同シク古昔ヨリ存在シ、今ヤ一汎ニ承認スル所ノモノニシテ、而シテ此原則ハ又タ打荷ノ爲メニ貨物ノ裰包ヲ摩擦シ、或ハ損傷シタル塲合、若シクハ貨物ノ積付ノ攪亂ヨリ生ゼル損害ノ塲合ニモ適用スルヲ得ベシ、今マ一例ヲ擧クレバ、樽詰ノ荷物ノ如キハ、艙內充盈セルニ當テハ其積付安固ナリト雖モ、若シ一部ノ積荷ニシテ除去セラルヽ時ハ直ニ動搖ヲ來スガ如キ塲合之レナリ、

第七節　火災消防ニ起因スル損害

船舶ノ火災ヲ消防スルガ爲メニ船艙ニ注水シ、或ハ船舶ニ穿孔シテ淺水中ニ沈沒セシメ、或ハ蒸氣ヲ船艙ニ充滿セシムル等ノ手段ニ依リテ貨物ヲ損害シタルトキハ、此損害ハ共同海損トシテ分擔セラルベキヤ否ヤ、思フニ是レ一部ノ財產ヲ任意ニ犧牲トナシ、以テ殘餘ノ財產ノ保存ヲ圖リタルモノニシテ、正ニ共同海損ノ定義ニ屬スベキナリ、

玆ニ英國ノ海損精算者ノ慣例ヲ案スルニ、從前ニ於テハ多年間此種ノ

損害ヲ以テ共同海損ト看做サヽルモノトセリ、而シテ此慣例ノ起原及ビ理由ニ至テハ今日之ヲ正確ニ追蹤スルヿ難シト雖モ、亦タ敢テ甚ダ舊時ニ屬セザルガ如シ、一千八百三十五年「スチーブン」氏ハ此問題ヲ以テ未決ノモノナリト論シ、而シテ自家ノ意見トシテハ、此種ノ損害ハ共同海損タルベシトナセシモ尙ホ疑ヲ存シテ曰ク、『此損害ヲ以テ共同海損トシテ要償セントスルトキハ此ニ反對論ノ生セザルヲ保シ難シ、何ントナレバ此貨物ニ生シタル損害ハ、彼ノ當然ニ要償ヲナシ得ベキ船檣切斷ノ塲合ノ如ク、直接且ツ故意ノ損害ニ非ラズシテ寧ロ間接且ツ偶然ノ損害ナレバナリ』トセリ、蓋シ此意味タルヤ、注水ノ目的ハ火災ノ消防ニ在リト雖モ各積荷ノ救助ニ在ラズトナスモノヽ如シ、而シテ此慣例ノ理由如何ニ拘ラズ、此種ノ要償ヲ分擔ヨリ除去シタル慣例ハ既ニ千八百五十六年前ニ於テ確定セルヿハ明白ニシテ、「ベーリー」氏ハ之ヲ以テ當時ノ定則ナリト說キ、且ツ曰ク、『此慣例ノ理由トシテハ一ノ確固タル論據ヲ見ズ、其基ク所ハ全ク二箇ノ謬見ニ存セリ、即チ一ハ、共同海損ナルモノハ全損ノ慘狀ヲ招クガ如キ危險ノ程度甚ダ大ナル塲合ニ於テハ生ズル能ハズトナシ、一ハ、火災ノ塲合ト船舶沈沒等ノ塲合トノ間ニ於テ危險ノ程度ヲ想想的ニ區別スルモノナリ、然レ𪜈此ノ如キ區別ハ徒ニ議論ヲ弄スルノミニシテ、決シテ世間ニ普通スベキ見識ノ價ヒナシ』トセリ、

船舶ノ火災ニ關シテ千八百七十三年迄精算者ノ採用セシ慣例ニ依レバ、若シ火災ヲ消防スル爲メニ甲板ニ穿孔シテ積荷ニ注水スル𪜈ハ、其甲板ノ修繕費ハ共同海損トシテ賠償セラルヽト雖ドモ、其注水ノ爲メニ生セル積荷ノ損害ハ然ル能ハズ、又タ船側ニ穿孔シテ船躰ヲ沈水セシメタルトキハ、其穿孔ヨリ船舶ニ加ヘタル損害ハ共同海損タルヲ得ベキモ、其孔口ノ浸水ヨリ積荷ニ生セル損害ハ然ラザルモノトセリ、而シテ此慣例タルヤ其當時ニ在テハ何人モ敢テ深ク其理由ヲ究ムルモ

ノナク、單ニ正當ノモノトシテ看過シタリシガ「スチユワード」對「西印度及太平洋滊船會社」事件ノ訴訟ヲ生スルニ及テ始テ變更ヲ見ルニ至レリ、

此事件ニ依レバ「ベチズエラン」號ト稱スル一滊船アリ、サンタマルタヨリ龍動ニ向テ航海セントスルニ當リ、若干ノ幾那皮ヲ積入レ、其船荷證劵ニハ『若シ海損ヲ生ズルトキハ英國ノ習慣ニ從テ精算セラルベシ』トノ約欵ヲ有セリ、然ルニ既ニ積荷ノ積入ヲ終了シ、今ヤ出帆セントスルノ際前艙內ニ出火シ、乃チ甲板ニ穿孔シ、艙口ヲ開放シ、幷ニ船側ニ穿孔シテ、頻ニ注水ヲ施シ漸ク鎭火スルヲ得タリト雖モ、其注水ノ爲メ殆ド幾那皮ノ三分ノ二ヲ損害セシヲ以テ、此ニ其所有主ハ共同海損トシテ船主ノ分擔ヲ要償セリ、而シテ此裁判審問ノ結果ニ依レバ右ノ塲合ニ於テ若シ以上ノ如キ方法ヲ行ハザリシトキハ、爾餘ノ積荷ハ凡テ殆ド毀損セラレ、船舶モ亦タ假令ヒ難破スルニ至ラザルモ非常ノ損害ヲ被ルベ

キコハ原被兩告ノ共ニ認知スル所ニシテ、且ツ英國海損精算者ノ慣例上、此種ノ注水ニ生ズル損失ヲ以テ共同海損トナサザル事モ明白トナレリ、而シテ「クヰンスベレチ」裁判所ノ判事「クヰン」氏ガ與ヘタル判決宣告ハ實ニ左ノ如シ、

『斯ニ論スベキ第一ノ問題ハ、本件ノ損失ハ英國法上正當ニ共同海損トシテ分擔セラルベキヤ否ヤニ在リ、而シテ其事實ヲ觀ズルニ、一汎ノ法律上之ヲ以テ正當ニ共同海損分擔トナスベキハ吾人ガ明カニ認ムル處ニシテ、畢竟此幾那皮ノ損害ナルモノハ、急迫ノ危險ニ當リテ、全者ノ利益及ビ安全ヲ保護センガ爲メニ行ハレタル任意ニシテ且ツ故意ナル犧牲ナレバナリ、然レ𪜈此事件ノ判決上、採ヲ以テ引用スベキ裁判例ハ未タ曾テ英國ニ存在セザルヲ以テ、玆ニ此種ノ問題ヲ決定シタル米國ノ判決例ヲ參考スレバ、ペンシルバニヤ州ノ高等裁判所ニ於ケル「ニミツク」對「ホルムス」事件之レナリ、判事「ローリー」氏ハ其判決ニ於テ曰ク、

「規則上及ビ例證上ヨリ判スル時ハ、船員ノ過失ナクシテ船舶或ハ積荷ヨリ發火シ、之レガ消防上注水或ハ水蒸氣ノ注入ニ因リ、若シクハ船舶ノ一部ノ毀損ニ因テ生ジタル損害ハ到底共同海損タリト謂ハザルベカラズ、而シテ危險ナルモノハ共同ニシテ、其救助費用モ亦タ共同タルヲ要スレ圧、其注水ノ方法ガ陸上ノ器械力ニ依ルモ、或ハ水蒸氣タルモ、或ハ船舶ノ穿孔タルモ敢テ問フ所ニアラズ、即チ此損害ナルモノハ一部ノ積荷ヲ故意ニ毀損シ、以テ爾餘ノ貨物ヲ救助スルノ目的ニ生ジタルガ故ニ、是レ共同ノ安全ノ爲メニ行ハレタル犧牲ナリ」トセリ、即チ吾人ハ此斷定ト全ク同一見解ヲ有スルモノニシテ、若シ本件ノ判决ヲシテ共同海損ノ損失ニ適用スベキ普通法ニ全ク準據スベキモノタラシメバ、吾人ハ原告ヲ以テ要償權アリト認メザルヲ得ズ、……………然レ圧本件ニ於ケル疑問ハ、契約ノ當事者ガ其船荷證劵ニ記入セル約欵ニ據リテ、英國海損精算者ノ慣例ヲ其契約ノ一部分トナシタルヤ否ヤニ在リテ、若シ當事者ガ之ヲ以テ契約ノ一部分トナシタルトキハ、假令ヒ其慣例ハ明白ニ不理不正タルモ之ニ羈束セラルル要アレバナリ、而シテ本件ノ表面ニ現ハレ且ツ前示セル諸多ノ權原ノ示ス所ニヨレバ、英國海損精算者ノ慣例ハ此種ノ損失ヲ以テ共同海損ト見做サヽルガ故ニ、吾人ハ船荷證劵ノ約欵中ニ於ケル「英國習慣」ナル言辭ヲ以テ此慣例ニ適用スベキ意旨ナリト推定シ、從テ本件ノ當事者間ニ履行スベキ海損精算方法ハ此慣例ナリト解釋セザルベカラズ、而シテ當事者ガ既ニ此ノ如ク合意ヲ以テ此習慣ヲ契約ノ一部分トナシタル以上ハ、本件ヲ決定スベキモノモ亦タ此習慣ニシテ、然ルトキハ吾人ハ裁判上被告ヲ以テ勝訴ト認メザルベカラズ、但シ吾人ガ玆ニ希望ニ堪エサルモノハ、此種ノ問題ニ關シテ將來再ビ法律ト習慣トノ間ニ差違ヲ生ズルコトナク、海損精算者ハ此ニ宣告セル法律ニ準據シテ行爲シ、且ツ船荷證劵ノ如キモ法律ノ趣旨ニ從テ作成セラレンコトヲ之レナリ』

此判決タルヤ世人ガ曾テ預期セル所ニ違ハザリシヲ以テ、從來ノ慣例ハ直ニ廢止セラレ、海損精算者協會ハ其次年度ノ集會ニ於テ一ノ決議ヲナセリ、曰ク、『火災消防ノ爲メ船艙內ノ注水ヨリ生ジタル損害ハ共同海損トシテ處置スベシ』トナシ、次デ其翌千八百七十四年ノ集會ニ於テ、『船舶ノ火災ニ當リ、或ハ船內一部ノ積荷ガ火災ヲ生ジタルニ當リ、之レガ消防上任意ノ注水ヨリ損害セラレタル貨物ニシテ、注水ノ際既ニ火災ニ罹リシモノハ共同海損タルヲ得ズ』ト改正セリ、而シテ此等二個ノ決議ハ實ニ其後ニ於ケル英國慣例ノ基礎トナリシモノナリ、

右「スチワード」對「西印度及太平洋滊船會社」事件ハ、更ニ「エッキスチエカー」裁判所ニ起訴セラレタリシガ、判事「ブレット」氏ハ「クヰンスベンチ」裁判所ニ於テ慣例ヲ以テ其判決ノ論據トシタル結論ヲ認メタリト雖モ、「クヰン」氏ノ下シタル原則ニ就キテ疑ヲ存シテ曰ク、『假令ヒ本件ニ於テ決定ヲ要スル問題ハ、船內ニ於ケル諸他ノ商品ヲ燃燒セントスル火

災ヲ消防スルガ爲メ、注水ヨリ生ゼル商品ノ損害ヲ以テ共同海損トナスベキヤ否ヤニ在リト雖モ、是レ甚ダ緊要ノ問題ニシテ、且ツ英國法上未ダ之ニ對シテ直接ニ應用スベキ權原ナシ、故ニ大ニ究研ヲ要スベキモノナリ』トセリ、

次ニ「アチヤード」對「リング」事件ニ於テハ、「ロイド」ノ習慣トシテ火災消防ノ爲メ任意ニ船舶ヲ沈沒セシメ、或ハ坐礁セシメタルヨリ生ゼル貨物ノ損害ヲ以テ共同海損トナサヾルハ果シテ有効ナルヤ否ヤノ問題ヲ生ゼリ、判事「コツクバルン」氏ハ曰ク、『此ニ供述セラレタル習慣ハ、船主積荷主間ノ海損事項幷ニ保險事項ニ關スル國法ニ明ニ反違スルモノナリ、故ニ若シ此習慣ヲ顧ミザルトキハ、此損害ハ國法上共同海損タルベキモノニシテ、即チ此習慣ハ國法ニ抗抵シ且ツ之ヲ廢止スルモノナリ、而シテ人若シ法律ヲ廢止スルガ如キ此種ノ習慣ヲ有効ニ主張セントセバ、必ズヤ陪審官ヲシテ滿足セシムベキ證明ヲ與フルヲ要ス』トシ、陪

審官ハ此習慣ヲ以テ證據不充分ノモノトセリ、又タ「シミッド」對「ローヤル、メール」會社事件、及ビ「アスピンウヲル」對「商船會社」事件ニ於テハ、「クヰンスベンチ」裁判所ハ火災消防上ノ注水ヨリ生ズル積荷ノ損害ヲ以テ共同海損ナリト判決セシガ、「ピーリー」對「ミットル、ドック會社」事件ニ付キテモ、判事「ワトキン、ウヰルリヤムス」氏ハ同一ノ結論ヲ以テ博識精該ノ裁判ヲ下セリ、此事件ニ依レバ、「アッチラ」號ト稱スル一汽船アリ、石炭ノ積荷ヲ以テ新嘉坡ニ向テ航海中、其石炭ノ自然ノ燃燒ヨリ船內ニ火災ヲ生ゼリ、此ニ於テ凡五十屯餘ノ石炭ヲ海中ニ投棄シ、三晝夜間船艙ノ殘炭ニ注水シタル後該船ハ安全ヲ慮リテバタビヤニ回航シ、猶ホ石炭ノ陸揚ト共ニ一層注水シテ漸ク鎮火スルヲ得タリ、然ルニ石炭ハ海水浸潤シテ損害ヲ被リタルヲ以テ、止ムヲ得ズ之ヲバタビヤニテ賣却セシガ、其結果ニ至リテハ船主ハ運賃ヲ喪失シタルニ反シ、石炭ノ所有者ハ無運賃ニテ石炭ノ賣得金ヲ收得シタルヲ以テ、畜ニ些少ノ損失ヲ招カザリシノミナラズ、却テ火災ノ爲メニ利益ヲ占ムル〻トハナレリ、此ニ於テカ船主ハ火災消防上ノ手段ヨリ生ゼル此運賃ノ喪失ヲ以テ共同海損トナシ、其分擔ヲ石炭所有者ニ要償セシニ、該所有者ハ其分擔義務ヲ非認シテ抗辨スル所ニヨレバ、本件ニ於ケル注水ハ任意ノ犧牲ニアラズシテ、其目的ハ唯ダ成ルベク多量ノ石炭ヲ救助保存セソガ爲メニ行ハレタルモノナリ、況ヤ石炭ハ實際上殆ド全ク損失セラレテ收贖ノ途ナク、其幸ニ保存セラレタル部分ハ畢竟救助物若シクバ雜破物ノ性質ニ屬スルモノナリトセリ、然ルニ船主ガ之ニ對スル答辯ヲ觀スレバ、若シ石炭所有者ガ陳述スル如キ原則ヲシテ有効タラシメバ、共同海損ナルモノハ遂ニ生ズル〻ナキニ至ルベシ、何トナレバ此原則ナルモノハ打荷ノ塲合幷ニ漏水船舶ノ塲合ニモ同様ニ適用スベクシテ、此後塲合ニ於ケル危險ノ如キハ火災ノ破損ニ比シテ程度上大差ナキモノナリトセリ、而シテ判事〻ワトキン、ウヰルリヤムス」氏ハ此等ノ辯論ニ就キ船主ノ要償ヲ以テ至當ナリト判決セシガ、其理由トスル所ニ依レバ、此問題ハロード島法ノ格言タル『全躰ノモノヽ爲メニ與ヘラレタルモノハ凡テ分擔ニ依テ賠償セラルベシ』ヲ適用シテ決定スベキモノニシテ、且ツ本件ニ於ケル要償ハ積荷主ヨリナシタルモノニアラズ、却テ船主ヨリ積荷主ニ對シテ請求シタルモノナルヲ以テ、火災ノ源因ガ積荷ノ自然ノ燃燒即チ其固有ノ缺點ニ存セリト否トハ更ニ關係スル所ナシトシ、次ニ貨物ハ實際上殆ド全ク損失シテ收贖ノ途ナシトスル辯論ニ關シテハ、氏ハ又タ其斷定ニ要スル種々ノ權原及ビ原則ヲ精究シタル後、本件ノ危險ハ船舶及ビ貨物ノ全部ニ關係スルモノニシテ、而シテ其救濟手段ハ運賃ヲ全損シタリト雖モ船舶及ビ過半ノ積荷ヲ救助セシヲ以テ、此喪失運賃ハ畢竟全者ノ利益ノ爲メニ與ヘラレタルモノニシテ、從テ分擔ヲ以テ賠償セザルベカラズト結論セリ、氏ハ又タ右ノ判決中ニ於テ共同悔損ノ一要件トシテ説明セルモノアリ、則チ犠牲ナルモノハ眞正ノ價値ヲ有スルモノタルベクシテ、既ニ損害ヲ蒙リテ價値ナキ物ノ如キハ、之ヲ破壞シ或ハ投棄スルモ所謂犠牲ニアラズトナシ、其例證トシテハ前述セル米國裁判所ノ「ニミツク」對「ホルムス」事件ノ判決例ヲ用引セリ、此事件ニ依レバ、一船舶其積荷タル石灰ヨリ火災ヲ生ゼシヲ以テ、之レガ消防上船躰ニ穿孔シテ急流中ニ沈沒セシメシニ、船舶ハ之ニ由テ救助セラレタリト雖ヒ石灰ハ全ク損失ニ歸シタルニ在リ、然レヒ此場合ニ於テハ石灰ハ到底保存スヘカラザルニ反シ、船舶ノ救助策ハ唯ダ石灰ヲ迅速ニ損害スルニ在ルヲ以テ、船舶ハ石灰ノ損失ニ對シテ分擔セザルヿニ決定セシモノナリ、此ノ如ク本節ノ問題タル火災消防ニ起因スル損害ニ付テハ、凡ソ十有餘年間ノ各裁判權原ハ大凡ソ相一致シ來リシガ、茲ニ再ビ前例ノ如何ニ關セズ更ニ根底ヨリ論義ヲ盡サレタル一事件ヲ生ゼリ、即チ「ホワイト、クロース、ワイヤ會社」對「サビール」事件之レナリ、此事件ニヨレバ、「ヒマラヤ」號ト稱スル一流船アリ、到達港タル新西蘭ウエルリントンニ到着シ、既ニ過半ノ積荷ヲ陸揚シタル後船內ニ火災ヲ生セシヲ以テ、船艙ニ注水シテ鎮火スルヲ得タレ𪜈船舶ハ痛ク損害シテ甲板ノ過半部ヲ焦燒セリ、蓋シ其鎮火ニ至ル迄ハ船舶ハ甚ダ危難ノ情況ニ存在セシヲ以テ、若シ其火災ニシテ迅速ニ消滅セサリシ𪜈ハ船舶ノ周圍ニ於ケル木造品ハ全ク燃燒ヲ免カレザルベクシテ、又タ其火災ノ初メニ於テ直ニ船側ノ鐵板ヲ破壞シテ以テ船躰ヲ沈水セシメバ容易ニ鎮火ニ達スベキモ、船舶ハ之レガ爲メニ一層强大ノ損害ニ陷リシモノヽ如シ、而シテ注水ノ爲メニ損害ヲ蒙リタル幾多ノ積荷中若干ノ鐵線ハ即チ原告ノ所有品ニシテ、此鐵線ノ廢物ニ歸シタル源因ニ就テハ當初火災ニ發シタルモノナリトナセシモ、其後事實ノ證明ニ依テ全ク船艙內ノ注水ニ源因セシ事明白トナレリ、乃チ此ノ如キ事實ノ關係上ヨリ鐵線ノ所有者ハ其損害ヲ共同海損トシテ船主ニ分擔ヲ要償セシニ、判事「ポルロツク」氏ハ之レニ對シテ原告ニ要償權アリト判決シタリト雖モ遂ニ控訴セラルヽニ至レリ、今マ其控訴ニ付キ船主ノ擧示セル理由ニ依レバ(第一)、鐵線ハ注水ノ際既ニ火災ノ爲メニ損害セラレ、即チ實際上廢物タリシヲ以テ犧牲ト稱スベキモノナシ、(第二)、本船ハ鐵船ニシテ之ヲ破壞スベカラズ、且ツ其碇繫塲ハ水底淺キヲ以テ沈沒スルト雖モ鎭火後ニ引揚グルヲ得ベシ、故ニ全者ニ對スル共同危險ナルモノナシ、(第三)、船長ハ唯ダ火災消防ノ通常方法ヲ行ヒタルノミナルヲ以テ、其注水上船長ノ通常義務外ノ行爲ナルモノナシ、(第四)、火災ノ際ニ於テハ船舶ハ既ニ航海ヲ終了シ、又タ積荷ノ過半ハ安全ニ陸揚セラレタルヲ以テ、航海ノ共同危險ナルモノハ既ニ經過シ去レリトノ四箇ノ論據ニ存シ、而シテ共同海損ノ分擔義務ナル・モノハ普通法ニ屬セズ却テ海上法ニ屬スルヲ以テ、航海ニシテ終了シ、即チ到達港ニ於ケル貨物運送ヲ完結シタルトキ

ハ此義務ヲ消滅スルモノナリト論告セリ、

右控訴事件ニ對シ、判事「コーレッジ」氏ハ其判決文中ニ於テ觀察シテ曰ク、『共同海損行爲ヨリ生ズル結果ナルモノハ、假令ヒ其行爲ノ後ニ起リ、即チ時間上ニ於テハ共同海損行爲ト相距ルト雖ヒ凡テ共同海損タルベシトハ、之レ「アトウード」對「セーラー」事件ノ判決ノ明示スル所ナリ』トシ、其他ノ各判事モ一致シテ右控訴ノ論告ヲ以テ不當ナリト決定セリ、此ニ判事「コーレッジ」氏ノ判決理由ヲ摘示セバ左ノ如シ、

『玆ニ證明ヲ要スベキ二箇ノ事項アリ、即チ本件ニ於テハ果シテ急迫ナル危難存在セシヤ、且ツ船長ハ航海保持ノ爲メ熟慮シテ此ニ分擔要償ヲ生ゼシメタル品物ヲ犧牲ニ供シタルヤ否ヤ之レナリ、念ハ本件ヲ以テ共同海損ノ場合ニ非ラズト思惟スル能ハズ、其事實ハ正シク共同海損行爲ノ定義ニ屬スベキモノニシテ、況ンヤ吾人ノ判決ニ反對ナル權限モ存在セザルヲヤ、曾テ本院ニテ「アトウード」對「セーラー」事件ニ就キ

判事「シセーザー」氏ノ下シタル判決ニヨレバ、海損精算者ノ慣例ナルモノハ必ラズ適法ノ原則幷ニ權原ヲ導守スベキモノナリトシ、其原則ヲ以下ノ汎義ニ於テ示シテ曰ク「共同海損分擔ニ關スル全般ノ原理ナルモノハ、積荷、船舶、及ビ運賃ノ利益ノ爲メニ行ハレタル犧牲ヨリ、直接若クハ間接ニ生ズル凡テノ損失ヲ利害關係者ニ依テ負擔スベシ」トセリ即チ此一汎原則ヨリ觀スルモ、本件ガ共同海損ノ規則ニ屬スルハ吾人ノ少シモ疑ヲ容レザル所ナリ、而シテ被告ノ爲メニ論辯セラレタル第四ノ論據ハ通常ノ理論外ニ逸スルノ嫌ヒナキ能ハズ、何ントナレバ假令ヒ航海ハ終了シテ保險者ノ責任ハ此ニ消滅セリト假定スルヲ得ベシト雖ドモ、船荷證券ニ於ケル船主ノ責任ハ猶ホ有効ニ存在スルヲ以テ、未ダ航海ノ危險ノ終結ヲ證スルニ足ラザルナリ、但シ吾人ガ斯ニ採用セントスル規則ハ故意ノ犧牲ノ存在ヲ必要トスルガ故ニ、其應用ハ原告ノ鐵線ガ注水ノ爲メニ損害セラレタル場合ノミニ限ルモノニシテ、然ルニ裁判審問ニ於テハ注水ヨリ生ゼル損害ト、火災ヨリ生ゼル損害トノ間ニ區別ヲ設ケズ、故ニ本件ニ於テ決定スベキ疑問ハ、注水ヨリ生ジタル貨物ノ損害ハ共同海損分擔トナルヤ否ヤニ歸スベキナリ』、

又タ判事「ブレット」氏ノ下シタル判決理由ヲ示セバ左ノ如シ、

『急迫ノ危險ニ接シ、船長ガ一部ノモノヲ犧牲ニ供シテ殘餘ノモノヲ救助シタルトキハ、此ニ共同海損分擔ニ對スル要償ヲ生ズルモノナリ、而シテ本件ノ辯論ヲ察スルニ、此危險ナルモノハ全部ノモノヲ直ニ全損スルガ如キ狀態タルヲ要スト論去セラレタル所アリ、此說タルヤ「アルノールド」氏著保險論ニ於テモ見ル所ナリト雖モ、之レ被告ノ爲メニ謀テ却テ其當ヲ得ザル所ノ見解ナリ、又タ本件ノ船舶ハ鐵製ニシテ、火災ノ爲メニ破損スベカラザルヲ以テ船舶ノ全損ヲ生ズルナシトノ辯論アレドモ、之ヲ事實ニ徵スルニ、其火災ハ非常ニ激烈ナルヲ推知スルニ足ルベク、若シ不幸ニシテ消滅セザリシトキハ、甲板、船檣、帆架等ノ如キ木造品

ハ悉皆燃燒セラレ、其船躰モ全ク難破物ノ情態ニ陷リシモノヽ如シ、又タ或ハ本船ハ穿孔ノ方法ニ依リテ沈沒セシムルヲ得タルニアラズヤト論ズルモノアレヒ、然ルドハ其引揚及ビ修繕ノ費用ニ付キテ船主ハ共同海損分擔ノ要償ヲナスヲ得ベク、即チ本件ニ於ケル鎭火手段ハ利益上一者ニ代フルニ他者ヲ撰擇シタル丁明白ナルヲ以テ、船長ノ行爲ハ到底不當ナリト稱スル能ハザルナリ、又或ハ其鎭火手段ハ船長ノ通常義務ニ屬スト論ズルモノアレヒ、貨物ヲ安全ニ運漕スルモ亦タ船長ノ義務ニシテ、從テ非常ノ塲合ニ於テハ船長ハ凡テノ當事者ノ代理人トナルモノナリ、而シテ前ニモ述ベタル如ク、共同海損ニハ故意ノ犧牲ノ存在ヲ必要スルモノニシテ、本件ニ於テハ船長ハ故意ニ貨物ニ注水シテ爲メニ其損害ヲ生セシメタリ、故ニ余ハ言ハントス、若シ船舶ガ不當ニ注水セラレタルドハ、積荷主ハ之ニ因テ蒙リタル貨物ノ損害ヲ船主ニ要償スルヲ得ベク、又タ之ニ同ジク航海保持ノ口實ニ藉リテ、適當ノ源因モナクシテ漫リニ積荷ヲ打荷シタル時ハ、所有者ハ其喪失ヲ船主ニ對シテ要償スルヲ得ベクシテ、而シテ余ハ本件ニ於テハ、共同海損ヲ成立セシムベキ凡テノ條件ノ存在ヲ認ムルモノナリ、』

以上陳述セル諸判決例ヲ觀察スルトキハ、英國ノ海損精算者ガ千八百七十二年ニ定メタル第二ノ慣例規定ハ、既ニ火災ニ罹レル貨物ニ對スル注水上ノ損害ヲ以テ共同海損トナスヲ非認セリト雖モ、此規定ハ裁判上ニ於テハ或ハ猶ホ未決ニ付セラレ、或ハ破棄セラレタル場合アルヲ知ルベキナリ、蓋シ此規定ノ論據ヲ推察スレバ、既ニ火災ニ罹レル貨物ニ對シテ同時ニ之ヲ損害救助スル所ノ注水ハ、全般ニ於テ其貨物ニ損害ヲ加ヘタリト看做シ難シトスルモノヽ如シ、

第八節　燃料トシテ燒失セラレタル積荷

事變ノ際共同安全上滊罐ノ燃料ヲ要スルニ當リ、積荷ヲ以テ之ニ當ツル場合ハ是レ又タ積荷ノ犧牲ト看做シテ共同海損トナスモノナリ、但

シ此場合ニ於テハ、滊鑵用燃料ノ供給ハ航海ノ當初ニ於テ充分タルベキモノトス、今マ此問題ニ關スル英國裁判所ノ判決例ヲ以下ニ記載スベシ、

「ハリソン」對「チーストラシヤ、バンク」事件ハ、積荷ヲ燃料トナシタル場合ニアラザレ𪜈、石炭缺乏ノ爲メ船舶所屬ノ豫備甲板材ヲ副滊鑵ノ燃料トシテ消費シタルニ在リ、而シテ「エッキスチエカー」裁判所ニテハ、此甲板材ノ價格ヲ以テ共同海損トナスベキモノト判決セリ、

次ニ「ロビンソン」對「プライス」事件ハ、右ノ事件ト殆ド同性質ノモノニシテ、控訴院ニテ判決セラレタルモノナリ、此事件ニ依レバ、「ジヨン、ベーリング」號ト稱スル一帆船アリテ、從來一箇ノ副滊鑵ヲ有セリ、此副滊鑵ハ貨物及ビ船足積荷ノ揚卸ヲ始メトシ、必要ノ際喞筒用トシテ具備セルモノニシテ、蓋シ此種ノ滊鑵ハ材木積取船等ニハ屢バ備用スルモノナリ、而シテ同船ハ材木ヲ以テ積荷トナシ、クイベックヨリ龍動ニ向テ航

海セントシ、其出帆ノ際ニハ船內ニ五屯ノ石炭ヲ蓄藏セシガ、此量額ハ右航海ニ付キ喞筒用其他ノ目的ニ關スル需用燃料トシテハ充分ノ供給額タルベキモノナリ、然ルニ航海中不良ノ天候ニ遭遇シテ船躰ニ强大ナル漏水ノ損所ヲ生シ、喞筒ヲ間斷ナク使用スルニアラザレバ殆ド沈沒ヲ免レザル情境ニ陷リ、玆ニ副瀛罐ニ依テ喞筒ヲ使用スベキ必要ヲ生ゼリ、然ルニ石炭ノ供給漸次缺乏ヲ告ゲ來リ、乃チ船長ハ止ムヲ得ズシテ豫備甲板材ト若干ノ材木トヲ石炭ニ混合シテ瀛罐ノ火力ヲ維持シ、爲メニ漸ク安全ニ到達港ニ着スルヲ得タリ、此ニ於テカ此豫備甲板材及ビ材木ノ消費ハ共同海損トシテ賠償スベキヤ否ノ訴訟ヲ生シ、判事「ラッシ」氏ハ其判決理由トシテ左ノ如ク宣言セリ、

『斯ニ船舶所屬ノ甲板材ト積荷ノ材木ヲ副瀛罐ノ燃料トシテ使用シタル事情ヲ案ズルニ、共同海損ニ必要ナル凡テノ條件ヲ備ヒザルハナシ、卽チ其危難ハ急迫ニシテ、其牲犧行爲ハ啻ニ船長ノ任意タルノミナラ

ズ、事變ニ際シテ船舶ノ沈沒ヲ救助スルノ必要ニ發シ、且ツ船舶、運賃、及ビ積荷ノ安全ノ爲メニ行ハレタルモノナリ、以テ一見シテ原告ノ要償ノ至當ナルヲ知ルベキナリ、然ルニ之ニ對スル抗辯ニ依レバ、本船ハ必要ノ際荷物ノ揚卸ヲ始メトシ、喞筒ノ使用ニ適用スベキ副辯鑵ヲ具備セルヲ以テ、船主タルモノハ此使用ニ對スル燃料ヲ充分ニ用意スルノ義務アリテ、若シ船主ニシテ此用意充分タラシメバ、甲板材及ビ積荷ヲ以テ補足スルノ必要生ズルノ理由ナク、然ルニ事玆ニ出テズシテ甲板材及ビ積荷ヲ燃燒シタルハ、其必要決シテ海難ニ因テ生ゼルニアラズ、却テ船主ノ過失ニ生シタルモノナリトセリ、蓋シ此抗辯ノ委曲ニ付テハ吾人ハ肯首スル能ハズト雖モ、其論旨タル原則ニ至ラハ全ク吾人ノ見解ニ一致スルモノニシテ、吾人ノ考フル所ニ依レバ、積荷主ナルモノハ、危難ノ際其積荷ノ救助ノ爲メニハ啻ニ船員ノ非常ノ盡力ヲ要求シ得ルノミナラズ、船內ニ預備セル凡テノ救助策ヲ利用スルノ權アリテ、故ニ若シ船內ニ喞筒使用ニ補充スベキ滊鑵ヲ備フル片ハ、船主タルモノハ之ニ對スル供給燃料ノ用意ヲナスノ義務アルモノトス、然レ𪜈船主ハ敢テ凡テノ變事ニ對シテ悉ク準備預防スルノ義務アリト謂フニ非ラズ、唯ダ航海ノ性質、航海ノ季節、積荷ノ積量、船舶ノ狀態等ヲ始メトシ、其他此種ノ事情ニ對シテ經驗上至當ノ供給ヲ爲ス義務アルニ止マルノミ、此故ニ船主ニシテ荷モ此義務ヲ怠ル片ハ、其供給ニ對シテ積荷主ヨリ分擔ヲ要償スルノ權ナク、若シ然ラザル片ハ積荷主ハ本來船主ノ費用ニ於テ供給スベキモノヲ支拂フニ至ルベケレバナリ、例バ以上ノ如ク石炭ノ供給不充分ナル塲合ニ於テ、航海危難ノ際他ノ通航滊船ヨリ石炭購入ノ好機會アリシ片ハ、船主タルモノハ其購入炭價ヲ以テ共同海損タル非常經費トナシ能ハザルヿ吾人ノ疑ハザル所ナリ、然ルニ本件ニ於ケル事實ハ此點ニ關シテ其說明々白タラザルヲ以テ、吾人ハ領事ニ就テ證據ヲ徵シタルニ、其報告ニ由レバ、「ヂヨン、ベーリング」號ハ、クイベック港出帆ノ際ニハ喞筒使用ノ爲メ副滊罐用トシテ相當ノ石炭ヲ用意セリトアリ、依此觀之、本件ニ在テハ共同海損分擔ノ要償上、船主ノ過失トシテ認ムベキモノハ一モ發見スル能ハズ、故ニ原告ヲ以テ勝訴ナリト判決ス』、

此事件ハ更ニ控訴院ニ提出セラレタリシガ、同院ノ判事「コーレリッヂ」、氏ハ「ブランウェル」氏及ビ「ブレット」氏ト合議ノ上判決シテ曰ク、『余ノ見解ニヨレバ、「クヰンスベンチ」裁判所ノ判決ハ全ク正當ニシテ、單ニ本件ノ事實ニ就テ徵スルモ論議ノ要ナク、其甲板材及ビ積荷ノ犧牲ヲ以テ共同海損トナサヽルガ如キハ、到底爲シ得ベカラザル所ナリ』トナセリ、

以上ノ判決例ニ依テ觀ズルトキハ、若シ滊罐ノ使用ヲ停止セバ直ニ急迫ノ危難ニ接スベク、且ツ航海ノ當初ニ於ケル石炭ノ供給充分ナル場合ニ於テハ、積荷ヲ以テ副滊罐若シクバ正滊罐ノ燃料トナスモ、原則ノ應

用上更ニ區別ナキモノヽ如シ、而シテ船主ヲシテ過失ナカラシムベキ充分ナル石炭ノ供給トハ、抑モ如何ナル分量ヲ以テ標準トナスベキヤハ以上ノ判決例ノ趣旨ニ徴シテ決定スルヲ要シ、即チ滊鑵ニ使用スベキ毎日ノ消費額ト、各航海ノ通常場合タル最長日數トニ由テ之ヲ計算シ、猶ホ之レニ加フルニ平素ノ經驗上供給ノ不足ヲ生ゼシメザル補足額ヲ以テセザルベカラズ、故ニ若シ此ノ如ク通常ノ供給額ニシテ充分ナルトキハ、假令ヒ天候或ハ其他ノ事變ヨリ石炭ノ缺乏ヲ生ズルト雖ドモ、船舶及ビ積荷ハ滊鑵ノ使用停息ト共ニ直ニ危險ニ陷ルベキヲ容易ニ明證スルヲ得ベシ、然レドモ航海時間ヲ節約セントスル意旨ノ如キハ正當ノ理由タルヲ得ズシテ、即チ帆力ヲ以テ猶ホ航海ヲ遂ゲ得ルニ當リ、單ニ船主及ビ積荷主ノ便宜ヲ圖リテ、速力ヲ迅速ナラシムルガ爲メニ一部ノ積荷ヲ燃料トセル場合ノ如キ之レナリ、但シ滊船ニシテ帆力ノミヲ以テ航海ノ操縦ニ難ク、或ハ蒸滊力ニ依ラザレバ反對ノ風位ニ抗抵スル丁難ク、或ハ瀛鑵停息セバ直ニ急迫ノ危難ニ陷ルベキ等ノ場合ニ在テハ、爲メニ必要上其犧牲ニ供セラレタル積荷ハ明カニ共同海損タルベクシテ、是レ實ニ現今確定セル所ノ慣例ナリ、

第九節　積荷ニ關スル諸他ノ犧牲

積荷ノ荷揚ニシテ其性質共同海損ノ行爲タリ、若シクバ船舶及ビ積荷ノ共同保存ノ爲メニ行ハルヽ非常行爲タル場合ニ當リテ、若シ其荷揚行爲ヨリ必要上積荷ノ損害或ハ喪失ヲ生スル時ハ、此種ノ損害或ハ喪失ハ共同海損ノ定義ニ屬スベキモノニシテ、慣例ニ於テモ亦タ同一ノ方針ヲ以テ處置スルモノトセリ、

蓋シ各種ノ荷揚ノ場合ヲ觀スルニ、其情境打荷ノ場合ニ比シテ殆ド區別シ難キモノアリ、例バ船舶坐礁セルニ當リ、若シ最近ノ滿潮ニ於テ船舶ヲ浮揚セシメザル時ハ非常ノ危險ニ陷ルベキヲ以テ、預メ船躰ヲ充分ニ輕クスルノ必要場合ナシトセズ、乃チ此目的ニ對シテハ、或ル場合

ニ於テハ一部ノ積荷ヲ沙上或ハ海濱ニ投出スルヿアルベシ、然レトモ其投出スルヤ決シテ積荷ヲ破損スルノ意旨ニアラズ、却テ海岸ヨリ端艇或ハ其他ノ手段ヲ以テ之ヲ安全ノ境ニ保存セシムルヲ望メバナリ、又タ或ル場合ニ於テハ、積荷ヲ海濱ニ達セシムルニハ、唯ダ打浪ノ力ニ籍リ、若シクハ筏トシテ漂着セシムルノ外他ニ途ナク、又タ或ル場合ニ於テハ、大雨ノ際ト雖トモ防雨ノ手段ヲナス能ハズシテ揚荷スヘキ等ノ困難ニ接スベキナリ、而シテ此種ノ各場合ニ於テ、此ノ如ク積荷ヲ非常ノ危難ニ接セシメ、若シクハ其損害ノ發生ヲ免レザルニ拘ラズ、强テ荷揚ヲ行フ所以ノモノハ他ナシ、畢竟非常ノ危難ニ際シテ全部ノ財産ニ生ズル大災害ヲ避クルニアルノミ、故ニ積荷ノ保存上至當ノ注意ヲ施スニ拘ラズ、此ノ如キ情境ノ結果ヨリ生ズル處ノ損害或ハ喪失ハ、凡テ明カニ共同海損タルモノニシテ、其性質ヨリ觀察スレバ、打荷ノ際艙口ヲ開放シテ海水ヲ闖入セシメ、若シクハ火災消防上ノ注水ヨリシテ貨物ヲ損害セルモノト全ク同一ナリト云フヘシ、即チ此等ノ各損失ハ元來故意ニ生セシメタルモノニアラズ、唯ダ共同ノ安全ヲ圖ランガ爲メ、止ムヲ得ズシテ此種ノ結果ヲ生セシムベキ方法ヲ採用シタルモノナリ、

次ニ船舶ニシテ漏水シ或ハ修繕ノ必要アルトキハ、共同ノ安全上避難港ニ回航スル場合アリ、然ルニ此際共同安全ノ爲メ、若シクハ修繕ノ必要結果トシテ荷揚ヲ行ヒタルニ當リ、其荷揚ハ此等ノ理由ニ基キテ正當ニ共同海損行爲トシテ處置スベキモノナルトキハ、此荷揚ヨリ生ズル貨物ノ損害及ビ喪失モ亦タ當然ニ共同海損タルベキナリ、故ニ海損精算者協會ニ於テ規定セル現行慣例ニヨレバ、『荷揚費用ガ共同海損タルトキハ、其荷揚ヨリ必要上貨物ニ生ッタル凡テノ喪失及ビ損害モ亦タ共同海損タルベシ』トセリ、蓋シ避難港ニ於ケル荷揚ガ積荷ノ損失ヲ醸シ易キ事情ニ就テハ甚ダ不明ノ疑ヒアルベシ、乃チ今マ其ノ三大理

由ヲ擧グレバ(第一)、船舶ガ漏水スル場合ノ如キハ積荷ノ荷揚ヲ非常ニ迅速ニ行フベキ必要ノ場合アリ、(第二)、常時巨船大船ノ出入ナキ、若シクバ多量ノ貨物ヲ荷揚セザル土地ニ在テハ適當ノ荷揚裝置ニ欠ケリ、(第三)、積荷ニシテ石炭ノ如キ性質ノモノナル時ハ、荷揚ノ際必ズ幾分ノ漏失ヲ生ズベクシテ、然ル時ハ到達港ニ於ケル荷物ノ漏失ト共ニ其減量ハ通常ノ二倍トナルベキナリ、故ニ以上ノ如キ各場合ニ於テハ、其荷揚ノ爲メニ要セル實際ノ經費ハ、荷揚費ト積荷ノ避クベカラザル損失額トヲ合算シタルモノトス、

又タ船舶ガ沈沒ヲ免カレ、或ハ敵船ノ捕拿ヲ逃レ、或ハ其他ノ大危難ヲ避ケンガ爲メニ任意ニ坐礁シタル等ノ場合ニ於テハ、其避クベカラザル結果トシテ船舶及ビ積荷ニ生ジタル損失ハ凡テ共同海損タルベキヿ蓋シ當然ナリ、然𪜈此問題ニ關シテハ研究ノ便宜上次篇ニ於テ詳論スル所アルベシ、

船檣ヲ切斷シ、或ハ其他船舶ニ所屬スル部分ヲ共同海損ノ犠牲ニ供シタルニ由リ、爲メニ貨物ニ加ヒタル損害ハ明カニ共同海損タルベキモノナリ、例バ船檣ヲ切斷シタリニ由リ、下底ノ甲板ヲ破損シテ海水ノ流入ヨリ貨物ヲ浸潤シタル塲合ノ如キ、或ハ船檣ガ鐵製ナルトキハ中心空虚ナルガ故ニ、其切斷口ヨリ浸入セル海水ノ爲メニ貨物ヲ損傷スル塲合ノ如キ之レナリ、盖シ此等ノ塲合ハ、打荷ノ爲メニ艙口ヲ開放シタルニ當リ、海水流入シテ貨物ヲ損害スル塲合ト全ク同一ナレベナリ

船難ノ救助料ヲ支拂フベキ塲合ニ於テ、一部ノ積荷ヲ犠牲トシテ之ニ當ツルハ昔時屢バ行ハレタルナリ、而シテ此種ノ犠牲ハ又タ當然ニ共同海損トシテ處置スベキモノナリ、

避難港ニ於ケル船舶ノ航海ヲ繼續センガ爲メニ船舶ノ負債ヲ償還セントスルモ、船主及ビ積荷主ヨリ之ヲ供給セザル塲合ニ於テハ、其資金調達上屢バ積荷ヲ犠牲ニ供シテ之ヲ賣却シ、若シクバ抵當トナスコト

アリ、然トモ此種ノ場合ハ甚ダ複雜ノ關係ヲ有スル問題ナルヲ以テ、便宜上又タ別章ニ於テ説明スヘシ

第十節　運賃ノ犧牲

今ヤ本章ヲ終ランTスルニ臨ミ、此ニ運賃ノ犧牲ニ關シテ聊カ説明セソニ、一汎ノ規則トシハ積荷ノ犧牲ナルモノハ其結果トシテ當然ニ船主ニ運賃ノ喪失ヲ來スモノナリ、蓋シ船内各箇ノ積荷ガ有スル價値ナルモノハ、一部ハ運賃トシテ船主ニ屬シ、即チ船主ハ此關係ヨリ積荷ヲ留置スルヲ得、而シテ他ノ一部トシテハ運賃額ヲ控除シタル殘餘ノ價値ニシテ、之レ商人ニ屬スルモノナリ、故ニ船主ト積荷主ガ犧牲ヨリ生スル損失ニ對シテ同等ニ要償權アルハ固ヨリ其所ナリトス、船主ト積荷主ハ積荷ノ價値ニ對シテ此ノ如ク各ホ利益ヲ有スルヲ以テ、時トシテハ一種ノ見解ヲ主張スルモノ稀レナリトセズ、即チ一説ニ依レバ、打荷或ハ其他類似ノ共同海損行爲ニ依テ犧牲ニ供セラルヽ貨

物ハ概ヲ其價値明白ナルヲ以テ、此犠牲ヲ船主ト商人間ニ分配スルニ當テハ其全額ヲシテ貨物ノ全價値ニ超過セシムベカラズ、換言セバ、損害貨物ニ對スル全賠償額ト、損害セラレザル積荷ノ全賣得金額トノ合計額ヲシテ犠牲行爲ナキ場合ニ於ケル積荷ノ全價額ヲ超過セシムベカラズトセリ、蓋シ瞥見スレバ此見解ハ大ニ理由アルガ如シト雖モ、苟モ正當ノ處置ヲ行ハントセバ實際ニ於テ之ニ準據シ難キ場合少カラザルナリ、

例バ「フレッチヤー」對「アレキサンダー」事件ノ如キハ此點ニ付キ精細ノ記録ナシト雖モ、其事實ハ右ノ見解ノ實行シ難キヲ證スルニ足ルモノナリ、即チ一船舶アリ、食鹽ヲ積荷トシテリバプールヨリカルカッタニ向テ航海シ、出帆後直ニ坐礁セシヲ以テ止ムヲ得ズ其積荷ヲ悉皆海中ニ投棄シ、船躰浮揚ノ後修繕ノ爲メリバプールニ歸航セリ、而メ此積荷ノ運賃半額ハ既ニ前拂タリシガ傭船者ハ其積荷喪失ノ爲メ傭船契約

ヲ解除シタルニ因リ、船主ハ此ニ再ビ他ノ積荷主ニ屬スル食鹽ヲ積入レテカルカッタ迄之ヲ運送セリ、故ニ此結果ニ於テ船主ハ明ニ利益シタルニ反シ、第一ノ傭船者タル食鹽ノ所有者ハ其元價ト共ニ前拂トナシタル半額ノ運賃ヲ損失スルニ至リ、此前拂運賃ハ共同海損トシテ算入セラレタリ、而メ此事件ノ精算ハ幾多ノ異議ヲ生シテ遂ニ裁判ヶ決ヲ受クルニ及ビシト雖圧、前拂運賃ヲ共同海損トナシタル點ニ就テハ更ニ疑問ヲ生シタルヿナカリシ、加之ナラズ本件ニ於テハ、船主ガ收得シタル前拂運賃ノ利益ハ全ク積荷主ノ損失ニ歸スルモノトシテ共同海損ニ對スル分擔價値トシテ算入セラレザリシヲ以テ、其極食鹽ノ打荷ニ對シテ共同海損トセラレタル全額ハ、其評價地タルリバプールニ於ケル食鹽ノ實價ニ比シ、若シクバ傭船契約ニ特別條件アル塲合ノ金額ニ比スレハ遙ニ多額ニ達シタルモノナリ、

又タ例バ火災消防ノ爲メ注水ヨリ貨物ニ損害ヲ來シ、到底到達港迄之

ヲ運送シ得ザルヲ以テ中間港ニ於テ賣却シタル場合ノ如キハ、其賣却價格ハ却テ到達港ニ於ケル賣却價格ヨリ運賃ヲ控除シタル殘額ニ比シテ遙カニ利益ヲ收メ得ルヿアリ、蓋シ此種ノ結果ハ石炭ノ如キ元價低廉ノ貨物ニシテ、其航海運賃ガ到達港ニ於ケル價格ノ主要部分ヲ占ムル場合ニ於テ屢バ見ル所ニシテ、「ピーリー」對「ミットトルドック」會社事件ノ如キ之レナリ、故ニ此場合ニ在テハ商人ハ多額ノ利益ヲ占ムルニ反シ、船主ハ其運賃ヲ損失シ、而シテ此喪失運賃ニ對シテハ船主ハ明カニ之ヲ共同海損トシテ要償スルノ權利アルベキヲ以テ、茲ニ再ヒ前述セル同樣ノ結果ニ達シ、即チ犧牲ニ供セラレタル積荷ノ賠償額ニ加フルニ、犧牲ニ供セラレザル積荷ノ賣得金額ヲ合計スレハ、犧牲行爲ナキ場合ニ於テ收得スベキ積荷價格ト運賃トノ合計額ニ比シテ遙ニ多額ニ達スベキナリ、

次ニ船主或ハ積荷主ノミニ影響ヲ及スベキ特別理由ニ因リテ、其一者

ハ打荷或ハ其他ノ犧牲ヨリ生スル損失ニ對シテ之レガ賠償ヲ受ケ得ルニ反シ、他ノ一者ハ然ルヿ能ハザルヿアリ、例バ積荷ノ自然ノ燃燒ヨリ生スル火災ノ塲合ニ於テ、其火災ハ積荷主ノ不當ノ船積ノ結果タル證明アルニ於テハ、是レ其積荷主ノ過失ナルヲ以テ、積荷主ハ消防ノ爲メニ生セル損害ニ對シテ要償スルヲ得ズ、然レ𪜈船主ハ自己ニ過失ナキヲ以テ、其結果ニ於テ生セル喪失運賃ノ賠償ヲ受クルノ權アリ、以上ノ如キ關係ナルヲ以テ、積荷ノ犧牲ニ伴フテ偶發スル運賃ノ損失ハ、實質上他ノ損失ニ關係セサル一箇ノ要償トシテ看做シ、以テ傭船契約ノ條欵ニ準據シテ處置スベキモノニシテ、例バ高率運賃ヲ以テ船舶ヲ二重ニ賃貸借シタル塲合ノ如キハ、船主及ヒ傭船者ハ損失ニ對シテ各ホ異ル要償ヲ求メ得ベキヿアリ、然𪜈此等ノ關係ニ就テハ犧牲貨物ニ對スル賠償額計算方法ヲ論スルニ當テ詳説スル所アルヘシ、

第三章　船舶ノ犠牲

第一節　一般ノ原則

船積契約ニ於テハ、船主或ハ其使用人ヲシテ船舶ニ所屬スル部分ヲ破損セシメ、或ハ之ヲ破損ノ情境ニ接セシムル義務ヲ有セザルヲ以テ、貨物ノ犠牲ト船舶ニ所屬スル部分ノ犠牲トノ間ニ於テハ原則上更ニ區別ナキモノトス、故ニ昔時ノ諸種ナル海上法及ビ各海商國ノ一般慣例ニ於テモ、船檣切斷或ハ錨鎖脱落ノ場合ヲ以テ、之ヲ貨物ノ打荷ト同一ノ基礎ニ於テ處置セリ、然圧茲ニ船舶ト貨物トノ間ニハ一ノ相違スル處アリテ、即チ積荷ナルモノハ、船積契約ニ預想スル航海ノ通常情境ニ在テハ決シテ危險ニ接セラルヽモノニアラズ、唯ダ夫レ共同ノ危險ニ遭遇シテ、積荷ヲ投棄スルガ爲メ暴風中艙口ヲ開クガ如キ非常ノ場合ニ於テ喪失或ハ損害ヲ招キタル片ハ、此種ノ災難ヲ犧牲トシ處置スルモノナリ、然ルニ之ニ反シテ船舶ニ所屬セル各部分ヲ首メトシ、索具或ハ機械類ノ如キモノハ、航海ノ通常情境ニ於テハ固ヨリ言フヲ待タズ、猶ホ暴風等ノ際ニ於テハ非常ノ危險ニ接スルヿ稀レナラザルナリ、例バ船帆及ビ索具ノ如キハ、暴風ノ際ニハ啻ニ風力ノ壓迫ノミナラス、風位ニ抵抗シテ上揚スル等ノ必要アルヲ以テ、其破損ノ危險ハ之ヲ好天氣ノ時ニ比スレバ遙ニ大ナラサルヲ得ズ、故ニ船舶ノ索具及ビ機械等ヲ非常ノ危險ニ接セシムルト雖モ、或ル程度迄ハ之ヲ以テ船舶ノ通常義務ト見做スモノニシテ、從テ其破損ヲ犧牲トシテ賠償スル事ナシ、

本章ニ於ケル説明ノ順序ハ、曾テ第二章第一節ニ於テ述ベタル趣旨ヲ依遵スベシト雖モ、本章ノ硏究事項ニ關スル裁判例ハ從來甚ダ其數ニ乏シキヲ以テ、先ヅ英國裁判所ニ於テ判決セラレタル事項ヲ年代ノ順序ニ從テ説述シ、終ニ最近ノ判決例ニシテ學術上所謂ユル『難破物ノ情態』ニ關スル規則ニ及ビ、而シテ後チ習慣或ハ精算者ノ慣例ヲ擧示スベシ、然モ此等ノ習慣或ハ慣例ナルモノハ敢テ權原トシテ記載スルニア

ラズ單ニ參考トナスニ過キザルナリ、故ニ本章ニ於デ詳論スベキ任意坐礁ノ重要問題ノ如キモ習慣或ハ慣例ヲ除キテハ他ニ優ル所ノ斷定材料ヲ得ル能ハザルナリ、

第二節　貯蓄品ノ打荷

船舶ノ貯蓄品ノ打荷ヲ積荷ノ打荷ト同一ノ基礎ニ於テ處置シタルコハ、既ニ「プライス」對「ノーブル」事件ニ於テ、大砲、錨、鐵鎖、及ビ其他ノ貯蓄品ヲ中甲板ヨリ海中ニ投棄シタル場合ニ説明シタル所ナリ、然ルニ精算者ノ慣例ハ、此場合ニ於テモ猶ホ甲板積貨物ト船艙積貨物トノ間ニ於ケル如キ同一區別ヲ設ケタリ、而シテ其理由トスル所ニ依レバ、蓋シ多クノ船舶ニ在テハ種々ナル無用ノ品物ヲ上甲板ニ堆積スルヲ常トスルモノニシテ、然ルニ此等ノ品物ハ却テ危險ヲ增加スルヲ以テ、危難ノ際先ヅ第一ニ海中ニ投棄セラルヽハ固ヨリ其所ナリトセリ、是ニ於テカ英國ニ於テモ獨逸及ヒ其他ノ諸國ニ於ケルガ如ク、此慣例ノ濫用ヲ

防カンカ爲メニ一定ノ規則ヲ設ケ、上甲板ニ於ケル船舶所屬ノ材料ヲ打荷トナスト雖モ、若シ其品物ガ航海ニ必要ニシテ、從テ航海ノ習慣上常ニ甲板上ニ存在スベキモノニアラザルトキハ、共同海損トシテ處置スベカラズトセリ、例バ端艇、副帆、滑車、豫備甲板材、錨等ノ如キハ當然ニ上甲板ニ常備スヘキモノトシ、之ニ反シテ水桶、食料品、豫備帆布、豫備錨鎖等ノ如キハ然ラザルモノトス、而シテ小索類ノ如キハ、遠洋航海ニ於テハ乾燥後直ニ船艙内ニ蓄藏スベシト雖モ、沿岸航海或ハ其他ノ小航海ニ在テハ、上甲板ニ存在セシムルモ敢テ不當ト認メザルモノトセリ、

第三節　錨鎖ノ切斷

「バークレー」對「ブレスグレーブ」事件ニ於テハ、「アルゴー」號ト稱スル一船舶アリ、サンダランドニ向テ航海シ、既ニ該港内ニ碇繫セントスルヤ忽然颶風ノ襲來ニ接シ、乃チ止ムヲ得ズ錨ヲ放棄シテ船舶ノ安全ヲ保持スルカ爲メニ牽綱ニテ船躰ヲ南方ノ埠橋ニ緊結セリ、然レモ此牽綱ハ

直ニ斷絕セシヲ以テ猶ホ數條ノ錨鎖ヲ用ヰタレドモ悉ク其効ヲ奏セズ、船舶ハ北方ノ埠橋ニ沿テ漂プニ至レリ、此ニ於テカ再ヒ小索及ビ牽綱ヲ以テ其埠橋ニ固結セシガ、此等ノ綱索類ハ通常此種ノ目的ノ爲メニ使用供給セラル丶モノナリ、然ルニ此ニ更ニ他船ノ漂搖シ來リテ「アルゴー」ニ觸接スルノ恐レ有ルヲ以テ、船長ハ船舶及ビ積荷ノ安全ヲ慮リテ、本船ヲ緊結セル錨鎖ヲ切斷シ、單ニ埠橋ニ沿フテ碇泊セシメタリシガ、此ノ如ク錨鎖ヲ以テ埠橋ニ緊着セシメタル際ニ於テモ、猶ホ幾條ノ綱索ハ風力及ビ他船ノ觸衝ノ爲メニ斷絕セラル丶ニ至レリ、此ニ於テ船主ハ其切斷シタル錨鎖ト斷絕セル綱索類ノ價格トヲ共同海損トシテ要償セシガ、其訴訟審問ノ際ニ至リ船主ハ其綱索類ヲ以テ本來ノ目的ニ使用シタルモノトナシ單ニ錨鎖ノ價格ノミニ付テ賠償ヲ要求セリ、是レ船主ハ錨鎖ヲ以テ其本來ノ目的外ニ使用シ、且ツ船舶及ビ積荷ノ保存上ニ効力ヲ付與シタルモノト思惟シタレハナリ、而シテ裁判所ニ於テハ船主ノ此要償ヲ承認シ、判事「ロールド、ケンヨン」氏ハ曰ク、『船舶カ暴風雨叉ハ其他ノ海上危險ヨリ直接ニ被リタル通常ノ喪失及船損害ハ凡テ船主ニ於テ負擔セサルベカラズ、然レ𪜈各事變ニ際シテ船長及ビ船員ガ凡テノ利害關係者ノ利益ノ爲メニ本來ノ目的外ニ使用シタル品物及ビ其他ノ經費ハ之ヲ共同海損トナシ、被告ハ割前ニ應ヅテ仕拂フベキモノナリ』トセリ、

第四節　船帆ノ緊張使用

「コンピントン」對「ロバーツ」事件ハ本節ノ問題ニ關スル裁判例ナリ、此事件ニ依レバ「ナンシー」號ト稱スル一帆船アリ、曾テ佛國私船ニ捕拿セラレタリト雖𪜈佛國人ハ風波ノ爲メニ「ナンシー」號ニ乘入ルヿ能ハズ、此ニ於テカ船長ハ船舶ヲ疾走セシメテ其捕拿ヲ脫レントシ、船帆ヲ非常ニ緊張セシカバ帆布ハ悉ク破綻シ、且ツ本檣ノ先端ヲ摧折シタレ𪜈遂ニ其逃亡ヲ全フスルヲ得タリ、此ニ於テ船主ハ此損害ヲ單獨海損トシ

テ保險者ニ要償セシニ、保險者ハ却テ此損害ヲ以テ凡テノ利害關係者ニ對スル救助行爲ヨリ生ズルモノトナシ、從テ共同海損トシテ單ニ其分擔額仕拂ノ義務アリトシ、其論據ヲ確ムル爲メニハ「バークレー」對「ブレスグレーブ」事件ヲ引用セリ、然レ𪜈判事「サー、ゼームス、マンスヒールド」氏ハ曰ク、『斯ニ引用セラレタル「バークレー」對「プレスグレーブ」事件ニ於テ、凡テノ利害關係者ノ利益ノ爲メニ供セラレタル犧牲品ハ錨鎖ニシテ、而シテ判事「ローレンス」氏ノ說ク處ニ依レバ、非常ノ犧牲ノ結果ニ於テ生ズル凡テノ損失、若シクハ船舶及ビ積荷ノ保存ノ爲メニ被リタル凡テノ經費ハ共同海損ノ種類ニ屬スベキモノナリトセリ、然ルニ本件ノ場合ハ單ニ海上ノ通常危險タルニ過ギズシテ、若シ天候更ニ良好タルカ、若シクバ船舶更ニ强固タル・ニ於テハ一ノ損害ヲ生ニセザルベシ』トナシ、以テ原告ノ論告ヲ非認シタリ、

蓋シ諸國ノ法律ニ就テ觀ズルニ、船帆ノ緊張使用ヨリ生スル損害ハ、其

以上ノ如キ場合タルト、若シクバ暴風中風位ニ抗抵セル場合タルトヲ問ハズ、之ヲ共同海損トシテ處置スルモノ少シトセザルナリ、然レ圧千八百七十七年ノ「ヨーク、エンド、アントウェルプ」規定ニ於テハ此見解ヲ非決シ、遂ニ其第六條ニ於テ此種ノ損害ヲ共同海損トナサヾル事ニ定メ、獨逸ノ海上法第七〇九條第三項ニ於テモ亦同一ノ規定ヲ置ケリ、而シテ其非決ノ理由トシテ「ウルリヒ」氏ノ説明スル所ニ由レバ、船主ハ積荷ヲ到達港ニ送達セントセバ契約上其運送ニ要スル凡テノ通常手段ヲ備フベキ義務アリテ、其手段トハ即チ船舶及ビ索具等ニ由テ調達セラルヽモノナリ、故ニ此等ノ品物ヲ本來ノ目的内ニ使用シタルニ於テハ其使用程度ノ强弱ヲ顧ミルベカラズ、即チ船帆ヲ緊張シテ使用スル場合ノ如キモ當然ニ此範圍ニ屬スルモノナリトセリ、而シテ英國ニ於テモ此種ノ要償ヲ共同海損ヨリ除去スルヲ以テ多年來ノ慣例トナシ、其理由ニ至テハ「ウルリヒ」氏ノ所説ト其實異ルナク、即チ船帆ノ目的ナルモノハ唯ダ快晴ノ天候ニノミ使用ヲ限ルモノニアラズ、苟モ必要アレバ何時ニ於テモ之ヲ使用スベシ、故ニ航海ヲ迅速ニシテ危難ヲ避クル等ノ必要ヨリ之ヲ緊張スルト雖トモ、之レ唯ダ通常ノ使用方法タルニ過キズ、然レトモ其必要ナキニ當テ漫リニ緊張スルガ如キハ固ヨリ過失タルヲ免レズトセリ。

玆ニ一ノ注意ヲ要スル場合アリ、即チ船舶ガ或ル情境ニ存在シ、而シテ其際ニ於クル船帆ノ使用ハ唯ダ非常ノ用法トシテ適當タルベシト雖トモ、到底通常ノ用法ト看做スベカラザルニ於テハ以上ノ規則ヲ以テ一概ニ論スベカラザルナリ、例バ坐礁船舶ヲ浮揚スルガ爲ニ滿潮ノ際船帆ヲ上揚シテ其目的ヲ達シタリト雖モ、之ニ由テ帆布ヲ寸斷シタル場合ノ如キハ慣例上此損害ヲ共同海損トシテ處置シタル事アリ、而シテ此慣例ニ對シテハ或ル論者ハ曰ク、此種ノ坐礁船舶ハ非常ノ抵抗力アルヲ以テ、此ノ如キ船帆ノ用法ハ濫用ニアラザレバ其本來ノ目的外ニ使用セルモノナリトセリ、然レモ論者ガ船帆ノ使用ニ關シテ想像スル如キ場合ニ於テモ猶ホ同樣ニ處置シタル慣例アリテ、即チ一船舶ガ海岸ニ向テ漂流膠沙セントスルニ當リ、此際之ヲ救濟セントセバ唯ダ船帆ヲ上揚シテ風力ニ抗抵スルノ他ニ途ナク、若シ然ルトキハ其結果トシテ直ニ帆布ヲ寸斷ニ破損スベキコト明白タリシモ、此瞬間ノ抗抵力ニ由テ能ク船首ヲ回轉シテ遂ニ膠沙ノ禍ヲ免レタル場合之レナリ、惟フニ此種ノ情境ニ於テ猶ホ且ツ船帆ノ緊張使用ヨリ生ズル損失ヲ共同海損ト見做サヾルハ甚ダ過酷ナル見解ニシテ、畢竟前掲ノ「コービントン」對「ロバーツ」事件ノ原則ヲ適用セバ此等ノ慣例ノ至當タルヲ知ルベキナリ、故ニ千八百九十年ノ「ヨーク、エンド、アントウエルプ」規定第六條ニ於テモ修正ヲ加エ、遂ニ『共同安全ノ爲メニ坐礁船舶ヲ浮揚セシメ、或ハ更ニ陸地ニ膠沙セシメントシテ、船帆及ビ帆架ノ兩者、若シクバ其一者ニ生セシメタル損害或ハ喪失ハ共同海損トシテ賠償スベキモノトス、然レドモ既ニ船舶ノ浮揚後ニ於テハ船帆ノ緊張使用ヨリ船舶、積荷、及ビ運賃ノ全者、若シクハ其一者ニ損害或ハ喪失ヲ生セシムルモ共同海損トシテ處置セラルヽコトナシ』トセリ、

第五節　戰鬪ヨリ生ズル損害

本節ニ關スル判決例トシテハ「タイローア」對「カーチス」事件アリ、此事件ニヨレバ「ヒベルニヤ」號ト稱スル一船舶アリ、曾テ西印度セント、トーマスニ向テ航海中私船ノ侵襲ニ遭遇シ、幸ニ之ヲ退擊シテ其積荷ヲ安全ニ荷受人ニ引渡セシト雖ドモ、敵彈ニ依リテ祟リタル船躰及ビ索具ノ損害、船員ノ創傷療治費、幷ニ彈丸彈藥ノ消費價額ヲ共同海損トシテ要償シタリ、乃チ判事「ギップ」氏ハ之ヲ非認シテ曰ク、『余ハ此場合ニ就テ觀スルニ、敵船ヲ避クルガ爲メニ船帆ヲ緊張シテ疾航シタル場合ト區別スル能ハザルナリ、而シテ此後塲合ハ全者ヲ保存スベキ目的ヲ以テ任意ニ行ハレタルニ拘ラズ、猶ホ其危險ヨリ生ゼル損失ハ共同海損タ

ルヲ得ズト判定セラレタリ、………然ルニ私船ニ對スル防禦手段ハ共同ノ利益ヲ圖リタルモノナレドモ、之レ單ニ航海中ニ於ケル一危險タルニ過ギズシテ、敢テ或ル一個ノ財産ヲ以テ殘餘ノ財産保護ノ爲メニ任意ニ犧牲ニ供シタルニアラズ、畢竟其損失ハ敵彈ニ命中シタル部分ノミニ止マルモノナリ』トセリ、然レドモ氏ハ此宣告ト共ニ勸告スル所ニ依レバ、此ノ如キ勇敢ナル抗戰ニ對シテハ若干ノ報酬ヲ贈與スベク、然ラザレバ將來何人モ此壯擧ニ出テザルベシトセリ、而シテ此事件ハ凡テノ裁判所ノ判決ニ於テ皆ナ同一見解ナリシト雖ドモ、之ニ對シテ論難ヲ下シタルモノモ亦タ少カラズ、即チ「ビヂツケー」氏ノ見解ニ依レバ、此損害ハ抗戰ノ決心ニ發セル結果ナルヲ以テ任意ニ蒙リタル損害ト認メ得ベク、防禦ハ全ク全者保存ノ爲メニ行ハレタルモノナリト主張シ、又タ「ヒリツプ」氏ノ如キニ至テハ、船員ハ必要ノ際船檣ヲ切斷シ、若シクハ船舶及ビ積荷ノ安全ノ爲メニ犧牲ヲナス義務アルヲ以テ、戰闘モ亦タ其義務ナリトセリ、然レドモ是レ恐クバ僻論タルヲ免レザルベシ、蓋シ「ギップ」氏ガ右ノ事件ヲ以テ船帆ヲ緊張使用シタル場合ト同一視シタルハ必シモ不當ノ論議ニアラズシテ、畢竟船舶ガ航海ノ際敵襲ヲ抗戰スルニ足ルベキ鐵砲及ビ其他ノ武器ヲ備フル所以ハ其目的ノ外敢テ他アルニアラズ、從テ苟モ此目的内ニ於ケル消費若シクバ使用ニ付テハ、其多少ニ關セズ之ヲ共同海損トナスベカラザルナリ、況ンヤ船舶ノ武裝ナルモノハ、船員傭入ノ際既ニ必要上戰闘ヲ辭セザル旨ヲ船員ニ示スモノナリ、

第六節　滊鑵ノ燃料ニ供シタル船舶ノ諸材料

航海ノ當初ニ於ケル船用炭ノ供給充分タリシニ拘ラズ、危難ヲ避クルガ爲メニ臨機ノ處置トシテ豫備ノ甲板材或ハ圓材、並ニ其他船舶ニ所屬スル材料ヲ滊鑵ノ燃料トシテ使用シタルトキハ當然ニ共同海損トナルモノナリ、然𪜈此問題ニ就テハ既テ前章第八節ニ於テ詳論セル處ナ

ルヲ以テ此ニ再ビ説明セザルベシ、

第七節　難破物ノ情態

船舶ニ所屬セル材料ガ所謂『難破物』トナリテ之ヲ切除シタル塲合ニ關シテハ幾多ノ異論ヲ生ズル所ナリ、例バ船檣ガ暴風ノ爲メニ奪去セラレ、帆架、帆布、及ビ索具ト共ニ船側ニ附着觸衝シテ船舶及ビ積荷ヲ危險ナラシムル塲合ニ當リ、船長ハ元來此難破物救助ノ途ヲ講スベキニ反シ却テ共同安全ノ爲メニ之ヲ切除スルトキハ、此等各部ノ材料ノ損失ハ正當ニ共同海損タルヲ得ルヤ否ヤノ疑問ヲ生ズベキナリ、

「エマーリゴン」氏及ビ其他大陸諸家ノ學說ニ依レバ、此ノ如キ情態ニ於テ犧牲ニ供セラレタル品物ハ、實際上有價物ト認メ得ベキ理由アルヲ以テ宜シク共同海損トナスベシトナシ、其諸國ノ法律ニ於テモ同一ノ規定ヲ設クルモノ多シ、而メ英國精算者ノ慣例ハ多年間之ニ反對ノ方針ヲ以テ處置シ、「スチーブン」氏ノ如キハ、此等ノ品物ガ占ムル所ノ情境

ハ其品物ヲシテ價値ヲ失セシムルモノナリトセリ、然モ「ピヂツケー」氏ガ之ニ反シテ抗論スル所ニ依レバ、若シ其品物ガ犧牲ニ供セラレタル時ニ當リ猶ホ若干ノ價値ヲ有セルコヲ證明シ得ルトキハ共同海損タルベク、例バ其船舶ガ港津ノ近傍ニ存在シ或ハ其他ノ理由ニ依リテ、天候平穩ニ復スルヲ待タバ帆布及ビ帆架等ヲ救助シ得ベキ充分ノ希望アル場合ノ如キ之レナリトセリ、

今マ此疑問ニ關シテ英國裁判所ニ於クル陪審官ノ申告及ビ判決等ヲ示サンニ、判事「ウイルス」氏ガ此問題ニ付キテ「ジヨンソン」對「チヤプマン」事件ニ於テ宣告セル所ハ左ノ如シ、

『此ニ決定スベキ疑問ハ、共同ノ危險及ビ共同ノ犧牲ノ存在如何ニ在ル事ハ英國及ビ諸外國ノ學者ノ一致スル所ナリト雖モ、其規則ノ實際上ノ應用ニ關シテハ敢テ一致セザルガ如シ、但シ茲ニ英國ノ海損精算者ガ概ヲ相一致セル場合アリ、即チ船檣摧拆シテ其一部ガ帆布及ビ帆架

ト共ニ船綷ニ拘繋シ、爲メニ船綷ヲ斷絶セントスルノミナラズ船側ニ衝撞シテ刻々危險ヲ增進スルニ際シテ、斷然其船綷ヲ切斷シ以テ其危險ヲ免ルヽ場合ニ於テハ、其船檣ノ斷片、帆布、及ビ帆架ハ全ク難破物トシテ認ムルノ外ナシトスルニ在リ、盖シ如何ナル法學者モ純粋ノ法律論トシテハ、此ノ如ク切離シタル障礙物ヲ以テ悉ク難破物ナリト主張スルモノナカルベシト雖モ、余ガ此場合ニ關シテ有スル見解ニ依レバ、苟モ其物ニシテ既ニ實際上喪失セラレテ回復ノ望ナク、且ツ船綷ヲ斷チタル行爲ハ唯ダ其喪失時間ヲ速ムルニ在ルヲ知ラバ、其物ハ正ニ難破物ト稱スベクシテ共同海損ト稱スベカラザルナリ、何ントナレバ其物ハ到底保持スル丁能ハサルモノナレバナリ、況ンヤ船綷ヲ切斷スルニ當テモ故意ノ犧牲物ト稱スベキモノナク、畢竟喪失スベキモノニ對シテ其喪失ヲ少シク速ニシタル所以ハ、其喪失ノ遲速ヨリ大損害ヲ招クト否トノ重大ナル關係アレバナリ、然モ其物ハ遂ニ喪失ヲ免レ得ザルモノナリ、…………然𪜈此ノ如ク既ニ實際喪失セルモノヲ切除スルニアラズシテ、猶ホ安全ニ存在セル所ノ船舶所屬ノ部分ヲ共同ノ危險ノ爲メニ切除スルトキハ、之レ共同海損トシテ賠償ヲ受クベキモノナリ、何トナレバ此塲合ニ於テハ實ニ犧牲ヲ行ヒタレバナリ、例バ船舶ノ障礙トナルベキ難破物ノ排除ヲ容易ナラシムルガ爲メニ安全ナル船檣或ハ斜桅ヲ切斷スル如キ塲合之レナリ、而シテ此等各種ノ塲合ニ於テ、海損精算者ガ此原則ヲ能ク適用スルハ甚ダ困難ナルベシト雖𪜈、原則ノ示ス所ハ明瞭ニシテ、苟モ共同ノ危險ニ於テ任意ノ犧牲物アルトキハ之ヲ割合分擔スベキモノトス』

次ニ觀察スベキ塲合ハ、船檣ハ猶ホ本來ノ位置ヲ保ツニ拘ラズ、曾テ其船檣或ハ支持物ニ生ツタル損害ノ爲メニ船檣ハ既ニ價値ヲ失ヒ、且ツ實際上難破物ニ歸シタルヲ以テ、假令ヒ之ヲ切斷スルモ其船檣ノ價値ヲ共同海損トシテ處置スル限リニアラズト主張セラルヽモノナリ、此問題ニ就テハ二箇ノ裁判事件アリ、其第一タル「コーリー」對「カウルザードド」事件ハ不幸ニシテ詳細ノ裁判記錄ナシト雖モ、第二ノ「シェファードド」對「コットゲン」事件ノ關係上ヨリ茲ニ其概要ノ事實ヲ蒐集シテ記述スレバ、鐵製ノ一船檣アリ、其根底ニ緩ミヲ生ジテ動搖シ來レリ、此ニ於テ船長ハ其傾倒ヨリ船底ヲ破壞センヿヲ恐レ遂ニ之ヲ切斷セシガ、後日ニ至リ此切斷ハ單ニ杞憂ノ結果ニ發シタルヿ明白トナリシト雖モ、其當時ニ於テハ船長ハ自ラ當然ノ行爲ナリト確信シテ行ヒタル所ノモノナリ、是ニ於テカ此船檣切斷ハ共同海損タルヤ否ノ疑問ヲ生ジ、判事「クリスピー」氏ハ之ニ對シテ陪審官ニ指示セル審査方針トシテハ『若シ天候恢復スルニ至ラバ其船檣ハ救助スルヲ得タルヤ否ヤ』ヲ以テセリ、故ニ陪審官ハ原告ノ要求ヲ認メテ共同海損タルベキモノト申告シタルニ、被告ハ此審査ノ方針ヲ以テ誤レルモノトメ更ニ控訴院ニ提出セリト雖モ、同院ニ於テモ一致シテ陪審官ノ決定ニ左袒シ、判事「コックバルン」氏ハ曰ク、『船長ノ判斷ノ當否ナルモノハ後日ニ於ケル審査ノ事實ニ由テ判ズベキモノニアラズ、船長ハ唯ダ其當時ニ於ケル凡テノ情境ニ於テ其判斷セル所ヲ決行セバ茲ニ足レリトス、船長タルモノハ其判斷セル所ノモノヲ必ズ決行セザルベカラズ』トシ、又タ判事「ブレツト」氏曰ク、『被告ハ此船檣ヲ以テ海中ニ投棄スルヲ惜ムベキ價値ナシト論スレ𪜈敢テ然ラス、其船檣ハ金錢ノ價ヲ有セリ、余ノ考フル所ニヨレバ難破物トハ廢物ヲ意味スルモノナリ』トセリ。

次ニ「シユフワード」對「コツトグン」事件ニ於テハ、「ロルロ」號ト稱スル三桅帆船アリ、暴風ニ際會シテ一部ノ索具ヲ奪去セラレタルガ爲メ正檣ニ強烈ノ傾動ヲ呈シ、將ニ甲板ヲ攪揚シテ船舶ノ安全ヲ害セントスルニ至レリ、是ニ於テ船長ハ之レガ防禦策トシテ船檣ノ保存ニ盡力シタレ𪜈到底其効ナク、遂ニ其正檣ヲ切斷シタルニ在リ、而シテ判事「マニチスー」氏ガ其審問ニ當リテ陪審官ニ付與シタル審査方針ニ依レバ、『其船檣ハ實際難破物トシテ價値ヲ有セズ、且ツ傾倒スルト共ニ喪失ニ歸スベキモノタリシヤ否ヤ』ニ在リ、シヲ以テ、陪審官ハ之ヲ以テ難破物ナリト申告セシノミナラズ、同判事ガ更ニ『其船檣ハ到底救助ノ望ヲ絶チテ喪失セラレタリヤ』ト再問セルニ當リ、陪審官ハ又タ之ヲ證認シタルニ因リ、此船檣切斷ハ遂ニ共同海損ニアラズト判決セラレタリ、然ルニ船主ハ此判決ニ服從セズ更ニ「コンモンプリース」裁判所ニ本件ヲ出訴セシニ、判事「グローブ」氏ハ「ローブ」氏ト合議ノ上右ノ判決ヲ破棄セリ、而シテ其判決理由ニ依レバ、(第一)、本件ニ關シテ陪審官ニ示スベキ審査方針ハ宜シク「コーリー」對「カウルザード」事件ト同一方針ナラザルベカラズ、(第二)、陪審官ハ證據ニ反違シテ申告ヲナセリトシ、其宣告スル所ハ左ノ如シ、

『吾人ノ判決ニ依レバ、若シ本件ニ於ケルガ如ク航海ノ危險ヲ救助センガ爲メニ明白ニ犠牲ヲ行ヒタルニ當リ、其犠牲品ハ元來救助ノ希望存

在セシヤ如何ノ如キ後日ノ推測ニ由テ分擔ノ當否ヲ決定スルトキハ、共同海損法ガ固有セル目的ノ効能ヲ大ニ減殺スルニ至ルベキナリ、蓋シ共同海損ノ普通ノ場合ニ在テハ、船舶及ヒ積荷ハ大危險ニ遭遇セルモノト預想セラレ、而シテ此際犠牲ニ供セラル丶モノハ恐クバ凡テノモノト共ニ喪失スベキモノニシテ、畢竟其物ハ寧ロ無價物ノ犠牲タルガ如シ、故ニ船檣ニシテ喪失スルトキハ船舶モ亦タ恐クバ之レト共ニ喪失シタルナルベシ、然ルニ本件ニ於ケル凡テノ證據ニ徵スルニ、其船舶ノ救助ハ恐クバ船檣ノ犧牲ニ因レルハ殆ド疑ヲ容レザル所ニシテ、本件ノ場合ヲ以テ之ヲ判事「ウィルス」氏ガ「ジヨンソン」對「チヤプマン」事件ニ於テ與ヘタル難破物切除ノ假設場合ニ比スレバ、吾人ハ其大ニ異ルヲ判斷セザルヲ得ズ、即チ氏ハ其場合ニ於テ、摧折セル船檣ノ一部ガ帆布及ビ帆架ト共ニ船綷ニ拘繫シテ船舶ニ撞衝加害スルノ情境ヲ示セシガ、此ノ如キハ之レ既ニ眞正ノ難破物ニシテ敢テ預想的ノモノニ屬セザルナリ、故ニ氏ハ觀察シテ曰ク、「之レ到底保持シ能ハザルモノニシテ、之ヲ切除スルト雖モ故意ノ犧牲ナルモノナシ」トセリ、然ルニ之ニ反シテ本件ノ場合ニ於ケル船檣ハ猶ホ存在シテ其船檣タルヲ失ハズ、假令ヒ一方ノ索具ヲ失ヒタルガ爲メニ動搖ヲ來セリト雖トモ、船檣ハ依然トシテ本來ノ位置ヲ變ゼルヿナシ、……………急迫ノ際船長ガ船主ニ損失ヲ負擔セシムルヲ恐レ、爲メニ航海ノ危險ヲ救助スルニ付テ船長ノ決心ヲ躊躇セシムルヿアラバ、是レ共同海損ガ有スル主要ノ効能ヲ打破スルモノニシテ、共同海損行爲ノ當時ニ於テ其最モ緊要ナルモノハ船舶ノ顚覆及ビ喪失ヲ防グニ過クルモノナシ、蓋シ「難破物」ト難破シ能フ物トハ決シテ同一意義ニアラズ、然ルニ其可能的ノモノヲ以テ直ニ之ヲ實際難破セルモノト同一ニ處置セントスルトキハ、其問題ニ關シテ法律上尠カラザル紛擾ヲ來スベキハ到底免レザル所ナリ、况ヤ事物ノ經過ニ關スル推測ニ付キテ實地家ガ事後ニ與フル判斷ナルモノハ、陪審官ニ對シテハ甚ダ危險ナル指定標準ニシテ、吾人ハ本件ヲ以テ之ヲ「コーリー」對「カウルザード」事件ニ比スルニ、當ニ其事實ハ殆ド一揆ニ出ヅルノミナラス、法律問題トシテハ兩者共ニ全ク同一ノモノナリト判斷ス、……………之ヲ證據ニ徵スルニ、本件ニ於テハ船橋ハ船舶、積荷、及ビ船員ノ利益ノ爲メニ切斷セラレタルモノニシテ、未ダ眞正ノ難破物ニアラズ、且ツ難破物トシテ切斷セラレタルモノニアラザルコハ一目瞭然タリ、然ルニ前裁判ノ見解ニ依レバ、船橋ノ救助ニ付キ陪審官ニ付與セラレタル審査方針ハ、救助ノ成否如何ニ在テ救助ノ能否如何ニアラズ、又タ其切斷ノ目的ニ關シテモ更ニ問フ所ナシ、而シテ判事ハ難破シ能フ物ヲ以テ恰モ猶ホ直正ノ難破物ノ如ク處置セシヲ以テ、余ハ本件ヲ以テ此ニ新ニ審査ヲ要スルモノト信ズルナリ、況ヤ判事「マニスチー」氏ハ陪審官ノ申告ニ滿足ヲ表シタリト雖モ、此申告ナルモノハ吾人ガ此ニ認メタル所ノ證據ニ關シテ其效力ニ反違セリ、』

此事件ハ右ノ判決ニ接スルヤ更ニ控訴院ニ抗告スル所トナリシガ、同院ノ判決ハ「コンモンブリース」裁判所ノ下シタル法律上ノ見解ニ同意ヲ表シタレ圧、判事「マニスチー」氏ノ陪審官ニ指示シタル法律上ノ見解モ亦タ其歸スル所ヲ異ニセズトナシ、「コンモンブリース」裁判所ノ判決ヲ破棄シテ判事「マニスチー」氏ノ判決ヲ恢復セシメタリ、而シテ判事「ブランムヴエル」氏ノ宣言セル所ハ左ノ如シ、

『吾人ハ此控訴事件ヲ受理スベキモノナリト思惟ス、陪審官ニ與ヘラレタル問題ハ正當ニシテ且ツ其申告ハ充分ナル證據ニ基ケリ、而メ「コンモンプリース」裁判所ノ判決ヲ調査スルニ、判事「グローブ」氏ト「マニスチー」氏ガ下シタル法律上ノ意見ハ其實敢テ異ルナシト雖圧、畢竟「グローブ」氏ハ「マニスチー」氏ガ陪審官ニ對シテ説明セシ所ノモノヲ誤解シタルモノナリ、蓋シ「グローブ」氏ノ考フル所ニ依レバ、「マニスチー」氏ハ陪審官ニ對シテ船檣救助ノ能否ニ關スル質問ヲ失忘セリトナセ圧、吾人ノ

觀察ニ依レバ「マニスチー」氏ハ此疑問ヲ發シ、而メ其疑問ニ對シテハ陪審官ハ消極的ノ申告ニ於テ、船檣ハ「救助ノ望ヲ絕チテ喪失セラレタリ」トナシタルニ在リ、今之ヲ事實ノ證據ニ徵スルニ、其船檣ハ破損ノ情境ニ存在シ、其際船員ガ懸念セル所ノモノハ唯ダ其破損ガ如何ナル情態ニ終ルベキヤニ在リタリ、判事「ブレツト」氏ハ自己ノ判決文中ニ記入セントセシ論說ヲ余ニ送付セラレタリ、其論說ハ此種ノ事件ニ關シ將來ノ參考上大ニ價値アルモノナリト雖ドモ、余ハ今マ斯ニ自家ノ見解ヲ約言スレバ、若シ犧牲ニ供セラレタル物ニシテ、其物ハ航海ノ救助如何ニ拘ラズ到底喪失ヲ免レザル特別ノ狀態ヲ有スルモノナルトキハ、其損滅ハ犧牲ト認ムル能ハザルモノト思惟ス、而メ余ノ信ズル所ニ依レバ、此見解ハ將ニ本件ニ適用スベキモノニシテ、其船檣ノ狀態ハ船舶ノ到達港ニ安着スルト否トニ拘ラス喪失ヲ免レザリシモノニシテ、故ニ假令ヒ切斷セラルヽトモ一ノ犧牲ト稱スベキモノナクシテ、原告ハ分擔ノ要償ヲナスベカラザルナリ、元來其船檣喪失ノ源因ハ實ニ索具ノ損亡ニ在リテ、其損亡ハ恐クハ不完全ナル裝置ニ生ジタルガ如シ、即チ吾人ハ法律上ノ見解ニ關シテハ「コンモンプリース」裁判所ノ諸判事ト一致スルモノナリト雖モ、陪審官ノ審査方針ニ關シテハ其觀察ヲ異ニシ、判事「マニスチー」氏ガ付與シタル問題ハ正確ノモノナリト思意ス』、

次ニ判事「ブレット」氏ノ宣告ヲ示セハ左ノ如シ、

『余ノ見解ニヨレハ、審問ニ際シテ判事ガ陪審官ニ指示シタル問題ハ正當ノモノニシテ、而シテ陪審官ハ證據ニ依テ被告ヲ勝訴ナリト認メ、共同海損ノ要償ハ此ニ成立シ得ザルニ至レリ、抑モ此種ノ問題ガ英國裁判所ニ提出セテレタルハ從來敢テ少シトセズ、共同海損ノ定義ヲ首メトシ、其分擔要償ヲ成立セシムル必要條件ノ如キモ數バ論議セラレ、從テ共同海損ニ故意ノ犧牲ノ存在ヲ要スルコハ既ニ確定スル所ナリ、然モ此「犧牲」ナル言語ノ意義及其範圍ニ關シテハ從來曾テ精究セラレタ

ルコトナク、本件ノ疑問ハ既ニ幾分カ「コーリー」對「カウルザード」事件ニ於テ生ジタル所ナレ𪜈、同事件ニ於テハ陪審官ノ審査上犠牲ナル言語ノ意義ハ本件ノ如ク緊要ノ關係ヲ生セザリシ、………苟モ「能否如何」ナル言語ニ對シテ數學上或ハ學術上ノ意義ヨリ解釋セザル以上ハ、吾人ハ全ク判事「ブランムヴエル」氏ト同一ノ意見ヲ有シ、即チ判事「マニスチー」氏ガ陪審官ニ付與セル問題ハ「コンモンプリース」裁判所ノ判事等ガ主張シタル問題ト其實同一ナルヲ信ズ、然ルニ「能否如何」ナル言語ノ意義ニ至テハ、世間普通ノ用法及ビ海上法中ニ於テモ「コンモンプリース」裁判所ノ使用タタル意義ト同一ナルモノナシ、而シテ本件ニ於テ原告ガ犠牲行爲ナリトシテ主張スル所ノ行爲ハ、船檣ガ將ニ傾倒セントスルヲ防クガ爲メニ左舷ノ索具ヲ裁斷シタルニ在ルヲ以テ、吾人ガ此ニ決定ヲ要スルエノハ原告ノ論告ガ果シテ正當ナルヤ否ヤノ問題ニ在リ、………茲ニ吾人ハ判決ヲ下スガ爲メニ認識スベキ事實アリ、即チ船長ガ其左舷ノ索具切除ヲ命ジタル當時ニ在テハ、敢テ船舶及ビ積荷ノ利益ノ爲メニ船檣ヲ故意ニ犧牲ニ供シタルニアラズ、又タ其當時ニ在テハ船檣ヲ以テ全ク喪失ヲ免レザルモノト思惟シタルニアラズ、且ツ其切除モ單ニ之ヲ除去スルガ爲メニアラザルコ是レナリ、蓋シ「コーリー」對「カウルザード」事件ニ關スル本院ノ判決及論旨ニ準據スル𪜈ハ、船內ノ一物ガ航海ヲ危險ニスルノ故ヲ以テ之ヲ切斷或ハ投棄シタルニ當リ、若シ其物ノ情境ニシテ假令ヒ之ヲ切斷或ハ投棄セザルモ殘餘ノモノガ救助ノ希望アルニ反シ、其物ノミハ到底喪失ヲ免レザル場合タルニ於テハ、其物ノ破壞ハ共同海損トシテ要償ヲ生セザルナリ、更ニ之ヲ換言セバ、犧牲行爲ノ有無ニ關セズ、分擔要償ヲナシタル品物ニシテ其位置或ハ事情ノ爲メヨリ到底價値ヲ有スルモノニアラス、或ハ假令ヒ爾餘ノ財産ハ救助セラルヽト雖モ其物ノ喪失ハ全ク免ル能ハザルモノタルニ於テハ、其品物ノ所有者ハ其所謂犧牲トシテ主張スル行爲ヨリ一ノ損失ヲ蒙ルモノニアラス、從テ一物ノ犠牲ナシト稱スベキナリ、而シテ此論說ノ結果ヲ猶ホ約說セバ、負擔ノ要償ヲナシタル品物ハ、其所謂犠牲行爲ノ當時ニ於テ既ニ所有者ニ對シテ無價物タルヲ以テ、共同海損分擔ヲ要償スベキモノナシトスル得ヲベシ、然ラバ則チ此論說ハ果シテ本件ノ塲合ニ適用スベキヤ否ヲ觀ズルニ、陪審官ガ審查方針ニ對シテ調查シタル結果ニ依レバ、其所謂犠牲行爲トシテ船檣ヲ倒墜スルガ爲メニ左舷ノ索具ヲ切斷シタル行爲ノ當時ニ在テハ、其船檣ハ固有ノ欠點ヲ有セザルニ拘ラズ、强烈ナル暴風、索具ノ破損、及ビ其修繕ノ不能ヨリ到底救助スル能ハザリシモノニシテ、即チ船舶ノ救助セラルヽト否トヲ問ハズ船主ハ必ズ之ヲ喪失シタルモノナリ、換言セバ假令ヒ船舶ハ幸ニ其暴風ノ危難ヲ凌駕シ、且ツ船檣ハ切斷セラレザリトシ雖ヒ、其船檣ハ海中ニ倒陷シ瞬間ニシテ喪失スベキモノナリ、蓋シ何人ト雖モ其船檣ヲ保持セシムベキ天候ノ恢復ヲ先見スベカラザルハ固ヨリ當然ニシテ、故ニ余ハ其船檣ノ切斷セラルヽト否トニ關セス必ズ喪失シタルヲ斷言シテ憚ラザルナリ、乃チ此等ノ情境ニヨリ觀察スル𪜈ハ、本件ニ在テハ船檣ノ犧牲ナルモノナク、其所謂犧牲行爲ナリトスルモノハ船主ニ些少ノ損失ヲ與ヘザルヲ以テ、共同海損ノ要償ハ成立セザルモノトス、……………吾人ハ猶ホ此ニ本件ト「コーリー」對「カウルサード」事件ノ異ル所以ノモノヲ附言スレハ、此後事件ニ於テハ陪審官ハ船檣ヲ以テ猶ホ救助シ得ルモノナリト認メタルヲ以テ、其船檣ハ若干ノ價値ヲ有スルモノニシテ、即チ吾人ガ以上ニ陳述セル論説ハ此場合ノ事實ニ適用スベカラザルモノナリ、』

又タ判事「コツトン」氏ハ左ノ如ク宣告セリ、

『絶望シテ喪失セシムルトハ即チ救助シ能ハザルノ意義ニ外ナラズ、之ヲ平素ノ言語ノ用法ニ徵スルニ、事物ノ普通經過上其事ニシテ生スベキ望ミナキ𪜈ハ、之ヲ以テ爲ス能ハサルモノトセリ、…………任意ニ委棄或ハ破損シタリト主張セラルヽ所ノ一物ガ、特別ノ危險ヲ有スル原因ヨリ暫時ニシテ自ラ獨リ破損スベキ場合タルニ在テハ、假令ヒ或ル一行爲ヲ以テ其喪失時期ヲ僅カニ速カナラシメタリト雖モ之ヲ以テ犧牲ト認ムベカラズ、即チ其所有者ハ其喪失ニ對シテ分擔ノ要償ヲナスベカラザルナリ、』

以上ノ如ク吾人ガ特ニ幾多ノ判決宣告ヲ此ニ詳記セルハ全ク其緊要ヲ認ムルニ因ルモノニシテ、即チ英國ノ精算者ガ難破物切斷ノ問題ニ付キテ、其指針タルベキ權原的原則ヲ有シタルハ實ニ此等ノ判決ヲ以テ嚆矢トスレバナリ、是ニ於テカ(第一)此原則ヲ一箇ノ定式ニ要約シ、(第二)幾多ノ施行規則ヲ設ケテ其定式ヲ各種ノ場合ニ應用スルハ、特ニ精算者協會ノ任務タルベシト信ズ、

今マ右ノ原則ヲ一箇ノ定式ニ要約セバ即チ左ノ如クナルベシ、

『如何ナル品物ト雖モ共同ノ安全ノ爲メニ切斷或ハ除去セラルヽニ當

リテ、既ニ難破物ノ情態ニ存セルモノハ共同海損タルヲ得ベカラズ、而シテ此ニ所謂ユル難破物ノ情態トハ他ナシ、即チ若シ其物ニシテ切斷或ハ除去セラルヽコトナシト雖𪜈船舶及積荷ハ危難ヲ免レタルニ反シ、猶ホ其物ノミハ損滅或ハ廢物ニ歸スベキ有樣ヲ意味スルモノナリ、然𪜈其損滅シ或ハ廢物タルベキ情態ハ單ニ想像タルヲ許サズト雖𪜈亦タ必シモ立證ヲ要スルニアラズ、畢竟事物ノ通常經過上其救助ノ望ヲ有セザルニ於テハ、之ヲ以テ難破物ノ情態ニ存シ或ハ價値ヲ有セザルモノトシテ處置セザルベカラズ、而シテ其救助ノ望ノ有無ニ付テハ固ヨリ實地家ノ判斷ヲ待ツベキモノトス、」

次ニ各種ノ塲合ノ應用ニ關スル一般規則トシテ設定セラルヽモノハ、右ノ原則ニ準據シ、隨テ明白ナル權原ニ發シタルモノト認メラルヽヲ要ス、而シテ此等ノ規則ハ救助ノ能否如何ノ如キ立證困難ナル幾多ノ塲合ニ於テ使用スベキモノナルヲ以テ、吾人ハ以下ノ如ク說叙スルヲ

以テ適宜ナリト信ズ、

(第一)船檣ガ海中ニ陷倒シ、而シテ其損檣ヲ帆架及ビ帆布ト共ニ船側ヨリ切除スルトキハ、難破物タル無價物トシテ處置スベシ、但シ反證アルトキハ此限ニアラズ、

右ノ反證ハ實地家ノ證明或ハ其他明白ナル證據ニ依リ、其場合ノ特別情境ヨリ幾分ノ難破物ヲ救助スルヲ得ベク、且ツ其救助物ハ若干ノ價値ヲ有セル理由ヲ示サヽルベカラズ、此ニ一例トシテ吾人ガ曾テ聞知セル場合ヲ記述スレバ、一船舶平穩ノ海上ヲ航走セルニ際シ、突然一陣ノ暴風襲來シテ其船檣ヲ奪去シ須臾ニシテ海上再ビ安靜ニ歸シタリ、故ニ此情境ヲ察スレバ、其難破物ノ切除ニシテ五分時間猶豫スルヲ得セシメバ、其難破物ハ安全ニ船側ニ存留スルヲ得テ、帆布、帆架及ビ索具ノ如キモ僅少ノ損害ヲ以テ容易ニ回收スルヲ得タルモノナリ、即チ此ノ如キ場合ニ在テハ切除ニ依テ生ズル損失ハ共同海損トシテ若干ノ

辨償ヲ受クベキモノナリ、

（第二）船檣ガ索具ノ損傷或ハ其他ノ源因ヨリ動搖或ハ損傷スルト雖圧、猶ホ其元來ノ位置ニ樹立スルニ當リテ共同安全ノ爲メニ之ヲ切斷スル圧ハ、其推定ハ第一規則ノ場合ト異ルモノニシテ、即チ反證ノナキ限リハ其船檣ハ安全ニ保持スルヲ得ルモノト認メ、其反證トシテハ又タ實地家ノ證明或ハ其他ノ明白ナル證據ニ依リ、其切斷ノ際ニハ救助ノ望ヲ存セザリシ理由ヲ示サヾルベカラズ、而シテ吾人ハ此種ノ場合ニ關シテ陪審官ガ決定セル前述二箇ノ事件ヲ觀スルニ、其決定ハ互ニ相反對スルヲ以テ、此第二規則ハ第一規則ニ比シテ遙ニ疑ヲ存スルモノナリト雖圧、「シエフワード」對「コットゲン」事件ニ於ケル「コンモンプリース」裁判所ノ宣告ハ陪審官ノ決定ヲ以テ證據ニ反違セリトスルニ反シ、控訴院ニテハ陪審官ガ被告ヲ是認スルニ足ルベキ證據ヲ存セリト宣告シタルニ止マレリ、今ヤ右ノ第二規則ヲ説明スルガ爲メニ精算者ガ決定セシ一二ノ慣例ヲ示サンニ、「ケルビン」號ト稱スル一船アリ、リバプールヨリ出帆シテ其航海中正檣及ビ後檣ノ第一層部ヲ暴風ニ依テ損傷セラレタリ、仍テ之レカ修繕ノ爲メリバプールヘ歸航セントセシニ、再ビ強烈ナル暴風ニ遭遇シテノースウエスト燈臺ノ附近ニ投錨セリ、然ルニ船舶ハ須臾ニシテ漂流シ遂ニ坐礁ノ危險ニ接セシヲ以テ、水先人ハ共同安全ノ爲メニ正檣及ビ後檣ヲ切除セシメタリ、而シテ此塲合ニ於テハ、精算者ハ其兩檣ノ第二層部ト幷ニ其上方ニ存在セル凡テノ附屬物ヲ首メトシ、第一層部ニ屬スル帆架、帆布、及ビ索具ノ價値ヲ以テ凡テ共同海損トナセシト雖モ、第一層部ノミハ當初損傷ノ際ヨリ到底更迭ヲ必要スルモノト看做シテ、之ヲ共同海損中ヨリ除去セシガ、此精算ノ決定ハ敢テ格別ノ異議ナクシテ終結セラレタリ、

又タ他ノ塲合ニ於テハ、一船舶ノ正檣摧折シテ後檣ノ船縴、帆架索、及ビ

其他ノ索具ニ繫留シ、將ニ甲板ニ墜落セントスル危險ノ形狀ニ於テ垂搖セリ、此ニ於テ船員ハ右ノ難破物ヲ支持セル索具ニ達セントスレ𪜈難破物ハ風位ノ下方ニ遠隔シ、且ツ後檣モ動搖シテ其登上容易ナラザルヲ以テ、止ムヲ得ズ後檣ヲ切斷シテ之ヲ後方ノ海中陷落セシメタリ、而シテ後檣ノ損失ハ千八百五十七年ニ於テ精算者ハ之ヲ單獨海損トシテ處置セシガ、其理由トスル所ニ依レバ、正檣ノ喪失ニ依テ後檣ハ難破物ノ情態ニ存在セルモノナリトセリ、然𪜈此決定ハ吾人ガ現今有スル所ノ權原ヨリ觀察スレバ甚ダ疑ヲ容ルヘキモノナリ、

第八節　精算者ノ諸慣例

本節ニ記載スル數種ノ場合ハ敢テ權原タル性質ヲ有セザルモノナレ𪜈、唯ダ其新奇ナル場合若シクバ疑ヲ存スベキ場合ニ於テ精算者ガ採用セル一二ノ慣例ヲ說明スルニ過キズ、

一ノ二桅船アリ、急潮ノ爲メニ漂流シテ他ノ碇泊船ノ船首ニ存在セル

錨鎖ノ下ニ達シタリ、然ルニ二桅船ノ二檣間ニ於ケル船絆ガ碇泊船ノ斜桅ニ依テ拘繋セラレタルヲ以テ、二桅船ハ殆ド顚覆ノ危難ニ迫レリ、是ニ於テカ其防禦手段トシテ二檣ヲ切斷セシガ、此損失ハ共同海損トシテ處置セラレタリ、

次ニ二箇ノ船舶アリ、其碇泊中衝突ヲ來セシヲ以テ、之ヲ隔離センガ爲メニ一船ノ錨ヲ引揚ゲシニ、其他船ノ錨鎖ヲ緊鉤セルヿヲ發見セリ、是ニ於テ第二ノ衝突ノ防禦手段トシテ錨ヲ海中ニ脫落セシガ、此錨モ亦タ共同海損トシテ處置セラレタリ、

之ヲ一般ニ概論スレバ、二箇ノ船舶衝突ノ場合ニ於テ、若レ其一船ノ安全ノ爲メニ他船ノ索具ト亂入セル一部ノ索具ヲ切斷シテ其衝突ヲ隔離スルノ要アルトキハ、此索具ノ切斷ハ慣例上ニ於テハ之ヲ以テ難破物ノ情態ニ存スル無價物ト見做ス事ナシ、然圧共同海損トシテハ其切斷セル當時ノ價値ヲ賠償スルニ止ムルモノトス、

錨及ビ錨鎖ガ海浪ニ依リテ墜落シテ船首ニ懸垂シ、而シテ之ガ爲メニ船首ヲ撞破スル如キ狀勢ヲ呈スル場合ニ於テ之ヲ切除セバ、此損失ハ抑モ共同海損タルベキヤ否ヤ、之ヲ慣例ニ徵スルニ、一精算者ハ之ヲ難破物ノ情態ニ存スルモノト看做シテ、共同海損タル要償ヲ拒絕セリ、然𪜈吾人ハ此處置ヲ以テ不當ナリト思惟セザルヲ得ズ、何ントナレバ若シ此切除ニシテ急迫ノ危難ヲ避クルノ要ナキニ於テハ、其錨ハ暫時ニシテ絞盤ヲ以テ引揚ケ得ベキヿ更ニ疑ナキナリ、

船檣ノ如キ圓材ヲ切斷シタルガ爲メ、船底ノ鐵板ニ張替ヲ要スル如キ損害ヲ生シタル場合ニ當リ、若シ此圓材切斷ノ前後タルヲ問ハズ、同一航海中天候ノ災禍ヨリ船底ヲ傷害シ、其船茄ノ塡補上船底ノ鐵板張替ヲ要シタルトキハ、圓材切斷ヨリ生ズル張替費用ハ共同海損ト看做スヿナク、單獨海損トシテ處置スベキモノトス、蓋シ此處置タルヤ前述ノ原則ト一致スルモノニシテ、船主ハ船底ノ張替ニ付キ船檣切斷ノ爲メ

更ニ何等ノ損失ヲ招クコトナク、船檣ノ切斷セラレタルト否トニ拘ラズ船底ハ到底張替ヲ要スルモノナレバナリ、然ド圓材切斷ヨリ實際ニ剝脫セル鐵板ノ價値ハ眞ニ喪失ニ屬スルヲ以テ、其古金屬ノ價格ヲ以テ共同海損トナスベキモノナリ、

船內ノ端艇ガ暴風中海浪ノ爲メニ風位ノ下方ニ流移セラレ、船躰ヲ傾斜スルガ如キ危難ヲ生ゼル塲合ニ當リテ、船員ガ其端艇ヲ破壞シ、或ハ海中ニ投棄シタルドハ、從來ノ慣例ニ在テハ之ヲ難破物ノ情態ニ存在スル無價物ト看做シテ共同海損ニ算入セザルセノトセリ、然ド此慣例ハ明白ニ不當タルヲ免レズ、何トナレバ甲板上ニ當然ニ具備スベキ端艇、或ハ豫備甲板材、或ハ其他ノ品物ガ海浪ノ爲メニ動搖シテ危險ヲ與フルト雖ド、若シ暴風ノ鎭靜ニ歸スル迄、其破壞或ハ投棄ヲ猶豫スルヲ得セシメバ確カニ保存シ得ルモノニシテ、此等ノ塲合ハ曾テ記載セシ「ジヨンソン」對「チヤプマン」事件ノ材木ト同一ノ基礎ニ於テ處置スベキ

モノナリ。

船舶ノ錨ガ水底ノ障礙物、例バ岩礁、或ハ他ノ錨、若シクハ錨鎖等ノ為メニ拘扼セラレテ遂ニ脱失スルニ至ル𪜀ハ、其共同海損タルヤ否ヤハ各種ノ場合ニ於テ異ルモノトス、即チ障礙物ノ性質ニシテ、其際格段ノ危難ニ遭遇セザレバ容易ニ錨ヲ分離シ得ルガ如キ簡單ノ場合タルニ於テハ、共同海損トシテ處置スベシト雖𪜈、之ニ反シテ若シ種々ナル引揚手段ヲ施セルニ拘ラズ、船長ハ其救助ノ望ヲ絶チテ錨鎖ヲ脱失セシメタル場合タルニ於テハ共同海損トナスベカラザルナリ、然𪜈若シ其引揚手段ニ未ダ着手セズ、從テ其救助ノ成否ヲ判然セザルニ當リテ突然タル危難ヲ生ジ、例バ強風ニ依テ船舶膠沙セントシ、或ハ他船ト衝突スルガ如キ場合ヲ生ジテ遂ニ止ムヲ得ズ其錨鎖ヲ脱失セシメタル𪜀ハ、推定上其錨ハ適當ノ時間内ニ於テ救助シ得ルモノト看做シ、慣例ニ於テハ之ヲ共同海損トシテ處置セリ、然𪜈此處置タルヤ單ニ推定ニ基クガ故ニ、若シ實地家ガ其錨ノ救助ヲ以テ實際上若シクハ一般ノ塲合ニ於テ困難ナル狀情ヲ證明スルモノアラバ、其推定ハ成立スベカラザルナリ、而シテ此原則ハ錨鎖ガ他船ノ錨鎖ト纏亂シタルガ爲メニ脫失シ、若シクバ錨ガ深水ニ墜下セルガ爲メニ錨鎖ヲ同時ニ脫失セシメタル塲合ニ於テモ同樣ニ適用スルモノトス、

事變ノ爲メ錨鎖ガ錨ニ近接セル部分ヨリ斷絕シタルヲ以テ、其船側ニ懸垂セル殘餘ノ部分ヲ引揚クルニ當リ、其長鎖ノ動搖ヨリ船舶ノ膠沙或ハ衝突ノ危險ヲ生ジ、乃チ止ムヲ得ズ之ヲ海中ニ脫失セシメタル塲合アリ、之ヲ慣例ニ徵スルニ、從前ニ在テハ其殘餘ノ錨鎖ノ損失ヲ以テ共同海損トナサヾリシト雖ヒ、現今ハ之ニ反スル處置ヲ採用セリ、蓋シ近時ノ裁判例ニ示セル原則ニ從ヒバ此現今ノ慣例ハ明白ニ正當ノ處置ナリト云フベシ、

第九節　假用ノ綱具及ビ類似ノ塲合

本節ニ記載セントスル各場合ニ付テハ、習慣或ハ慣例ヲ存スレドモ未ダ明白ナル裁判判決ヲ有セズ、從テ其權原ト看做スベカラザルハ固ヨリ當然ナリ、然モ一部ノ裁判官ハ此等ノ習慣ヲ以テ明確ノ理由ヲ備フルモノト認メ、從テ商業社會ノ希望ニ合致セリト推定スルノ意嚮ヲ有セリ、是レ本節ヲ設ケテ説明ヲナス所以ナリ、

蓋シ此ノ如キ種類ノ習慣ニシテ、古來ヨリ一汎ニ認識セラルヽモノハ假用綱具ニ關スルモノ之レナリ、例バ船檣若シクバ舵器ヲ喪失シタルニ當リ、其代用物トシテ航海中臨時ノ船檣或ハ舵器ヲ裝置スル時ハ、其目的ノ爲メニ裁切或ハ毀損セラレタル材料ノ價値ハ、其材料ノ切斷或ハ使用ニ依リ、若シクバ、假用材料ノ運用ニ依テ船躰ニ生セル凡テノ損害ト共ニ悉ク共同海損トシテ處置スルヲ以テ慣例トセリ、即チ其材料トハ例バ圓材、索類、鐵鎖、或ハ其他類似ノ各豫備品ノ如キヲ稱シ、又タ假用材料ノ運用トハ、例バ假用舵器ヲ使用スルガ爲メニ、船舶ノ軸部或ハ

中央部ヨリ鐵鎖ヲ運轉シテ銅製品ヲ銹腐セシムル如キ之レナリ、案ズルニ右ノ慣例ハ、第三章第四節ニ示セル「パークレー」對「プレスグレーブ」事件ノ判決ニ認ムル所ナリト雖𪜈、此判決ニ於テハ其使用シタル材料ハ元來ノ目的ニ異ナル方法ニ應用セラレタル塲合ヲ決定シタルモノナリ、又タ「カーバー」氏ハ其著海上運送論ニ於テ曰ク、『眞正ノ區別ハ物品ヲ其元來ノ目的ニ於テ使用スルト、元來ノ目的ニアラザル方法ニ於テ之ヲ使用スルトノ間ニ在リ』トセリ、故ニ此等ノ見解ハ、假用舵器ヲ保持スルガ爲メニ切裁シタル活索或ハ牽綱ニ適用スルヲ得ベシト雖𪜈、恐クバ豫備圓材ノ切斷ニ對シテ其適用ヲ許スベカラザルナリ、何ントナレバ豫備圓材ナルモノハ畢竟唯ダ此種ノ目的ノ爲メニ船內ニ蓄藏セラルヽモノナレバナリ、然𪜈慣例ニ在テハ其間ニ區別ヲ設ケタル事ナシ、又タ假用綱具ノ經費ハ凡テ共同海損トシテ處置セラルヽモノニシテ、即チ啻ニ其假用目的ノ爲メニ裁切消耗セラレタル圓材及ビ索類ノミナラズ、假用ノ爲メニ喪失シタル帆布モ亦同一ニ共同海損ニ算入セリ、是レ其帆布ハ元來豫備セラレタル所ノ目的方法ニ於テ使用セラレズ、或ハ其際ニ於ケル特別ノ理由ニ依リテ普通以外ノ危險ニ接セシメタルモノト看做セバナリ、例バ第二層帆ノ代用トシテ第三層帆ヲ假用シタル場合ノ如キ之レナリ、

海難信號トシテ燃燒シタル狼火、靑火、或ハ衝突ヲ防ク爲メニ破損シタル防舷板、或ハ漏水船舶ノ排水ヨリ生ツタル喞筒ノ損害等ハ共同海損トシテ處置スベキモノニアラズ、畢竟此等ノ品物ハ此等ノ目的ニ使用センガ爲メニ船內ニ具備セラルヽモノナレバナリ、

航海中圓材或ハ索類ヲ切裁シ、而シテ其目的ハ破損セル船檣ヲ保持シ、或ハ海浪ノ爲メニ動搖スル端艇或ハ豫備圓材ヲ保持シ、或ハ危險ノ位置ニ存ズル船首ヲ回轉スベキ牽綱トナシ、或ハ喞筒機械ノ構設ニ供シ、或ハ其他船舶ヲ危險ヨリ救助セントスル通常外ノ使用方法ニ存スル

トハ、其圓材或ハ索類ハ皆ナ悉ク共同海損トシテ處置スルヲ常トス、船舶ノ衝突或ハ坐礁ノ如キ突嗟ノ危難ヲ避ケントシテ通常ノ準備ヲ行フノ暇ナク、急卒ニ錨ヲ投下シタルガ爲メニ錨鎖ヲ斷絶セシムルヿアリ、而メ此ノ如キ塲合ハ慣例上之ヲ以テ共同海損トシテ處置セリ、船舶ガ錨ヲ喪失シタルノ後、坐礁ヲ防禦センガ爲メニ必要上小索及ビ小錨ヲ以テ船舶ヲ潮流中ニ碇泊セシムル塲合アリ、然ドモ此等ノ品物ハ元來此種ノ手段ニ對シテ使用スベキモノニアラズ、從テ其効力モ不十分ナルヲ以テ之ヲ投下スルヤ否ヤ直ニ喪失スルトキハ、此損失モ亦タ慣例上共同海損トシテ處置スルモノトセリ、是レ實ニ船舶ノ材料ヲ元來ノ目的ニ使用セズシテ、特ニ非常ノ危險ニ接セシメタル一好例ト看做スベキモノナリ、

船舶ガ錨ヲ喪失シ或ハ漏水損所ヲ生ジタルガ爲メ、河中或ハ碇泊塲ノ繫留危險トナリ、乃チ暴風中强テ船渠ニ進入セントスルニ當リテ、其際

棧橋ニ撞衝シテ船躰ニ損害ヲ生スルヿアリ、蓋シ暴風中入渠ヲ行フガ如キハ普通ノ情境ニ於テハ固ヨリ不當ノ處置タルヲ免レズシテ、故ニ此損害ガ果シテ共同海損タルベキヤ否ヤハ甚ダ疑問タルノ觀アリト雖ドモ、之レ恐クバ任意坐礁ニ類似スルモニシテ、隨テ正當ニ共同海損タルベキナリ、何ントナレバ船舶ハ全者ノ被ルベキ危險ニ代テ獨リ任意ニ之ヲ被リシモノナレバナリ、然ドモ此疑問ニ關シテハ未ダ一定ノ慣例ナシ、

船舶ガ避難港ニ於テ積荷ヲ荷揚スルニ當リ、適當ナル荷揚ノ裝置ナク、或ハ荷揚ヲ迅速ニ執行スルノ必要ヨリ船舶ノ欄干或ハ艙口ニ損害ヲ生ズルヿアリ而シテ此種ノ場合ニ於テ若シ其荷揚經費ガ共同海損ニ屬スベキモノタルトキハ、此等ノ損害モ亦タ同樣ニ共同海損トシテ處置スベキハ更ニ疑ヲ容レザル所ナリ、

第十節　避難港ニ於ケル臨時ノ修繕

單獨海損ヲ被リタル船舶ガ避難港ニ入港シテ臨時ノ修繕ヲ施シタルトキハ、之ヲ以テ共同海損ト看做スベカラズ、是レ「ウヰルソン」對「バンクヲフ、ビクトリヤ」事件ニ於テ判決セラレタル所ナリ、然ドモ避難港ニテ行ハレタルモノハ常ニ必ズ修繕ナリト稱スルヲ得ズ、或ル一二ノ場合ニ於テハ寧ロ牽船ニ代用シ、或ハ荷揚ヲ避クルノ代用計畫トシテ看做サルヽコアリテ、然ルトキハ此等ノ計畫ハ當然ニ共同海損或ハ代用經費トシテ處置スルヲ得ルモノトス、而シテ其果シテ修繕ナルヤ或ハ代用計畫タルヤハ辨別屢バ困難ナル場合アルヲ以テ、此ニ一二ノ例證ヲ擧テ説明センニ、曾テ一船舶アリ、其舵器ヲ喪失シタリト雖ドモ、其積荷ヲ陸揚シ幷ニ遠隔地ヨリ多額ノ費用ヲ以テ新舵器ヲ送達シ來ル等ノ失費ヲ避ケンガ爲メ、臨時ノ代用計畫トシテ船尾柱ニ錨鎖ヲ捲結シ、以テ少額ノ經費ニテ能ク安全ニ航海ヲ遂ケタル事アリ、而シテ此場合ニ在テハ、精算者ハ之ヲ以テ所謂ヱル代用經費トシテ共同海損ノ處置ヲ行ヒシガ、各當事者モ亦タ異議ナクシテ之ヲ承認セリ、又タ他ノ一場合ニ於テハ、經費ノ節約上前場合ト同一ノ情狀ニ於テ、船底ノ漏水ヲ防遏スルガ爲メニ外部ヨリ鐵栓ヲ挿入シ以テ一時ノ代用計畫ヲ行ヒタル事アリシガ、精算者ハ又タ之ヲ以テ共同海損トシテ處置セリ、

蓋シ以上ノ慣例ハ此種ノ過半ノ場合ニ於テ通常採用セラル丶モノニシテ、之ヲ原則トシテ説敍スレバ概ネ左ノ如シ、

『船長ノ運送契約義務ナルモノハ航海ノ際船舶ノ各部分及ビ索具類ヲ各ホ其當然ノ目的ニ使用シ、之レガ使用ニ際シテハ其接スル所ノ危險ノ多少ヲ顧ミルベカラズト雖ドモ、然ドモ亦タ決シテ此等ノ品物ヲ破損シ若シクハ濫用スルノ責務ナシ、而シテ此ニ所謂スル濫用トハ各品物ヲ貯藏或ハ構成セル元來ノ目的ニ反シテ使用シ、隨テ之ヲ通常外ノ危險ニ接セシムルノ意義ニシテ、故ニ若シ船長ガ此種ノ使用ヲ爲シテ積荷ヲ安全ニ運送シタルトキハ、積荷主トノ暗默契約ニ基キ之レガ爲

メニ生シタル凡テノ損害ヲ分擔スベキモノトシテ共同海損ノ處置ヲ行フモノナリ』

第十一節　船舶ヲ浮揚スル爲メニ船舶ニ加ヒタル損害

船舶ノ損害ニシテ、其坐礁ヨリ浮揚セシメ、或ハ其衝突ヲ分離セシメ、或ハ其他急迫ナル危險ノ位置ヲ避ケシムル等ノ手段ニヨリテ生シタルモノナルトキハ、前節ノ末段ニ述ベタル同一原則ニ於テ又タ數バ共同海損ノ要償ヲ生ズルモノナリ、今マ此種ノ場合ニ就キテ精算者ガ採用スル普通ノ慣例ヲ示セバ凡ソ以下ノ如シ、

船舶坐礁シタル後、其引卸ニ使用スル索類ヲ送遣スルガ爲メ、若シクバ引卸ヲ援助スルガ爲メニ暴風中船內ノ端艇ヲ使用シタルニ、其端艇ガ沈沒或ハ損害シタル場合ニ於テハ此損失ハ共同海損トシテ處置セラレタリ、然ドモ若シ其端艇ニシテ單ニ船客或ハ船員ノ生命救助ノ爲メニ使用セラレタルモノナルトキハ、其損害ヲ共同海損トナス事ナシ、

牽船或ハ錨等ヲ使用シテ積荷ヲ有セル坐礁船舶ヲ引卸ス場合ニ於テ船舶ニ加ヒタル損害ハ凡テ共同海損トス、例バ綱索ノ斷絕、或ハ絞盤、杠重器、支柱等ノ歪曲、或ハ其他强牽作用ニ因リテ船舶ノ上層部若シクバ船底ニ生セシメタル直接ノ損害ノ如キ之レナリ、然ドモ時トシテハ其損害ガ果シテ坐礁ノ爲メニ生ジタルヤ、若シクバ引卸ノ爲メニ生ジタルヤノ區別不明ナル場合アリテ、引卸ノ爲メニ生ズル損害トハ、例バ其坐礁ノ位置ヨリ引卸ノ際船首ニ强大ノ抗抵ヲ與ヘタルニ因リテ、副龍骨ヲ歪離シタル如キ場合ヲ云フナリ、故ニ「ベーリー」氏ハ其著共同海損論ニ於テ一ノ概則ヲ設ケ、船舶ノ喫水線以上ニ生セル損害ハ凡テ共同海損トナシ、該線以下ニ生セル損害ハ凡テ然ラザルベシト說キタレドモ、氏ハ敢テ此見解ヲ原則トシテ主張スルニ至ラザリキ、蓋シ此區別ニ關ズル問題ハ其損害ガ果シテ引卸ノ爲メニ生セシヤ、或ハ抗抵ノ爲メニ生ゼンヤ、或ハ船首ニ於ケル强牽作用ノ爲メニ生セシヤ、或ハ龍骨ニ沿テ反對ニ強牽シタル爲メニ生セシヤ等ニアラズシテ、全ク「シエフワド」對「コットゲン」事件ト同一疑問ニ存シ、即チ船舶ガ引卸ノ行爲ニ依ラズシテ能ク自ラ浮揚シタリト雖ドモ、其損害ハ既ニ實際ニ存在セシヤ否ヤヲ區別スベキモノナリ、故ニ此種ノ場合ニ於テハ、假定上先ヅ其坐礁船舶ヲ以テ荷揚或ハ滿潮ノ爲メニ自ラ浮揚シタルモノト看做シ、然シテ後チ其結果トシテ副龍骨ノ歪離或ハ其他ノ損害ヲ避ケ得タルモノナルヤ否ヲ調査セザルベカラズ、而シテ若シ其調査ノ判定ニ於テ愈ヨ之ヲ避ケ得タルモノトセバ、是レ其損害ハ共同安全ノ爲メニ行ヒタル引卸ノ結果ト認ムベキモノニシテ、從テ共同海損トシテ處置セザルベカラズ、

第十二節　單獨海損ノ發生ニ依テ共同海損ヲ消滅セシムル場合

本節ニ說明セントスル原則ハ、船舶ニ生ズル共同海損ト單獨海損トノ

差別ニ關スルモノニシテ、即チ諸種ナル場合ニ要スル船舶ノ修繕ニ付キテ其何レノ海損ヨリ生ジタルヤヲ決定區別スルモノナリ、抑モ打荷ノ爲メニ損失ヲ生ジタル場合ニ於テハ其所有者ニ對スル賠償價値ハ犧牲ノ當時ノ價値ニアラズシテ、却テ終局ノ結果ニ於テ所有者ガ被ルベキ損失價値タルガ如ク、之レト同一理由ニ於テ若シ共同安全ノ爲メニ故意ニ船舶ニ損害ヲ加ヒタルニ當リ、其行爲ノ前後タルニ拘ラズ、同航海中其損害部分ガ偶然ノ事變ニヨリテ損害ヲ被リ、爲メニ犧牲行爲ヨリ生ジタル損失ハ預想ニ比シ或ハ偶然ノ事變ニ遭遇セザル場合ニ比シテ輕減スルトキハ、共同海損トシテ賠償スベキモノモ亦タ其割合ニ準ジテ減少セザルベカラズ、今マ例證ヲ擧テ之ヲ説明スレバ、假用舵器ヲ運用スルガ爲メニ鐵鎖ノ摩擦ヨリ金屬板ノ銹腐ヲ生シ、航海終了ノ後チ其部分ノ張替ヲ必要スル場合アリ、然ルニ若シ同航海中不良ノ天候ニ依リテ船底ニ船茹ヲ生シ、之レガ塡補上同一部分ノ張替ヲ要スルトキハ、此張替費用ハ一切共同海損ニ屬スベカラザルナリ、何ントナレバ此場合ニ於テハ假令ヒ假用舵器ヲ運用スルコトナシト雖モ猶ホ其部分ノ張替ヲ必要トスレバナリ、是レ實ニ又タ「シユフワード」對「コツトゲン」事件ニ於テ決定セラレタル原則ニ發スルモノナリ、故ニ船檣ノ上層部ヲ切斷スルト雖モ、其後ニ至テ其下層部ガ偶然ノ事變ニ依テ喪失シタルトキハ、畢竟其上層部ハ此結果トシテ遂ニ喪失スベキモノタルヲ以テ此ニ分擔ヲ生ズルノ理由ナク、又タ副龍骨ガ船舶引卸ノ強牽作用ヨリ脱離セルヿ明白ナリト雖モ、若シ正龍骨ニシテ旣ニ坐礁ノ際ニ破裂ヲ生ジ、其修繕ニハ副龍骨ヲ毀損シテ除去スルノ必要アルトキハ同樣ニ共同海損ヲ生ズルヿナシ、何ントナレバ船舶ノ引卸ニ依テ副龍骨ヲ脱離スルト雖モ船主ニ對シテハ實際些少ノ損失ヲ與ヘザレバナリ、乃チ此等ノ原則ヲ參考シテ觀察セバ、船底ノ損害ノ決定ニ付キ、其坐礁ニ依テ生シタルヤ、或ハ引卸ニ依テ生シタルヤヲ區別スルハ敢テ困難ヲ感

セザルベキナリ、

第十三節　救助行為ニ際シ牽船ガ船舶ニ加ヘタル損害

暴風中一瀛船ガ他船ヲ救助センガ爲メニ其船側ニ進接シテ船舷ヲ撞衝シ、或ハ上層部ノ構造物ニ損害ヲ加ヘタルニ當リ、若シ此等ノ損害ナルモノハ斯ル場合ニ際シテ當然ニ生スベキ結果タルニ於テハ、慣例上之ヲ共同海損トシテ處置セリ、然圧之ニ反シテ其瀛船ノ運轉拙劣ナルニ由リ、若シクハ突然ニ生セル偶然ノ事變ニ由テ、他船ト衝突シテ之ヲ沈沒セシメ、或ハ著シキ損害ヲ加ヒタル場合ニ於テハ、共同海損タル能ハザルナリ、盖シ此ノ如キ區別ヲ設クル所以ノモノハ、船長ニシテ既ニ一瀛船ヲ招呼シテ、自己ノ船側ニ接近セシメントスル以上ハ、自己ノ船舶ノ上層部ノ構造物ニ多少ノ損害ヲ被ルベキ預想ヲ有スルハ固ヨリ其所ナリト雖圧、亦タ其瀛船ガ適宜ノ進航ニ於テ船側ニ接近スペキヿヲ預期スルノ權アリテ、且ツ偶然事變ニ對スル保證ノ義務ヲ有セザレ

バナリ、

第十四節　坐礁船舶引卸ノ爲メ機關使用ニ依テ生ズル損害

船舶ヲ坐礁ノ位置ヨリ退却セシメ、若シクバ更ニ安全ナル高處ニ乘揚ゲシメンガ爲メ滊鑵ノ使用ヲ斷續シテ機械ニ損害ヲ生ジタルトハ、抑モ此損害ハ共同海損トシテ處置スベキモノナルヤ否ヤ、之ヲ慣例ニ就テ案ズルニ未ダ一定スル所アラズ、時トシテハ之ヲ認メ、時トシテハ爭論ニ屬スルモノアリ、而シテ吾人ハ上來記載シタル諸原則ヨリ觀察スルニ、其共同海損タルベキヤ否ヤノ區別ハ、畢竟此種ノ滊鑵使用ノ各場合ニ於テ果シテ其滊鑵ヲ普通以外ノ危險ニ接セシメタル否ヤニ由リテ判スベキモノニシテ、例バ坐礁船舶ノ推進器ガ水面ニ露出スルニ當リ、之ヲ回轉シテ損害ヲ生ズルガ如キハ吾人ガ常ニ見聞スル所ナリト雖ドモ、未ダ之ヲ以ラ普通以外ノ危險ニ接セシメタルモノナリト見做スベカラザルナリ、即チ此ノ如キ場合ノ滊鑵使用ハ、曾テ前述セル「コンビントン」對「ロバート」事件ニ於ケル船帆ノ緊張使用ノ場合ニ比シテ格別ノ差異ナキナリ、是レ即チ船舶ノ各材料ナルモノハ、假令ヒ非常ノ場合タリト雖モ其元來ノ目的ニ於ケル使用ハ明ニ其通常義務ニ屬スレバナリ、然モ岩礁間或ハ泥沙中ニ於テノミ推進器ヲ回轉シ得ル場合ニ於テ、若シ之ヲ破損シ或ハ機管內ニ泥沙ヲ吸收セシムルガ如キ危難ニ接セシメ、即チ所謂ユル濫用ノ意義ニ於テ普通以外ノ方法ヲ以テ使用スルハ、共同危險ノ爲メニ回轉セシムルノ外明白ニ不當ノ用法ニシテ、即チ斯ル情態ヨリ生ズル損害ハ、猶ホ恰モ坐礁船舶引卸ノ目的ヲ以テ船帆ヲ緊張使用シテ之ヲ喪失シタル場合ト同一タルベキナリ、

第十五節　船舶ノ圓材救助ノ爲メニ行フ船帆切除

船檣或ハ帆架ヲ救助スルガ爲メニ故意ニ船帆ヲ犧牲トシテ切除シタル場合ニ於テハ、慣例上其危險ヲ以テ遼遠ニ過グルモノトナシ、共同海損トシテ處置セザルコトアリ、然レトモ此慣例ニ反對スル見解ニ依レハ、若

シ此等ノ圓材ニシテ喪失スルトハ船舶及ビ積荷ハ危難ニ陷ルベキヲ以テ、此事實ニシテ證明アラバ其船帆切除ノ意旨ハ實ニ共同安全ノ冀圖ニ在リト稱スルヲ得ベシトセリ、而シテ余モ亦タ其共同海損タル要償ガ何故ニ拒絶セラレタルヤヲ疑フモノナリ、然レ𪜈吾人ガ數バ聞知スル場合ノ如ク、全部ノ財產ニ對スル危險ハ猶ホ不確タルニ拘ラズ、船帆ヲ切除セザレバ船檣ノ傾倒ヲ免レザル故ヲ以テ所謂ユル犠牲トシテ船帆ヲ切斷シ、遂ニ船檣ヲ安全ニ保存スルヲ得タリト雖𪜈、之ニ依テ積荷ニ及スベキ後時ノ利益分明ナラザルトハ、船主タルモノハ其船帆ノ切除ヲ共同海損トシテ要償スルノ理由ナキナリ、

第十六節　船舶ノ任意坐礁

本節ニ說叙スベキ問題ハ、船舶ガ敵人ノ追擊ヲ避ケ、或ハ岩礁ニ衝突シテ摧破スベキ急迫ナル危險ヲ避ケ、或ハ海底ニ沈沒スルヲ避ケ、或ハ船火ヲ消防スル等ノ目的ニ於テ任意ニ坐礁シ、或ハ船底ニ穿孔シテ浸水セ

シムル等ノ手段ヲ執行シテ、爲メニ船舶或ハ積荷ニ損害ヲ加ヒタル時ハ之ヲ以テ當然ニ共同海損トシテ處置スベキヤ否ニ在リ、蓋シ何人ト雖モ初テ此問題ニ接シタルモノハ之ヲ共同海損トナスヲ躊躇セザルベクシテ、此種ノ損害ナルモノハ共同ノ安全上急迫ナル危難ヲ避ケンガ爲メニ行ヒタル通常外ノ方法ニ發スル結果ニシテ、其犧牲タル危險トシテハ船底ニ損害ヲ釀シ、且ツ船底ノ抵觸ヨリ漏水ノ損處ヲ生シテ下艙ノ積荷ニ著大ノ損傷ヲ招クニ在リ、即チ之ヲ約言スレバ、全體ノ部分ヲ一樣ニ毀損スベキ全損ニ代フルニ、概ヲ主トシテ船舶及ビ積荷ノ下底部分ヲ毀損スル危險ヲ以テスルモノニシテ、此關係ヨリ論ズルトキハ、任意坐礁ナルモノハ畢竟一部ヲ犧牲トシテ殘餘ノ部分ノ利益ヲ計ルモノト云フベキナリ、故ニ諸外國ノ規則ニ就テ觀察スルモ、苟モ其坐礁船舶ニシテ再ビ浮揚スルトキハ、如何ナル場合ト雖モ此種ノ任意坐礁ノ損害ヲ以テ共同海損トシテ處置セザルモノナシ、然ルニ獨リ英國ニテハ曾テ精算者間ニ「ロイド」ノ習慣ト稱スル一慣例アリテ、其慣用年代ハ今ヨリ不明ナリト雖モ、精算者協會ニ於テハ千八百七十四年ニ一規定ヲ設ケ、即チ『「ロイド」ノ習慣トシテハ、任意坐礁ヨリ生ズル船舶或ハ積荷ノ損害ヲ凡テ共同海損ヨリ除去スルト雖モ、「スチワード」對「西印度太平洋滊船會社」事件ノ裁判判決ニ依レバ、既ニ火災ヲ生セル船舶ヲ穿孔沈沒セシムルが如キ任意坐礁ハ、右ノ規則ニ對スル除外規則トナサヾルベカラズ』トセリ、

右ノ如ク「ロイド」ノ習慣ト稱シテ精算者が使用シタル慣例ノ經歷及ビ起原ヲ尋ヌルニ、「スチーブンス」氏が其著書海損論ニ於テ此慣例ノ論據トシテ主張シタル議論ニ就テ之ヲ窺フヲ得ベシ、氏ハ千八百十三年頃ニ於テ純然タル理論上ノ論據ヨリ當時行ハルヽ處ノ慣例ヲ論難シテ日ク、『余ノ所藏セル精算書ノ謄本ニ依レバ、此種ノ損害ヲ共同海損トシテ處置スルハ「ウエスクット」氏時代ニ於ケル「ロイド」ノ慣例タリシが如

シ』トナセシガ、「ウエスケツト」氏ガ千七百八十一年ニ記述セル處ニ依レバ、『船舶ノ難破及ビ其他ノ災害ガ急迫セルニ當リ、其全損ヲ避クルガ爲メ船長及ビ船員ガ船舶ヲ坐礁セシムルヲ以テ適當ノ手段ナリト判斷スル時ハ、之ニ依テ生ゼル損害ハ共同海損タルベシ』トアルニ由レリ、而シテ「スチーブンス」氏ハ「ウエスケツト」時代ニ於ケル諸法學者ノ意見ハ概ヲ此種ノ共同海損ノ要償ヲ認メタリト說キ、更ニ進デ曰ク『吾人ハ近時ニ於ケル權原ヲ有セザルヲ以テ、此慣例ニ對シテ唯ダ反對ノ議論ヲ有スルノミナレドモ、此論議タルヤ甚ダ强固ノモノナリ』トセシガ、實ニ此目的ノ爲メニ氏ガ主張セル論議ノ有力タリシハ何人モ知ル所ニシテ、其多年間能ク「ロイド」ノ習慣ニ變更ヲ與ヘシハ將ニ其證タルヲ得ベシ、然ドモ今日ヨリ之ヲ觀ズレバ、其論議ノ勢力ヲ認ムルト共ニ「ホプキンス」氏ガ此等ノ論議ニ就テ下シタル評言ハ更ニ世人ノ肯諾スル所タルベクシテ、其評言ニ曰ク、『吾人ノ慣例ノ論據タル理由ハ甚ダ奇怪ニシデ、而シテ如何ニシテ此ノ如キ無瞀ノ論議ガ格別ノ反對ヲ受クスシテ能ク多年間世上ニ採用セラルタルヤヲ推測スルニ足ル」トセリ、玆ニ「スチープンス」氏ノ論議ノ大要ヲ示セバ左ノ如シ、

『共同海損ナルモノハ積荷ノ打荷ノ如キ同種類ノモノタラザルベカラズ、打荷ノ場合ニ於テハ個々ノ物ヲ撰擇シテ之ヲ破損セシムルト雖ドモ、任意坐洲ノ場合ニ於テハ破損セシムル爲メニ敢テ個々ノ物ヲ撰擇スルフナシ、何ントナレバ船舶ヲ坐礁セムルニ當リテハ、船舶或ハ積船ニ付キ其如何ナル部分ヲ破損セシムルヤハ預言スベカラザレバナリ、又タ打荷ノ際ニ在テハ多少考慮ノ時間アルノミナラズ、且ツ犧牲ニ供スベキ數多ノ物品ニ就キ其一ヲ擇ブフヲ得ルト雖ドモ、任意坐礁ノ場合ニ於テハ船員ハ刻々船舶破壞ニ瀕スルノ懐ヲナシ、其危險ノ大ナルフ唯ダ生命ノ救助ニ在ルノミ云々、』

氏ハ猶ホ敵船ノ追擊ヲ避クル爲メニ任意坐場ヲ行フ坐合ヲ論議セシ

ガ、之レ「コンビントン」對「ロバーツ」事件ノ判決ニ依テ決定セラレタル問題ニシテ、此事件ニ於テハ此ノ如キ目的ヲ以テ船帆ノ緊張使用ヨリ生シタル損失ハ共同海損ニアラズト判決セラレタリ、而シテ「ホプキンス」氏ガ視テ以テ無稽ノ論議ナリト評言セシモノハ正ニ以上ノ如キ「スチーブンス」氏ノ論議ヲ指示シタルガ如シ、蓋シ共同海損ニ關スル全躰ノ法律ハ打荷ノ塲合ヲ以テ基礎タル理由トナシ、而シテ之ニ類似ノ理論ヲ附加シテ構成セラレタルコハ疑ナシト雖ドモ、其原則ニ重要ノ關係ヲ有セザル各種ノ塲合ハ其理論中ヨリ漸次除去セラレタルモノニシテ、故ニ今マ之レト同樣ノ方針ニ於テ「スチーブンス」氏ノ以上ノ論議ヲ觀察スルトキハ、共同海損中ヨリ船檣切斷ノ塲合ヲ除去スルヲ得ベシ、何ントナレバ船檣ハ切斷セラレタレドモ打荷ノ如ク投棄セラレタルニアラズ、或ハ其船檣ハ積荷ノ如ク運賃ヲ支拂フテ運送セラレタルモノニアラザレバナリ、惟フニ既ニ一物ニシテ眞ニ犧牲ニ供セラレタル以上ハ、其物ガ衆他ノ物品中ヨリ撰擇セラレタルト、或ハ其物ハ犧牲タルベキ唯一ノモノタルトハ果シテ何等ノ差異ヲ生スベキヤ、又タ或ハ二十個ノ物品ガ危難ニ接シタル塲合ニ於テ、唯ダ其二三箇ノミ損害スルヲ預知スレドモ、其二三箇中果シテ何レガ損害セラルベキ事不明ナルニ當リ、若シ其遂ニ損害セル一物ヲ賠償スルニ於テハ、預メ其損害スベキヲ知テ之ヲ撰擇投棄シタル塲合ト果シテ同一視スベカラザルカ是レ説明ヲ待タズシテ明白ナル所ナリ、

「スチーブンス」氏ニ次デ「ピチツクー」氏ハ千八百廿四年ニ於テ其見解ヲ著述セシガ、「スチーブンス」氏ノ論議ニ比シテ多少ノ差異ヲ示セリ、「ピチツクー」氏ノ説ニ依レバ、共同分擔ヲ成立セシムルニ就テハ敢テ必シモ特定ノモノヲ以テ必然ノ損害ニ供スルヲ要セス、故ニ共同安全ノ爲メニ船舶内ノ貨物ヲ數多ノ倉庫船ニ積替ヘタルニ當リ、其一倉庫船ノ沈沒ヨリ貨物ヲ喪失シタル塲合ニ於テハ、假令ヒ其貨物ハ最初ヨリ喪失

セシムルノ意旨ナク、且ツ其貨物ハ爾餘ノ安全タリシ倉庫船ノモノニ比シテ敢テ撰擇損害セルニアラズト雖ドモ尚ホ明ニ共同海損タルベキモノトセリ、蓋シ此場合ト同性質ニシテ近時ニ至テ研究セラレタル場合ハ、火災消防ノ爲メ船艙内ニ注水シテ貨物ニ加ヘタル損害是レナリ、而シテ「ビチッケー」氏ハ又タ共同海損ヲ成立セシムルニハ兩者ノ内一者ヲ擇ブノ場合タルベシト主張セシガ、此學說ニ含有セル正理ハ後日控訴院ノ「シェフワード」對「コットゲン」事件ニ於テ明確ナル形式トシテ表示セラルヽニ至リシト雖ドモ「ビチッケー」氏ノ結論ニ付テハ控訴院ノ認容セザル所ナリ、而シテ「ビチッケー」氏ノ結論トハ、即チ『船舶ノ情況ニシテ坐礁ヲナスニアラザレバ到底其喪失ヲ免レザル場合タリト雖ドモ、若シ其坐礁ガ單ニ船員ノ生命或ハ自由ヲ救助スルノ目的ニ出デシメバ、茲ニ一物ノ犧牲ト稱スベキモノナキヲ以テ分擔ヲ生ズルヿナシ』ト云フニ在リ、今マ氏ノ論說ヲ示セバ左ノ如シ、

『然ドモ若シ船舶及ビ積荷ガ危險ニ瀕スレドモ其位置タルヤ未ダ絶望ノ窮厄ト稱スベカラズシテ、而シテ船舶及ビ積荷ノ救助上最良手段トシテ船舶ヲ乘揚ケシメタルニ當リテハ、之ニ依テ蒙リタル損害ハ原則上賠償ニ對スル要求ヲ成立セシムベキナリ、今マ茲ニ一船舶ニシテ危險ナル漏水損處ヲ生シタルモノアリテ、若シ一部ノ積荷ヲ投棄セバ漏水ノ儘一港內ニ到着シ得タルニ關セズ、船長ハ貴重ノ積荷ヲ救助センガ爲メニ便利ノ塲處ヲ撰定シテ船舶ヲ乘揚シメタル塲合ヲ假想シ、又或ハ敵船ノ追擊ヲ免カルヽニ際シ、船長ガ打荷ニ依ヲ船躰ヲ輕クスルノ手段ヨリモ寧ロ乘揚ノ方法ヲ擇ビタル塲合ヲ假想スルトキハ、吾人ハ此等ノ塲合ニ於テ共同分擔ヲ成立セシムベキ凡テノ要素ヲ發見スルヲ得ベシ、即ナ急迫ナル危險、任意ノ决定及ビ犧牲ノ三者是レナリ、而シテ余ハ此種ノ塲合ヲ以テ積荷ノ投棄或ハ暴風中ニ於ケル船檣切斷ノ塲合ト差別スベキ理由ヲ知ラザルガ故ニ「スチーブンス」氏ガ唱フル如ク任意坐礁ハ如何ナル場合ニ於テモ共同分擔ノ要償ヲ成立セズトノ見解ニ贊同スル能ハザルナリ、然ドモ任意坐礁ノ凡テノ場合ヲ以テ悉ク共同海損ナリト看做スハ、之ヲ全ク共同海損ト看做サザルニ比シテ更ニ誤謬ヲ生シ易キハ余ノ肯首スル所ナリ云々、』

任意坐礁ノ問題ハ未ダ英國裁判所ニ於テ起ラザル以前ニ於テ、「アルノールド」氏ハ未來ノ裁判判決ノ結果ニ就テ當ニ然ルベキ所以ヲ斷言シタルヿアリ、其言ニ曰ク、『假令ヒ此疑問ハ英國裁判所ニ於テ未ダ明白ニ判決セラレタルヿナシト雖ドモ、吾人ノ確信スル所ニ由レバ、裁判所ハ從來存在セル諸權原ノ大勢ニ基キ、任意坐礁ノ船舶ニシテ再ビ航海ヲ繼續シ得ル情態ヲ以テ其坐礁ヨリ救助セラレタル場合ニ在テハ、之レガ爲メニ生ジタル損失ニ對スル共同海損分擔ノ要償ヲ是認スベキナリ』トセシガ、實ニ前述セル二三ノ法學者ヲ除クノ外ハ何レモ之レト同一ノ見解ヲ有セザルハナク、乃チ氏ハ猶ホ領事裁判例「ロッカス」「ターガー」「エマリゴン」「アボット」氏等ノ所説ヲ引用シ、且ツ結論シテ曰ク『海上ノ法律及ビ習慣ノ大勢上、任意坐礁ノ規則ノ如ク明白ニ確定セルモノナシ』トセリ、然ドモ氏ハ船舶ガ任意坐礁ノ後チ其結果ニ於テ全ク難破シタル場合ヲ共同海損トナスベキヤ否ヤニ關シテハ疑問トシテ之ヲ存セリ、

任意坐礁ノ問題ハ、米國裁判ニ於テハ英國ニ比シ遙カニ從前ヨリ精細ノ審問ヲ經テ判決ヲ下セレタルヿアリ、而シテ此等ノ判決ハ英國法律家ノ論説中ニ散見ヒザルニアラズト雖ドモ更ニ充分ニ研究ヲナシタルモノナク、即チ千八百十二年ニ於テペンシルバニヤ州及ビ紐育州ノ高等法院ニ於テ審問セラレタル二箇ノ事件ノ如キ是レナリ、

ペンシルバニヤ州高等法院ニ於テ審問セラレタル「シムス」對「ガーニー」事件ニ依レバ、「ウードロップシムス」ト稱セル一船舶アリ、灣內ニ碇泊中

强烈ナル暴風ニ際會シテ一錨鎖ヲ離失セシヲ以テ、船長ハ水先案內者ニ質問シ、若シ殘餘ノ一錨鎖ニシテ再ヒ同樣ニ離失スルニ至ラハ如何ナル處置ニ出スヘキヤヲ以テセリ、水先案內者ハ之ニ對ヘテ曰ク、『若シ此錨鎖ニシテ離失セハ船舶ヲ東方ノ海岸ニ乘揚シムルノ外他ニ手段ナシ』トセリ、然ルニ預想ノ如ク殘餘ノ一錨鎖モ亦タ離失シタルヲ以テ、二箇ノ船帆ヲ上揚シテ海上ニ進航セントキテタレトモ其目的ヲ達セザルノミナラズ船舶ハ再ヒ灣內ニ退却セラルヽニ至レリ、依テ船長ハ水先案內者ニ向テ、『吾人ハ既ニ何レカノ海濱ニ船舶ヲ乘揚ケシムルノ必要アルヲ以テ、余ハメ―岬ヲ以テ最良ノ場處ト信セザルヲ得ズ』ト告ゲシニ、水先案內者ハ其意見ニ從テ盡力スヘキ旨ヲ述ヘ、船舶ハ遂ニ漸クメ―岬ニ乘揚クルヲ得テ、岩礁ノ爲メニ船躰ニ損害ヲ生シタリト雖トモ暴風鎮靜ノ後チ引卸スヿヲ得タリ、是レ本件ノ事實ノ大要ナリ、而シテ其裁判審問ニ際シテ水先案內者ノ陳述スル所ニヨレハ、(第一)、船舶ヲメー岬ニ乘揚ケシメタル意旨ハ船舶、船員、及ヒ財産ノ救助上最モ便宜ノ位置ヲ得ンガ爲メナリ、(第二)、若シ船舶ノ針路ニシテ變更セラレザル時ハイツクアイランドノ淺洲ニ乘揚ケザルベカラズ、(第三)、船員ハ船舶ノ坐礁ヲ到底防禦スル能ハズ、而シテ若シ進デ船舶ヲ乘揚ケザリシ時ハ必ズヤ海岸ニ向テ强烈ニ打擊セラルヽヲ免レズ、(第四)、余ガ船首ヲメー岬ニ向テ回轉シタル當時ニ在テハ其場處ニ到達シ得ルヲ思惟セズ、故ニ船長ニ向テ其際之ヲ報告シタリ云々トセリ、

本件ニ、於テハ原被兩造共ニ充分ノ論議ヲ鬪ハシ、其所說ハ此種ノ損害ヲ以テ共同海損トナスベキヤ否ニ關シテ原則ノ通覽上大ニ參考ニ資スベキモノヲ有シタリ、而シテ其判決ニ及テ各判事ハ一致シテ此損害ヲ以テ共同海損タルベシトナシ、首席判事「チルグマン」氏ハ左ノ如キ宣告ヲ與ヘタリ、

『被告ノ辯論ニ依レバ、本船ハ到底坐礁ヲ免レザルモノニシテ、其坐礁ハ

何レノ海濱タルモ敢テ差異ナキニ拘ラズ、本船ノ撰擇シタル針路ハ何等ノ利益ヲ付與シタルコトナシ、故ニ假令ヒ針路ヲ變セザルモ本船ノ蒙ルベキ危險ハ更ニ加フル處ナシトセリ、之ヲ案ズルニ、共同海損ノ場合ヲ成立セシムルニハ船舶ガ接スベキ危險ノ程度ヲ增加セシムルノ必要ナク、唯ダ共同利益ノ爲メニ若干ノ損失ヲ被レハ茲ニ足ルモノニシテ、而シテ船舶ノ利益ノ爲メニ實行セル行爲ヨリ生ズル損害ニ對シテ分擔ヲ要償スルハ、瞥見甚ダ不理ナルガ如シト雖トモ、若シ其損害ヲ惹起シタル行爲ガ共同安全ノ爲メニ出テタルモノナルトキハ、法律ハ其分擔ヲ確認セリ、故ニ事物ノ根底ヨリ精察セバ、船舶ノ部分ガ蒙ル所ノ各損害ニシテ共同海損タルベキモノハ。一トシテ船舶ノ利益ノ爲メニ出テザルハナク、即チ船檣ノ切斷ニ依テ船舶救助セラル丶トキハ積荷モ亦タ爲メニ救助セラル丶ヲ以テ、其切斷ハ明カニ共同海損タルモノトス、何ソトナレバ若シ此切斷ナカリセバ積荷ハ喪失ヲ免レザレバナリ』

次ニ以上ノ事件ト同年ニ於テ判決セラレタル「ブラット、ハルスト」對「コロンビアン保險會社」事件ハ、任意坐礁ノ船舶ニ付キ其坐礁ノ後チ救助セラレタル塲合ト全損シタル塲合トニ關スル區別ヲ定メタルモノニシテ、其區別ハ獨逸法ノ規定スル處ト類似セリ、本件ノ事實ニ依レバテキセル河ニ碇泊セシ一船舶アリ、强烈ナル暴風ノ爲メニ漂流シテ他船ニ觸衝ノ危險ヲ生シタルヲ以テ、船長ハ其錨鎖ヲ切斷シテ海濱ニ向テ航走シ、針路ヲジユイドウヲルノ方位ニ採リシガ、將ニ其地ニ達セントスルノ際非常ノ風勢ニ依テ追迫セラレタリ、然トモ今ヤ一箇ノ錨モ錨鎖モ船內ニ所持セザリシヲ以テ、遂ニ風力ニ籍リテ高ク海岸ニ乘揚シメ、一部ノ積荷ハ救助スルヲ得タリト雖トモ船舶ハ全損ノ災ヲ招キタルニ在リ、此ニ於テ船主ハ其保險者ニ對シテ全損賠償ノ訴訟ヲ提起セシニ、保險者ハ坐礁ニ依テ生ゼル損害ハ共同海損ニ屬スベキモノナリトシ、而シテ船舶及ヒ積荷ハ共ニ同一ノ所有ニ屬スルヲ以テ分擔上積荷ノ割前ヲ減却スベキ旨ヲ抗論セリ、故ニ本件ニ於テ第一ニ決定スベキ問題ハ、此損害ハ果シテ共同海損タルヤ否ヤニシテ、首席判事「ケント」氏ノ宣告セシ所ハ左ノ如シ、

『船舶ガ非常ノ事變ニ於テ急迫ノ危險ヲ避クルガ爲メニ任意ニ海岸ニ乘揚ヲ行ヒ、而シテ其後チ船舶救助セラレテ航海ヲ繼續スル時ハ、此犧牲行爲ヨリ生ズル損害ハ共同海損トシテ負擔セラル丶モノナリ、何ントナレバ分擔ニ關スル凡テノ書類ニ就テ觀ズルモ、此規則ガ從來明白ニ存在セルヿハ更ニ疑ナケレバナリ、然ドモ若シ本件ノ塲合ニ於ケルガ如ク船舶ガ任意坐礁ノ行爲ニ依テ破壞喪失シタルニ當リテハ、其救助セラレタル積荷ハ果シテ分擔ノ責任アリヤ否ヤハ頗ル難問ナリ、……(次デ氏ハ外國ノ諸權原ヲ引照シタルノ後チ、船舶喪失ノ塲合ニ於テハ積荷ハ分擔ノ要償ニ應ズベキ責ナシト結論シテ曰ク)……以上ノ諸

權原ハ悉ク確實ナル原則ニ基クモノニシテ、要スルニ此等ノ場合ニ於ケル船舶ノ喪失ハ當初ノ計畫ヨリモ寧ロ偶然ノ事變ニ其責ヲ歸スベキモノナレバナリ、蓋シ船舶ヲ任意ニ坐礁セシムルト雖モ必シモ之レガ喪失ヲ來スベキ理由ナク、且ツ其坐礁セシメタル意旨ハ決シテ船舶ヲ破壞セントスルニアラズ。却テ之ヲ危險ノ輕少ナル位置ニ移サンガ爲メニシテ、故ニ若シ船舶ガ其後チ破壞或ハ喪失スルヿアリト雖モ之ヲ以テ悉ク船長ノ行爲ニ歸セシムベカラザルノミナラズ、寧ロ其他ノ源因タル近接ノ事情ニ就テ其責ヲ求ムベキモノナリ、實ニ船長ハ殆ド何レノ場合ニ於テモ船舶ヲ破壞セシムル預想若シクハ意旨ヲ有セズ、其船舶及ビ積荷ニ對シテ危險ノ行爲ヲ行フ所以ノモノハ暴風或ハ敵船等ノ如キ更ニ近接ナル危險ヲ避クルニ在リテ、即チ坐礁ハ共同利益ノ爲メニ行ハレタル行爲タルヲ得ベシト雖モ、直ニ之ヲ以テ其後ニ生ズル難破或ハ捕獲ノ場合タリト稱スベカラザルナリ、畢竟船舶ヲ乘揚シムル行爲ハ絶望ノ最終手段ニシテ、爲メニ積荷ハ之レガ爲メニ非常ノ危難ニ接セラルモノニシテ、而シテ其船舶ハ喪失シテ獨リ積荷ノミ救助セラル、トキハ、其事情ハ羅馬法語ニ所謂ユル「恰モ火災ニ於ケル如キ」モノニシテ、此種ノ場合ニ在テハ各人自ラ救濟スルノ外ナキナリ、然ルニ其救助セラレタル積荷ヲシテ船舶ノ損失ヲ分擔セシメントス、之レ到底壓制タルヲ免レズシテ、從テ明白ニ共同海損ノ規則ニ關スル處置ト正義トニ悖ルモノナリ、』

右ノ裁判宣告ハ各判事ガ一致シテ決定シタルモノナリシガ、其後此判決ハ幾多ノ論難ヲ惹起スニ至リ、即チ判事「ストーリー」氏ノ如キハ「アポット」氏ノ海上運送篇ノ附錄中ニ除外例ノ場合ヲ設ケ、又タペンシルバニヤ洲ニ於ケル「ケーズ」對「リチヤード」事件、及ビ「グレー」對「ウアルン」事件ノ如キモ正反對ノ判決ヲ下シ、遂ニ千八百三十九年ニ及デ、北米合衆國高等法院ノ各判事ハ一致ノ意見ヲ以テ右ノ「ブラッドハルスト」對「コロンビアン」保險會社」事件ノ判決ヲ正式ニ廢止シ、以テ現今北米合衆國ニ通ズル一齊ノ規則ヲ確定セリ、即チ其規則ニ依レバ、任意坐礁ナルモノハ其坐礁船舶ガ救助修繕セラレ、或ハ其坐礁ニ因テ全損スルニ拘ハラズ同一ニ共同海損タルモノトセリ、

玆ニ北米合衆國ニ於テ右ノ規則ヲ確定スルニ至ラシメタル「コロンビアン保險會社」對「アシピー」事件ノ事實ヲ示セバ、「ボープ」號ト稱スル兩桅船アリ、チエサピーク灣ヨリ出帆中天候不良ニシテ海上ノ進航ニ不當ナルヲ認メ、同灣內ノシウエルス、ポイントト稱スル陸端ニ回航碇泊セリ、然ルニ其翌日ニ至リ暴風益ス激烈トナリ、錨ハ以テ船舶ノ浮漂ヲ支フルニ足ラズ、遂ニ船舶ハ淺洲ニ膠沙シ、船首ハ回轉シテ船側ニ強風高浪ヲ受クルノ情境ニ陷リタリ、是ニ於テ船長ハ船舶及ビ積荷ノ救助、並ニ船員ノ生命保存上他ニ良策ナキヲ以テ、錨鎖ヲ海中ニ脫失シテ船舶ヲ成ルベク高ク海濱ニ乘揚ケシニ、暴風鎭靜ノ後チ船舶ハ到底引卸ノ

効ヲ奏セズ、獨リ積荷ノミヲ救助シ得タルニ至レリ、

此事件ニ對シテハ高等法院ハ一致シテ其損失ヲ共同海損タルベシト決定シ、判事「ストーリー」氏ニ依テ其判決ヲ宣告セラレタリシガ、氏ハ此問題ニ關シテ羅馬法ヲ首トシ、其他凡テノ諸學説等ヲ精細ニ調査シ、其判決ノ理由ヲ約言シテ左ノ如ク宣告セリ、

『此坐礁ノ意旨ハ船舶ヲ破滅セントスルニアラズ、却テ之ヲ危險ノ輕少ナル場所ニ置カントシ、且ツ成ルベクバ積荷モ共ニ然ランヿヲ欲スルニ在リ、而シテ其行爲ハ船舶及ビ積荷ニ對シテ危險ナリト雖モ、是レ一層近接セル危險ヲ避クル爲メニ行ヒタルモノニシテ、畢竟共同安全ノ爲メニ出ヅルモノナリ、去レハ若シ此行爲ニ依テ積荷ノ救助ノミヲ達シ得タル塲合ニ於テハ、是レ避クベカラザル災禍ヨリ當事者ノ豫期或ハ當初ノ意旨ニ超過セル損害ヲ生シタルモノニシテ、然ルニ其全犠牲ヲ以テ獨リ船主ノ負擔ニ歸セシメントスルハ吾人ノ甚タ瞭解ニ苦ム

所ニシテ、船主ハ實ニ船舶ヲ犧牲ニ供シテ積荷ノ安全ヲ成サシメタルモノナラズヤ、』

抑モ任意坐礁トハ如何ナルモノナルヤヲ精確ニ決定スルハ常ニ容易ニアラズ、故ニ米國ノ裁判々決ニ於テハ此事實上ノ問題ニ關スルモノ少カラズ、例バ(第一)、船長ガ船舶ヲ海上ニ進航セシムル意旨ヲ以テ錨鎖ヲ切斷シテ船帆ヲ上揚シタリト雖モ、其船帆ヲ喪失シテ目的ヲ達スル能ハズ、船舶ハ茲ニ操縱隨意ナラズシテ遂ニ海濱ニ坐礁シタル塲合ノ如キハ之ヲ任意坐礁ト認メザルナリ、(第二)、判事「ギブソン」氏ハペンシルバニヤ洲ノ「ウヲルカー」對「合衆國保險會社」事件ニ於テ、『一種ノ塲合ニ達セントスル盡力中全ク預想セザル偶然ノ損失ヲ生スル𪜈ハ、此損失ハ賠償ヲ受クベキモノニアラズ、……假令ヒ船舶ヲ乘揚ントスル意旨ハ實際ニ存在セリト雖𪜈、若シ其船舶ノ錨鎖斷絶シテ操縱隨意ナラズ遂ニ全ク颪波ノ爲メニ岩上ニ坐礁シタル塲合ニ於テハ、其意旨ヲ實踐スベキ方法ヲ欠クルモノナリ』トセリ、然ドモ若シ船長カ一定ノ海濱ニ船舶ヲ乘揚クルノ意旨ヲ以テ進航シ、其際他ノ海濱ニ坐礁シテ喪失スル場合ノ如キハ共同海損タルベキモノナリ（第三）判事「スプラーグ」氏ハ『此種ノ場合ノ區別ニ關シテ猶ホ求ムベキ第三ノ原因ハ、即チ一定ノ岩上ニ乘揚クルノ意旨ナキモノ是レナリ、然ドモ若シ船舶ノ位置ヲ變更シテ現在漂流スル方向ニ異ル場處ニ乘揚ケシムル意旨ヲ以テ偶然坐礁ヲ來スト雖ドモ、之レカ爲メ當初ノ意旨ヲ無効ト看做スベカラズ』トセリ、猶ホ此種ノ坐礁ニ屬スル一場合ハ「バーナード」對「アダムス」事件ニシテ、其判決ニ依レハ、若シ船舶カ到底何レカノ場處ニ坐礁スルヲ免ル能ハスシテ、其際決意ヲ要スルモノハ唯タ損害ノ最少ナル場處ヲ撰擇スベキ場合タルニ當リ、若シ其撰擇宜シキヲ得バ則チ坐礁ヨリ生ズル損害ハ共同海損ナリトセリ、而シテ此事件ノ審問ニ於テハ各事實ヲ首メトシ、其坐礁ノ避クベカラザル事情モ悉ク承認スル所トナリシガ、原告ハ

本件ノ要償ヲ以テ諸他ノ共同海損犧牲ノ場合ト同一ノ理由ニ基クモノトシテ左ノ如ク論議セリ、

『抑モ海上危難ノ際ニ行フ各犧牲ヲ以テ之ヲ通常ノ語意ニ於ケル任意ト稱スルハ全ク誤レリ、此犧牲ハ急迫セル必要ニ際シテ發スル意思ノ行爲ニシテ、袖手傍觀スルトキハ全損ヲ蒙ルベク、之ニ反シテ危難ヲ速カナラシムルトキハ損失輕少タルベキ撰擇ノ場合ニシテ、其何レヲ採ルベキヤハ一ニ撰擇ニ係ルモノナリ、然ドモ之レ凡テ船長ガ行フベキ任意ノ行爲ニシテ、全部ノ財産及ビ各人ノ生命ハ畢竟船長ガ平虚勇膽、裁斷ヲ以テ之ヲ處置スルト否トニ由テ其安否ヲ決スルモノナリ、故ニ船長ノ此決意ヲ自由ニシ、且ツ遲疑ナク之ヲ執行セシメンガ爲メニ茲ニ法律ハ共同分擔ノ要償ヲ船員ニ付與セリ、』

此見解ハ裁判々決上判事「ダニール」氏ヲ除クノ外、其他ノ諸判事ノ多數贊成ヲ得テ判事「グリール」氏ハ左ノ如ク宣告セリ、

『或ハ論ジテ曰ク、分擔ナルモノハ危險ノ避クベカラザル場合ニ於テ生ズルコナシトセリ、而シテ此論說ヲ精細ニ說敍スレバ他ナシ、即チ若シ共同危險ノ性質ニシテ、其際犧牲トセラレタルモノガ假令ヒ諸他ノモノヽ利益ノ爲メニ撰擇損害セラレサリシト雖ドモ、到底遂ニ損失スベキ如キ場合タルニ於テハ分擔ヲ生ズルコナシトスルニ在リ、然バ即チ此論說タルヤ共同海損ニ對スル要償權ヲ生スル全躰ノ原理ヲ非認スルモノト謂フベキナリ、抑モ船長ガ一部ノ積荷ヲ海中ニ投棄シ、或ハ錨ヲ脫落セシメ、或ハ船檣ヲ切斷シ、或ハ船舶ヲ坐礁セシムルヲ以テ至當ノ手段ト看做スベキハ、全部ノ損滅ヲ被ルベキ急迫ノ危險ヨリ船舶及ビ積荷ノ兩者、若シクハ其各者ヲ救助スルガ爲メニ必要止ムヲ得ザル場合ニ限ルモノニシテ、其全部ノ損失ト一部ノ損失トノ間ニ介立スル船長ノ撰擇ハ全ク各場合ノ必要ニ應ジテ定マルベキモノトス、故ニ前示ノ論說ハ假令ヒ理想上巧妙ノ觀アリト雖ドモ、此强制的撰擇ハ即チ全部ノモノヽ爲メニ一部ノモノヲ犧牲ニ供スル所ノ船長ノ行爲ヲ承認スルニ關シテ必要ナルモノニシテ、故ニ苟モ共同危險ヲ避クルガ爲メニ其打荷ノ止ムベカラザル所以ヲ證明シ能ハザル片ハ、船長ハ之レヨリ生スル損失ヲ自ラ負擔スベキモノナリ、……（氏ハ打荷ノ一場合ヲ示シテ此理由ヲ說明シ、猶ホ附言シテ曰ク、）……然ドモ若シ船、船ヲ打荷ニ依テ救助スル能ハスト雖ドモ、積荷ニシテ遙ニ貴重ノ價値ヲ有スル片ハ船舶ヲ海濱ニ乘揚ケテ以テ其積荷ヲ救助スルヲ得ベシ、……是レ全部ノ危險ヲ一部ニ移轉シ、以テ全部ガ被ルベキ急迫ノ破損ヲ一汎ニ免レシメテ其一部ヲ救助シタルモノナリ、』

蓋シ此判決宣告ハ判事「ダニール」氏ノ判決文中ニ言ヘル如ク、北米合衆國高等法院ニ於テ修正再議ヲ經タル原理ニシテ、同國諸裁判所ニ於ケル共同海損問題ヲ正當ニ支配スベキ權原タルベシト雖ドモ、其直ニ任意乘揚ノ各場合ヲ以テ悉ク共同海損トナス斷案ト認ムベキヤハ吾人ノ保證スル能ハザル所ナリ、何ントナレハ「ヒリップ」氏或ハ「パーソンス」氏ノ如キハ之ヲ非認スルモノニシテ、即チ「ヒリップ」氏ノ所説ニ依レバ、此種ノ問題ニ在テハ、決意ヲ以テ撰定スル坐礁ト避クベカラザル坐礁トハ果シテ同一ナルヤ否ヲ常ニ調査スル要アリテ、換言セバ之レ事實ノ問題ニシテ原理上ノ問題ニアラズ、從テ何レノ場合ニ於テモ其判斷容易ナラズトセリ、又タ「パーソンス」氏ハコンネクチカット州高等法院ニ於テ判事「イリスウヲルス」氏ガ一事件ニ關シテ下シタル決判ノ一部ヲ引用セシガ、其判決文ニ曰ク『或ハ曰ク、船舶カ坐礁ニ依リテ破損スヘキヿ明白ナルニ當リ、若シ船長カ强制的ニ乘揚ヲ行ハントシテ、自己幷ニ船舶ニ對シ危險ノ最モ輕微ニシテ、且ツ全部ニ對スル損傷ノ最モ些少ナル場處ヲ觀察撰擇シタルトキハ、此撰擇ハ任意ノ犧牲ヲ生スルモノニシテ、從テ船長ニ分擔要償權ヲ付與スルモノトセリ、然トモ余ノ考フル所ニ依レハ、此見解ハ似テ而シテ非ナルモノニシテ、彼ノ所謂ユル「救助シ得ルモノハ自ラ救助セヨ」トノ格言ハ特ニ此種ノ場合ニ適用スベキモノナリ、惟フニ船長ガ船舶ノ乘揚ノ避クベカラザルヲ認メテ、成ルベク危險ノ最少ナル場處ニ乘揚ケンヿヲ努力スル場合ハ、此任意ノ犧牲ヲ行フニ於テ、猶ホ航海中危險ノ海峽ヲ避ケテ安全ノ航路ヲ通過シ、若シクハ岩礁或淺洲ヲ避ケントシテ其航路ヲ變更スルモノト殆ド差異ナク、即チ船長ハ唯ダ全汎ノ利益ノ爲メニ避クベカラザル災禍ヲ減少スベキ明白ノ義務ヲ行ヒタルノミ、未ダ之ヲ以テ一部ノモノヲ撰擇シテ殘餘ノモノヽ安全ヲ保持スルガ爲メニ損失セシメダルモノト稱スベカラズ』トアリ「而シテ「パーソン」氏ハ、米國高等法院ノ判決ヨリモ寧ロ此一洲ノ裁判所ノ判決ノ原理ニ基キ、任意坐礁ノ諸場合ヲ支配スベキ原則トシテ左ノ如ク其所信ヲ汎言セリ、

『斯ル場合ニ於テハ實價ヲ有スル任意ノ犧牲物ナカルベカラズ、故ニ若シ船舶ガ坐礁ヲ避クベカラズシテ、而シテ船長ハ坐礁ノ場處、或ハ時刻

或ハ方法ヲ撰ブノ外他ニ手段ナキ場合ニ於テハ、吾人ハ之ヲ以テ共同海損法ニ要スル任意犧牲ト稱セズ、從テ是レ海損ニアラザルナリ、何ントナレバ船長ガ此際行ヒシ所ノモノハ船舶、積荷、及ビ人命ノ救助上成ルベク好望ナル方法ニ於テ乘揚ヲ行ヒタルニ在レバナリ、加之ノミナラズ船舶ガ海損ヲ分擔スルニ當テハ、其分擔價値ハ船長ガ諸他ノ希望ヲ絕チテ乘揚場處ヲ考慮撰擇セル當時ノ情境ニ於ケル價値ヲ以テスルモノニシテ、然ルニ此價格ナルモノハ前述ノ場合ニ於テハ全ク存在スルモノニアラサルナリ、然トモ船長ガ積荷ノ救助ニ關シテ確實ナル好機會ヲ有セシトキハ、其機會ハ假令ヒ救助ノ成否ヲ充分ニ判知スルニ足ラザルモ、猶ホ其積荷ハ損失ノ賠償ニ對シテ分擔スベキモノトス、』上來任意坐礁問題ノ決定ニ關シテ種々ノ材料ヲ蒐集示擧セシガ、英國ニ於テハ現今其慣例區々ニシテ且ツ諸說モ全ク一致スル所ナク、從テ之ヲ記述スルノ要ナシ、然トモ獨リ火災ヲ消防スルガ爲メニ船舶ヲ任意ニ坐礁セシメ、或ハ穿孔シテ沈沒セシメタル場合ニ於テハ、精算者ハ其坐礁ニ依テ生ゼル船舶ノ損害ヲ共同海損トシテ之ヲ處置シ、格別ノ異議ナクシテ落着シタルモノ少シトセザルナリ、

茲ニ滊船「セネガル」號ノ場合ヲ記述セシニ、同船ハ一大滊船ニシテ、亞非利加ヨリリバプールニ向テ復航スルノ際、貴重ノ積荷ト衆多ノ船客ヲ搭載シ、グランドカナリー島ノ北端港ナルラス、パルマスニ寄航セントシテ同島沿岸ノ航海中海圖ニ記載ナキ暗礁ニ衝突セリ、而シテ之レガ爲メ航海ヲ停止セザリシト雖モ喫水線下ノ船側板ニ一大破隙ヲ生ジテ海水非常ニ浸入シ、ラスパルマス港ハ僅ニ十二海里ヲ隔ツルニ拘ラズ、爲メニ船長ヲシテ該港到着前ニ船舶ノ沈沒センヿヲ憂慮セシムルニ至レリ、而シテ船長ハ當時其沈沒ヲ確認シタルニアラスト雖モ、特ニ船內ノ人命ヲ觀察スルトキハ其儘依然トシテ航海ヲ繼續スルヿ甚ダ危險ニ過グルヲ以テ、風位ノ下方ニ沙濱ヲ發見シタルヲ好機トシ、茲ニ針

路ヲ回轉シテラスパルマス港ノ南方九海浬ニ於テグランド、カナリー島ノ海岸上ニ船躰ヲ高ク乘揚シメタリ、然ルニ其引卸ノ爲メ殆ド三週間ノ時日ヲ費ヤセシガ、其間船躰ハ深ク砂中ニ侵入シテ下底ニ潜在セル岩礁ノ爲メニ龍骨及ヒ前部ノ船脚ニ著大ノ損害ヲ生ッタリ、去レト同號ハ遂ニ引卸ノ功ヲ奏シテ其過半ノ積荷モ共ニ英國ニ運送スルヲ得タリ、

此事件ニ於テハ、精算者ハ龍骨及ビ前部ノ船脚ニ生シタル損害ヲ首メトシ、其他任意坐礁ノ爲メ船舶及下艙積貨物ニ生シタル凡テノ損害ヲ悉ク共同海損トシテ處置セリ、然ルニ之ニ反對ノ異議ヲ生ッタルヲ以テ、其裁決ヲ下スベキ判定者ノ撰定ヲ精算者協會ノ會頭ニ委任セシガ、會頭ハ當時保險事項ニ熟達セル女皇陛下ノ一顧問官ヲ撰定シ、其裁決ニ於テハ精算者ノ處置ヲ以テ正當ナリト認定セリ、是レ實ニ千八百八十二年ナリ、

千八百六十年乃至千八百七十六年間ニ於テハ、此任意坐礁ノ問題ハ歐州及ビ米國ノ精算者幷ニ其他ノ商業代表者ノ催セル數次ノ集會ニテ大ニ考究ヲ費シ、其結果トシテ遂ニ「ヨーク、エンド、アントウエルプ」規則ヲ編成スルニ至レリ、即チ千八百六十四年ヨークノ集會ニテ決議シテ曰ク『船舶ガ沈沒セントシ、若シクハ岩礁ニ坐礁セントスルヲ以テ任意ニ海岸ニ乘揚ケシメタルトキハ、之ニ依テ船舶、積荷、及ヒ運賃、若シクハ其各者ニ生ジタル損害ハ共同海損トシテ賠償セザルモノトス』トセシガ此決議ハ千八百七十六年ノアントウエルプノ集會ニ於テ採用セラルヽニ至レリ、而メ余ノ信ズル所ニ依レバ、此規則ヲ適用スベキ場合ハ唯ダ損失ノ到底避クベカラズシテ、其乘揚ハ所謂ユル絶躰絶命ノ時タルニ限ルガ如シト雖ドモ、惜哉其文義漠然トシテ意味不明ナリシガ、千八百九十年ノ第二ノ會議ニ於テハ果シテ『船舶カ故意ヲ以テ海岸ニ乘揚ケタルニ當リ、其情境ニシテ若シ此手段ヲ採用セザリシトキハ、到底沈沒ヲ招キ、或ハ海岸若シクハ岩礁ニ吹キ付ケラルヽ如キ場合ダルニ於テハ、此ノ如キ故意ノ乘揚ヨリ船舶、積荷、及ビ運賃若シクハ其各者ニ生ゼル喪失或ハ損害ハ共同海損トシテ賠償セラレザルモノトス、然ドモ其他ノ場合ニシテ船舶ガ共同安全ノ爲メニ海岸ニ乘揚ケタルトキハ其結果タル喪失或ハ損害ハ共同海損ト看做スコヲ得ベシ』ト明白ニ修正スルニ至レリ、

英國ノ精算者協會ニテモ此任意坐礁ノ問題ヲ數バ論議シタルヿアリテ、千八百八十一年ノ集會ニ於テハ、任意坐礁ヨリ生ゼル凡テノ損害ヲ悉ク共同海損トナスベシトノ概則ヲ議案トナシタレドモ非決ニ歸シ、千八百八十三年ノ決議ニ依テ、任意坐礁ノ目的ガ船舶ノ沈沒ヲ避クルニ在リテ、且ツ其船舶ガ坐礁後浮揚シタルトキハ、其坐礁ヨリ生ゼル凡テノ損害ヲ共同海損トシテ處置スベキモノトセリ、而メ千八百八十四年ニ至リ、遂ニ「ウイルリヤム、リチヤード」氏ノ發議ニ基キ『任意ノ坐礁ニシテ

眞正ノ犧牲ヲ有スルトキハ、共同海損トシテ分擔ヲ要償スルノ權アリ』ト決議セシガ、此決議ハ二回ノ多數決ヲ以テ通過セラレ、其第一回ニ於テハ假定規則トシテ十一對十五ノ多數決ニ達シ、翌年ニ於ケル其第二回ノ確定決議ニ於テハ十二對十五ノ多數決ヲ示セリ、去レト此多數決ハ必要數タル三分ノ二ニ充タザルヲ以テ遂ニ有効ノ規則タルヲ得サリシ、

以上ノ如ク任意坐礁問題ノ決定上各般ノ材料ヲ記述シ來リ、是レヨリ本節ノ結論トシテ吾人ハ此種ノ實際問題ニ對スル正當ノ處置方法ニ關シテ意見ヲ陳述セント欲ス、然レトモ其盡サヽル所ノモノハ之ヲ將來ノ裁判々決ニ待ツコト固ヨリ言ヲ待タザルナリ、

抑モ共同海損ヲ成立セシムルニハ犧牲物即チ與ヘラレタル物アルヲ必要トシ、而シテ其物ハ眞實ノモノタラザルベカラズ、換言セハ眞實ノ犧牲若シクハ全者ノ爲メニ與ヘラレタルモノアルトキハ、其犧牲トセラ

レ或ハ與ヘラレタルモノハ共同海損トシテ賠償ヲ受ベキモノトス、之レ英國裁判所ガ諸外國ノ規則ニ一致セシメントシテ從來明白ニ宣言スル所ナリ、故ニ英國精算者協會ノ決議ハ實ニ正確ナル定說ナリト雖ヒ、其決議ヲ觀ズルトキハ、任意坐礁ニ關スル一汎ノ規則ヲ設定スルニ付キ、其如何ナル場合ニ於テ果シテ眞實ノ犧牲ヲ存在スルヤヲ判定スルハ最モ困難ナルヲ察スベキナリ、例バ前掲セル米國ノ「バーナード」對「アダムス」事件ニ就テ觀ズルニ、船舶ハ到底何レノ處ニカ坐礁ヲ避クベカラズシテ、而シテ其際爲スベキモノハ唯ダ船舶ガ最少ノ損害ヲ受クベキ場處ノ撰擇ニ在リシ事ハ裁判審問上ニ於テ承認セラレタル所ナリ、然バ則チ斯ル場合ニ在テハ果シテ犧牲ナルモノ存在スベキヤ否ヤ、又タ如何ナルモノヲ以テ全者ノ爲メニ與ヘタリト云フヲ得ベキヤ、而シテ原被兩造ノ主張セル論議ハ既ニ記載セシ處ニシテ、余ハ其裁判々決ヲ以テ單ニ之ヲ權原ト看做スノ外其理由ニ至テハ充分正當ナリト信ゼザルナリ、何ントナレバ船長ガ犧牲即チ打荷ヲ爲スノ權能ハ、打荷ヲ爲サヾレバ船舶ノ喪失ヲ免レザル場合ノミニ限ルモノト認ムベカラズシテ、苟モ常識アル者ガ其全部ヲ喪失スベキ危險ニ對シテ一部ノ喪失或ハ損害ヲ以テ代フルガ如キ危險ノ程度タル場合ナルトキハ茲ニ足レリトス、蓋シ船舶ノ危險ハ假令ヒ非常ニ大ナリト雖𪜈、若シ積荷ガ海中ニ投棄セラルヽヿナクシテ原狀ノ儘依然トシテ船内ニ存留セシメラルヽトキハ、積荷ノ位置ハ船舶ニ比シテ遙ニ安全ニシテ、且ツ救助ノ好機會モ極テ多キヿハ一汎ニ見ル所ノ情態ナリ、故ニ打荷ノ場合ニ在テハ眞實ノ犧牲ヲ有セザルヿ殆ンド稀ナルヲ知ルベキナリ、然𪜈「バーナード」對「アダムス」事件ノ場合ノ如ク、其何レノ處ニカ坐礁ヲ避クベカラザルヿ確實ナルニ當テハ、其船舶或ハ積荷ヲシテ岩礁ヲ避ケテ泥沙ノ場所ニ乘揚セシムルモ、之ニ依テ其各者ヲ一層不良ノ位置若シクハ一層困難ナル危險ニ陷ラシムルヿナキヲ以テ、其船舶或ハ積荷ハ一部分ヲモ犧牲ニ供シタルニアラズ、從テ之ヲ打荷ノ場合ト同一ノ論法ヲ以テ解釋スルハ全ク誤謬タルモノナリ、即チ此種ノ坐礁ノ場合ニ欠クル所ノモノハ、スチーブンス氏ガ任意坐礁ノ各場合ヲ非認セル事項ニアラズ、若シクハ其他ノ緊要ナラザル事情ニアラズシテ、畢竟共同海損ノ要素ト稱セラルヽ所ノ全者ノ爲メニ行フ犧牲ヲ欠クルモノナリ、

次ニ任意坐礁ノ第二ノ種類ト稱スベキ場合アリ、即チ船舶ニシテ乘揚ヲ行ハサレバ其喪失ヲ避クベカラズト雖モ、其喪失タルヤ他ノ場所ニ坐礁スルガ爲メニ生ズルニ非ズ、全ク別種ノ事情ニ依テ船舶及ビ積荷ヲ一様ニ喪失スベキモノナリ、例バ沈沒ニ依リ、或ハ敵人又ハ私船ヨリ燃燒若シクハ捕獲セラルヽ如キ場合是レナリ、蓋シ坐礁ノ各場合ニ就テ觀察スルニ、船底ト船底ニ接スル積荷ハ上層部ノ積荷ニ比スレバ遙ニ過大ノ危險ニ接スルヲ常トスルモノニシテ、故ニ此種ノ任意坐礁ノ場合ニ於テ、若シ其乘揚ヲ行ハサレバ全損ヲ免レザルモノタルトキハ、之

レ一部ヲ犧牲ニ供シ或ハ贈與シテ其殘餘ノ部分ヲ保存シタルモノト云フベナリ、而シテ或ハ曰ク、此際若シ犧牲ヲ行ハザレバ必ズヤ全損ヲ招ク〻確實ナルヲ以テ、其乘揚ハ犧牲ト稱スルニ足ラスト論ズル者アリト雖𪜈、打荷幷ニ船檣切斷ノ塲合ヲ首メトシ、其他全部ノ爲メニ一部ヲ犧牲ニ供スル各塲合モ之レト類似ノ事情ヲ生スルコトアルニ拘ラズ、吾人ハ未ダ曾テ此等ノ塲合ニ就テ、其犧牲物ナカリセバ一ノ損失ノ果シテ避クベカリシヤヲ研究スル必要ニ接シタルコトナク、畢竟此際ニ適用スベキ原則トシテハ、危難大ナルニ從テ犧牲ノ効力大ナリトナスニ在リ、惟フニ此原則ガ英國ニ於テ明白ニ認識セラル、コトハ、「シエフワード」對「コットケン」事件ニ關スル判事「ブランムウエル」及ビ「ブレット」兩氏ノ判决宣告ニ徵シテ知ルヲ得ベクシテ、即チ「ブランムウエル」氏ノ所說ニ依レバ、難破物ト看做スベキモノハ、其犧牲ニ供セラレタル品物ガ特別ノ情態ヲ有シタルニ因リ、假令ヒ全部ノモノガ救助セラル、ト雖モ必ズ喪失スベキモノタルベシトシ、又タ「プレット」氏モ難破物ニ關スル種々ノ徴證ヲ示シタルノ後チ、「ブランムウエル」氏ト同一ノ見解ヲ以テ特別ノ情態ノ存在スルヲ必要トシ、即チ切斷或ハ除去セラレタルモノニシテ、假令ヒ之ヲ切斷或ハ除去スルヿナキモ殘餘ノモノハ救助セラレタルニ反シ、獨リ自ラ喪失ヲ免レザリシモノタルベシト説ケリ、是ニ依テ之ヲ觀レバ、犠牲ヲ行ハザル塲合ニ於テ全部ノ財産ガ有スベキ終局ノ運命如何ノ問題ハ兩氏ガ共ニ調査ノ必要ヲ感ジタル所ナリ、故ニ今マ此等ノ指針ニ據テ此第二種ノ任意坐礁ノ塲合ヲ判斷スルトキハ、英國裁判所ガ其犠牲ヲ以テ難破物ノ塲合ト同一視シ、以テ之ヲ共同海損ヨリ除去セザルヿハ吾人ノ信ジテ疑ハザル所ナリ、何ントナレバ其任意ノ乘揚ヲ決意シタル當時ニ在テハ、船舶及ビ積荷ノ各者ハ難破物ニ於ケル所謂ユル特別ノ情態ヲ有セズ、換言セバ其犠牲タリシモノハ殘餘ノ財産ガ乘揚ニ依ラズシテ救助セラレタルニ反シ、獨リ自ラ

喪失スベキ情態ニ存セザレバナリ、故ニ此種類ノ任意坐礁ヨリ生セル損害ハ共同海損トシテ處置スベキモノナルガ如シ、

終ニ第三種ノ任意坐礁タルベキ塲合ハ敢テ研究ノ要ナキモノニシテ、即チ任意ニ乘揚ヲ行ハザリシトキハ其全損ハ果シテ避クベカラザルヤ否ヲ確證シ能ハザル塲合是レナリ、蓋シ前記セル瀛船「セヂガル」號ノ塲合ノ如キハ之レガ適例タリト雖モ、此種ノ任意坐礁ハ昔時ニ比スレバ近時愈ヨ稀ニ見ル所ニシテ、是レ畢竟現時ノ船價ハ益ス高貴トナリテ、非常ナル危難ノ塲合ヲ除クノ外ハ容易ニ任意ニ乘揚ヲ行ハザルニ由ルモノナリ、而シテ「セヂガル」號ノ塲合ニ關スル裁定ノ如キハ、其損失ヲ共同海損タラシムルニ付キ理論ト權原トヲ甚ダ輕視シタルモノニシテ、其見解ハ殆ト道德上ノ觀念ニ發シ、且ツ此種ノ塲合ニ於テハ何レノ裁判所ニ於テモ同一ノ方針ヲ採用センコヲ希望シタルモノヽ如シ、去レバ精算者ニシテ此ノ如キ塲合ヲ共同海損トシテ處置セザルト

キハ、其理由ノ正否ニ拘ラズ裁判ヽ決上不慮ノ結果ニ陥ルヲ保セザルナリ。

以上任意坐礁ノ三種ノ場合ヲ説叙シ來リ、更ニ其坐礁船舶ガ遂ニ救助セラレタル場合ト然ラザル場合トヲ區別スルノ要アリヤ否ヲ觀察セシニ、須ラク先ヅ此區別ノ設定上ニ關スル不當ノ理由ト看做スベキモノヲ排論スルニ加クハナキナリ、抑モ共同海損ヲ成立セシムル原因トシテハ、船舶ガ積荷ト共ニ航海ヲ終了スルト否トハ全ク緊要ノ關係ナキ事項ニシテ、却テ急迫ナル危險ヨリ全部ノモノヲ救助シ、或ハ救助シ得ベキモノヲ救助スルヲ以テ原因トス、故ニ積荷ノ全部或ハ一部ヲ救助シテ之ヲ安全ノ境遇ニ達セシメタルトキハ、其共同海損タルニ於テ更ニ缺クル所ナク、且ツ船舶ノ任意坐礁ノ行爲ニシテ其理由正當タル以上ハ、其行爲ニ依テ實際生シタル損失大ナルトキハ其小ナル場合ニ比シテ分擔賠償額モ亦タ大ナルベキナリ、而メ坐礁ノ後チ船舶ガ喪失セル場合ニ關シテ原則上唯一ノ問題タルベキモノハ、其喪失ガ果シテ坐礁ニ源因セシヤ否ヤニ在リテ、即チ其損失ハ贈與セラレタルモノナルヤ、或ハ企圖セラレタルモノナルヤ、或ハ坐礁ヨリ生ズル當然ノ結果ナルヤ否ニ在リ、然ドモ此疑問ニ對スル解答ハ各場合於テ各ホ異ルヲ得ベクシテ、啻ニ凡テノ場合ニ關シテ一汎ノ規則ヲ設ケ難キノミナラズ、各場合ニ付キテ一々規則ヲ定メントスルモ、尙ホ容易ナラザルナリ、何ントナレバ犧牲ノ結果ハ如何ナル範圍迄共同海損トシテ處置スベキヤノ疑問ニ對シテハ、現時英國ノ法律ニ於テ一ノ權原的決答存セザレバナリ、而メ吾人ハ此疑問ニ對スル決答ヲ有セザルニアラズト雖ドモ、唯ダ權原的決答ニアラザル以上ハ反對ノ裁判々決ニ抗抵スベキ效力ナクシテ、其英國判事ノ見解ノ未ダ一定セザル有樣ハ次章ニ說ク所ニ於テ更ニ分明タルベキナリ、今マ此ニ一例ヲ設ケテ此種ノ場合ヲ說明セシニ、一船舶アリ、敵船ヨリ追擊ヲ受ケタルヲ以テ、其安全ヲ圖ルガ爲メ敵彈ヲ避クルニ足ルベキ一砲臺ノ下ニ乘揚ヲ行ヒタリ、而シテ此乘揚ヲ行ヒタル際ハ天候頁好ナリシヲ以テ、其坐礁ノ結果トシテ船長ノ預期セル所ノモノハ其船舶引卸ノ爲メニ要スル荷揚費用ト船底ニ生スベキ輕微ノ損害ノミニ過キザリシカ、然ルニ其荷揚ヲ未ダ終ラザルニ當テ暴風海上ヨリ襲來シ、船舶ハ爲メニ海濱ニ於テ破碎セラルヽニ至レリ、然バ即チ此損失ハ抑モ坐礁ノ結果即チ共同海損トシテ處置スベキヤ、或ハ暴風ノ結果即チ偶然ノ事變ニ出テタルモノトシテ處置スベキヤ、蓋シ此例示ハ極端ノ場合タルヲ免レザレ𪜈、惟フニ船舶ノ全損ヲ來シタル任意坐礁ノ諸場合ヲ處置スルニ當リテ、常ニ其困難ヲ覺ユルモノハ將ニ此例示ニ類似スル難問タルベキナリ、而シテ吾人ハ此等ノ場合ノ如ク、非常ノ危險ヲ冒シテ爲メニ損失ヲ實際ニ招キタル場合ニ對シテハ、之ヲ共同海損トシテ處置スベキヲ信ズルモノニシテ、何ントナレバ既ニ船長ガ幾多ノ時間中船舶ヲ海岸ニ存在セシムベキコヲ知テ之ヲ乘揚ケシメタル時ハ、船長ノ決心トテハ其間船舶ヲシテ天候ノ變化ヨリ被ルベキ凡テノ損害ニ接セシメタルヲ認ムベキナリ、故ニ余ハ此例示ノ塲合ニ於テモ其船舶ノ喪失ヲ以テ共同海損トシテ處置スルヲ欲スルモノナリト雖モ、英國裁判所ハ果シテ吾人ト其見解ヲ同フスルヤ否ハ何人モ明白ニ保證スベカラザルベシ、

第四章　非常經費タル救助料

第一節　犧牲ト經費ノ區別

既ニ第一章第三節ニ述ベタル如ク、判事「ローレンス」氏ノ下シタル共同海損ノ定義ハ共同海損ヲ分テ犧牲及ビ非常經費ノ兩大項目ニ區別セシガ、此定義ハ實ニ其主旨ヲ「ルイ」十四世ノ勅令ニ籍ルモノニシテ、羅馬法ニ於ケル『如何ナルモノガ凡テノ者ノ爲メニ與ヘラレタルヤ』ノ文意ヲ布演セルニ過ギザルナリ、而シテ此經費ヲ正當ニ凡テノ者ノ爲メニ與フルニ當テハ先ヅ其非常ノ性質ヲ帶フルヲ要ス、何ントナレバ航海中ニ通常生スル各種ノ經費ハ、其契約セラレタル運賃中ニ悉ク包含シテ當然ニ積荷主ノ仕拂ニ屬スルヲ以テ、之ヲ與フルモノト稱スベカラザレバナリ、故ニ船主ニシテ積荷ヲ其到達港迄運送スベキ旨ヲ契約シタル時ハ、彼ノ船荷證劵面ノ『航海ノ事變ヲ除ク』ナル除外條件ヲ付スルニアラザレバ其契約履行ノ爲メニ生ズル凡テノ經費ヲ悉ク負擔スベキ義務アリ、然ㇾ唯ダ夫レ此除外條件ヲ設クルヲ以テ、船舶及ビ積荷ノ利益ノ爲メニ此種ノ事變ニ生ズル經費ヲ蒙ルトキハ、之ニ對シテノミ積荷主ニ分擔ヲ要償スルヿヲ得ルモノナリ、

蓋シ以上ノ如ク解釋スルニ非ラザレバ、共同海損タル損失ヲ犧牲ト非常經費ノ二者ニ區別スルハ决シテ適當ノ分類ト看做スベカラズ、例バ彼ノ船舶ニ加ヒタル損害ノ犧牲ノ如キハ其分擔賠償ノ際必ズヤ經費ニ換算セザルベカラズ、然ㇾ此ノ如キ經費ハ决シテ船舶ヲ救助シ得ルモノニアラズ、其船舶ヲ救助セシモノハ非常ノ事情ニ際シテ行ヒタル所ノ非常手段ノ採用ニ在リテ、而メ此手段ナルモノハ通常外ノモノタルヲ以テ之レカ爲メニ要セシ經費モ亦タ通常外ノモノニ屬スルナリ、去レバ一層精確ナル分類ヲ爲サントセバ、共同海損ハ積荷或ハ船舶ノ犧牲ノ結果タルカ、若シクハ通常ノ方法外ニ屬スル行爲ノ採用ヨリ成

立スルモノトナシ、而ソ此行爲ハ通常ノ場合ニ屬セザルモノナルヲ以テ船長ハ之ヲ採用スルノ義務ナシト雖ドモ、苟モ之ヲ採用スルトキハ必ズ經費ノ増加ヲ招クモノトナスニ在リ、蓋シ吾人ガ分類上ニ付キ此ノ如キ說明ヲナス所以ノモノハ、畢竟次章ニ於テ說敍スルガ如ク、共同海損ノ定義ノ精確ナラザルガ爲メ其結果ヲ實際ノ慣例上ニ及シタルヲ信ズレバナリ、

非常經費ハ便宜上ノ區別トシテ左ノ三大項目ニ分ツヲ得ベシ、

(第一)、船舶救助ノ爲メニ行ヒタル手段ヨリ生スル經費ニシテ、即チ船舶ガ强烈ナル災難、例バ沈沒、坐礁、火災、或ハ衝突等ニ際シテ救助行爲或ハ類似ノ行爲ニ依テ其全損ノ危險ヨリ救助セラレタル場合ノモノナリ、

(第二)、避難港進入ニ依テ蒙ル經費ニシテ、即チ船舶修繕ノ爲メ、或ハ船舶及ビ積荷ヲ襲フ危難ヲ避クルガ爲メニ避難港ニ進入スル場合

ノモノナリ、

(第三)第一若シクハ第二ノ場合ニ要スル經費ニ對シテ、其仕拂ニ供スル資金調達ノ爲メニ被ル經費、或ハ之ニ代用セラレタル損失之レナリ、

以上三種ノ經費ハ當然ニ非常經費ニ屬スルモノナレ𪜈、便宜上本章及ヒ第五章ノ二章トテシテ順次說明スル所アルベシ、

第一類　救助料

第一節　救助料汎論

打荷ハ共同海損犧牲ノ最モ簡單ナル摸範トシテ看做サル、如ク、救助料ナルモノハ又タ共同海損經費ノ摸範トシテ看做スヲ得ベシ、而メ此見解タルヤ唯ダ一局面ノ觀察タルニ過キザレ𪜈、救助料ナルモノハ常ニ非常經費ニシテ、且ツ危難救助ノ爲メニ支拂ハル、モノナルヲ以テ、此關係ヨリ論ズル𪜈ハ共同海損經費トシテ完全ノ形式ヲ備フルモノ

ト稱スベキナリ、然ヒ救助料ハ常ニ必シモ船舶及ビ積荷ノ共同安全ノ爲メニ蒙ルモノニアラスシテ、若シ其共同安全ノ爲メナル場合ニ於テハ茲ニ共同海損トナルモノナリ、

救助料ニ關スル法律ハ英國海上法院ニ於テ著シク發達シタル所ニシテ、其共同海損ノ問題ニ論及シタル場合少ラズ、故ニ此種ノ事項ニ就キ本節ニ於テ簡單ニ說明スル所アルベシ、

船長ナルモノハ必要ノ場合ニ於テハ救助者ニ援助ヲ請約シ、且ツ其至當ナル報酬契約ヲ履行スル爲メ船舶及ビ積荷ニ債務ヲ負ハシムルノ權能アリ、然ヒ自己ノ傭主ヲシテ明白ニ不當ナル義務ヲ負ハシムルノ權能ナク、又タ偏頗ナル救料支拂ノ契約ヲ締結スルノ權能ナシ、例ヘバ船舶ガ積荷ニ比シテ過當ノ利益ヲ占メ得ル如キ契約ハ偏頗ヲ免レザルモノニシテ、倘ホ詳ニ之ヲ例證スレバ、船舶及ビ積荷ヲ共同ノ危險ヨリ救助スル契約條件ニ於テ、船舶ヨリハ一定ノ金額ヲ仕拂フベキニ反シ、

積荷ニ對シテハ救助者ヲシテ其收納シ得ル限リノ報酬ヲ積荷主ヨリ要求セシムル場合ノ如キ之レナリ、「ラシトン」氏曰ク、『此ノ如キハ之レ種々ナル詐欺手段ノ爲メニ門戸ヲ開クモノナリ、………若シ積荷主ヨリ巨額ノ救助料ヲ收ムルガ爲メニ船長ヨリ助力ヲ得ベキコト確實ナルニ當リテハ、救助者ハ必ズヤ船長ト協議シテ船主ニ不當ノ利益ヲ付與スルニ至ルベシ』トセリ、

蓋シ一般ノ原則トシテハ、救助者ナルモノハ船長ノ救助請求ニ關スル明約、若シクハ信號タル狼火ノ如キ招呼方法ヨリシテ其救助ニ對スル報酬ノ要求權ヲ得ルモノナリト雖モ、亦タ常ニ必シモ此ノ如キ明白ナル雇傭方法ヲ要セザルナリ、即チ火急ノ場合ニ於テハ特ニ船長ノ請求ニ接セズシテ援助ヲ與フルモ猶ホ救助料要求權ヲ生ズルコアリ、故ニ「ロールド、キングスダウン」氏曰ク、『若シ船舶ニ對シテ實際ニ救助行爲ヲナシタリト雖モ、船長ヨリ救助ヲ請求シ、或ハ救助者ニ於テ之ヲ承諾シ

タル事實ノ證明ナキ限リハ船舶ニ於テ其救助料ヲ支拂フ義務ナシト定ムルトキハ甚ダ危險ナリト謂フベシ、何ントナレバ急激ナル事變ニ際シテハ救助ノ請求或ハ承諾ニ付キ一々推問スルノ餘裕ナキ場合少シトセズ、故ニ若シ救助者ニシテ其報酬ノ領收ニ付キ此ノ如キ合意ヲ證明スルノ義務アリトセバ、勇氣ト活動ヲ要スル救助ノ場合ニ於テ甚ダ緩慢ニ陷ルノ恐レアルベシ』トセリ

救助行爲ナルモノハ數多ノ種類アリト雖ドモ其何レノ場合タルニ拘ラズ常ニ必要トスル一條件アリ、即チ船舶ノ危險ガ現ニ存在シ、或ハ將來必ズ生セントスル事之レナリ、而シテ其危險ハ敢テ必シモ海難ノ結果タルヲ要セズ、若シ船舶ニシテ船員ノ死亡或ハ疾病ヨリ人員ニ不足ヲ生シテ此ニ危險ニ陷ル時ハ、此事實ハ以テ救助料ノ要求權ヲ證スルニ足ルキベナリ、又タ危險ハ敢テ必シモ急迫ナルヲ要スルモノニアラズ、故ニ推進器ヲ喪失シタル瀛船ニ對シテ、天候平穩ノ際救助ヲ與ヘタルモ

ノニ救助料ヲ承認シタル場合ハ屢バ見ル所ニシテ、是レ一旦暴風雨ニ接セバ其船舶ノ運轉不自由タルベキモノト看做スニ因ルナリ、「ラシントン」氏ハ曾テ別種ノ一場合ニ於テ曰ク、『船舶ニ救助ヲ與ヘタル場合ニ於テ、若シ其救助行爲ナカリセバ船舶ハ喪滅スベキ損害、若シクバ災禍ニ接ズベキモノナルトキハ玆ニ足レリ』トセリ、又タ坐礁船舶ヨリ單ニ其積荷ヲ積移ス場合ノ如キモ、若シ其積荷ガ當時實際ニ危險タリシトキハ此積移ハ救助行爲トシテ處置スルヲ得ベキモノニシテ、「ラシントン」氏ハ此種ノ場合ニ關シテ曰ク、『危險ノ程度ナルモノハ勞役ノ性質ヲ決定スルニ付キテ關係ナキモノナリ、何ントナレバ若シ積荷ニシテ到底之ヲ安全ノ場所ニ移轉スベキ救助ヲ要スル時ハ其勞役ハ救助行爲ノ性質ヲ備フベシ』トセリ、又タ偶然ノ事變ニ依テ坐礁シタル船舶ハ概シテ危險ノ情態ニ存在スルモノト看做サルヽモノニシテ、故ニ之ヲ浮揚セシムル勞役ハ救助行爲タルベキナリ、何ントナレバ是レ其當時ハ假令

ヒ安全ナリト雖モ、一旦天候不良トナラバ直ニ危險ニ陷ルベキ明白ノ理由アルニ因ルナリ、
港灣ヲ出入スルニ際シ單ニ時間ヲ節減スルガ爲メ、若シクバ其地ノ習慣ニ從テ牽船ヲ傭用スル場合ノ如キハ通常ノ牽船行爲ニシテ、固ヨリ之ヲ以テ救助行爲ト看做スベカラズ、然モ若シ此際ニ於テ危險ヲ招クベキ原因生シタルトキハ、此通常ノ牽船行爲モ救助行爲ニ變性スルヲ得ルモノトス、例バ不良ノ天候ニヨリ船檣或ハ船帆ヲ喪失シ、或ハ舵器ニ損害ヲ生ジ、或ハ漏水損處ヲ生シタルガ爲メ運轉不自由ニシテ航海危險ナル場合ニ當リ、茲ニ一瀛船ニ援助ヲ請求シタル時ハ、此援助ノ勞役ハ非常ノ行爲ニ屬スルヲ以テ救助行爲トシテ處置シ、從テ通常ノ牽船ニ比シテ遙ニ多額ノ報酬ヲ仕拂フベキモノトス、又タ通常ノ牽船契約ノ履行中ニ於テ不慮ノ危險ニ接シ、之レガ爲メ牽船ハ危險ノ勞役ヲナシ、或ハ牽船ノ性質ヲ變セシメタルニ於テハ同シク救助料ノ要求權ヲ

生ズルモノトス、今マ之レカ一例ヲ示セバ、牽船ガ一船舶ヲ一處ヨリ他處ニ牽船シタル一場合ニ當リ、其契約ノ趣旨ニ由レハ、假令ヒ天候ノ通常變化ノ爲メ常時ニ比シテ其牽船ニ多少ノ時間ト困難ヲ加フルコアルモ船舶ハ之ニ對シテ責ヲ負ハザルベク、又タ、船舶ヲシテ淺洲ヨリ退却セシメ、或ハ他船トノ衝突テ分離セシムルト雖モ、特ニ其救助ノ爲メニ牽船ニ對シテ危險ヲ加フルナク、若シクハ時間ヲ消費セシメザル限リハ其援助ニ就キテ牽船料ノ增額ヲ要セスト定メタリ、然ルニ此牽船契約ハ未ダ解除ニ至ラズ、即チ牽船ハ船舶ヨリ解放セラレテ再ビ牽船ヲナサントセバ更ニ新契約ヲ要スル關係トナラザルニ當リ、茲ニ不慮ノ事變ノ發生ノ爲メ牽船ハ明カニ契約ノ範圍外タル勞役ヲ行ヒ、之ニ依テ船舶ハ危難ヨリ救助セラレタリ而シテ此場合ニ於テハ牽船ハ却テ危難ニ接シ、若シクバ若干ノ時間ヲ消費シ、或ハ勞役ヲ增加シタルヲ以テ、牽船契約ハ假令ヒ猶ホ實際有効ニ存在スルニ拘ラズ、救助料ノ性質ニ於テ相當ナル報酬增加ノ要求ヲ妨ケザルモノトセリ、共同ノ危難ヨリ船舶及ビ積荷ヲ救助スル所ノ救助行爲ハ本書ニ於テ論ズベキモノニシテ、之ニ對スル報酬ハ功績ノ多寡ニ準シテ差異アルモノナリ、即チ詳言セバ、其報酬ハ救助セラレタル財產ノ價値ニ於ケル一定ノ比例ニ依ルモノニアラズシテ、却テ救助者ノ危險、勞役、技倆、及ビ消費時間ト共ニ、救助セラレタル財產ノ價値及ビ其遭遇セル危險ヲ斟酌比較シタル割合ニ依ルモノトス、而シテ報酬額ノ決定ニ要スル觀察局面トシテハ、救助セラレタル財產ノ價値ハ第二位ニ在ルモノニシテ、學說上ニ於テハ單ニ裁判所ガ寛大ノ報酬ヲ與ヘントシテ多額ノ財源ヲ求ムル爲メニ參考材料ト看做スニ過キザルナリ、然圧救助料ノ支出ニ就テハ、其額ノ多寡ニ拘ラズ船舶、運賃、及ビ積荷ガ各ホ其價値ノ割合ニ應ヅテ負擔スルモノニシテ、救助者ハ其救助シタル凡テノ財產ニ對シ、其船舶タルト積荷タルトヲ問ハズ一樣ニ留置權ヲ有スルモノナリ、而メ前述シタル如ク、裁判所ハ此負擔額ノ公平ヲ害スルガ如キ凡テノ契約ヲ認メザルヲ以テ、若シ裁判所ニ出訴セラタル救助料ハ唯ダ救助財産ノ若干部分ノミ負擔スベキモノニ止マリテ、其餘殘ノ救助料ハ既ニ裁判外ニ於テ處分ヲ終リタル場合ニ於テハ、裁判所ハ先ヅ其全躰ノ救助行爲ニ對スル至當ノ報酬額ヲ定メ、然ル後チ財産ノ價値ニ屬スル割合ニ依テ被告ニ賦課スベキ分擔額ヲ决スルヲ以テ常ニ裁判ノ方針トセリ、之レ實ニ英國海上法院ガ救助料ニ關シテ共同海損ノ原則ヲ一汎ニ承認シテ之ヲ行フモノナリ、

救助料ノ分擔ニ關シテ英國海上法院ガ用ヒタル財産ノ價値ハ、救助者ガ其救助行爲ヲ成就シ、且ツ其財産ニ對シテ既ニ留置權ノ使用ヲ必要セザル當時ノモノヲ以テセリ、然ドモ此價値ニ關スル説明ハ後チニ分擔價値ヲ論ズル場合ニ於テ詳論スル處アルベシ、

救助ヲ試ミタルノミニテ其救助ノ效ヲ達ザル場合ニ於テ、救助料要求

ノ權アリヤ否ヤノ問題ハ、救助者ガ自ラ好デ救助ヲ行ヒタルヤ、或ハ船長トノ約束ニ於テ救助シタルヤニ關スルモノナリ、而シテ其前場合ニ於テ救助者ガ自ラ進デ危險ヲ侵シタリト雖氏其效ヲ與ヘズシテ退却シ、從テ財產ハ之レガ爲メ實際些少ノ利益ヲ受ケザリシトキハ、假令ヒ其財產ガ其後チ他ノ救助者ニ依テ救助セラルヽモ前救助者ハ報酬ヲ要求スル能ハザルモノニシテ、畢竟如何ナル場合ニ於テモ、救助セラレタル物品ナキトキハ明約ノ存セザル限リ救助料ヲ要求スベキ權利ナキナリ、然氏「ラシントン」氏曰ク、『遭難船ガ特ニ一定ノ人ニ對シ、若シクバ一汎ニ對シテ救助ヲ請求シタル場合ニ在テハ、假令ヒ其救助者ノ勞役ガ船舶ニ實際利益ヲ與ヒタルノ證跡ナシト雖氏、其盡力ノ程度ニ從テ報酬セラルヽモノニシテ、遭難船ニ援助ヲ與フベキ契約ヲナシ、而シテ其必要ナル程度若シクバ爲シ得ベキ程度ニ於テ其契約ヲ行ヒタルトキハ救助料要求ノ權利ヲ成立スルモノナリ』トセリ、故ニ嘗テ一船舶アリ、フヲアランドノ近海ニ於テ暴風ノ爲メ錨ヲ喪失シタルヲ以テ、船長ハ一瀛船ニ向テ陸上ヨリ錨ト錨鎖トヲ運送シ來ランヿヲ請求セリ、此ニ於テ同瀛船ハ其目的ヲ以テラムスゲートニ至リ、特ニ一箇ノ小船ヲ傭テ右ノ二品ヲ積入レ其運送ヲ果シタリシガ、然ルニ其到着前ニ於テ船舶ノ船員ハ預備ノ錨ヲ裝置セシノミナラズ、瀛船ノ歸着ノ際ニハ暴風ハ既ニ沈靜シタルヲ以テ、船舶ハ錨ト錨鎖ヲ不用ナリトシテ之ヲ瀛船ヨリ受取ルヿヲ拒絶シタリ、然ヒ裁判々決ハ右瀛船ノ勞役ヲ以テ救助料要求ノ權アルモノト認定セリ、

勞役ニシテ其性質ハ嚴格ニ救助行爲ト稱スル能ハズト雖ヒ、唯ダ其非常行爲ニ屬シ、且ツ船舶及ビ積荷ヲ共同ノ危險ヨリ救助スル爲メニ行ハレタルモノハ、猶ホ恰モ救助行爲タルガ如ク共同分擔ニ依テ報酬ヲ支拂ハル、モノナリ、例バ錨ヲ運送スルガ爲メ、若シクハ積荷ヲ有スル坐礁船舶引卸ノ爲メニ晝間或ハ滿潮時ニ於テ、水夫或ハ其他ノ人夫ヲ

傭用シタル場合ノ如キ之レナリ、

第二節　人命救助料

人命救助料ナルモノハ、共同安全ノ爲メニアラズシテ共同海損ノ如ク處置セラルヽ所ノ一種ノ救助料ナリ、蓋シ從前ニ在テハ唯ダ人命ノミヲ救助シテ財産ヲ救助セザル者ニ對シテハ、法律上救助料ノ性質ニ於ケル報酬ヲ與ヒタルヿナシト雖モ、人命及ビ財産ヲ共ニ救助シタルモノニ對シテハ其人命救助ノ故ヲ以テ常ニ多額ノ報酬ヲ與ヘ、而シテ其報酬額ハ名義上財産救助ニ對スルモノトシテ船舶及ビ積荷ノ割合ニ應ジテ之ヲ分擔セシメタリ、即チ人命救助ナルモノハ間接ト稱スルヨリモ、寧ロ假裝ノ有樣ニ於テ常ニ共同海損トシテ處置セラレタルモノナリ、然ルニ千八百五十四年商船條例ノ發布セラルヽヤ、其第四百五十八及ビ四百五十九ノ兩條ニ於テ、船舶ガ英國海岸ニ於テ危難ニ遭遇セルニ當リ、其船舶所屬ノ人命救助ノ爲メニ援助ヲ與ヘタルモノハ、其他ニ財產ヲ救助セルト否トニ關セズ至當ノ救助料ヲ要求シ得ルモノト規定シ、又タ同條例第四百六十八及ビ四百六十九ノ兩條ニ於テハ、此救助料ハ救助セラレタル積荷ト船舶トノ負擔ニ歸スベキモノナリト規定セルニ至レリ、而シテ千八百六十二年發布ノ同改正條例第九條ハ猶ホ以上ノ規定ヲ擴張シ、其人命救助ガ何處ニ於テ行ハレタルニ拘ラズ、英國ノ船舶或ハ端艇ヨリ人命ヲ救助スル凡テノ場合ニ及ボサシメ、且ツ諸外國ノ船舶或ハ端艇ヨリ人命ヲ救助セルニ當リテモ、其行爲ノ全部或ハ一部ガ英國ノ河海ニテ行ハレタル場合ニ於テハ同一ニ適用スベキモノトセリ、而シテ樞密院ニ於テ認定シタル「ヒユーシリーヤ」事件ニ關スル海上法院ノ判決ニ依レバ、船員或ハ船客ノ人命救助セラレタルトキハ、假令ヒ積荷ハ其人命救助者ノ援助ニ依ラズシテ救助サレタリト雖モ、猶ホ其人命救助料ニ對シテ割合ニ應シ分擔スベキ責任アリトセシガ、之レ實ニ國會ノ條例ニ依テ設定セラレタル一種ノ共同海損ニシテ、畢竟「デンソト」對「スミス」事件ノ規則ニ屬スルガ如シ、而シテ積荷主ハ此ノ如ク其割前ヲ負擔スベキ責任アルヲ以テ、積荷ニ對スル救助者ノ要償權ハ海上法ノ留置權ニ於テ保護セラレ、又タ其留置ニ關スル費用モ財產占有ノ爲メニ要シタルモノトス、

第三節　複雜性ノ救助方法

本節ニ於テハ如何ナル場合ニ於テ救助行爲或ハ其他類似ノ行爲ヲ共同海損トシテ處置スベキヤヲ觀察スベクシテ、而シテ船舶及ビ積荷ヲ危難ノ位置ヨリ救助スル方法ヲ區別スルトキハ左ノ三種ノ場合ニ分ツヲ得ベシ、

(一)、第一種ノ方法ハ、凡テノ財產ヲ一箇ノ總合物トシテ處置シ、而シテ其一部ヲ救助シテ以テ全部ヲ一齊ニ救助スルモノナリ、例バ一滊船ガ積荷ヲ有セル坐礁船舶ヲ引御スル場合ノ如キ之レナリ、

(二)、第二種ノ方法ハ、箇々ノ財產ヲ各別ニ救助スルモノニシテ、故ニ其

各箇ヲ救助スルト雖モ他ノ財産ノ救助ニ對シテ更ニ關係ナク且ツ些少ノ効能ヲ及サヾルモノナリ、例バ船舶ノ破損後ニ於テ海上ニ漂流シ、或ハ海濱ニ散布セル船舶ノ諸材料若シクハ貨物ヲ救助スル塲合ノ如キ之レナリ、

(三)、第三種ノ方法ハ、其救助ノ目的トシテハ財産ノ全部若シクバ其救助スルヲ得ベキ部分ニ在リト雖トモ、其ノ救助ヲ一齊ニ行ハズシテ各別ナル數多ノ方法ヲ逐次ニ執行シ、而シテ其ノ各方法ハ一部ノ財産ヲ危難ヨリ直接ニ救助スルト共ニ、又タ殘餘ノ財産ノ救助ヲ容易ナラシムベキ二樣ノ結果ヲ有スルモノナリ、例ヘバ坐礁船船ヲ浮揚シ難キニ當リ、テ先ヅ若干ノ積荷ヲ荷揚シテ以テ船躰ヲ輕クシ、然シテ後チ瀛船ニ依テ船舶ヲ引卸シ得タル塲合ノ如キ之レナリ、是レ即チ玆ニ所謂ユル複雜性ノ救助方法ト稱スルモノナリ、

以上ニ擧示シタル三種ノ方法ニ要スル經費ニ付デ觀ズルニ、其第一種及ビ第二種ノモノハ解釋容易ニシテ、即チ第一種ノモノハ常ニ共同海損タルベギニ反シ、第二種ノモノハ決シヲ然ル能ハズト雖𪜈、第三種ノ經費ニ至テハ詳細ノ研究ヲ要スルモノアリ、依テ以下之ニ付テ說明スル所アルベシ、

第三種ノ如キ救助方法ノ場合ヲ精算スルニ當リテ先ヅ第一ニ觀察決定スベキ問題ハ、抑モ此ノ如キ場合ハ全躰ヲ通シテ一箇ノ方法トシテ處置スルヲ正當トスベキヤ、或ハ其逐次ニ行フ所ノ各別ナル方法ハ、假令ヒ一ノ共同目的ニ向テ協力スル者ナリト雖𪜈亦タ各ホ特別ノ目的ヲ有シ、而シテ其特別ノ目的ハ共同目的ヨリモ遙ニ重視スベキ理由アルヲ以テ、寧ロ此等ノ數多ノ方法ハ各ホ分別シタル者トシテ處置スルヲ正當トスベキヤニ在リ、蓋シ此第三種ノ場合ハ常ニ二箇ノ段落ヲ有シ、其各段落ハ各ホ非常經費ヲ含有スルモノニシテ、例バ船舶及ビ全部

ノ積荷ガ共ニ危險ノ位置ニ陷ルニ當テハ、之ガ救助策トシテハ概シテ先ヅ一部ノ積荷ヲ陸揚シテ之ヲ安全ナル位置ニ移轉スルヲ常トシ、而シテ此積荷ノ陸揚ハ未ダ船舶及ヒ殘餘ノ積荷ヲシテ全ク安全タラシムル能ハズト雖ヒ、猶ホ幾分カ其危險ノ情勢ヲ減シテ將來ノ安全ヲ計ルカ爲メ大ニ容易ナラシムルモノナリ、是レ即チ所謂ユル第一段落ナリ、而シテ第二段落トハ即チ其船舶ノミナルト、或ハ船舶及ビ殘餘ノ積荷タルトヲ問ハズ、凡テ殘留セル所ノ財產ヲ安全タラシムル行爲ヲ云フナリ、

以上ノ如キ塲合ニ於テ、其上層積貨物ノ救助費用ハ下層積貨物ト船舶トニ依テ分擔スベキモノナルヤヲ決定スルニ先チ、單ニ學理上ヨリ觀察スルトキハ、此費用ヲ以テ全部ノモノノ爲メニ一部ノモノヲ犧牲ニ供シ、或ハ與ヘタルモノト認ムルモ敢テ不當ニアラザルベクシテ、而シテ其一部若シクハ個々ノ積荷ヲ救助セル費用ハ元來其積荷ノ爲メニ費

シタル經費タルヲ以テ、一々其救助行爲ヲ調査シテ、若シ其積荷ノ受ケタル利益ガ右ノ經費ニ超過セザル塲合ニ於テハ、此經費ハ其積荷ノ外猶ホ他ノモノヽ爲メニ行ハレタル犧牲ト稱スルヲ得ベキナリ、然レ𪜈之ニ反シテ上層積貨物ノ陸揚救助ニ依テ其積荷ガ救助費用ニ超過セル利益ヲ得タル塲合ニ於テ、若シ其積荷主ガ一方ニ於テハ、右陸揚ノ爲メ殘餘ノ積荷ノ救助ヲ偶然容易ナラシメタル些少ノ利益ニ基キテ殘餘ノ財産ヨリ費用分擔ヲ要償セルニ拘ラズ、却テ他方ニ於テハ、既ニ陸揚救助セラレタル貨物ハ殘餘ノ財産ノ存滅上利益關係ナキモノナリトシテ其救助費用ニ對スル分擔義務ヲ拒絕セバ、抑モ其論據ヲ辯駁スルヿ甚ダ難キガ如シ、然𪜈熟考スル𬼀ハ此見解ハ實際不當ナルヲ知ルベクシテ、畢竟殘餘ノ財產ニ關スル救助方法ハ、當初陸揚セラレタル貨物ノ救助經費ニ對スル分擔者トシテ殘餘ノ財產ヲ保存セシムルモノナレバナリ、右ノ理由ナルヲ以テ、此種ノ複雜性救助方法ノ場合ニ於テ其當初ヨリ終局ニ至ル全費用ガ同一事變ノ結果タルトキハ、學理上ノ觀察トシテハ所謂『公平ヲ要求スルモノハ自ラ公平ヲナサヽルベカラズ』ナル定則ニ基キ、其當初ヨリ終局ニ至ル財產救助ノ全費用ヲ以テ共同海損トシテ處置スルカ、若シクハ各別ノ方法ニ屬スル費用トシテ各々單獨ニ處置スベキナリ、而シテ船舶ガ坐礁或ハ沈沒セル場合等ニ在テハ、遭難ノ境遇不詳ナルガ爲メ、或ハ天候ノ不良ノ爲メ、或ハ新危險ノ發生等ノ爲メニ中途ニシテ救助方法ノ變更ヲ要スル如キ變化ヲ見ルコアリト雖モ、苟モ此種ノ變化ナキ以上ハ第一段落ノ救助方法ヲ共同海損トシテ處置シ、第二段落ノ救助方法ヲ各別ノ方法ニ屬スルモノトシテ處置スルハ正當タル能ハザルナリ、蓋シ此ノ如キ處置ハ精算者ノ慣例ニ於テ屢バ見ル所ナリト雖モ、是レ畢竟非常行爲ニ屬スル荷揚費用ヲ觀察スルヿノ際、其原由ヲ問フヿナクシテ常ニ之ヲ共同海損トシテ處置セントス

ル誤想ニ發シタルモノナリ、

蓋シ複雜性ノ救助方法ノ處置ニ關シテハ從來諸種ノ規則ヲ主張スルモノアリト雖モ、以上ニ說明シタル如ク、全費用ヲ通シテ共同海損トシテ處置セザレバ各別ノ方法ニ屬スル費用トシテ各ホ單獨ニ處置スベシトノ規則ハ、實際ノ應用上最モ簡明ニシテ且ツ其欠點モ甚ダ僅少ナルモノナリ、而シテ一二ノ精算者ノ論ズル所ニ依レバ、荷揚經費ハ船舶及ビ全部ノ積荷ニ對シテ利益ヲ與フルガ故ニ共同海損タルベシト雖モ、既ニ悉皆ノ荷揚ヲ終了シタル後ハ積荷ハ其空船ノ引卸費用ニ對シテ分擔スルヲ要セストスルモノアリ、然モ此理論ヲ推究スル片ハ、例バ中甲板積ノ貨物ガ荷揚セラレタル片ハ、其積荷ハ船底ニ殘留セル貨物ノ荷揚費用ヲ分擔スルノ要ナキニ至ルヘク、更ニ之ヲ極言セバ各個ノ積荷ハ其荷揚ヲ了ルヤ否ヤ直ニ殘餘ノ積荷ノ荷揚費用ニ對スル分擔義務ヲ免ルルニ至リ、其極船內ノ積荷ノ個數ト同數ナル精算ノ作成ヲ要シテ、而シテ其各精算ハ各ホ異ル比例ヲ有スルモノタルヘキナリ、然𪜈比ノ如キ煩雜ナル處置ハ實際ニ應用スベカラザルヲ以テ、精算者ハ屢バ船艙內ノ貨物積付ケノ情態ニ斟酌シテ積荷ヲ數區域ニ大別シ、以テ其區域ノ數ト同數ナル粗畧ノ精算ヲ執行スルヿアリト雖𪜈之レ原則上固ヨリ不當ノ處置タルヲ免レザルナリ、

上來複雜性救助方法ノ處置ニ關スル規則ヲ論定シ終リ、此ニ更ニ困難ナル問題ヲ生シ來レリ、即チ此救助方法ヲ處置スルニ當リ、前述セルガ如ク之ヲ以テ始終ヲ通シテ一箇ノ方法ヨリ成立スルモノト看做シ、若シクバ各別ナル數多ノ方法ヨリ成立スルモノト看做スニハ、抑モ如何ナル標準ニ據テ決定スベキヤ是ナリ、而シテ此問題ニ付テハ吾人ハ先ツ裁判例ヲ擧ケテ說明スルヲ以テ最モ便宜ナリト思惟ス、即チ「ケンブ」對「ホリデー」事件、「ジョーブ」對「ラングトン」事件、「モーラン」對「ジョーンス」事件、及ビ「ウヲルシユ」對「マブロヂヤニー」事件ニ關スル四箇ノ判決例是レ

ナリ、

「ケンプ」對「ホリデー」事件ニ付テ決定セラレタル裁判權原ニ依レバ、船舶ガ積荷ト共ニ沈沒シタルニ當リ、若シ其積荷ヲ船舶ト共ニ一齊ニ救助セサレバ低廉ナル費用ヲ以テ積荷ヲ容易ニ救助シ得タル場合ニ於テハ、積荷ガ船舶及ビ積荷ノ救助料聯合額ニ對シテ分擔スベキモノハ、船舶ト分離シテ救助スル場合ノ經費ニ比シテ多額ヲ支拂フノ義務ナシト定メラレタリ

右事件ニ於ケル問題ヲ記述スレバ、一船舶ガ其積荷ト共ニ沈沒シタルニ當リ、船舶ト共ニ積荷ヲ一齊ニ救助シタル經費ヲ以テ共同海損トナシ、之ヲ積荷ニ分擔セシムルノ可否如何ニ在リ、判事「プラックバルン」氏ハ判決ノ理由トシテ曰ク『船舶ガ積荷ト共ニ沈沒シ、而シテ此兩者ハ實際一箇ノ方法ニ依テ一齊ニ引揚ラレタリト雖ド、其救助經費ハ未ダ必シモ兩者ノ共同保存ノ爲メニ被ルモノト斷定スベカラズ、余ノ思惟ス

ル所ニ依レバ、其果シテ然ルヤ否ヤハ何レノ場合ニ於テモ事實問題ニ屬スルモノニシテ、故ニ些少ノ經費ヲ以テ容易ニ積荷ノミヲ船中ヨリ引揚救助シ得ル場合ニ當リ、積荷ノ保存ニ無關係ナル救助費用ヲ以テ積荷ノ負擔トナスハ不當タルベキナリト』セリ、而シテ此事件ガ更ニ「エツキスチエカー」裁判所ニ起訴セラレタルヤ、同院ニテハ猶ホ以上ト同一ノ原則ヲ採用シタリト雖モ、判事「アール」氏ハ數多ノ事實ヲ引證シテ、此事件ハ『船舶或ハ積荷、若シクバ兩者ヲ救助スルニ付キ、船舶ト共ニ積荷ヲ一齊ニ引揚クルヲ以テ最良方法トナス』場合ニ屬スルモノトナシ、從テ此事件ニ於テ積荷ト共ニ船舶ヲ沈沒ヨリ一齊ニ引揚ケタル費用ハ當然ニ共同海損タルベシト結論セリ、故ニ吾人ハ以上ノ原則ナルモノハ又タ坐礁船舶ノ場合ニ就テ之ヲ適用スルト雖モ敢テ其不可ナキヲ信ズルナリ、

次ニ「ジヨーブ」對「ラングトン」事件ノ裁判例ヲ觀察センニ、曾テ「スノード

ン」號ト稱スル一帆船アリ、リバプールヨリニユーフアウンドランドノセントジヨンスニ向テ航海中、愛蘭ノマラヒデー灣ノ海岸ニ乘揚ゲ、干潮ニ至レバ船躰ハ全ク砂上ニ露出スルニ至レリ、乃チ之レガ引卸上全部ノ積荷ト船足積荷ヲ陸揚スベキ必要ヲ生ジタルヲ以テ、積荷ハ陸揚シテ之ヲダブリンノ倉庫ニ移シ、且ツ特ニ一小運河ヲ開鑿シ、小蒸滊船ノ牽船手段ニ依リテ多額ノ經費ヲ以テ船舶ヲ漸ク浮揚スルヲ得タリ、而シテ船舶ハ其後牽船ニテリバプールニ回航セラレテ修繕ヲ加エ、積荷ハ市價ノ低落ヲ避クルガ爲メニ他船ヲ以テ運送セラレタリシガ、當事者ノ協議トシテハ此積荷ノ運送ヲ以テ「スノードン」號ガ修繕結了後ニ自ラ之ヲ運送シタルモノト看做スベキモノトセリ、是ニ於テカ以上ノ如ク全部ノ積荷ノ陸揚後ニ於テ船舶ヲ引卸シ、幷ニ修繕ノ爲メリバプールニ回航セシメタル諸經費ハ共同海損トシテ處置スベキヤ、或ハ單獨海損トシテ船舶ノミ負擔スベキヤノ問題ヲ生シタルニ在リ、右事件ニ付キ、被告タル船主ノ辯護人「ブラッパルン」氏ハ其經費ヲ以テ共同海損タルベシトナシテ曰ク、『原告ガ主張スル論議ヲ推究スレバ、上層積貨物ノ荷揚ハ共同海損ナリト雖モ、既ニ其貨物ニシテ安全ヲ達シタルトキハ第二層積タル貨物ノ荷揚ハ然ル能ハズト結論セザルヲ得ズ、然レ共其全部ノ荷揚ハ一箇ノ處置ニシテ、故ニ全部ノ處置ニ依リテ航海ヲ救助シテ之ヲ完終シタル結果ヲ生シタルトキハ、假令ヒ船舶及ビ積荷ガ一齊ニ浮揚セザルト雖トモ抑モ如何ナル差違ヲ生ズベクンヤ』トセリ、

右ノ論告ニ對シ、「ロールド、カンプベル」氏ガ「クインスベンチ」裁判所ニ於テ判決スル所ニ依レバ、全部ノ積荷ヲ陸揚救助シタルノ後チ、船舶ヲ浮揚シ且ツ修繕ノ爲メリバプールヘ回航セシメタル經費ハ共同海損タルベカラズ、唯ダ船舶ノミニ於テ之ヲ負擔スベシトシ、其理由ヲ宣告セルヿ左ノ如シ、

『本件ノ爭點ハ未ダ一ノ裁判々決モナク、且ツ吾人ノ參考タルベキ一ノ商業習慣ナシ、故ニ吾人ハ之ニ關スル保險法ノ一般原則ニ付テ探究スルヲ要ス、……(氏ハ「パークレー」對「プレスグレーブ」事件ヲ引用シ、本件ノ坐礁ハ偶然ノ事變ニ發シタルモノナルヲ以テ其問題タル經費ハ犧牲ニアラズトシ、猶ホ語ヲ次テ曰ク、)……故ニ共同海損トシテ成立スベキ經費ハ、船舶及ヒ積荷ノ聯合利益ノ爲メニ被ル非常經費タルヲ要スルモノニシテ、假令ヒ船舶ノ坐礁ガ偶然ノ事變ニ發セシト雖𪜈、其災難ノ爲メニ要セシ經費ニシテ全部ノ積荷ノ荷揚ヲ終ル以前ニ費セルモノハ凡テ明ニ共同海損タルベキナリ、然𪜈其荷揚ノ終了後ニ於テ船舶ヲ引卸シ、並ニ修繕ノ爲メリパプールヘ回航セシメタル經費ヲ以テ猶ホ以上ノ經費ト同一性質ナリトスルハ抑モ如何ナル論據ニ基クモノナルヤ、彼ノ小蒸滊牽船ノ使用、及ビ船舶ノ浮揚策トシテ開鑿セラレタル運河ノ如キハ決シテ荷揚ト同一方法ニ屬スル部分ト稱スベカラズシテ、彼ノ小蒸滊牽船ナルモノハ、積荷陸揚ヲ了ヒ且石炭及ヒ船足積荷ヲ船中ヨリ取出セル以前ニ於テハ、未ダ少クモ船舶ノ爲ニ使用セラレザリシコハ本件ノ事實ノ明證スル所ナレバナリ、即チ吾人ハ此等ノ牽船經費ヲ以テリバプール回航後ニ於ケル修繕經費ト區別セントスルモ其理由ヲ發見スル能ハズシテ、此修繕經費ハ全ク單獨海損トシテ船主或ハ船舶保險者ノ負擔ニ歸スベキモノナリ、故ニ若シ船主ニシテ積荷ヲニユーフアウンドランド迄運送シテ契約運賃ヲ收入セントセバ、船主ハ當然ノ義務トシテ船舶ヲ相當ノ修繕地ニ回航シテ其修繕ヲ施サヾルベカラズ、……然モ吾人ハ特別ノ事情ニ依リテハ敢テ以上ノ見解ニ異ルベキ一種ノ場合ヲ發見セザルヲ保シ難シ、例バ船舶ガ偶然ニ坐礁シテ、其積荷ノ陸揚後船舶ヲ引卸シ並ニ其航海ヲ成就セシメンガ爲ニ船主ガ任意ニ其經費ヲ支出シタルニ於テハ之ヲ共同海損トナシ得ル場合アリ、然モ此ノ如キ場合ハ必ズ消滅シ易キ荷物ヲ搭載シテ遠地ノ未開島ニ於テ坐礁シタルヲ要シ、從テ積荷ハ其船舶ニ依ルノ外他ニ到達地ニ運送スベキ方便ナキ時ニ限ルモノナリ、然ルニ此ニ判決スベキ塲合ハ、積荷ノ荷揚後ニ於テハ船主ハ單ニ船主タル通常義務ヲ行ヒ、且船舶ノ利益ニ關スル方法ノ外更ニ一事ヲ行ヒタルヿナシ』」、次ニ第三ノ裁判例トシテ記載スベキ「モーラン」對「ジヨンス」事件ハ、上記ノ「ジヨーブ」對「ラングトン」事件ノ翌年ニ於テ同一裁判所ニテ判決セラレタルモノナリ、此事件ノ事實ニ依レバ、「トリビユン」號ト稱スル一船舶アリ、リバプールヨリ秘魯國カロアニ向テ出帆ノ後暫時ニシテイーストホイルバンクニ坐礁シタリシカ、同船ハ元來チンチヤスヨリ積荷ヲ積取ランガ爲メニ傭船セラレタルモノナルヲ以テ、此遭難ノ際搭載セル所ハ船足積荷ノミナリシト雖モ、船主ハ傭船者ノ許可ヲ得テ自己ノ所有ニ屬スル僅少ノ貨物ヲ積置キタリ、而シテ其坐礁後二日ヲ經テ天候更ニ良好タリシヲ以テ、リバプールヨリ救助人員ヲ派遣シテ、前檣ノ切除セラレタル難破物ヲ首メトシ、船舶ノ材料及ビ貨物ヲ船側ヨリ救助シ、之ヲ悉皆艀積トシテリバプールニ回送セシニ、其後ニ至リ潮流用ノ錨ヲ喪失シ且ツ船底ニ破孔ヲ生シタルヲ以テ、乃チ凡ソ三百噸ノ船足積荷ヲ海中ニ投棄シ、幷ニ喞筒ノ排水手段ニヨリテ船躰ヲ浮揚セシメ、二個ノ瀛船ノ牽船ニテリバプールニ回船シテ以テ修繕ヲ施シタリ、而シテ其訴訟ノ爭點タリシ所ニ依レバ、以上ノ如ク積荷ノ荷揚後ニ於テ、船舶ヲ浮揚スルガ爲メ並ニ修繕上リバプール迄回船スルガ爲メニ要セル六百四十三磅ノ經費ハ、同樣ニ之ヲ共同海損トシテ處置スベキヤ否ヤ、而シテ若シ共同海損タルベカラズトセハ抑モ此經費ハ船舶及ビ運賃ニ於テ共擔スベキヤ、若シクバ獨リ船舶ノミニ於テ負擔スベキヤ否ヤニ在リ、

右爭點ニ就キ原告タル船主ノ辯護人「ブラウン」氏ガ主張シタル辯論ニ依レバ、彼ノ「ジョーヂ」對「ラングトン」事件ノ場合ニ於テハ、積荷ノ荷揚ト

其後ニ於ケル船舶救助トハ全ク二個ノ異ル方法ナリト雖𪜈、此場合ニ於ケル方法ハ、積荷ノ陸揚前ヨリ全部ヲ通ジテ繼續スル所ノ一行爲タルヲ以テ、從テ其經費モ亦タ各別ノ部分トシテ區分スベカラズ、即チ此種ノ場合ニ在テハ、積荷ハ凡テノ保存經費ヲ共同海損トシテ之ヲ分擔スベキ𪜈、猶ホ米國ヒラデルヒヤ州ノ高等法院ニテ裁判セラレタル「ビトパン」對「合衆國銀行」事件ノ判決ト同一タルベキナリ、而ソ若シ積荷ノ荷揚ニシテ單ニ積荷救助ノ目的ノミニ出テシメバ、其共同海損タルベカラザル𪜈猶ホマザツユセツト州ノ高等法院ニ於ケル「ベツトフヲルド商業保險會社」對「パーカー」事件ノ如クナルベシト雖𪜈、玆ニ訴訟セラルヽ場合ノ事實ハ決ソ然ルモノニアラズシテ、其積荷ヲ分離シテ荷揚シタルハ實ニ全體ヲ救助センガ爲メナリ、曾テ判事「ロールド、カンプベル」氏ハ、『若シ積荷ニシテ船內ニ存留セバ固ヨリ共同海損ニ對シテ分擔ノ責アルベクシテ、而シテ此等ノ積荷ガ實際船內ニ存留セルハ承認スル處ナルベシ』トセシガ、本件ノ塲合ハ將ニ之レト同一趣旨タルベキモノニシテ、則チ航海ヲ繼續センガ爲メニ聯絡シテ分離スベカラザル數箇ノ手段ヲ行ヒタルモノナリト論告セリ、

以上ニ對シテ被告ノ辯護人「ブラックバルン」氏ガ抗論スル所ニ依レバ、抑モ船長ガ貨物ヲ倉入シタル所以ハ其積荷主ノ利益ノ爲メニ行ヒタリト看做スベクシテ、其倉入後ニ於テハ積荷主ハ船舶ノ保存ニ付キ全ク利害關係ヲ絕チタルモノナリ、故ニ貨物ノ救助後ニ於ケル行爲ハ假令ヒ船舶ニ對シテハ運賃ノ收入上必要方法タルモノナリト雖モ、是レ船舶ノ修繕ニ外ナラザルモノニシテ、此等ノ費用ノ分配方法ナルモノハ、船舶及ビ運賃ガ同一人ニ屬スルノ故ヲ以テ影響セシムベカラズト抗論セリ、

「ロードカンプベル」氏ハ右事件ヲ左ノ如ク判決セリ、

『本件ニ於テハ、積荷ガ其坐礁船舶浮揚ニ要セシ經費六百四十三磅ニ對

シテ分擔責任ヲ有スルト否トニ均ラズ、運賃ノ保險者タル被告ハ之ヲ共同海損トシテ分擔スベキ義務アルコハ余ノ少シモ疑ハザル處ナリ、蓋シ此等ノ種々ナル經費ヲ支出シタルニアラザレバ、船舶ガ浮揚シテ其航海ヲ終了シ能ハザリシコハ事實上明白ナルヲ以テ、若シ此等ノ經費ナカリセバ六千七百五十磅ノ運賃ヲ全損ニ歸シタヲ免カレザルナリ、故ニ假令ヒ積荷ハ此等ノ經費ヲ要シタル當時ニ於テ更ニ危險ニ接セザリシ故ヲ以テ其分擔ノ責ナシト論スルヲ得ベシト雖モ、運賃ニ至テハ此同一論法ニ依ル能ハズシテ、即チ運賃ハ此際現ニ危難ニ遭遇シテ之レヨリ救助セラレタルヲ以テ、其分擔ノ義務アルハ猶ホ船舶ガ足荷ノミヲ搭載シテリパプールヨリカロアニ向テ出帆シタル場合ト同樣タルベキナリ、蓋シ一汎ニ論ズルトキハ、共同海損アルニ當リテハ船舶運賃及ビ積荷ニ於テ之ヲ分擔スベシト雖モ、若シ船内ニ積荷ヲ有セスシテ船舶及ビ運賃ノミガ任意ノ犠牲ニ依ラ共同ノ危難ヨリ救助セラレタル𪜈ハ、運賃ハ其損失ニ對シテ割前分擔スルヲ要シ、而シテ其船舶及ビ運賃ガ各ホ保險者ヲ異ニスル場合ニ於テハ、假令ヒ其危難ニ遭遇セル全額運賃ハ船主ノ收得ニ歸スベシト雖𪜈損失ハ各保險者ノ分擔額ニ從テ計算スルヲ要シ、船舶及ビ運賃ノ保險ナキ場合ニ於テハ損失ハ全ク船主ノ負擔ニ歸スベキナリ、………然𪜈積荷ガ本件ノ場合ニ於テ六百四十三磅ニ對シテ分擔ノ責アルヤ否ハ被告人ノ分擔金額ヲ増減スルモノニシテ、此積荷ノ責任問題ハ又タ同樣ニ吾人ノ判決ヲ要スルモノナリ、抑モ本件ニ於テハ、積荷ハ此等ノ經費ヲ要シタル以前ニ於テ既ニ船舶ヨリ艀積トセラレタルモノニシテ、故ニ若シ此荷揚ニメ積荷主ノ利益ノ爲メニ積荷ヲ救助セントシタル別異ノ方法タルニ於テハ、猶ホ「ジヨープ」對「ラツグトン」事件ニ於ケル如ク、積荷ハ其荷揚後ニ於テ要シタル經費ヲ分擔スルノ責ナキモノナリ、然𪜈之ヲ本件ノ事實ニ就テ調査スルニ、其積荷ヲ艀積ニナシタル行爲ハ、畢竟船舶ヲ浮揚シ且ツ元來ノ航海ヲ繼續スベキ目的ヲ以テ、修繕ノ爲メリバプールニ回船セントシタル一繼續方法ノ一部タルニ過キザルヲ知ルナリ、故ニ船舶ガリバプールニ回航セラレタル時ハ茲ニ其難破救助ノ方法ニ終リヲ告ケタルモノニシテ、修繕費ノ全額ハ固ヨリ其所有者ノ資格ヲ有スル船主ニ於テ、若シクハ其船舶保險者ニ於テ負擔スベシト雖モ、彼ノ船舶、積荷、及ビ運賃ノ共同利益ノ爲メニ行ハレタル繼續方法ノ經費ハ共同海損タルベキモノナリ、吾人ノ觀察スル處ニヨレバ「ジヨーブ」對「ラングトン」事件ニ於テハ積荷ハ先ヅ全ク別異ノ方法ヲ以テ救助セラレ、而シテ後チ更ニ一種ノ新方法ニ着手シタルモノニシテ、其新方法ナルモノハ航海ヲ繼續セシムル爲メニ船舶ニ施シタル修繕ト到底區別スベカラザルモノナリ、即チ其際使用シタル小蒸氣牽船ハ、積荷ノ陸揚ヲ了ヘ且ツ石炭及ビ船足積荷ノ荷揚ヲ終ル迄ハ船舶ニ對シテ少シモ使用セザリシノミナラズ、其傭入ハ實ニ此等ノ荷揚終了後ニ至テ初テ行ハレタルガ如シ、然ルニ之ニ反シテ今ニ茲ニ判決セントスル塲合ヲ觀ズルニ、積荷ハ船舶ノ諸材料ト共ニ船長ニ依テ艀積ミトセラレテ船舶ノ修繕結了ニ至ル迄其保管ニ屬シ、而シテ本船ニ再ビ積返シノ上積荷主ノ異議ナクシテ到達港ニ運送セラレタリ、故ニ若シ其當初ニ於テ船舶及ビ積荷ノ危難救助ニ對スル方法ヲ計畫遂行スルノ意旨ナキトキハ決シテ一事ヲ爲ス能ハズシテ、從テ積荷モ損滅スルヲ免レザルベク、即チ假令ヒ積荷ハ救助方法中最初ノ部分ニ於テ救助セラレタリト雖モ、單ニ之ヲ論據トシテ、以テ全財産ヲ坐礁ノ危險ヨリ保存シタル方法ニ要セル全經費ヲ分擔スルノ義務ナシトスルハ未ダ充分ノ理由ト認ムベカラザルナリ、故ニ余ノ見解ニ依レバ、六百四十三磅ヲ以テ共同海損トナスハ原則上正當ノ分配ナリト結論セザルベカラズ」ト、

終ニ第四ノ裁判例トシテ「ウァルシユ」對「マブロヂヤニー」事件ヲ記述センニ、曾テ「ソーサアンベルレエ」號ト稱セル一船舶アリ、東印度ノカルロ

ツタニ碇泊中、龍動ニ運送スベキ亞麻仁ヲ搭載シタル儘颶風ノ爲メ其碇繋場ヨリ浮漂シテ泥土ノ海岸ニ乘揚ケタリ、然ルニ其船舶司撿者ノ勸告ニヨレバ、積荷及ビ船足積荷ヲ荷揚シ且ツ船舶ノ艤裝品ヲ悉皆除去スルニアラザレバ到底引卸スベカラズトナシタルニ由リ、十月十九日全部ノ積荷ヲ安全ニカルコッタノ倉庫內ニ積移シ、更ニ同日再度ノ撿査ヲ行ヒタルニ其引卸シハ猶ホ非常ノ手段ヲ行フノ要アリトセリ、乃チ入札ニ依テカルコッタノ一商會ハ原告ノ代理店ニ對シテ右船舶引卸シノ契約ヲ締結シタリト雖モ、其工事ハ奏効スルニ至ラズシテ、十一月廿四日右商會ハ契約履行ノ不能ヲ申請シテ其計畫ヲ放棄セリ、是ニ於テ原告ノ代理店ハ「バルンス」商會ニ對シテ二千三百磅ヲ以テ船舶引卸シノ新契約ヲ再ビ締結セシガ、該商會ハ船舶ノ周圍ヲ繞ラスニ船渠築造ニ類似ノ堤防ヲ新設シ、而シテ後チ其堤防內ニ滿水セシメテ以テ十二月卅一日漸ク船躰浮揚ノ功ヲ奏スルヲ得タリ、此ニ於テカ此ニ千三百磅ノ引御經費ハ共同海損タルヤ否ヤノ問題ヲ生シ來リ「エッキスチェカー」裁判所ハ之ヲ以テ共同海損タルヲ非認セシト雖ﾓ遂ニ控訴セラルヽニ至レリ、而シテ其原告ノ主張スル辯論ニ依レバ、此事件ハ「ジョーブ」對「ラングトン」事件ヨリモ寧ロ「モーラン」對「ジョーンス」事件ノ事實ニ類似スルモノニシテ、眞正ノ原則トシテハ、苟モ航海ノ繼續ヲ委棄スルヿナク、且ツ積荷ニシテ航海ノ目的ノ爲メニ船主ノ保管ニ屬セル間ハ、假令ヒ積荷ハ實際船中ニ存在セズト雖ﾓ船舶及ビ積荷ハ凡テ共ニ一ノ共同經畫ニ屬シ、從テ其經畫ニ對シテハ船主及ビ積荷主ハ同樣ナル利害關係ヲ有スルモノニシテ、故ニ此經畫ヲ害スベキ危險防禦ノ目的ヲ以テ船主ガ行ヒタル行爲ハ凡テ共同利益ノ爲メニ出ヅルモノナリト論告セリ、然ﾓ此原告ノ辯論ニ對シテハ首席判事「ボービル」氏ハ直ニ反對シテ曰ク、『此見解ノ如クスルﾄｷﾊ、船舶ガ航海完終ノ爲メニ要スル修繕ヲシテ又タ同樣ニ合併セシムルニ至ルベシ』トシ、各判事ハ

一致ノ意見ヲ以テ此經費ハ共同海損タルベカラズトシテ判決セリ、判事「ポービル」氏ノ判決ヲ記載スレバ左ノ如シ、

『余ハ茲ニ本院ノ判決理由ヲ説明セン二、船舶ノ修繕ニシテ其航海ノ普通ノ危險ニ遭遇セルガ爲メニ要セラレ、且ツ其航海ヲ繼續完終スルガ爲メニ要セラレタルモノハ、凡テ其經費ヲ以テ船主ノ負擔ニ歸スベキ事更ニ疑ヒナキナリ、抑モ船主ガ積荷ヲ到達地ニ運送シテ其引渡シヲ計畫セルハ普通ノ條件ノ下ニ於テ行フモノニシテ、故ニ船舶ノ修繕費用ハ唯ダ船舶ノ利益ノ爲メニ要スル經費ナルヲ以テ之ヲ共同海損トシテ處置スベカラズト雖モ、若シ損失或ハ經費ガ凡テノ利害關係者ノ利益ノ爲メニ行ハレタル非常手段ニ因リテ生ジ、或ハ同一ノ目的ノ爲メニ祟リタル危險ニ因リテ生シタルモノナルトキハ、利害關係者ハ其共同危險ノ際右ノ手段或ハ危險ニ對シテ利害ヲ有シタル理由ニ基キテ茲ニ各ホ其割前ヲ分擔セザルベカラズ、惟フニ此一汎ノ原則ニ就テハ

更ニ異論ヲ見ザル所ナリ、然ルニ此規則ニ對シテ除外條件ノ範圍ヲ擴張セント努ムル者アルハ從來吾人ノ屢バ見ル所ニシテ、「ハルレト」對「ビラクム」事件ニ於テハ船舶ノ修繕經費ヲ以テ積荷主ニ歸セシメント主張シ、且ツ其論據トスル處モ本件ニ於ケルモノト殆ド髣髴タリ、其事件ニヨレバ、不良ノ天候ノ結果タル船舶修繕費ヲ調達スルガ爲メニ一部ノ積荷ヲ賣却シタルニ對シテ、積荷主ガ其價値ノ賠償ヲ船主ニ請求シタルモノニシテ、(氏ハ更ニ其訴訟辯論ヲ參照シ次デ曰ク、)故ニ被告タル船主ガ其際明晰ナル立證ニ依テ確定セシメント欲シタル原則ハ他ナシ、即チ船舶ノ修繕ガ積荷ノ運送ノ必要ニ發シ、且ツ此唯一ノ目的トシテ船舶及ビ積荷ノ共同利益ノ爲メニ行ハレタルモノナルトキハ、積荷ハ其修繕費ヲ分擔スベシトナスニ在リタリ、然ルニ裁判所ハ此原則ニ反對シテ判決ヲ下シタリ、……故ニ右ノ事件ニ付テハ「コンモンプリース」裁判所ハ鄭重ノ審議ヲ盡シ、且ツ充分ナル事實ノ立證ニ基キテ其爭論タル所ノ原則ヲ採用スルヿヲミ拒ダリ、(氏ハ實ニ「ジョーブ」對「ラングトン」事件ハ其事實ノ關係ヲ始メトシ其爭點モ亦タ本件ニ甚ダ類似スルヿヲ說キ、又タ「モーラン」對「ジョンス」事件ノ判決ハ「ジョーンス」對「ラングトン」事件ノ判決ト相容レザルモノニシテ、前事件ノ判決ハ後日ニ屬スルヲ以テ優等ノ効力アリトシテ曰ク、)「モーラン」對「ジョーンス」事件ハ一種特別ナル場合ニシテ其本件ノ事實ニ類似セル程度ハ「ジョーブ」對「ラングトン」事件ノ如クナラズト雖モ亦タ若干ノ事項ヲ同フセリ、然𪜈抑モ裁判々決ヲ解釋セシトセバ、啻ニ事件事實ニ止ラズ又タ其事實ニ關シテ裁判所ガ下シタル所ノ推論ヲ顧ミルヲ要スルモノニシテ、「モーラン」對「ジョンス」事件ニ於テハ、裁判所ハ彼ノ充分ナル辯論ヲ經テ判決セラレタル「ジョーブ」對「ラングトン」事件ニ關スル原則ニ反對セザリシノミナラズ、明ニ其判決ヲ認識シタリト雖モ、唯ダ夫レ事實上ノ差違ト幷ニ裁判所ガ下シタル推論上ノ差違ヨリ全ク其場合ヲ別視スルニ至リシ判決理由書ニ付テ論說シ、遂ニ以下ノ如ク結論シテ曰ク、（此故ニ「モーランン」對「ジョーンス」事件ハ「ジョーブ」對「ラングトン」事件ノ判決ト抵觸セザルモノナリト雖モ、若シ「アスピナル」氏ガ所說スル如ク右ノ兩判決ノ理論ニシテ撞着スル所アラバ、余ハ後日ノ判決ニ屬スル「モーランン」對「ジョーンス」事件ニ一致シテ自家ノ見解ヲ下サント欲スルナリ、……………實ニ英國裁判所ガ從來嚴格ニ遵守スル所ノ原則ニ依レバ、苟モ共同ノ危險ト共ニ船舶及ビ積荷ノ共同利益ノ爲メニ蒙リタル任意ノ犧牲或ハ非常經費ノ存在セザル限リハ、共同海損ニ對スル要償ハ成立セズトナスモノニシテ、今マ此原則ヲ本件ニ應用セントシテ斯ニ其事實ヲ說述スレバ、船舶ハ十月五日颶風ノ爲メニ岸上ニ乘揚ゲ、積荷ハ同十九日ニ於テ陸揚ヲ終了シテ安全ヲ達シタリト雖モ、船舶ハ猶ホ乘揚ノ情態ヲ以テ依然トシテ大危險ニ接シ居レリ、故ニ積荷ニシテ既ニ此ノ如ク安全タル以上ハ、假令ヒ船舶ガ風波ノ爲メニ傾覆沈沒スルト雖モ積荷主ハ果シテ何等ノ利害ヲ感スベキヤ、而シテ船舶ノ引卸ハ積荷ノ陸揚後直ニ盡カセラレタリト雖モ無效ニ屬シ、實ニ第二ノ計畫ニ依テ漸ク其引卸ノ目的ヲ達スルヲ得タリシガ、即チ原告ガ共同海損トシテ要償セルモノハ實ニ此第二ノ計畫ニ要シタル經費ニ在リ、然モ此等ノ經費ヲ要シタル當時ニ在テハ貨物ハ既ニ船舶ト全ク關係ヲ絕チタルモノニシテ、强テ其關係ヲ求ムレバ船舶ガ若シ浮揚スルニ於テハ其貨物ヲ英國ニ運送スルヲ得ルト云フニ過ギザルナリ、況ンヤ該船舶ヲ以テ其貨物ヲ英國ニ運送スルトキハ、他船ヲ以テ之ヲ運送スルニ比シテ積荷主ノ利益ヲ增加スベキ事情等ハ更ニ證明ヲ見ザル處ニシテ、故ニ若シ共同海損ノ要償ヲ此ノ如キ基礎ニ置カントセバ其計算ノ方面ハ宜シク貨物ノ價値外ノモノタルベクシテ、然ルニ原告ノ要償ハ敢テ此種類ノ論據ニモアラザルナリ、約言セバ、共同海損ニ對スル要償ヲ成立セシメントセバ船舶及ビ積荷ニ對シテ現實若シクバ逼迫セル共同危險ノ存在スルヲ要スルニ反シ、本件ノ場合ニ於テハ積荷ハ既ニ安全ニシテ獨リ船舶ノミ危險ニ瀕スルモノナリ、故ニ船舶ノ浮揚スルト否トハ積荷主ニ對シテ些少ノ關係ヲ及サヾル所ニシテ、即チ船舶及ビ積荷ヲ救助スルガ爲メ、若シクバ其兩者ノ共同利益ノ爲メニ要セラレタル犧牲或ハ非常經費ナルモノ全ク存スルヿナシ、……………本件ニ於テ原告ガ要償スル所ノ論據ニ依レバ、航海ハ未ダ完終セズシテ、其全ク終了スルニ至ル迄ハ之ヲ執行スベキ共同ノ利害關係アリト主張セリ、然𪜈此辯論タルヤ船舶ノ修繕ニ關シテ既ニ確定スル所ノ原則ト直接ニ撞着スルモノニシテ、其修繕トハ即チ共同海損ニアラザレ𪜈航海ノ完終上船舶ニ必要スベキ場合ノモノナリ、況ヤ本件ノ場合ハ之ヲ種々ナル權原ニ依ラズシテ判定スルモ猶ホ共同危險ナルモノナク、又タ共同利益ノ保存上ニ行ハレタル犧牲ト稱スベキモノナクシテ、若シ吾人ガ既ニ引證シタル諸場合ニ付テ觀ズルトキハ、原告ノ辯論ハ全ク誤謬ニ發シ、且ツ共同海損ナルモノハ航海ノ執行セラルヽト否トニ關係セザル所以ヲ諒知スルニ足ルベシ、故ニ吾人ハ以下ノ如ク判決ス云々、』

右ノ判決ハ「メローア」、「モンターグ、スミス」、「ラッシ」、「ハンナン」、「ブレット」ノ諸判事モ共ニ合議シタルモノニシテ、就中「モンターグ、スミス」氏ハ曰ク、『余ハ此ニ猶ホ一言ヲ附セント欲ス、余ノ思惟スル所ニ依レバ、假令ヒ貨物ハ安全ニ陸揚セラルヽト雖モ積荷主ノ利益ハ猶ホ危難ニ存スルノ場合アルヲ信ズ、例バ交通未開ナル遠洋ノ無人島ニ於テ損滅シ易キ貨物ヲ陸揚シタル場合ノ如キ是レナリ、然モ本件ノ場合ニ在テハ貨物ハ既ニ陸揚セラレタルノミナラズ、之ヲ英國ニ運送スルニ就テハ「ソーサアンベルレエ」號ヲ以テスルモ、或ハ他船ヲ以テスルモ積荷ノ利害上何等ノ關係ナキナリ』トシ「ハンナン」氏モ亦タ曰ク『貨物ノ陸揚後ニ於ケル經費ハ、通常唯ダ船舶救助ノ爲メニ要セラルヽモノナリト雖モ積荷

ノ利益ノ爲メニ要セラルヽモノニアラズ』トセリ

今ヤ複雜性救助方法ノ處置ニ關スル四箇ノ裁判例ヲ以上ニ說叙シ終リタルヲ以テ、便宜ノ爲メ茲ニ再ビ問題ノ要旨ヲ述ブレバ船舶ガ積荷ト共ニ坐礁或ハ沈沒シタル場合ニ當リ、之ヲ一齊ニ救助セズシテ幾多ノ連續シタル方法ヲ以テ救助スルトキハ、此等ノ數方法ニ要セル所ノ全經費ハ、其幾多ノ方法ヲ恰モ一箇ノ方法ノ如ク看做シテ全部ノ財產ヨリ一汎ニ分擔セシムヘキヤ或ハ其各方法ニ依テ救助セラレタル各財產ヲシテ各別ニ其經費ヲ負擔セシムベキヤヲ決定スルヲ要シ、然ルトキハ如何ナル標準ニ依リ若シクバ如何ナル情態ニ於テ之レガ決定ヲ下スベキヤニ在ルナリ而シテ此問題ニ關シテハ「カーパー」氏ハ其著海上運送論ニ於テ吾人ノ大ニ注意スヘキ一學說ヲ唱說セリ、左ニ其第三百九十八章ヲ摘示スベシ

『船舶及ヒ積荷ガ幾多ノ手段ヲ要シタル連續方法ニ依テ救助セラレタ

ル場合ニ當リ、若シ其全經費ヲ共同海損タラシムルニ於テ、積荷ノ分擔額ガ積荷ノミヲ救助シタル經費ニ比シテ多額タラサル限リハ其全經費ヲ共同海損トシテ處置スベキモノナリ、故ニ船舶ガ積荷ヲ暫時艀船ニ積移シタルガ爲メニ浮揚シタルトキハ此艀船ニ積移シタル經費ハ假令ヒ主トシテ積荷ノ安全ヲ希圖シタルモノナリト雖モ、之ヲ全ク積荷ノ負擔ニ歸セシムベカラズ、即チ此種ノ場合ニ在テハ船長ハ船舶及ビ積荷ノ一汎ノ利益ノ爲メニ此經費ヲ使用セシモノト解釋スルヲ要ス、………又タ此種ノ他ノ場合ニ於テ其全經費ヲ共同海損トシテ處置スルトキハ、最初ノ荷揚費用ハ其後ノ船舶救助費ニ比シテ甚ダ多額ナルカ爲メ、其積荷ヲ利益スベキ比例ヲ過大ナラシムベキ結果ヲ生ズルヿアリト雖モ亦タ同様ニ共同海損トナスベキモノナリ、何ントナレバ若シ此場合ニ在テ其荷揚經費ヲ以テ其積荷ノ單獨負擔トナストキハ、船舶及ビ殘餘ノ積荷ハ此最初ノ荷揚ト其後ノ方法ヨリ生ズル所利益ヲ受クルニ拘ラズ、全經費ニ對シテハ割合ニ少キ負擔ヲ以テ止マルベケレバナリ、畢竟共同海損ノ原則ノ要スル所ハ他ナシ、犧牲ヲ行ヒタル爲メニ經費ヲ被ル者ハ、成ルベク其位置ヲシテ猶ホ恰モ他人ノ財産ガ犧牲ニ供セラレタル場合ト同一タラシメ、且ツ全部ノ利害關係物ヲ利益スル爲メニハ各者ヲシテ進ンデ多額ノ經費ヲ蒙ラシムル意響ヲ沮喪セシメザルニ在リ、………然𪜈若シ船舶ノ位置ニシテ積荷ノ安全ト幷ニ經費ノ關係トニ於テ、先ヅ積荷ヲ荷揚シテ之ヲ安全ノ場所ニ移スヲ以テ適當ノ方法ナリト認メラレタルトキハ、此荷揚經費ハ全ク積荷主ノ負擔ニ歸スベクシテ、故ニ此荷揚ノ爲メニ船舶ノ浮揚ヲ利スルヿアリト雖𪜈積荷主ノ負擔ニ變更ヲ來スベカラザルナリ、何ントナレバ積荷ノ爲メニ使用シタル經費ガ假令ヒ偶然ニ船舶ニ利益ヲ付與シタルモ之レ犧牲ト稱スベカラズシテ、推定上此荷揚ハ此際積荷ノ爲メニ執行スベキ最良方法ト看做スベク、即チ其荷揚ニ要シタル全經費ハ實ニ積荷ノ利益ヲ圖リタルノ外更ニ殘餘ノモノノ爲メニ要シタルニアラザレバナリ、………此故ニ前記ノ第一塲合ニ關シテ之ヲ概說セバ、若シ荷揚ノ際ニ當リテ豫測上其荷揚費用ガ其後ニ於ケル船舶救助費ニ比シテ多額ニ達スルヲ知ルニ足ルベク、即チ種々ナル危險ヲ算測セバ全躰ノ救助行爲ヲ一箇ノ方法トシテ處置スルヲ以テ積荷ノ利益タルヲ覺知スルトキハ、此荷揚ハ共同海損行爲トシテ行ハレタルヲ推定スベキナリ、然レドモ若シ其豫測ニシテ然ラザルトキハ之レ全ク積荷ノ利益ノ爲メニ行ハレタルモノト看做スベクシテ、從テ其經費ハ積荷ニ於テ負擔スベキナリ、………（氏ハ遂ニ以下ノ如ク結論シテ曰ク、）………積荷ノ荷揚ト船舶浮揚ノ兩方法ハ、各塲合ノ事情ニ依リテ或ハ其各者ノ利益ノ爲メニ行ハレタル各別ノ行爲ト看做サレ、或ハ兩者ノ利益ノ爲メニ行ハレタル一箇ノ全方法ヲ成立スルモノト看做サルヽモノニシテ、其荷揚方法ノ共同海損行爲タルヲ得ルハ船舶浮揚方法モ共ニ共同海損行爲ノ性質タル場合ニ限リ、又タ後方法ノ共同海損行爲タルヲ得ルハ前方法ノ同性質タル場合ニ限ルモノナリ、即チ歸スル所ハ兩方法ヲ通シテ之ヲ共同海損行爲トシテ處置スベキヤ否ヲ決定スベクシテ、荷モ積荷ガ船舶ニ對シテ分擔セザル以上ハ船舶モ亦タ積荷ニ對シテ分擔スベカラズシテ、兩者交互ニ相分擔スルヲ要ス、」「ビネツク！」氏モ亦タ曰ク、『積荷ノ荷揚ニ依リテ坐礁船舶ヲ浮揚シ得ルヤ否ヤヲ確認スル能ハザリシト雖モ、其荷揚ノ終了後ニ至リテ愈ヨ之ヲ浮揚スルニハ猶ホ其他ノ手段ヲ要スベキヿ明白タル場合ニ在テハ、其荷揚經費ハ共同海損ニ屬スベカラザルナリ、何ントナレバ其荷揚ハ貨物救助ノ爲メニ必要タリシモ、船舶ガ其荷揚ヨリ得タル利益ニ付テハ何等ノ關係ナキヿ明瞭ナレバナリ』トセシガ、氏ノ見解ハ吾人ノ當ニ一大權原ト看做スベキモノニシテ、此論旨ハ「カーペー」氏ノ學說ト殆ド異ナラサルヲ見ルナリ蓋シ吾人ノ信ズル所ニ依レバ、犠牲ノ存在如何、即チ換言セバ積荷ハ單ニ其安全ノ爲メニ荷揚セラレタルヤ、或ハ其他ノモノヽ安全ノ爲メニ荷揚セラレタルヤハ常ニ實際ニ生ズル問題ニシテ、此種ノ塲合ニ於テハ其坐礁或ハ沈沒セル財産ガ接スル所ノ危險ノ程度ハ甚ダ廣濶ナルベキナリ、例バ船舶ガ大洋ニ於テ暴風中傾斜セル岩礁ノ一端ニ乘揚ケタル塲合ノ如キハ直ニ海底ニ隊落シテ全損スベキ危險ニ瀕スルモノニシテ、若シ一度ビ此不幸ニ陷ラバ積荷ハ忽チ消滅ヲ免レザルベク、其幸ニ救助セラレタルモノハ全ク天惠ト看做スベキモノアリ、又タ之ニ反シテ、船舶ガテームス河畔ニ乘揚ケタレトモ其安全ナルヿ殆ド船渠內ニ於ケル如キ塲合モアルベキナリ、而シテ此以上ノ兩塲合ニ就テ觀察スレバ、其後塲合ノ荷揚ハ決シテ積荷救助ノ爲メニアラズシテ、全ク船舶ノ利益ノ爲メニ荷揚經費ヲ要シタルニ反シ、前塲合ニ於テハ若シ其財産ガ救助者ヨリ救助セラレタルトキハ、假令ヒ其五割若シクハ二割五分ニ相當スル助救料ヲ支拂フト雖トモ之ヲ殘餘ノ全滅セル部分ニ比スレバ遙カニ利益ヲ得タルモノナリ、故ニ此テームス河畔ノ荷揚ニ對シテハ船舶ハ其經費ヲ分擔スベキ責アルニ反シ、前場合ニ在テハ其船舶ガ遂ニ浮揚セルト否トニ拘ラズ、最初ニ救助セラレタル積荷ハ其救助料ヲ自ラ負擔シ、其後ニ救助セラレタルモノハ又タ其後ノ救助料ノミヲ自ラ負擔スルヲ以テ當然ナリトス、去レバ此等兩種ノ危險ノ中間ニ位スル各種ノ場合ハ、其危險ガ以上ノ前場合若シクハ後場合ニ類似スル程度ニ從テ處置スベキモノニシテ、換言セバ、事實ノ觀察上其荷揚ノ本旨ハ積荷ノ救助ニ存セシヤ、或ハ其他ノモノヽ救助ニ存セシヤニ因ルベキモノナリ、而シテ此見解ニ對シテハ「カーバー」氏モ自家ノ學說ト其實質ヲ同フスルモノナリト承認シタリト雖トモ、抑モ此問題ガ英國裁判所ニ於テ猶ホ未決ニ屬スル事ハ吾人ノ宜シク注意スベキ所ナリ、偶然ノ事變ノ結果トシテ生ジタル船舶ノ坐礁或ハ沈沒ノ場合ハ上來論究シタル如シト雖モ、若シ此等ノ災難ガ船主ノ使用人ノ過失ノ結果タルニ於テハ、船舶及ビ積荷ノ救助ニ要スル所ノ全經費ハ悉ク船主ノ負擔ニ歸スベキヲ以テ更ニ疑問ヲ生セザルベク、又若シ其坐礁或ハ沈沒ニシテ更ニ大ナル危險ヲ避クルノ目的ヲ以テ行ハレ、即チ例バ船火ヲ消防シ、或ハ海底ニ沈沒スルヲ避ケ、或ハ敵船ノ追擊ヲ免カルヽ等ノ爲メニ行ハレタル結果タルトキハ、船舶及ヒ積荷ノ浮揚或ハ引揚ケ經費ヲ首メトシ、其他凡テノ非常經費ニシテ船舶及ビ積荷ヲシテ再ビ航海ヲ繼續セシムルガ爲メニ要シタルモノハ悉ク共同海損トシテ負擔スベキモノトス故ニ此種ノ場合ニ於テハ其救助ノ前段若シクハ後段ニ於テ要シタル各手段ヲ以テ、一箇若シクグ二箇ノ方法トシテ分別處置スベキヤノ論議ヲ生ズルヿナシ、

偶然ノ事變ノ結果タル船舶ノ坐礁或ハ沈沒ノ場合ニ關シテハ、上來吾

人ハ唯ダ船舶及ビ積荷ヲ海岸或ハ船底ヨリ安全ナル最近ノ場處ニ移轉スル經費ノミニ就テ論究セシト雖トモ、熟ラ此種ノ場合ヲ觀スレバ、此等ノ經費ナルモノハ事變ノ際ニ要スル所ノ非常經費ノ第一部分タルニ過キザルコト多シ、何ントナレバ其所謂安全ナル最近ノ場處トハ概ヲ唯タ岩礁、海岸或ハ原野等ニシテ、其場處ガ海難ヨリ安全タルハ固ヨリ言ヲ待タスト雖トモ、此ノ如キ場處ハ未タ以テ積荷ニ價値ヲ付シタルモノト看做スヘカラズ、故ニ若シ眞ニ其價値ヲ付セシメントセバ必ズヤ其陸揚港或ハ積出地或ハ其他ノ市場ニ送達スルヲ要スベクシテ、此ニ於テカ更ニ一ノ新問題ヲ生ゼリ、即チ此ノ如キ物理的ニ安全ナル場處ヨリ商業的ニ安全ナル場處ニ移スベキ送達經費ハ抑モ何人ノ負擔ニ歸スベキヤ、換言セバ此經費ハ共同海損トシテ處置スベキヤ、或ハ救助セラレタル各貨物ヲシテ各自ニ負擔セシムベキヤ、或ハ運賃ノ負擔ニ歸セシムベキヤ、或ハ積荷及ビ運賃ノ聯合負擔トナスベキヤニ在

リ、

積荷ノ荷揚ニシテ、若シ前述セルテームス河畔ノ乘揚場合ニ於ケル如ク純粹ナル犧牲行爲タルニ於テハ、其積荷ヲ河畔ノ平地ヨリ適宜ノ市場ニ送達スルハ畢竟荷揚ヲ完終スルニ外ナラズシテ、從テ其送達費ハ當然ニ共同海損ノ一部タルヲ要シ、又タ任意坐礁ノ場合ニ於ケル如ク、若シ其積荷ノ荷揚ニシテ既ニ以前ニ行ハレタル犧牲ノ結果タルニ於テハ荷揚經費ハ同樣ニ共同海損タルベキナリ、然ㇳ吾人ニシテ苟モ前述セル「カーバー」氏或ハ其他同種ノ規則ヲ以テ正當ノモノト認メ、且ツ一ノ救助場合ニ對シテ此等ノ規則上其救助行爲ヲ各別ナル數方法ニ分ツベキモノタラシメ、即チ所謂「各自隨意ニ自己ノ安全ヲ計ルベキ」如キ場合タラシメバ、啻ニ當初ニ財產ヲ救助シタル費用ノミナラズ、其當初ノ救助場處ヨリ更ニ之ヲ賣買市場或ハ積出港ニ送達スル經費ノ如キモ、悉ク其財產ニ對スル單獨負擔トシテ處置セザルベカラズ、茲ニ右ノ場合ニ關係シテ聊カ說明ヲ要スベキヿハ、運送中ニ屬スル貨物ハ一種特別ノ事情ニ屬スル關係ニシテ、卽チ此種ノ貨物ハ其貨主ノ所有ニ屬スルハ固ヨリ言ヲ待タズト雖トモ、船主モ亦タ其運賃ノ收入上貨物ニ對シテ有スル留置權ノ關係ヨリ一種ノ意味ニ於ケル所有主ト稱スルヲ得ルモノナリ、故ニ積荷ガ安全ノ場處ニ荷揚セラレタリト雖トモ船舶ハ猶ホ依然トシテ坐礁或ハ沈沒ノ情境ニ存在シテ其救助ノ成否不確ナルニ當リテハ、船主ガ運賃收入ノ爲メニ積荷ニ付テ有スル留置權ハ英國法律上敢テ消滅スルヿナク、却テ一種ノ停止條件付トナルモノニシテ、卽チ此場合ニ在テハ、船主ハ其船舶ヲ引揚テ修繕後再ビ積荷ヲ運送シテ運賃ノ收入ヲ達シ得ベキカ、或ハ若シ然ラザルトキハ其他ノ方法ニ依リ、例バ代船ヲ自ラ供給シテ積荷ヲ到達港ニ運送スルニ依リテ運賃ヲ收入シ得ベキカヲ決定スルガ爲メニ、其積荷ヲ相當ノ時日間保有スルノ權アルモノトス、然ラバ則チ此ノ如キ場合ニ於テ、若シ船主ガ至當ノ時日間ニ其船舶ヲ引揚クルヲ得テ、修繕後之ヲ避難貨物ノ存在セル塲處ノ近接港灣ニ回航セシメテ其貨物ヲ再ビ積入レントシタルトキハ、抑モ此貨物ヲ船舶迄送達スル費用ハ何人ノ負擔ニ歸スベキヤノ問題ヲ生スベキナリ、然トモ吾人ガ既ニ假定シタル處ニ依レハ、右ノ塲合ニ於ケル積荷ハ唯ダ其安全ノ爲メニ陸揚セラレ、即チ共同海損ノ問題ヲ生セザル塲合ナルヲ以テ、之ヲ「カーペー」氏ノ原則ニ從テ學理的ニ觀察スレバ、其荷揚ノ經費ハ積荷ト運賃トニ於テ聯合ニ負擔シ、船舶ノ引揚經費ハ船舶ト運賃トニ於テ同ジク聯合ニ負擔シ又タ船舶ノ修繕經費ハ船舶ノミニ於テ單獨ニ負擔スベキモノトス、而シテ若シ吾人ガ實際屢バ見ル塲合ノ如ク、當初貨物ヲ救助スルニ當リテ其陸揚ヲ單ニ海岸或ハ原野等ニ止ムルヿナク、船舶ガ再ビ之ヲ積取ラントスル港灣ニ向テ直ニ送達シタルトキハ、其送達經費ハ積荷ノ救助費用トシテ處置スベキモノニシテ、從テ以上ノ原則ニ依リテ積荷ト運賃トノ聯合ニ於テ負擔セザルカベラズ、以上ノ事實ニ依テ觀ゼハ、船舶ガ修繕後再ビ貨物ヲ積入レントスル場處ニ向テ積荷ヲ送達スルニ要スル經費ハ、其積荷ト運賃トニ於テ聯合負擔スベキハ理ノ見易キモノニシテ、即チ此經費ハ實ニ偶然ノ事變ヨリ積荷ニ生シタル非常經費ニシテ、畢竟積荷ノ救助行爲ノ一部ニ屬スルモノナリ、何ントナレバ當初積荷ヲ陸揚シタル場處ハ窃盜或ハ諸他ノ危難ニ接スルノ恐レアリテ未ダ積荷ニ對シテ價値ヲ付與スベキ安全ノ位置ト稱スベカラザレバナリ、而シテ此見解ヲ確ムル爲メニ前述セル判事「スミス」氏ノ意見ヲ引用スレバ、氏ガ交通未開ノ無人島ヨリ貨物ヲ救助スルハ、之ヲ全損ノ場合ヨリ救助セルト同樣ニ處置スベシト主張セシハ吾人ノ見解ト其論據ヲ同フスルヲ知ルベキナリ、但シ以上ノ如ク船舶ガ再ビ貨物ヲ積入レントスル場合ニ於テ、其貨物ヲ船內ニ積入ル、費用ハ慣例上運賃ノ負擔ニ歸スルヲ以テ常トセリ、次ニ船舶ガ引揚或ハ浮揚ノ目的ヲ達スル能ハズ、若シクハ貨物ノ運送ニ堪能スベキ修繕ノ望ヲ絶チタルニ當リテ、船主ガ代船ヲ以テ再ビ貨物ヲ積入運送セシメンガ爲メニ貨物存在地ノ最近港ニ回航セシメタルトキハ、又タ以上ト同一ノ原則ヲ當然ニ應用スベキモノトス、即チ此場合ニ於テハ、貨物ヲ該港ニ送達シタル費用ハ積荷及ビ運賃ヲシテ共擔セシメ、其船內ニ積入レノ費用ハ獨リ運賃ノミニ於テ負擔セシムベキナリ、

運賃ノ收入ニ就テ船主ガ代船使用等ノ權利アルハ實ニ以上ノ如シト雖モ、此ニ一ノ注意ヲ要スル場合アリ、即チ航海中船員ガ船舶ヲ委棄スルトキハ運賃ニ關スル船主ノ位置ヲ變更スルコ之ナリ、例バ船員ガ生命ノ危難ヲ避クルノ目的ヲ以テ端艇ニ轉乘シ、或ハ其他ノ方法ニ於テ船舶ヲ放棄シタル場合ノ如シ、此ニ「カスリーン」號事件ノ場合ヲ記述センニ、同船ハブレーメン行ノ棉花ヲ積荷トナシ、英國海峽ノヘスチング近

傍ヲ航海中「マローデール」號ト稱スル他船ノ過失ヨリ衝突ヲ受ケ、爲メニ巨大ノ破損ヲ蒙リテ運轉不自由トナレリ、此ニ於テ船長及ビ其他ノ船員ハ其翌朝止ムヲ得ズ船舶ヲ放棄シテ「マローデール」號ニ轉乘セシガ、「カスリーン」號ハ其後チ救助者ノ拾得スル所トナリドーバー迄回船ノ上船舶及ビ積荷ハ其救助料ニ對シテ海上法院ノ命令ノ下ニ差押ヲ受クルニ至レリ、是ニ於テ積荷主ハ海上法院ニ向テ其積荷ノ下渡ヲ請求シ、其理由トシテ證明スル所ニ依レバ、若シドーバーニテ之ヲ賣却スルトキハ其價格大ニ低廉タルベキ旨ヲ以テセリ、然ルニ船主ハ此積荷主ノ請求ニ反對シテ啻ニ其却下ヲ申請シタルノミナラス、却テ自ラ積荷ノ救助料ニ對スル抵當ヲ提供シテ運賃收入ノ爲メニ其積荷ヲ到達地ニ運送スルカ、或ハ若シ積荷ヲドーバーニテ賣却スベキモノトセバ、其賣得金ヨリ運賃ノ支拂ヲ受ケンコヲ請求セリ、是ニ於テ裁判所ハ先ヅ命令ヲ發シテ其積荷ヲ賣却スル爲メニ之ヲ龍動ニ送達セシメタリシガ、是レ裁判所ハ若シ其積荷ヲシテ荏爾ブレーメン行ノ航海ヲ待タシムルトキハ其損害莫大トナルベクシテ、寧ロ龍動ニ送達スルヲ以テ積荷ノ利益上最良ノ處分ト認メタレバナリ、而シテ運賃ノ請求ニ關シテハ「サー、アール、ヒリモーア」氏ハ船主ノ請求ヲ以テ全ク不當ナリトシテ曰ク、『船主ハ船舶ニ關スル凡テノ占有ヲ委棄シタルモノニシテ、而シテ其委棄ノ時ニ當テ既ニ運賃ニ關スル權利若シクバ積荷運送ノ權利ヲ全ク失ヒタリ』トセリ、

次ニ那威船「シトー」號事件ノ判決モ以上ト同樣ナル結果ニ於テ決定セラレタリ、此事件ノ事實ニ依レバ該船舶ハ樽詰ノ樹脂ヲ積荷トナシ、和蘭ロッテルダムニ向テ航海中海難ヨリ破損ヲ被リタルヲ以テ米國ノ沿岸近傍ニテ其船員ノ委棄スル所トナリシガ、其後チ救助者ノ拾得ニ接シプリマウスニ回船セラレテ救助者ノ爲メニ差押ラレタリ、此ニ於テ積荷主ハ又タ「カスリーン」號事件ニ於ケル如ク積荷ノ救助料ニ關シ

テハ直接ニ救助者ニ對シテ協議スルヲ得テ而シテ積荷ハ運賃ノ仕拂ナクシテ其引渡ニ接センコヲ船主ニ請求セリ、然𪜈船主ハ此請求ヲ肯諾セザルニ因リ遂ニ海上法院ニ於テ訴訟セラルヽニ至レリ、而シテ同法院ハ本件ヲ以テ「カスリーン」號事件ノ先例ニ倣フベキモノトナシ、以テ積荷主ノ請求ヲ認メタリシガ、其控訴院ニ上告セラルヽニ及ヒテモ猶同一ノ決定ヲ宣告セラレタリ、

本件ニ關シテ控訴院ノ判事「ブレット」氏ガ「コットン」及ビ「リンドレー」ノ二判事ト合議ノ上宣告シタル判決理由ヲ示セバ左ノ如シ、

『本件ニ於テハ諸多ノ趣味アル議論ヲ生ゼシト雖ドモ之ニ關シテ一々判決ヲ下スノ必要ナシ、而シテ其辯論ニ依レバ、苟モ船舶ニシテ廢物ニ歸スベキ意思ヲ以テ委棄セラレテ拾得者ガ之ヲ占有シタルトキハ、此占有ハ海上收利ノ占有タルモノニシテ、船舶ニ於ケル各財產ノ所有權ヲ變更スルモノナリトセリ、蓋シ此論據ニシテ充分ニ證明セラルヽト

キハ被告ノ爲メニハ有力ナル理由タルベシト雖氏、余ハ未ダ此ノ如キ方法ヲ以テ船舶ニ所クル財産ノ所有權ヲ變更スベキモノト認ムル能ハズ、且ツ吾人ノ判決上ノ目的ニ於テハ其所有權ニ變更ナキモノト假定スベキナリ、次ニ船舶ノ委棄ハ運送契約ヲ終了セシムルモノナリト辯論スレトモ、余ハ又タ直ニ之ヲ背ズル能ハザルナリ、例バ海難ニ依ルニアラズシテ單ニ惡意ヲ以テ船舶ヲ放棄シタル如キ塲合ニ在テハ、積荷主ハ之ヲ以テ契約ヲ破ルモノトシテ船主ヲ訴エ得ベキヲ以テ、未ダ運送契約ノ終了トハ見ルベカラザルナリ、而シテ本件ニ於テハ船主ハ其船舶ヲ再ビ保有セザル意旨ヲ以テ之ヲ委棄シ、從テ其運送契約ヲ委棄シテ積荷ニ對スル積荷主ノ自由處置ヲ認メタルモノニシテ、余ハ此一事ヲ以テ優ニ本件ヲ判決スルニ足ルモノト思惟ス、(次デ氏ハ「シトー」號ノ船主ガ未ダ訴訟ヲ提起セザルニ先チ、即チ積荷主ガ運送契約ヲ委棄セラレタルモノトシテ積荷ヲ處置シ得タルニ當リ、既ニ積荷主ハ救助者ノ留置權ニ對シテ滿足ヲ與フベキ旨ヲ約シテ其積荷ノ占有ヲ要求シタル事實ヲ記述シ且ツ附言シテ曰ク『船舶ガ救助者ニ依リテブリマウスニ回船セラレタレドモ、未ダ積荷主ガ積荷ニ付テ有スル權利ヲ要求行使セザルニ當リテ、若シ船主ヨリ船舶及ビ積荷ニ對スル抵當ヲ提供シテ積荷ヲ到達港ニ運送シタルトキハ、抑モ如何ナル結果ヲ生スベキヤ、之レ余ガ此ニ判決スルノ限ラズ云々』

第五章　非常經費タル避難港ノ經費

第二類　避難港ノ經費

第一部　原則

第一節　總論

前章ニ述ベタル救助費用ハ船舶及ビ積荷ヲ難破ヨリ救助シ、或ハ沈沒ヨリ引揚ゲ、或ハ坐礁ヨリ浮揚セシメ、或ハ其他ノ塲合ニ於テ全損ノ急迫ナル危難ヨリ救助スルガ爲メニ蒙ル所ノ經費ニシテ、今ヤ本章ニ於テ論スベキモノハ、船舶ノ損害修繕ノ爲メニ避難港進入ニ依テ蒙ル所ノ經費ナリトス、蓋シ此經費ハ救助費用ニ比シテ敢テ重要ナラザルニアラズト雖ドモ、其實際ニ生スベキ塲合ハ救助ノ塲合ニ較ブレバ甚ダ稀レニシテ、是レ其論究ヲ後ニシタル所以ナリ抑モ此避難港進入ナル手段ハ常ニ船長ノ一大責任ニ屬スルモノニシテ、若シ充分ニ正當ノ理由ナクシテ之ヲ行フトキハ航路變更ノ重罰ヲ船主ニ被ラシメ、其關係上ヨリハ啻ニ凡テノ保險契約ヲ消滅セシムルノミナラズ、船舶及ビ積荷ニ關シテ其後ノ航海ニ生スベキ凡テノ危險ヲ船主ノ責任タラシムルモノナリ、然ドモ亦タ一方ニ於テハ船舶及ビ積荷ノ安全ヲ首メトシ、人命ノ保存上避難港進入ノ手段ヲ以テ船長ノ義務トシテ行ハシムベキ塲合アリテ、此塲合ニ於テハ此手段ハ犧牲ヲ有スル所ノ方法トナリ、其犧牲トシテハ即チ時日ノ消費ト經費使用トノ二者ヲ要スルモノナリ、故ニ瞥見スルトキハ、避難港進入ノ行爲ニシテ若シ正當ノ理由ヲ有スルトキハ必ズヤ共同海損行爲ノ定義ニ適合スルモノヽ如シ、夫レ然リ、然リト雖ドモ若シ船舶ガ偶然ノ事變ノ結果ヨリ航海不能ノ狀態ニ於テ損害セラレタル塲合ニ在テハ、抑モ船主タルモノハ曾テ船舶ニ對シテ擔保シタル如ク其航海堪能ノ原狀ニ復セシムルガ爲メニ自ラ經費ヲ負擔シテ之レガ修繕ヲ行フベキ義務ヲ生スベキヤ、若シ果シテ此義務ヲ生ズルモノトセバ、船長ガ修繕ノ目的ヲ以テ船舶ヲ最近港ニ進入セシムル所ノ行爲ナルモノハ、船長ガ曾テ船舶ノ航海堪能ナル條件ヲ暗默ニ擔保シタル義務ノ結果ニ過ギズト稱スルヲ得ベキヤ、而シテ若シ此等以上ノ見解ハ各ホ極端ニ奔ル觀アルヲ以テ、其何レモ承認スル能ハザルモノトセバ抑モ亦タ一種ノ折衷規則ヲ設ケテ之ニ據ラシムベキヤ、即チ其規則トシテハ、例バ避難港進入ニ付テ要セル經費ヲ首メトシ船舶及ビ積荷ヲ危險ノ情況ヨリ救助スル經費ハ凡テ共同海損トシテ處置スルニ反シ、損害修繕ノ爲メニ碇泊間ニ要スル諸經費ヨリ積荷ノ船內積返費用及ビ出港費用等ハ悉ク船主又ハ船舶及ビ運賃ノ保險者ニ於テ負擔セシムル如キモノヲ云フナリ、蓋シ此問題ハ從來幾多ノ論議ヲ生シテ大ニ吾人ノ研究ヲ價スルヲ以テ、以下節ヲ遂フテ論ズル所アルベシ、

第二節　英國ニ於ケル舊時ノ慣例及ビ裁判々決

船舶修繕ノ爲メ避難港入港ニ依テ要スル所ノ凡テノ經費ハ、英國ヲ除クノ外其他ノ諸國ニ於テハ概ヲ之ヲ共同海損トシテ處置スルヲ通則トナセリ、即チ入出港ニ要スル水先料及ビ港內諸手數料ヲ首メトシ、積荷ノ荷揚費用ノ如キモ、其積荷或ハ船舶ノ安全ヲ計ルカ爲メニ要セラレタルト、若シクハ船舶ノ漏水ヨリ積荷ヲ損害スルヲ以テ其兩者ノ安全ヲ計ルガ爲メニ要セラレタルト、若シクハ入渠上船舶ヲ輕クスルガ爲メニ要セラレタルトヲ區別セズシテ揚荷ノ倉敷料及ビ船內ニ積返スベキ費用ト共ニ、凡テ共同海損トシテ處置シ、獨リ避難港ニ於ケル船舶ノ修繕費用ノミハ此中ニ合算セザルモノトス、然ドモ此規則ハ其修繕ヲ以テ恰モ船舶が到達港ニ着スル迄其施行ヲ延引シタル塲合ト同一方法ニ於テ處置スルモノニシテ、故ニ若シ其損害ガ共同安全ノ爲メニ行ハレタル犧牲ヨリ生シタルトキハ遂ニ共同海損トシテ處置シ、之ニ反スルトキハ然ラザルモノトス、是レ其船舶ハ早晩修繕ヲ施行スベキ要アルヲ以テ、此修繕ノ一項ノミハ避難港進入ヨリ生ズル犧牲中ニ屬ゼザルモノトシテ處置スルニ在ルナリ、而シテ以上此等ノ處置方法ハ其細目ニ付キ多少ノ差違アリト雖モ、大躰ニ於テハ實ニ歐洲大陸ノ諸國ヨリ亞米利加ノ諸國ヲ通シテ一汎ニ行ハルヽ所ノ規則ナリトス、

今ヤ英國ニ於ケル避難港進入ノ經費ニ關スル處分ヲ案ズルニ、「ビーウヰス」及ビ「マーゲン」氏ノ如キ舊時ノ著書ニ散見スル所ニ依レバ、昔時ニ在テハ以上ト同一ナル規則ヲ多年間實用シタルモノヽ如シ、然ルニ「スチーブン」氏ノ時代若シクバ今ヲ距ル凡ソ九十年頃ヨリ英國精算者間ニ一種ノ慣例ヲ生ジ來リシガ、其慣例ニ依レバ、避難港進入ノ經費ニシテ共同海損タルヲ得ベキモノハ、船舶及ビ積荷ヲ危難ヨリ救助シタル時ヲ限リテ要シタルモノタルベシトセリ、故ニ詳言セバ避難港入港ノ爲

メニ要スル水先料及ビ港内ノ諸手數料ト、積荷ノ安全ノ爲メ或ハ船舶修繕ノ爲メニ要スル荷揚經費トハ共同海損トシテ處置スルヲ得ベシト雖𪜈其後ニ於ケル各經費ハ直接ニ之ヲ要シタル關係物ヲシテ各自ニ負擔セシムルモノトナシ、即チ積荷ノ倉敷料ハ其積荷ノ單獨負擔トナシ、又タ航海ヲ再ビ繼續スルガ爲メニ要スル積荷ノ積返費用、出港水先料、及ビ出港手數料ノ如キ經費ハ悉ク運賃ノ單獨負擔トシテ處置スルモノトセリ、

蓋シ此慣例ハ避難港進入ノ凡テノ場合ニ適用セラレタルモノニシテ、即チ其避難ヲ要セシメタル船舶ノ損害ガ偶然ノ事變ノ結果ニ發シタルト、若シクバ船檣切斷ノ如キ共同安全ニ對スル犧牲ノ結果ニ出デタルトヲ區別セザリシガ如シ、然𪜈此後ノ場合ニ就テハ其處置ノ結果ハ明ニ背理タルヲ示スモノニシテ、何ントナレバ若シ船檣ヲ犧牲トナシタルガ爲メニ入港及ビ積荷ノ荷揚ヲ要シタルトキハ、其船檣設置後ニ

於ケル積荷ノ船內積返費用及ビ出港費用ハ皆ナ同樣ニ必要タルベクシテ、其他此種ノ經費ハ凡テ犧牲ノ爲メニ生ズル當然ノ結果ト云フベキナリ、然ドモ「ロールド、エルレンボロー」氏ハ「プランマー」對「ウヰルドマン」事件ノ判決宣告ニ於テ此處置ヲ辯護シ曰ク、『若シ入港ニシテ全部ノ利害關係物ノ一汎安全ノ爲メニ要セラレタルトキハ、此必要上ヨリ被ル所ノ經費ハ凡テ共同海損トシテ看做スヲ得ベシ、而メ其損害ヲ生セシメタル第一ノ源因ガ果シテ偶然ノ事變ニ存スルカ、或ハ不可抗力ニ存スルカ或ハ他船トノ衝突ニ存ズルカハ敢テ重要ノ問題ニアラズト雖ドモ、唯ダ其結果タル損害ハ果シテ避難港ニ進入シテ修繕ヲ加フルニアラザレバ、全部ノ利害關係物ノ航海ヲ安全ニ繼續セシムルニ足ラザルヤ否ハ充分ニ調査ノ要アリ』トセシガ、若シ此ノ如ク避難港入港ニ關スル直接原因ノミヲ觀察シテ更ニ遡テ其他ヲ顧ミルノ要ナキトキハ、其原因タリシモノハ即チ其入港ヲ正當タラシメタル所ノ共同危險ナルコハ明白ニシテ、而シテ此危險ナルモノハ船檣ガ暴風ニ依テ喪失セラレタル場合タリ、或ハ共同安全ノ爲メニ切斷セラレタル場合タルモ固ヨリ同一タルベキナリ、然ラバ則チ其前場合ニ對シテ正當ナル處置ハ又タ後ノ場合ニ就テモ正當タルベキナリ、

夫レ此ノ如ク精算者ノ慣例ハ其理由ノ不當ナルモノアルヲ以テ、海損法ニ關スル學者ハ概ヲ之ニ贊成スルモノナク、殊ニ「ロールド、エルレンボロー」氏ガ右ノ宣告ヲ與ヘタル同年即チ千八百十五年ニ於テ、同樣ノ場合タル「パワー」對「ホワイトモーア」事件ニ關シテ全ク反對ノ判決ヲ下シタルニ及ビテハ前記ノ判決理由ハ殆ド其効力ヲ滅失セリ、即チ其後ノ判決ハ避難港入港ノ場合ニ關シテ、一ハ偶然ノ事變ノ結果タル損害ヲ修繕スル爲メニ行ハレタルモノト、一ハ共同安全ノ爲メニ切斷セラレタル船檣ヲ設置セントシテ行ハレタルモノトヲ區別セルモノナリ、而メ此區別ハ「ピ子ツケー」氏ノミナラズ、「ロールド、テンターデン」氏ノ海

上運送論ニ於テモ同一見解タルヲ見ルベクシテ、此ノ如クニシテ昔時ノ慣例モ其實行凡ソ百年ニシテ次第ニ其勢力ヲ減殺シ來リ、遂ニ次節ニ記スル所ノ「アトウード」對「セラー」事件ノ判決ニ依テ其慣例ノ幾部分ヲ變更セラルヽニ至レリ、

第三節　「アトウード」對「セラー」事件

茲ニ「アトウード」對「セラー」事件ノ大要ヲ示セバ、「スルビヤン、サヴヰン」號ナル一船舶アリ、千八百七十七年米國サバンナーヨリリバプールニ向テ航海中暴風ニ遭遇シ、船長ハ共同安全ノ爲メ止ムヲ得ズシテ前檣ノ上層部ヲ切斷シタリ、然ルニ其墜落ヨリ船舶ニ損害ヲ生シタルヲ以テ「チヤーレストン」港ニ避難シ、此ニ必要ナル修繕ヲ施スガ爲メニ一部ノ積荷ヲ倉庫内ニ陸揚シ、修繕結了ノ後チ再ビ積荷ヲ積入レテ遂ニリバプールヽ迄航海ヲ完終シタルニ在リ、而メ此事件ハ既ニ一度ビ一精算者ノ精算ヲ經タルモノナリト雖圧、其訴訟トナルニ及ビテハ被告ハ精算

者間ニ於ケル從來ノ慣例ヲ擧示シテ説明スル所ニ依レハ、既往七八十年間ヲ通シテ一汎ニ行ハル丶慣例トシテハ、凡テ避難港入港ノ場合ハ犧牲ノ結果タルト、或ハ偶然ノ事變ノ結果タルトニ拘ラズ、入港費用ト積荷ノ荷揚經費トヲ以テ共同海損ト看做スト雖モ、倉敷料ハ積荷ノ單獨負擔トナシ、又タ積荷ノ船内積返經費ト出港費用トハ共ニ運賃ノ單獨負擔トナスモノナリトシ、且ツ曰ク『海損精算者ガ其慣例上ノ規則ヲ設クルニハ凡テ適法ノ原則トシテ認ムヘキモノニ一致セシムルモノニシテ、即チ精算者協會ハ時々集會ヲ催シ、慣例上ノ規則ヲ討議スルニ際シテ裁判々決ニ顧ミテ之ヲ變更改正スルモノナリ』ト論告セリ、然ルニ之ニ對シテ原告ハ以上ニ列擧シタル經費ヲ以テ凡テ共同海損トシテ處置スベモノナリト抗辨セシガ、要スルニ被告ハ單ニ精算者ノ慣例ニ從テ支拂ノ義務アリト主張セルモノナリ、

右ノ事件ニ關シテハ、「クヰンスベンチ」裁判所ノ始審判決ハ判事ノ數多

決ヲ以テ原告ノ勝利ヲ宣告セシガ、其少數意見者タル判事「マニスチー」氏ハ左ノ如キ理由ヲ以テ自家ノ所見ヲ結論セリ、

『余ノ見解ニ依レバ、苟モ反對ノ證據ナキ限リニ於テハ此ノ如ク多年間行ハルヽ所ノ海損精算者ノ習慣及ビ慣例ナルモノハ既ニ荷送人及ビ船主間ニ服從ノ効力ヲ有シ、從テ其慣習及ビ慣例トシテ存在セルモノト看做サヽルベカラズ、…………若シ夫レ然ラザニ於テハ、今マ或ル一國ニ行ハルヽ所ノ共同海損ノ規則ヲ知ラント欲スルニ當リ、其國民ガ之ニ關シテ實用スル習慣及ビ慣例ノ如何ヲ確ムルノ外他ニ良好ノ手段アルベキヤ否ヤ、(氏ハ猶ホ此見解ヲ辯護スル爲メニ、「シモンズ」對「ホワイト」事件ニ於ケル判事「アボツト」氏ノ判決理由ノ一二句ヲ引照シテ、共同海損ヲ精算スベキ正當ノ場處ハ船舶ノ到達港ナルヿヲ斷定シ、從テ海損ハ其到達港ノ習慣及ビ法律ニ遵テ精算スベシト說明セリ、次テ氏ハ又タ「ウアルシユ」對「マブロヂヤニー」事件ニ於ケル「ボーヒル」氏ノ判決

趣旨ハ本件ノ場合ニ甚ダ符合スルモノナリト述ヘ、遂ニ本件ノ場合ト船舶ガ偶然ノ事變ニ生ゼル損害ノ爲メニ避難港ニ進入シタル場合トハ原則上區別スベカラズトシテ結論シテ曰ク、『余ノ考フル處ニ依レハ、單ニ正確ノ論理ニ適合スルノ故ヲ以テ一朝新習慣ヲ實施スルガ如キハ甚ダ不安ノ處置タルベクシテ、寧ロ共同海損法ノ採用後今日迄永續スル所ノ習慣ヲ遵守スルニ若クハナキナリ、惟フニ此ノ如キ急激ノ變更ハ唯ダ夫レ立法上ノ手續ヲ經テ始テ行フベシト雖モ、未ダ裁判々決ノ爲シ得ル所ニアラス』、

右「マニスチー」氏ノ所説ニ異リテ、首席判事「コツクバルン」氏ハ判事「メローア」氏ト合議シテ反對ノ判決ヲ下シタリシガ、氏ハ先ヅ海損精算者ノ慣例ノ如何ヲ顧ルヿナク、單ニ當該事件ニ應用スベキ法律ノ原則或ハ規定ノ何タルヤヲ觀察シテ左ノ如ク判決理由ヲ宣告セリ、

『余ノ觀察ニ依レバ、本件ノ問題タル出港經費ト積荷ノ倉入及ビ船內積

返費用トハ法律ノ原則上共同海損タルベキモノニシテ、是レ畢竟共同海損ニ關スル全汎ノ原義ヲ支配スル總則ヨリ當然ニ生ズル結果ナリト云フベシ、其總則トハ他ナシ、即チ船舶及ビ積荷ノ保存ノ爲メニ非常ノ犧牲ヲ行ヒ或ハ經費ヲ被リタル𪜈ハ、之ニ依テ生ゼル凡テノ損失ハ凡テノ利害關係者ヨリ割合ニ應シテ負擔スベキ是レナリ、……積荷主ト船主間ニ於テ傭船契約或ハ船荷證券ヲ以テ締結セル契約ハ其積荷ヲ指定港ニ運送スルニ在リト雖𪜈航海中此契約ニ規定セサル事物ノ情況ヲ生ズルアリ、例バ暴風雨ニ遭遇シテ船舶危險トナル𪜈ハ、利害關係者ノ共同利益ノ爲メニ最近ノ港灣ニ避難スルヲ以テ適當ノ處置ト看做スベキアルヘク、或ハ止ムヲ得ズメ船檣ヲ切斷シタル𪜈ハ、之ヲ再ビ設置スルガ爲メニ中間港ニ航行スルノ要アルヘク、或ハ强烈ナル風波ニヨリテ船舶ニ損害ヲ生ジタル𪜈ハ、船舶及ヒ積荷ノ共同安全ノ爲メ幷ニ航海繼續ノ爲メニ港灣ニ進入シテ航海ニ必要ナル修繕ヲ施スノ要アルヘキナリ、是レ即チ當初ノ運送契約ニ規定若シクハ預想セザル所ノ處分ヲ當事者間ニ生セシメタルモノナリ、然ルニ各當事者ハ現今ニ在テハ昔時ノ如ク實際船內ニ存在セスト雖モ、學說上ヨリ之ヲ觀スレハ船長ハ當事者ヨリ各其利益ヲ委托セラレテ之ヲ代表スルモノナルヲ以テ、從テ各當事者ハ其海難ノ場合ニ於テ猶ホ現在セルモノト看做シ得ヘキモノナリ、故ニ今マ若シ假定上、各當事者ガ現場ニ存在シテ急迫ノ危險ヨリ避難港進入ノ必要ヲ認メ以テ其經費ノ負擔方法ヲ談議スル場合ヲ想像スルトキハ、抑モ此等ノ經費ハ共同利益ノ爲メニ蒙リタル非常ノ經費ナルヲ以テ、之レガ處置トシテハ古代ヨリ打荷ノ場合ニ關シテ確定セル所ノ原則ニ準據シテ、又タ同一ニ共同ノ負擔タラシムルノ外他ニ正當ノ策ナキヲ信ズルナリ、…………夫レ此ノ如ク論シ來リテ此原則ヲ船舶ニ要シタル經費ニ應用スルトキハ、避難港入港ノ經費ヲ共同海損トシテ處置スルハ何人モ承認スル所ニシテ、然ラハ則チ論理上其避難港出港ガ苟モ航海ヲ繼續スルノ意旨タルニ於テハ之レ又タ當然ニ入港ノ結果ト稱スルヲ得ベクシテ、從テ出港ノ爲メニ要セル諸經費モ亦タ入港ノ塲合ノモノト同一基礎ニ於テ處分スベキモノトス、況ヤ其入港ハ元來各當事者或ハ其代表者タル船長ガ航海繼續ノ爲メニ行ヒタル所ナルカ故ニ、航海繼續ニ欠クベカラザル出港ハ當初其入港ヲ決定シタルノ際既ニ同一ニ預定シタルモノト云フベシ、』

以上ハ「コツクバルン」氏ノ判決宣告中上段ノ一部ヲ摘載シタルモノニシテ其所論甚ダ正確ナリ、然ㇾ惜哉其後段ニ至リテ氏ハ訴訟當事者ノ論議ニ屬スル一二ノ難問ニ付テハ滿足ノ結論ヲナス能ハザリシ、例バ船主ハ船舶ヲ修繕シテ航海ヲ繼續スル義務アリト被告ガ主張シタル所ノ抗論ノ如キハ、容易ニ説破スヘキモノタルニ拘ラス、氏ハ全ク異樣ノ見解ヲ以テ之ニ答ヱ、若シ船主ニシテ運賃ノ收入ヲ欲セザルㇳキハ常ニ必シモ其船舶ヲ修繕シテ運送契約ヲ遂行スルノ義務ナシト詳論シタルガ如シ、而シテ氏ノ此見解タルヤ其後一大論議ノ種子トナリテ數多ノ諸判事ガ大ニ攻擊シタルモノナリト雖ヒ、此ニ必要ノ關係ナキヲ以テ吾人ハ寧ロ便宜ノ章ニ於テ充分ニ說述スル處アルベシ、次ニ吾人ガ猶ホ「コツクバルン」氏ノ判決宣告ニ付キテ其欠點ト看做スベキモノハ、其宣告文ノ數多ノ辭句ニ於テ現ル、如ク、氏ハ共同海損行爲ノ要件タル安全ノ希圖ニ關シテハ常ニ一定ノ限界ヲ定ムルヿナク、却テ其原義トシテハ航海完終ノ爲メニ行ハレタルモノハ凡テ共同海損タルベシト思惟セルガ如キヿ是レナリ、然ヒ此等ノ鎖細ナル欠點ハ右ニ摘載シタル部分ノ眞價ヲ塗抹スルニ足ラザルモノナリ、而シテ精算者ノ慣例ノ効力程度ニ關スル氏ノ見解ニ依レバ、若シ其慣例ガ適法ノ原則ニ違フモノナルトキハ之ヲ以テ有効トシ若シクバ法規ヲ確メタルモノト看做スベカラズトシテ左ノ如ク說明セリ、

『此ニ問題タル慣例ハ契約ノ條項ヲ解釋シ或ハ之ヲ變更シ得ル所ノ商業習慣ニアラズ、即チ裁判所ガ判決權原ヲ以テ宣告シタル確定習慣ニアラザルナリ、而シテ此裁判所ノ宣告シタル確定習慣ナルモノハ假令ヒ一汎ノ原則ニ違背スルト雖ヒ法律トシテ認ムヘキニ反シ、海損精算者ノ定メタル權原ハ其性質法律ト稱スベカラザルナリ、蓋シ精算者ハ海損事件ノ決定ニ付キ、船主及ビ商人ノ協議ニヨリテ一種ノ仲裁人トシテ處置スルモノナリト雖ヒ、其海損ノ要償ヲ精算スルニ當テハ法律ニ遵據スルヲ要シ、而シテ其採用セル慣例ニ於テハ商業習慣ニ變更ヲ與ヘ或ハ影響ヲ及サシムルカ如キ處分ヲナサス、唯ダ法律ノ命ズル所ニ從テ効果ヲ付與セシメタルノミ、然ルニ此ニハ精算者ガ其法律ヲ誤解シタルモノナリ云々』、

右ノ事件ガ控訴院ニ上告セラル、ヤ、其審判ハ判事「ブランムウエル」、「ベッガルレー」、及ビ「セシジヤー」ノ三氏ニ依テ行ハレタリシガ、被告ガ其控

訴ノ際更ニ一理由トシテ辯論セル處ニ依レバ、原告ハ避難港入港ヨリ生ゼル全經費ヲ共同海損トシテ要求シタリト雖モ、其港内碇泊間ニ於ケル船長及ビ其他ノ船員ノ給料及ビ食料費ヲ要償セザルハ畢竟原告ノ要求スル所矛盾スルガ爲メナリトセリ、然モ三判事ハ一致ノ意見ヲ以テ「クヰンスベンチ」裁判所ノ判決ヲ是認シ、「セシジヤー」氏ニ依テ左ノ如ク裁決宣告セラレタリ、

『本控訴事件ノ問題タルモノハ、船舶ガ共同海損タル損害ノ結果ニ因リテ避難港ニ入港セル塲合ニ於テハ、其損害修繕ノ爲メニ揚荷セラレタル積荷ノ倉敷料並ニ船内積返費用ヲ初メトシ、其他出港ノ際ニ要セル水先料及ビ港内諸手數料等ハ又タ共同海損トナスベキヤ否ヤニ在リ
……………抑モ本件ハ一種特別ノ塲合トシテ下級裁判所ニ提出セラレ其裁判判決ハ原告ヲ勝利トシテ宣告セシガ、原告ハ茲ニ問題タル諸經費ヲ以テ共同海損タルベキモノト主張シタルモノナリ、而シテ其所謂

一種特別ノ場合トハ英國精算者間ニ多年行ハル、處ノ慣例ヲ引證シタルニ在リテ、其慣例ニ依レバ、船舶ガ修繕ノ爲メニ避難港ニ入港シタル場合ノ損失ナルモノハ、其入港ガ共同海損タル犧牲若シクハ單獨海損タル損失ニ因テ行ハレタルニ拘ハラス、積荷ノ荷揚經費ハ共同海損トシテ處置スルニ反シ、其積荷ノ倉敷料ハ積荷ノ單獨海損トナシ、積荷ノ船內積返費用、出港水先料、出港手數料等ヨリ其他航海ノ繼續ニ要スル經費ハ凡テ單獨海損トシテ運賃ニ負擔セシムルニ在リ、然ドモ之ヲ被告ノ辯論ニ徵スルニ、此慣例ガ果シテ當事者間ニ於テ既ニ暗默ニ合意セラレタル習慣タルヤ否ハ被告ノ證明スル能ハサル所ニシテ、而メ吾人ガ審問中屢々注意ヲ與ヘタル如ク、此慣例ニ關スル辯護ノ理由ト、就中其「海損精算者ガ其慣例上ノ規則ヲ設クルニハ凡テ適法ノ原則トメ認ムベキモノニ一致セシムルモノニシテ、即チ精算者協會ハ時々集會ヲ催シ、慣例上ノ規則ヲ討議スルニ際メ裁判々決ニ顧ミテ之ヲ變更改正ス、」ナル辯論ニ依テ觀スルトキハ、本件ノ問題ハ宜シク海損精算者ガ其慣例ノ基礎トナシタル適法ノ原則及ビ權原ニ從テ決定セザルベカラズ、……………之ヲ原則上ヨリ觀察スルニ、吾人ハ下級裁判所ニ於テ其多數決ヲ以テ原告ヲ勝利トナシタルハ其理由ノ明カニ正當ナルヲ信ズルナリ、此ニ其所以ヲ說明センニ、抑モ共同海損分擔ニ關スル全法律ノ基礎タル原則ナルモノハ、積荷、船舶、及ビ運賃ノ利益ノ爲メニ行ハレタル犧牲ヨリ直接幷ニ其結果トシテ被ル所ノ全損失ヲ以テ凡テノ利害關係者ニ負擔セシムルニ在リ、而シテ被告ハ此原則ヲ一汎ノ法理トシテ承認シ、且ツ之レガ本件ニ於ケル應用トシテハ、航海繼續ニ必要ナル修繕ノ爲メニ行ヒタル荷揚經費ヲ以テ共同海損分擔ト看做スコトモ亦其肯諾スル所ナリ、然ルニ被告ハ此種ノ經費ヨリ積荷ノ倉敷料、船內積返費用、出港諸手數料、及ビ出港水先料ヲ區別セントト欲シ、其理由トスル處ニ依レバ、航海ノ共同危險ナルモノハ積荷ノ荷揚ヲ終フルト共ニ終止スルモノニシテ、從テ共同海損ハ共同危險ノ終止ト共ニ消滅スルモノナリト主張セリ、然ㇾ𪜈惟フニ此見解ハ後ニ說明スルガ如ク、船舶ガ海難ヨリ損害セラレタルニ當リ、任意ノ犧牲トシテ中間港ニ入港スルガ如キ行爲ヲナサヾル以前ニ積荷ヲ安全ニ荷揚シタル場合ニ於テ正確ニ適用スルヲ得ベシ、未ダ之ヲ以テ本件ノ如キ場合ニ應用スルヲ許スベカラザルナリ、蓋シ共同海損ヨリ生シタル損害修繕ノ爲メニ避難港ニ進入スル船舶ハ概シテ其入港ト共ニ充分ノ安全ヲ達スルモノニシテ、故ニ若シ共同危險ナル言辭ヲ以テ船舶及ヒ積荷ニ對シ現實ノ損害ヲ生スベキ危險ヲ意味スルモノトセバ、港內ニ碇泊セル船舶內ノ積荷ハ倉庫內ニ存在スルモノニ比シ其危險ノ程度上格別ノ差異ナク、況ヤ之ヲ實際諸多ノ場合ニ徵スルモ、船舶修繕ノ爲メニハ唯ダ一部ノ貨物ノミヲ陸揚シテ、其殘餘ノ貨物ハ依然トシテ船內ニ存留セシムルヿ最モ多キニ於テヲヤ、然ㇾ𪜈以上ニ反シテ若シ共同危險ナル言辭ニシテ船舶及ヒ積荷ノ航海繼續ヲ妨クル危險ヲ意味スルニ於テハ、抑モ何故ニ其積荷ノ倉敷料及ビ船內積返費用ヲ初メトシ、船舶ノ出港及ビ其航海繼續ノ爲メニ要スル水先料及ビ其他ノ諸手數料等ノ經費ヲ以テ共同海損トシテ處置スベカラザルヤ、而シテ之ニ對スル唯一ノ理由トシテ被告ノ主張スル所ニ依レバ、陸揚倉入シタル貨物ハ船舶ノ修繕費用ニ對シテ分擔セズトナセモ、惟フニ任意ノ犧牲ヲ行ヒタル場合ニ於テハ此貨物ハ右ノ修繕經費ヲ明ニ分擔スベキモノナリ、蓋シ此入港及ビ出港ニ關スル兩種ノ經費ハ共ニ任意犧牲ノ結果ニ生ジ、且ツ船舶ガ積荷ヲ以テ航海ヲ繼續スルニ要スル所ノ非常經費ニシテ、之ヲ一汎ニ論ズルトキハ、此各種ノ經費ハ常ニ必シモ唯ダ船舶若シクハ積荷ノ各利益ノ爲メノミニ要セラルヽモノニアラズ、或ル場合ニ在テハ船主ハ其修繕ヲ施スベキ避難港ヲ限リトシテ航海ノ廢止ヲ利益トスルニ反シ、積荷主ハ必ズ其船舶ヲ以テ積荷ノ運送ヲ欲スルヿアルベク、又タ他ノ場合ニ在テハ當事者ノ利益ガ全ク之レト正反對ノコトアルベシ、然レ共當事者ノ利益ガ此ノ如ク各場合ニ於テ異ルニ拘ラズ、避難港ノ進入、積荷ノ荷揚、倉入、及ヒ船内積返ト幷ニ出港ナル各行爲ハ如何ナル場合ニ在テモ皆共同ノ安全及ビ利益ノ爲メニ當初ヨリ決定執行セラレタル一處分内ニ屬スルヲ以テ、從テ此各行爲ハ當然ニ連續スルモノトシテ看做スベキナリ、而シテ貨物ヲ再ビ船内ニ積返シテ航海ヲ繼續スルノ權ハ到底船主ニ屬スルモノニシテ、其目的ニ付テ必要ナル經費ハ推定上全汎ノ利益ノ爲メニ任意ニ蒙リタル損害ノ結果タルヲ以テ、法律上當然ニ共同海損トシテ分擔セラレザルベカラズ、更ニ此ニ「ロールド、テンターデン」氏ノ海上運送論中ノ言句ヲ引用セバ、即チ「若シ修繕スベキ損害ニシテ分擔ノ目的物タルトキハ、假令ヒ其修繕ニ附隨セル經費ナリト雖モ荷モ其必要タルニ於テハ凡テ又タ分擔ノ目的物タルベク、畢竟從物ハ其主物ノ性質ニ從フヲ要ス」ト云フコトヲ得ベシ、…………次ニ被告ノ辯論スル所ニ依レバ、若シ以上ノ所説果シテ正當ナルトキハ其原則ノ論理的結果トシテ船員ノ給料及ビ食料ノ爲メニ要シタル經費モ亦タ同樣ニ共同海損タルベシトナセシガ、實ニ被告ガ説示セルガ如ク、若シ吾人ニシテ此兩經費ガ共同海損タルベキヿヲ證明スル能ハザルトキハ、以上ノ原則ハ或ハ誤謬タルヲ免レザルカ或ハ英國法律トシテ認識スベキモノニアラザルナリ、蓋シ事實問題トシテハ、船舶ガ共同海損タル損害ヲ修繕スル爲メニ避難港ニ入港シタル場合ニ關シテ、曾テ英國裁判所ガ其船員ノ給料及ビ食料費ヲ共同海損トナスヲ拒絶シタルヿアリシヤハ極テ不明ナリト雖モ、若シ萬一實際ニ之ヲ拒絶シタルヿアリト假定スルモ敢テ被告ノ主張スル結論ヲ生スベカラザルナリ、何ントナレバ此ニ吾人ガ唱道スル原則ノ正當ナルハ既ニ以上ニ於テ詳説シタル所ニシテ、況ンヤ之ニ關スル吾人ノ見解ナルモノハ、英國外ノ諸國ニ於テ既ニ其原則ヲ船員ノ給料及ビ食料費ニ推論適用シタル事實ノ觀察ニ據由スルモノナレバナリ、故ニ被告ニシテ愈ヨ右ノ原則ヲ以テ英國法律ノ認識セザルモノナリトセバ、之レガ證明トシテハ單ニ或ル事件ニ於テ船員ノ給料及ビ食料ヲ共同海損トナスヲ拒絶シタル場合ヲ示スニ止ラズ、猶ホ同時ニ其拒絶ハ以上ノ原則ヲ非認シル理由ニ出テタルヿヲ證セザルベカラズ、然ルニ其證明此ノ如クナル能ハズ、單ニ船員ノ給料及ビ食料費ノミヲ拒絶シテ本件ノ問題タル經費ハ凡テ共同海損トナシタルヲ證スルニ止マルトキハ、是レ即チ被告ニ於テ擧證ノ不能ヲ示スモノト云フベギナリ、要スルニ被告ガ示シタル如キ場合ハ、或ハ裁判所ニ於テ原則ノ應用ノ範圍ヲ謬リタルカ、或ハ其應用ノ範圍ヲ一時ノ便宜ニ屬セシメタルモノト看做スベキナリ、……若シ本件ガ唯ダ原則上ノ問題タラシメバ吾人ハ以上ニ説明シタル原則ニ據テ直ニ判決スルヲ躊躇セザルノミナラズ、若シ此原則ニシテ不正タラバ更ニ進デ他ニ代ルベキ原則ノ發見ニ吝ナラザルベシ、故ニ猶ホ諸種ノ權原ニ付テ觀察スル所アルベシ、……（氏ハ此ニ於テ數多ノ複雜ナル判決例及ビ判決宣告ヲ精細ニ解説セル後チ結論シテ曰ク、）……此ノ如ク數多ノ權原ヲ觀察スルトキハ、本件ニ關シテ吾人ガ自家ノ所信トシテ上來説敘シタル所ノ見解ハ全ク其正確ナルヲ知ルニ足ルベク、從テ彼ノ海損精算者ノ慣例ナルモノハ決メ眞正ノ原則ニ基キ或ハ有効ノ權原ト一致スルモノニアラザルナリ、而シテ今マ之ヲ本件ニ引證スベキ權原ノミニ付テ觀ズルモ、其到底裁判例ニ違背セルコハ明白ニシテ、即チ此慣例タルヤ未ダ「スチウアード」對「西印度太平洋滊船會社」事件ノ慣例ノ如ク當事者間ニ於ケル契約ノ一部トシテ看做スヲ得ザルモノニメ、從テ其無効宣告スルニ於テ些少ノ撞着ヲ生ズル所ナシ、終ニ茲ミ吾人ガ此ノ如ク下級裁判所ノ多數決裁判ヲ正當トシテ確認スルニ際シテ吾人ハ大ニ滿足ヲ表スベキコノアリ、他ナシ、即チ該裁判所及ビ本院ノ判決ニ於テ斷定セル法律ハ英國法ヲシテ諸他ノ商業國ノ法律ニ更ニ一致セシムルノ基礎ニ存在スルニ在リテ、畢竟商業上ニ關スル法律ノ和合ハ吾人ノ甚ダ希望スル所ナレバナリ云々、』

第四節　「スペンゼン」對「ワレース」事件

前節ニ記述シタル控訴院判事「セッジヤ」氏ノ判決ハ、其後船舶ガ犧牲ノ結果ヨリ避難港ニ入港セル場合ノ問題ニ付キ常ニ斷案トシテ法庭ニ引證セラレタルモノニシテ、「アトウード」對「セラー」事件ハ此判決ヲ限リトシテ其局ヲ結ビタリ、然ドモ慣例ノ變更ハ單ニ右ノ判決ニ示セル範圍内ニ於テ止マルベキヤ、或ハ其理論ノ一致ヲ保ツガ爲メ、偶然ノ事變ニ生ズル損害修繕ノ爲メニ避難港ニ入港シタル場合ニモ更ニ之ヲ及スベキヤハ猶ホ不明ニ屬シタリシガ、此疑問ハ遂ニ「スペンゼン」對「ワレース」事件ノ訴訟トナリテ、各級ノ裁判所ヨリ上院ノ審判ヲ經テ漸ク決定スルニ至レリ、仍テ以下ニ其顚末ヲ說述スベシ、

「ロイド」ノ習慣ノ辯護者ガ思惟スル所ニ依レバ、前記ノ「アトウード」對「セ

ラー」事件ニ於テ其習慣ヲ以テ單ニ海損精算者ノ慣例トシテ陳述シタルハ其處置ヲ誤リタルモノトナシ、乃チ此「スペンゼン」對「ワレース」事件ニ於テハ被告タル積荷主ノ爲メニ其積荷ノ倉入及ビ船内積返費用ト且ツ出港經費トヲ共同海損トシテ分擔スルヿヲ拒絶セリ、而シテ其拒絶ノ理由トシテハ習慣及ビ原則ノ二段ニ分テ抗辯シ、其第一段ノ抗辯ニ依レバ、船主、荷送人、荷受人、被保險者、保險者、及ビ海損精算者間ニハ古來ヨリ認識セラル、所ノ一ノ習慣アリテ、此習慣タルヤ本件ニ於ケルラングーンリバプール間ノ航海ニ應用スルヲ得ベキモノニシテ、即チ船舶ガ偶然ノ事變ニ因テ生ゼル損害ヲ修繕スルガ爲メニ避難港ニ入港シタル場合ニ於テハ、積荷ノ倉敷料ハ積荷ノ單獨負擔トナシ、積荷ノ船内積返費用ト出港ニ要スル手數料及ビ水先料トハ運賃ノ單獨負擔ニ歸スルモノナリトシ、且ツ其習慣ノ存在ヲ陪審官ニ依テ證明センヿヲ請求セリ、次ニ其第二段ノ抗辯ニ依レバ右ノ習慣ノ有無ニ拘ラズ、當該問題タル經費ノ負擔ヲ以上ノ如ク處置スルハ原則上ニ於テモ猶ホ正當ノモノナリト主張セシガ、然ドモ惟フニ被告ニシテ若シ第一段ノ辯抗ヲ充分ニ確證スルヲ得バ、此第二段ノ抗辯ハ敢テ論議ノ必要ナキモノヽ如シ、

此ニ本件ノ事實ヲ尋ヌルニ、「チラーフ、トリグバソン」號ト稱スル那威國ノ一船舶アリ、米荷ヲ積荷トシテラングーンヨリリバプールニ向テ航海シ、不良ノ天候ニ因リ甚ダ危險ナル漏水損處ヲ生センヲ以テ、船長ハ船舶及ヒ積荷ノ安全ヲ圖リテ止ムヲ得ズ修繕ノ爲メニラングーンニ歸航セリ、而シテ其入港スルヤ修繕幷ニ積荷保存ノ必要ヨリ荷積ハ一且倉庫內ニ陸揚セラレタリシガ、修繕結了後再ビ之ヲ船內ニ積返シタルニ在リ、但シ積荷ノ保存上ノ必要ヨリ陸揚倉入シタル事實ハ、本件ガ上院ニ提出セラルヽニ及テ始テ發表セラレタルモノナリ、

次ニ又タ本件ニ於テハ其上院ニ提出セラルヽ迄敢テ注意セラレザリ

シ一事實アリシガ、然ルニ此事實ハ其審判上ニ少カラザル結果ヲ及シタルモノアリ、即チ傭船者ハ一部ノ運賃ヲ前拂トナシタルヲ以テ、「ロイド」ノ習慣ニ從ヒ共同海損ノ精算上之ニ對スル積荷ノ船內積返費用及ビ出港手數料ノ割前額ヲ船主ノ負擔分トナサズシテ却テ之ヲ被告タル傭船者ノ負擔分トシテ記入シタルニ在リ、而シテ其理由ヲ尋ヌレバ之レ其傭船契約ニ於テ傭船者ハ前拂運賃額ニ對スル危險ヲ負擔スベシト定メタルニ因ルモノナリ、

本件ガ最初治安裁判所ニ於テ訴訟セラレタルニ當リ、劈頭第一ニ爭論トナリシモノハ固ヨリ習慣ノ存在如何ニ關スル證明ニシテ、其審查ハ判事「ロープ」氏ニ依テ市會議事堂ニテ行ハレタリシガ、氏ハ其眞ニ商業習慣タルヤ否ヲ證徵スルガ爲メニ海損精算者、保險業者、及ビ其他一群ノ商業者ヲ召喚シテ尋問セリ、然ドモ此等ノ諸人ガ其審問ニ對シテ之ヲ法律ナリトシテ答辯スルハ各自ノ利害關係上ヨリ單ニ自家ノ所信

ニ止マルノミニシテ、此習慣ガ果シテ海損精算者ノ慣例タル以外ニ於テ猶ホ習慣若シクバ法律タル効力ヲ者スルヤハ一人モ證明スルモノナカリシ、而シテ此審査ノ終了スルヤ、原告ノ辯護人ハ其慣例ガ果シテ習慣タル證明ヲ有シテ陪審官ノ裁定ヲ要スベキモノアルヤ否ヤヲ「ローブ」氏ニ質問セシニ、氏ハ一ノ證明タルベキモノナシト斷言セリ、何ントナレバ氏ハ此審査ノ結果トシテハ、海損精算者ナルモノハ唯ダ自ラ法律ト信ズルモノニ由テ慣例ヲ作定シ、從テ慣例ハ時々變更スルヿヲ確メタルニ過ギズトナシ、乃チ本件ヲ陪審官ノ裁定ニ付スルヿヲ停止セリ、然ルニ原告ハ氏ノ判決ヲ以テ不當ナリトシ、更ニ「クヰンスベンチ」裁判所ノ審査ヲ仰キタリト雖ドモ、同院ノ判事「グローブ」及ビ「マシユ」ノ二氏ハ「ローブ」氏ノ見解ヲ以テ正當ナリト判決シタルニ因リ、此習慣ノ證明ニ關スル問題ハ遂ニ控訴セラルヽニ至ラザリキ、今マ「グローブ」氏ノ宣告ヲ示セバ左ノ如シ、

「茲ニ問題タルモノハ、此慣例ハ果シテ契約中ニ當然含蓄セラレテ其當事者ヲ覊束スベキ商業習慣ト稱スルヲ得ルヤ否ヤニ在リ、余ノ意見ニ依レバ、此慣例ハ其起源若シクバ發達上ニ於テ習慣ガ普通ニ有スベキ性質ヲ具備スル所ナク、唯ダ全ク老鍊家ノ作定シタル慣例タルニ過ギズシテ、若シ實地家ガ之ヲ一汎ニ應用スルニ於テハ眞ニ國法ヲ變更セシムルニ至ルベキモノナリ、且ツ本件ハ其訴訟ノ爭點ノ範圍內ニ在テハ「アトウード」對「セラー」事件ノ判決ニ從テ判決スベキモノニシテ、此慣例ガ法律ノ效力ヲ有スルヤ否ヤニ付テハ、「ブット」氏ガ此事件ト本件間ニ關シテ論ジタル區別ヲ適用スベカラザルナリ、蓋シ「アトウード」對「セラー」事件ニ於テハ下級裁判所ノ多數判事ト控訴院ノ諸判事ハ絕對的ニ海損精算者ノ慣例ヲ非認シタリシガ、余ハ本件ニ於テハ其問題タル經費ガ果シテ共同海損或ハ單獨海損タルヤ否ヤヲ措テ問フコトナク、唯ダ「ロープ」氏ガ其慣例ノ規則ヲ以テ契約ヲ支配スベキ習慣タル證據ナシトシテ排斥シタル判定ヲ正當ト信ズルナリ』」

又タ判事「マシユ」氏モ左ノ如ク曰ヘリ、

『審査ノ結果タル證明ニ依レバ、當該問題タル海損精算者ノ慣例ガ商業習慣トシテ存在セザル理由ハ之ヲ「アトウード」對「セラー」事件ノ精算者ニ關シテ陪審官ガ下シタル所ノ裁定理由ニ比シテ遙ニ明晰正確ナリ、今マ之ヲ凡テノ證人ノ陳述ニ徵スルニ、英國ノ海損精算者ハ法律ニ準據シテ精算ヲ作成スル義務アリテ、精算者ナルモノハ全ク此目的ノ爲メニ商人ヨリ使用セラレ、而シテ其習慣ハ常ニ裁判所ニ於テ決定セラレタル法律ニ從テ採用シ、若シ其習慣ニシテ適法ノ原則ニ一致セザルトキハ精算者ハ時々之ヲ變更スルモノナリトスルガ如シ、是レ余ガ「ロープ」氏ノ見解ヲ以テ正當トナス所以ナリ、故ニ若シ英國ノ海損精算者ニシテ既往ノ精算者ガ作定シタル誤謬ノ慣例ヲ以テ既ニ之ヲ商事法中ニ同化シタルモノト認メ、而シテ其改正ハ必ズ立法行爲ニ依ルモノトシテ之ヲ因循墨守スルヿアラバ是レ甚ダ痛歎ノ至ナリ云々』
次ニ被告ガ第二段ノ抗辯理由トシテ此慣例ヲ原則上正當ノモノナリト主張セシヿハ既ニ前述セル處ナリ、而シテ此問題ニ關シテハ判事「ロープ」氏ハ原被兩造ノ辯論ヲ徵シタルノ後チ又タ被告ヲ以テ不當ナリト判決セリ、今マ其判決理由ヲ觀ズルニ、氏ハ本件ト「アトウード」對「セラー」事件トハ其塲合ニ於テ實際些少ノ區別ヲ發見スル能ハズ、從テ本件ノ判決モ亦タ後事件ノ先例ニ據ルベキモノナリトシテ曰ク、『避難港ノ入港ニシテ若シ必要ニ發セシメバ、之レ船舶、積荷、及ビ運賃ノ共同利益ノ爲メニ行ハレタル任意犧牲ノ一行爲ナリ、故ニ其後ニ要シタル各經費ニシテ苟モ船舶ガ運賃ノ收入上積荷ヲ以テ安全ニ航海繼續ヲ營ム爲メニ要シタルモノナルトキハ又タ航海ノ共同利益ノ爲メニ被リタルモノニシテ、當然共同海損トシテ負擔スヘキナリ』トセリ、然ルニ此問題ガ控訴院ニ上告セラルヽヤ、同院ニテハ各判事ノ多數決ヲ以テ反對ニ被告ノ勝利ヲ宣告シタリシガ、其判决タルヤ啻ニ大ニ吾人ノ注意ヲ要スルノミナラズ、其見解ガ此ノ如ク差異スルニ至リタルハ抑モ如何ナル所以ニ發シタルカヲ示サンガ爲メ左ニ之ヲ詳說スヘシ、

控訴院ニ於テ判事「ブレツト」氏ガ其判决ノ發端ニ於テ論定シタル所ニ依レバ、氏ハ本件ニ於ケル積荷ノ荷揚ハ船舶ヲ修繕スル爲メニ必要タリシト雖モ、積荷ガ既ニ蒙リ或ハ將來ニ於テ蒙ルベキ損害ノ爲メニ必要ナラズトシ、且ツ原告ガ主張スル所ノ學說ヲ非常ニ攻擊セリ、其學說トハ他ナシ、即チ共同航海ノ完終ヲ要スル意味ニ於テ、或ハ其船舶ニテ積荷ヲ到達港ニ運送スル意味ニ於テ共同利益ノ爲メニ要シタル凡テノ經費ハ共同海損ナリト說クモノナリ、而シテ氏ハ此學說中ニ於ケル「利益」ナル言語ニ代フルニ「保存」ナル言語ヲ以テシ、「共同航海」ナル言語ニ代フルニ「船舶、運賃及ビ積荷」ナル言語ヲ以テシ、若シ此等ノ前語ノ意義ニシテ其代用言語ニ異ラサル時ハ、此學說ナルモノハ「バークレー」對「プ

レスグレーブ」事件ニ關シテ判事「ローレンス」氏ガ下シタル原則ヲ擴張シタルモノナリトシテ曰ク『然ドモ若シ判事「ローレンス」氏ノ論說ガ果シテ英國法律トシテ直正ニ認識セラレタルモノナルトキハ、其法律トシテ存在セル間ハ現今ノ裁判所ハ之ヲ變更スルノ權力ナシ』ト論定シ、之レヨリ氏ハ此原則ヲ甚ダ巧妙ニ解釋シテ以テ自家判決ノ立脚點トハナセリ、然レドモ吾人ハ思ラク、若シ「プレツト」氏ノ見解果シテ正當ニシテ、且ツ其解釋ハ共同海損法ヲ全通シテ採用スヘキモノナルトキハ、吾人ガ以上ニ知得セル所ノモノハ悉ク誤謬ニ歸スベキナリ、故ニ「プレツト」氏ノ論旨ヲ明瞭ニセンガ爲メ左ニ其判決宣告書ノ要部ヲ記示スベシ、

『判事「ローレンス」氏ガ經費ニ關シテ下シタル論說ヲ換言スレバ、損失ニシテ若シ船舶及ビ積荷ノ保存ノ爲メニ蒙リタル非常經費ノ結果トシテ生シタルモノナルトキハ凡テ共同海損ニ屬スベシト云フニ在リ、然ドモ經費ヨリ生ズル損失ハ畢竟其經費ガ即チ損失タルニ在ルヲ以テ、更ニ之ヲ

換言セバ、船舶及ビ積荷保存ノ爲メニ蒙ル所ノ各經費ハ凡テ共同海損ニ屬スルモノナリトスルヲ得ベシ、故ニ今マ此規則ヲ通常ノ意義ニ解釋シテ以テ共同分擔トシテ要償セラルヽ所ノ各經費ニ應用スルトハ其問題トナルベキ點ハ他ナシ、即チ此等ノ各經費ナルモノハ之ヲ要シタル當時ニ於テ果シテ船舶及ビ積荷ノ安全ノ爲メニ出テタルヤ否ヤニ歸スベキナリ、……………吾人ハ今マ茲ニ判事「ローレンス」氏ノ説キタル以上ノ規則ヲ以テ之ヲ船舶ガ海難ヨリ生ゼル損害修繕ノ爲メニ避難港ニ入港シタル塲合ニ應用スルニ、若シ其船舶ガ海上ニ留ル時ハ船舶及ビ積荷ヲ損滅スベキ危險アルニ當テハ、其修繕上避難港ニ入港スル行爲ハ非常行爲ニシテ共同海損行爲ト稱スルヲ得ベク、又タ其行爲ヲナスガ爲メニ或ル經費ヲ當然ノ結果トシテ蒙リ、若シクハ牽船料、水先料或ハ入港税等ノ仕拂ヲ要シタルトハ其經費ハ凡テ共同海損經費タルモノナリ、而メ船舶ガ修繕ノ爲メニ避難港ニ入港スルニ當リテハ、猶ホ數バ其他ノ行爲ヲ要シ若シクバ其他ノ經費ヲ蒙ルモノニシテ、然ルトキハ此等ノ行爲或ハ經費ハ其性質上單獨ノモノトシテ處分スベキヤ、若シクバ他ノ行爲或ハ經費ノ一部分ニ屬スルモノトシテ處分スベキヤハ一々吾人ノ觀察ヲ要スルモノナリ、例バ船舶ガ避難港ニ入港シタル場合ニ於テハ、吾人ガ數バ見ル如ク積荷ノ保存上之レガ陸揚倉入ヲナシ、且ツ時トシテハ荷造リノ修覆ヲ加エ其船舶ノ修繕ヲ終ルヤ再ビ積荷ヲ船內ニ積返シテ茲ニ航海ヲ繼續スルヿアリ、故ニ或ル場合ニ於テハ船舶及ビ積荷ハ既ニ避難港內ニ在リト雖圧其兩者若シクバ一者ガ猶ホ損滅ノ危險ニ接スルヿアリテ、然ルニ此際若シ船舶及ビ積荷ノ兩者ガ共ニ危險タルトキハ、積荷ヲ船內ニ存在シテ船舶ヲ修繕シ得ルヿハ實際ニ殆ド不能タルベクシテ、乃チ積荷ハ先ヅ船舶及ビ積荷ノ安全ノ爲メニ陸揚セザルベカラザルナリ、然圧積荷ニシテ其性質上危險ノ恐ナキニ拘ラズ、若シ之ヲ船內ニ存在セシムル時ハ退潮ニ際シテ船底ヲ破損スルガ如キ情態タルニ於テハ之レ船舶ノミ獨リ危險ニ接スルモノニシテ、此ノ如キ場合ニ於ケル積荷ノ荷揚ハ全ク船舶ノ安全ノ爲メニ行ハレタルモノト看做スベキナリ、之ニ反シテ船舶ハ既ニ坐礁シテ其船躰ノ安全ヲ得タリト雖モ若シ積荷ガ濕潤シテ其損滅ヲ招クベキ場合ニ於テハ積荷ハ固ヨリ陸揚ヲ要スルモノニシテ、即チ斯ル關係ニ於テ危險ニ接スルモノハ獨リ積荷ニシテ、從テ其荷揚モ亦タ全ク積荷ノ安全ノ爲メニ行ハレタルモノト看做スペキナリ、又タ或ル場合ニ於テハ假令ヒ船舶或ハ積荷ハ未ダ急迫ノ危險ニ存在セズ若シクバ船舶ノミ危險ニ存在スルト雖モ、苟モ積荷ヲ荷揚セザル片ハ船舶ノ修繕ヲ行フ能ハザルヲ以テ荷揚ヲ要スルヿアルベキナリ、而シテ今マ以上ニ記載シタル諸場合ニ付テ研究スルニ、其第一ノ場合ニ於ケル荷揚行爲ヲ單獨ニ觀察スル片ハ其荷揚經費ハ明ニ共同海損經費タルベシト雖モ、第二、第三、及ビ第四ノ場合ニ於テ其荷揚行爲ヨリ生ズル經費ヲ單獨ニ觀察シテ之ヲ處置スル時ハ共同海損經費ト稱スベカラザルナリ、然ヒ吾人ハ此等ノ後ノ三場合ニ於ケル荷揚行爲ヲ處置スルニ付テハ、其或ハ他ノ共同海損タル行爲ノ一部トシテ看做スベカラザルヤハ宜シク精察スベキ所ニシテ、而シテ此關係ヲ有スル行爲トシテハ唯ダ夫レ船舶ガ損害修繕ノ爲メニ避難港ニ入港シタル行爲ノミナリトス、然ルニ第二及ビ第三ノ場合ニ於ケル荷揚ハ積荷ヲ陸揚セズシテ修繕工事ヲナシ得タルト否トニ拘ラズシテ生ズルモノナルガ故ニ、未ダ積荷ノ陸揚ヲ稱シテ船舶修繕上ヨリ避難港ニ進入シタル行爲ノ一部ト看做スベカラザルナリ、次ニ第四ノ場合ニ於テハ、若シ其犧牲行爲ハ單ニ入港ノミニ止マラズシテ修繕ノ爲メニ入港シタル一行爲ニシテ、而シテ其修繕ハ積荷ノ陸揚ヲ行フニアラザレバ爲シ能ハザル場合ナリト假定スルトキハ、此積荷ノ陸揚ハ修繕ノ爲メニ避難港ニ入港シタル行爲ノ一部分ニ屬シ、即チ船舶ノ位置ヲシテ修繕ニ適當ナラシムル爲メニ行ハレタル行爲ニ屬スルモノナリ、而シテ此修繕ニ適當ナル位置トハ俗語ニ所謂避難修繕ノ意味ニ外ナラズシテ、之ヲ精確ニ解說スルトキハ修繕ヲ施スベキ爲メニ入港シ、若シクハ船舶ノ位置ヲシテ修繕ニ適當ナラシムル如ク入港セシムルニ在リ、故ニ此ノ如キ場合ニ於ケル積荷ノ陸揚ナルモノハ船舶ニ修繕位置ヲ付與センガ爲メニ避難港ニ入港セシメタル行爲ノ必要部分ナリト推定スベキモノニシテ、何トナレバ此行爲ハ積荷ノ陸揚ヲ終フル迄ハ未ダ以テ必要ノ程度ニ於テ完結シタルモノニアラザレバナリ、然ルニ此第四場合ヲ處置スルニ當テハ、其修繕ノ爲メニ避難港ニ入港シタルヲ以テ恰モ一箇ノ行爲ノ如ク看做シ、且ツ之ヲ以テ一個ノ犧牲行爲ノ如ク看做スヲ以テ其常トスルガ故ニ、從テ其荷揚費用ハ又タ常ニ共同海損經費トシテ認メラルヽモノナリ、惟フニ此見解タルヤ商業事項ニ關スル處置トシテハ決シテ不當ナルモノニアラズシテ、其荷揚經費ヲ以テ共同海損トナスハ法律ノ原則ニ些カモ背反スル所ナキナリ、……(氏ハ是レヨリ荷揚ノ後チニ生スベキ經費ニ關シテ語ヲ續テ曰ク)積荷ガ陸揚セラレタルトキハ其荷物ノ性質或ハ陸揚場處ノ情境ニ從テ或ハ之レガ倉入ヲ要シ或ハ其他ノ方法ニ依ラ保存ヲ要スル塲合アリ、而シテ積荷ノ性質上ヨリ若シクバ其既ニ蒙リタル一部ノ損害ノ結果ヨリシテ、積荷ノ安全ヲ圖ルガ爲メニ之ヲ乾燥セシムル等ノ手段ヲ以テ荷造ノ修覆ヲ要スルヿアリト雖氏、此等ノ行爲ハ到底船舶ノ安全或ハ保存ノ爲メニ要シタルモノト云フベカラザルナリ、何ントナレバ船舶ハ其際既ニ安全タルヲ得若シクバ猶ホ危險ノ位置ニ存在セルニ拘ラズ、此等ノ倉入及ビ荷造ノ修覆等ノ行爲ハ船舶ノ安全ヲ計ルニ對シテハ些少ノ効力ヲ付與スルモノニアラザレバナリ、去レバ此等ノ行爲ハ修繕ノ爲メニ避難港ニ入港シタル行爲ノ一部ト稱スベカラズシテ、其修繕ノ行爲ニ對シ若シクバ船舶ノ位置ヲシテ修繕ニ適セシメタル行爲ニ對シテハ更ニ關係ナク、即チ到底

「ローレンス」氏ノ原則中ニ入ルベカラザルモノトス、次ニ其船舶ノ修繕ニ付テ觀スルニ、修繕行爲ナルモノハ積荷ノ安全ヲ圖ルニ對シテハ些少ノ關係ナク全ク船舶ノミノ爲メニ行ハレタルモノニシテ、又タ積荷ノ船內積返費用及ビ出港經費ノ如キハ船舶及ビ積荷ガ危險ヨリ安全タルニ至テ始テ行ハレタル行爲ノ經費ナルヲ以テ之レ又タ共同海損ノ規則ニ屬スル能ハズ、即チ此等ノ行爲ナルモノハ船舶ニ修繕位置ヲ付與シタル所ノ行爲ノ一部ト稱スベカラザルナリ、故ニ余ハ惟ラク、荷モ他ニ別種ノ權原ナキ限リハ、英國法上船舶ガ船舶及ビ積荷ノ安全ヲ圖リテ海難ヨリ生ジタル損害修繕ノ爲メニ避難港ニ入港ヲ要シタル場合ニ於テハ其入港經費ハ共同海損タルモノニシテ、又タ此際積荷ノ安全ノ爲メニ積荷ノ荷揚ヲ要シ、若シクバ其荷揚ハ積荷ノ安全ヲ圖ル爲メニアラズシテ單ニ船舶修繕ノ爲メニ要セラレタルトキハ此種ノ荷揚經費ハ凡テ共同海損經費タルベキナリ、然ㇾ圧其積荷ノ荷揚ニシテ此兩原因ノ一ニ屬セザルトキハ其經費ハ共同海損經費タルヲ得ズシテ、且ツ其積荷ノ倉敷料、保管料、荷造變更料、船舶修繕費用、積荷ノ船內積返費用、出港費用、及ビ出港諸稅ノ如キモ共ニ共同海損經費タラザルモノト信ズルナリ、……（次ニ氏ハ「アトウード」對「セラー」事件ノ判決ニ準據セズシテ本件ノ判決ヲ下セル理由ヲ說明シ曰ク、）若シ「アトウード」對「セラー」事件ノ判決ガ普通ノ規則ヲ以テ吾人ヲ羈束スルニ於テハ吾人ハ敢テ之ニ準據スルヲ拒マズト雖モ、吾人ノ思惟スル所ニ依レバ、此事件ニ關シテ控訴院ノ下シタル判決ノ眞意ハ避難港ニ於テ行ヒタル凡テノ行爲ヲ以テ一箇ノ繼續行爲トナスモノニアラザルガ如シ、何ントナレバ抑モ其一行爲トハ如何ナルモノヲ稱スルヤ、又タ如何ナル名稱ニ依テ之ヲ說明スルヲ得ベキヤ、彼ノ積荷ノ倉入及ビ船內積返並ニ船舶ノ出港ノ如キ行爲ハ修繕ノ爲メニ船舶ヲ入港セシムル行爲ノ一部分タリトハ決シテ稱スベカラズシテ、且ツ船舶ガ旣ニ修繕ヲ終リタルトキハ積荷ノ積返及ビ船舶ノ出港ヲ以テ船舶修繕行爲ノ一部分ト稱スベカラザレバナリ、故ニ余ガ右事件ニ關スル控訴院判決ノ眞意タルモノトシテ推測スル所ハ他ナシ、即チ船舶ガ修繕ノ爲メニ避難港ニ入港セル行爲ニシテ既ニ其以前ニ生ジタル共同海損犠牲ノ必要結果タルニ於テハ、其港内ニテ行ヒタル行爲幷ニ支出シタル經費ハ、猶ホ米國及ビ其他ノ諸國ノ法律ニデ修繕ノタメ船舶ガ避難港ニ入港ヲ要シタル諸場合ヲ規定シタルガ如ク、英國法律モ亦タ同様ニ活用シ得ルモノト看做スガ如シ、然ドモ此見解ガ英國ニテ發表セラレタルハ敢テ「アトウード」對「セラー」事件ノ判決ニ始ルニアラズ、既ニ其以前ヨリ幾多ノ法學者及ビ判事等ノ宣言スル所ナリト雖ドモ、凡テ此等ノ宣言ニ於テハ避難港進入ノ場合ニ關シテ其任意犠牲ノ結果ニ出テタルモノト單獨海損ノ結果ニ出デタルモノトヲ區別セザルハナキナリ、而シテ余モ亦タ本件ニ於テハ此區別ヲ採用セリト雖ドモ、敢テ必シモ「アトウード」對「セラー」事件ノ判決ト並ニ其判決趣旨ニ從フノ要ナキヲ信ズルモノニシテ、且ツ其判決ノ由來スル各事實ニ付テハ敢テ玆ニ論評スベキ限リニアラズ云々、』

次ニ「ロールド、ボーウェン」氏ノ判決ヲ記載センニ、其見解ハ實際「ブレット」氏ト同一ニシテ、先ヅ本件ノ事實ヲ說敍シタル後チ左ノ如ク宣告セリ、

『玆ニ先ヅ注意スベキ二箇ノ緊要ナル事項アリ、即チ共同海損犧牲ノ性質ト共同海損分擔ノ目的是レナリ、共同海損犧牲トハ船舶及ビ積荷ノ共同保存ノ爲メニ危險ノ際任意ニ行ハレタル非常犧牲ヲ稱スルモノニシテ、苟モ其犧牲ハ危險ノ際共同安全ノ爲メニ行ハレタルモノナルトキハ、其任意ニ船檣ヲ切斷スルト、或ハ任意ニ非常經費ヲ崇ルト、或ハ任意ニ時日及ビ勞力ヲ消費スルトハ原則上更ニ差別ナキモノトス、次ニ共同海損分擔ノ目的トハ共同海損ノ犧牲ヲ供セル者ニ對シテ其分

擔割前額ニ超過シテ蒙ル所ノ損失ヲ殘餘ノ者ヨリ賠償スルニ在リテ、故ニ此賠償ニ關スル割合ヲ正確ニ行ハントセバ、假令ヒ任意犧牲ノ定義中ニ屬セザル經費ナリト雖モ苟モ任意犧牲ヨリ直接ニ生セルモノニシテ、且ツ其損失ガ犧牲ノ結果トシテ分擔ヲ要スベキモノタルニ於テハ、之レ又タ同一ニ算入セザル可ラザルナリ、判事「ローレンス」氏ハ「バークレー」對「プレスグレーブ」事件ニ於テ曰ク、「船舶及ヒ積荷ノ保存ノ爲メニ行ハレタル非常犧牲、或ハ同一ノ目的ノ爲メニ蒙リタル非常經費ノ結果ニ生ジタル損失ハ凡テ共同海損ニ屬スルモノニシテ、利害關係者ハ割合ニ應ジテ之ヲ負擔スベシ」トセリ、………避難港入港後ニ於ケル非常經費ハ共同海損トシテ負擔スベキヤ否ノ問題ハ必ズ各場合ノ事情ニ因テ判斷スベキモノナリ、而メ本件ノ爭論タル各經費ハ其効績ニ關シテ二個ノ審査標準ヨリ一々觀察スベキモノニシテ、即チ第一標準トシテハ、其各經費ハ果シテ一部或ハ全部ノ利害關係物ニ對シテ共同海損犠牲ノ定義ニ適合スルヤ否ヤヲ察シ、第二標準トシテハ、其各經費ハ假令ヒ自ラ共同海損犠牲ト稱スル能ハザルモ他ノ共同海損犠牲ノ爲メニ必要ニ蒙リタル經費ナルヤ否ヤヲ察スルニ在リ、蓋シ如何ナル計算上ノ便宜方法タリ若シクバ海損精算者ノ慣例タリト雖圧、法律上一定ノ義務者ニ屬スル損失ヲ以テ之ヲ他人ニ仕拂ハシムルノ理由ナキナリ、……（氏ハ是レヨリ航海終止ニ關スル學説ヲ論評シ、此學説ヲ認ムル權原ハ唯ダ「ホール」對「ジヨンソン」事件ノ判決ノミニシテ、其判決ニ依レバ、船舶修繕ノ爲メニ行ハレタル積荷ノ陸揚及ビ船内積返ハ運賃ニ分擔義務ヲ生スルモノト定メタリト説明シテ曰ク、）航海ニシテ廢止セラルヽ片ハ運賃ハ消失スルヲ以テ、若シ積荷ノ陸揚ガ單ニ船舶修繕ノ爲メニ要セラレタルトキハ運賃ヲシテ其陸揚及ビ積返ニ生ズル經費ヲ分擔セシムルモ敢テ理由ナキニ非ラズ、然ドモ此見解タルヤ唯ダ夫レ「ホール」對「ジヨンソン」事件ヲ決定スルニ餘リアリト雖圧、其推論上船舶及ビ積荷救助ノ爲メニアラズシテ唯ダ航海繼續ノ爲メニ要シタル經費ヲ積荷ニ分擔セシムベシトハ斷定スベカラザルナリ、故ニ其後ニ於ケル「ワルシユ」對「マブロジヤニー」事件ニテハ英國法ノ原理ハ再ビ説明ヲ下サレ、又タ「ハリソン」對「バンク、ヲブ、ヲーストラシヤ」事件ニ於テモ同樣ノ結論ヲ見タリ、然レドモ今マ茲ニ問題タルモノハ、單獨海損ヨリ生ズル避難港ノ諸經費ヲ共同海損トナスニ付テ嚴格ナル英法學説ヲ離レテ一種ノ原則ニ據ルベキヤ否ヤニ在リテ、其原告ノ要求スル論據ニ依レバ、此等ノ經費ハ凡テ連續セル一方法ノ部分ニ屬スルモノニシテ其全部ノ方法ハ船長ガ避難港進入ノ際既ニ豫期セル所ノモノナリトセリ、蓋シ船長ノ行爲ガ單ニ船舶ノ利益ヲ圖ル爲メニ發セシヤ、或ハ船舶及ビ積荷ノ共同保存ヲ圖ル爲メニ發セシヤヲ判斷スルニ付キテハ船長ノ意旨ナルモノハ甚ダ重大ノ關係アリト雖ドモ、唯ダ夫レ船長ノ意旨ヲ推測シ得ルノ故ヲ以テ、既ニ共同安全ヲ達シタル後チニ於テモ船長ガ當初計畫セル所ノ各事ハ凡テ猶ホ共同海損タルベシトハ推論スベカラザルナリ、何ントナレバ船長ガ共同保存ノ爲メニ要セル事物外ニ於テ有セル意旨ナルモノハ、共同海損ノ犧牲ヲ企圖シタルト共ニ猶ホ其他ニ於テ共同海損ニアラズ或ハ其直接結果ニアラザル事項ヲモ企圖シタルヿヲ示ス者ニシテ、故ニ避難港ニ於ケル船舶修繕ナルモノハ船長ガ當初ヨリ有セル意旨中ニ含入スベキモノナリト雖モ、之レ敢テ積荷ヲ救助スルガ爲メニアラズシテ唯ダ其運賃ヲ收入スルガ爲メニ行ヒタルモノト看做スベキナリ、是ニ依テ之ヲ觀レバ、余ガ前述セル二箇ノ審査標準ノ應用上此ノ如キ塲合ヲ以テ共同海損トシテ分擔ヲ許スベカラザルナリ、……　吾人ハ是レヨリ右ノ二箇ノ審査標準ヲ本件ノ塲合ニ付テ應用スルニ、本件ニ於テ船舶ノ避難港入港ヲ要セシメタル損害ハ單獨海損ニシテ、而シテ其第一ニ觀察スベキモノハ避難港入港ニ關スル經費ナリトス、然ルニ本件ノ塲合ノ如キ避難港入港ノ行爲ハ現今一汎ニ共同海損分擔トナスヲ承認スル所ナリト雖ドモ、之ヲ學說上ヨリ觀スルトキハ二種ノ見解ニ分ツヲ得ベクシテ、其第一種ノ見解ニ依レバ、此種ノ經費ハ明カニ一汎法律ノ除外規則ニ屬スルモノニシテ、即チ其避難港進入ハ犧牲ト稱スベキ共同海損行爲タラザルニ拘ラズ全ク公共ノ便宜ニ基キテ一汎ニ之ヲ分擔事項トシテ承認スルモノナリトセリ、次ニ其第二種ノ見解ニ依レバ、避難港進入ナルモノハ船舶及ビ積荷ノ共同安全ノ爲メニ危難ノ際ニ行フヲ以テ其常トスルガ故ニ、宜シク共同海損タル犧牲行爲トシテ處置スベシト主張スルモノニシテ、此第二ノ見解ハ第一見解ニ比スレバ遙ニ汎ク世上ニ採用セラルヽ所ナリ、而シテ余ハ本件ヲ裁定スルニ關シテハ被告カ辯論シタルガ如ク又タ此第二ノ見解ヲ以テ正確ナリト認ルモノナリ、次ニ吾人ハ是レヨリ避難港入港後ニ於ケル積荷ノ陸揚ニ付テ觀察スルニ、現今一汎ノ慣例トシテハ此場合ニ於ケル荷揚經費ハ悉ク共同海損トシテ處置スルモノニシテ、其船舶ノ修繕ガ共同海損行爲或ハ單獨海損ノ爲メニ要セラレタルヤヲ區別スルヿナシ、而シテ余ノ思惟スル所ニ依レバ、既ニ慣例ニシテ此ノ如ク一汎ニ認識採用セラレタル以上ハ敢テ其可否ヲ論議スルノ要ナシト雖ドモ、若シ各場合ニ付テ一々嚴格ニ學理上ヨリ其判決ヲ下サンドセバ此種ノ荷揚ノ如キモ亦タ宜シク余ガ前述セル二箇ノ審査標準ニ照シテ逐一其應用ヲ行フベクシテ、然ルトキハ其陸揚ガ船舶及ビ積荷ノ共同保存ノ必要ニ發シタルトキハ猶ホ「コーペンハーゲン」事件ニ關スル說明ノ如ク其荷揚行爲ハ共同海損犧牲タルベク、之ニ反シテ若シ此ノ如キ必要ニ發セザルトキハ其荷揚行爲ハ直接ニ共同海損犧牲タル能ハズト雖ドモ、槪シテ其以前ニ行ハレタル共同海損犧牲ノ直接結果ト看做シ得ベキヲ以テ從テ其荷揚經費モ亦タ分擔ニ屬スルヲ得ベシ、……或ル論者ノ主張スル所ニ依レバ、單獨海損ノ發生後ニ於テ船舶修繕ノ爲メニ行ハレタル荷揚ハ船舶及ビ積荷ノ共同安全ヲ圖ル行爲トシテ當然ニ處置スルヲ得ベシ、何ントナレバ此際其積荷ヲ陸揚セザレバ船舶及ビ積荷ハ閉鎖ノ情況ニ陷リテ如何ントモ處置スル能ハズシテ、其極航海ヲ廢止スルニ至ルベシトセリ、然レドモ若シ積荷ノ性質上ヨリ一二ノ場合ニ生スルガ如キ特別ノ事情ヲ觀察セズ、若シクバ其他類似ノ關係ニ於テ船舶及ビ積荷ノ保存ノ爲ニ荷揚ヲ必要トスル場合ヲ觀察セザル限リハ、單ニ荷揚ニ依テ船舶及ビ積荷ガ閉鎖ノ情況ヨリ救助セラレタルヲ以テ直ニ其荷揚行爲ヲ稱シテ犧牲行爲ト看做スガ如キ見解ハ余ノ採用セザル所ノモノナリ、蓋シ船舶ガ既ニ安全ノ位置ヲ達シタル片ハ船主タルモノハ運送契約上航海ヲ繼續スルカ、或ハ積荷ヲ陸揚スルニアラザレバ其積荷ヲ直ニ接續運送スベキハ當然ノ義務ニシテ、而シテ「プランマー」對「ウヰルドマン」事件ニ在テハ其船舶修繕ノ爲メニ要シタル積荷ノ陸揚ヲ共同海損トシテ看做シタリト雖モ、此事件ニ於ケル修繕ハ既ニ其以前ニ生ジタル犧牲ノ結果タルヲ以テ、其荷揚ヲ要シタル修繕モ亦タ共同海損トシテ看做シタルモノナリ、又タ「ホール」對「ジョンソン」事件ニ在テハ荷揚ヲ以テ共同海損ノ分擔ニ歸セントナシタルモノナレドモ、畢竟其爭點ハ之ヲ積荷ノ分擔トナサズシテ單ニ運賃ノ分擔トナサントシタルモノナリ、而シテ本件ハ此等以上ノ事件ニ異リテ、全ク一汎ノ認識ニ基キ且ツ普通ノ慣例ニ準據シテ荷揚經費ヲ共同海損分擔トシテ處置シタルモノニシテ、從テ本件ノ爭點ニ關スル法律ヲ諸他ノ事件ニ付キテ査定スルノ必要ナキナリ、……既ニ貨物ガ陸揚セラレタルトキハ船舶及ヒ積荷ニ對スル共同危險ハ凡テ其局ヲ終フルモノニシテ、本件ニ於テ當事者間ノ爭點タルモノハ全ク其積荷ノ陸揚後ニ嵩ル所ノ經費ニ關スルモノナリ、故ニ此等ノ經費ハ危險ノ存在後幷ニ犧牲ノ經過後ニ生シタルモノナルヲ以テ、之ヲ共同海損犧牲ト看做スハ甚ダ理由ナシト雖ドモ、若シ唯ダ其經費ハ既ニ其以前ニ於テ行ハレタル所ノ犧牲行爲ニ屬スル一部ノ損失タルヲ證スルニ足ルトキハ又タ共同海損トシテ分擔セラルヽモノナリ、而シテ本件ニ於ケル此等ノ經費ニ付キ吾人カ第一ニ判決スベキモノハ積荷ノ倉敷料ニシテ、之ヲ一汎ニ論ズルトキハ、積荷ノ倉入ナルモノハ全ク積荷ノ利益ニ歸スベヲ以テ其費用ハ當然ニ積荷ノ負擔タルヘシト雖トモ、或ル塲合ニ於テハ既ニ其以前ニ行ハレタル犧牲ノ爲メニ積荷ノ倉入ヲ要シ、即チ倉入モ亦タ犧牲ヨリ源因セラレタル損失中ニ屬スベキモノアリ、然レドモ本件ニ於テ其所謂以前ニ於ケル犧牲行爲ト看做スベキモノハ唯ダ避難港入港ノミニシテ、故ニ此塲合ニ於テ船舶ト積荷トノ關係上、其積荷ノ倉入カ如何ニシテ其避難港入港ノ爲メニ行ハレタルヤヲ看破スルコト甚ダ困難ナリ、而シテ被告ハ此經費ヲ全ク負擔スルノ義務ヲ承認シタリシカ、余ハ本件ノ倉敷料ヲ以テ積荷ノ負擔トナスノ外他ニ異ル理由ヲ發見スル能ハサルナリ、…………次ニ積荷ヲ船舶ニ積返シタル行爲ニ付テ觀察スルニ、積返ナルモノハ既ニ船舶及ヒ積荷ガ安全ヲ達シタル後ニ行ヒタル行爲ナルヲ以テ決シテ犧牲行爲ト稱スヘカラザルナリ、然バ則チ他ノ犧牲行爲ノ結果トシテ生シタルヤ、或ハ既ニ以前ニ行ハレタル犧牲行爲ノ損失ニ屬スル一部ナルヤヲ調査スルニ、例ハ船檣切斷ヨリ生セル損害修繕ノ爲メ避難港ニ入港シテ其修繕ノ必要ヨリ積荷ヲ陸揚シテ再ビ之ヲ船內ニ積返ス場合ニ於テハ、此種ノ經費ヲ以テ凡テ當初ノ犧牲ノ損失中ニ屬スル部分ト看做スベキハ是レ「アトウード」對「セラー」事件ノ判決ノ命ズル所ナリ、然ドモ本件ニ於テ其犧牲トシテ看做スベキ者ハ獨リ避難港ノ入港ノミナルヲ以テ、積荷ノ船內積返經費ハ到底其入港ノ爲メニ生シタル損失ノ一部トナスベカラス、是レ唯ダ船舶修繕ノ爲メ積荷ノ陸揚ト積返トヲナシタル船長ノ決意ヨリ生セル損失タルニ過キザルナリ、故ニ此ノ如キ場合ニ於ケル積荷ノ積返費用ハ原則トシテハ運賃ノ負擔ニ歸スベクシテ、若シ又タ船舶及ビ運賃ガ各ホ其所有者ヲ異ニスルトキハ其兩者ニ於テ負擔スヘキモノトス、……終ニ溢ミテ出港費用ヲ觀察スルニ、此經費ハ前數者ニ比スレハ其解釋遙ニ困難ナリ、蓋シ此種ノ經費ハ自ラ共同海損犧牲タル能ハズト雖ドモ其或ハ他ノ共同海損犧牲ヨリ源因シタルモノト看做スヲ得ザルヤハ疑ヲ存スル所ナリ、何ントナレバ船舶ニシテ既ニ一旦入港シタルトキハ再ビ出港スルノ要アリテ、而シテ其入港ハ直接ニ出港ノ源因タリトノ理由ヲ存スレバナリ、然ドモ若シ嚴格ニ學說ヲ應用スルトキハ、船舶ガ避難港ニ入港スルト雖ドモ單ニ臨時碇泊ヲナシタルノ外一事ヲ行ハザル場合ト、航海繼續ニ必要ナル損害修繕ノ爲メニ入港シタル場合トハ其間ニ自ラ差別アリテ、則チ前場合ニ在テハ其出港ハ入港ノ結果ナリト明言スルヲ得ベシト雖ドモ、後場合ニ在テハ其出港ノ近因ハ入港ニ在リト云フベカラザルナリ、何ントナレハ若シ其碇泊間ニ於テ必要ノ修繕ヲ成就セザルトキハ船舶ハ航海ヲ繼續スベカラスシテ、畢竟其出港ナルモノハ船長ガ港內碇泊中ニ於テ自已ノ義務上幷ニ船主ノ利益上ヨリ船舶ノ修繕、積荷ノ積返、幷ニ航海繼續ヲ決意シタルガ爲メニ出テタルモノナリ、故ニ余ハ本件ニ於ケル出港經費ヲ以テ運賃ノ負擔ニ屬スルモノト思惟ス云々』、

右ハ「ポーウエン」氏ノ判決宣告文ノ要部ヲ摘錄シタルモノニシテ、氏ハ此ノ如ク縷々陳述シタル後更ニ幾多ノ權原ヲ觀察シテ自家ノ見解ノ正當ナルヲ結論シタリ、

判事「バッガレー」氏ハ「ブレット」及ヒ「ポーウエン」兩氏ニ異ル意見ヲ主張セシガ、氏ハ「アトウード」對「セラー」事件ノ判決ヲ以テ正當ト認メ、本件モ亦タ全ク同一ノ方針ニ於テ判決ヲ下スベキモノナリト唱論セリ、今マ其所論ノ大要ニ依レバ、若シ修繕ノ爲メニ行ヒタル避難港ノ入港ニシテ果シテ共同利益ヲ圖リタル犧牲行爲タルコト明白ナルトキハ、其入港ノ素因ガ犧牲若シクハ偶然ノ事變タリシニ拘ラス、船舶修繕ノ爲メ

ニ要シタル荷揚經費ヲ首メトシ、積荷ノ倉敷料、積返費用、及ヒ船舶ノ出港手數料等ハ皆ナ各ホ多少ノ程度ニ於テ入港行爲ノ部分ニ屬シ或ハ其結果タルモノナトシテ曰ク、『船舶及ヒ積荷ノ安全ノ爲メニ避難港ニ入港スルハ何レノ塲合ニ於テモ犧牲行爲タルモノニシテ、從テ共同海損負擔ニ對スル要償權ヲ生ズルモノナリ、而シテ此犧牲行爲タル避難港入港ハ、甲ノ塲合ニ在テハ最初ノ犧牲行爲ノ繼續行爲ニ屬シ若シクハ其結果タルコトアリ、又タ乙ノ塲合ニ在テハ自ラ最初ノ犧牲行爲タルコトアルヘシト雖ドモ、其何レノ塲合タルニ拘ラズ其際蒙ル所ノ非常經費ノ近因ハ皆ナ避難港入港ニ在リ』トセリ、

以上ノ如ク此「スベンゼン」對「ワレース」事件ハ控訴院ニ於テ三判事ノ宣告スル所トナリシガ、其進デ上院ニ起訴セラルヽヤ、「ロールド、ブラックバルン」氏、「ロールド、ウヱストン」氏、及ヒ「ロールド、ヒッツヂェラルド」氏ノ判決スル所トナリテ、此三氏ハ共ニ控訴院ノ多數決裁判ヲ正當ナリト

認定セリ、仍テ左ニ「ロールド、ブラックバルン」氏ノ判決宣告ノ概要ヲ説述スヘシ、

「ブラックバルン」氏ハ其判決宣告ニ於テ先ヅ本件ノ事實ヲ記述シ、且ツ原被兩造ヲ首メトシ、各裁判所ノ判決ニ於テハ本件ノ積荷ノ荷揚ヲ以テ船舶修繕ノ必要ニ出デタルモノト認メタリト雖ドモ、證據書類ニ依テ事實ヲ調査スレハ其船舶「ヲラーフ、トリグバソン」號ノ荷揚ハ積荷ノ保存ヲ圖ルガ爲メニ行ハレタルコトヲ擧示シテ曰ク、『此事實ハ甚タ緊要ノ關係ヲ有スルモノニシテ、苟モ避難港ニ於ケル積荷ノ倉敷料及ヒ積返費用ヲ以テ常ニ共同海損經費トナスベキヤ否ヤニ關シテ法律ノ一汎規定ヲ知ル能ハザルトキハ、吾人ハ到底此事實ニ依テ決定ヲ下スノ要アリテ、然ルニ余ハ此經費ガ法律上共同海損タルヤ否ニ付テハ未タ確言スル能ハサルナリ、蓋シ何レノ國ニ於テモ立法行爲ニヨリテ右兩見解ノ中其一ヲ擇テ法律ト定ムルハ固ヨリ自由ナルヲ以テ、今マ

單ニ諸國ノ法典ノ條文ニ付テ判ズルトキハ、（但シ其法律ト慣習トヲ能ク參照シテ解釋セザルトキハ數バ誤謬ニ陷ルコトアリ、）諸外國ノ規定ガ互ニ反對スルモノナキヲ保シ難シ、然ドモ英國ニ在テハ未タ曾テ之ニ關スル立法規定ヲ存セズ』トシ、故ニ氏ハ本件ニ對シテハ恰モ猶ホ海損精算者ガ處置スルガ如ク、船舶ノ證據書類ヲ撿閱シテ其事實上ヨリ適宜ニ推定ヲ下シテ之ヲ處置判定スルノ權力アリト宣告シ、次テ「シモンド」對「ホワイト」事件ノ說明ヨリ訴訟問題外タル慣習問題ニ論及シテ「ウヰルソン」對「バンク、ヲフ、ビクトリヤ」事件ノ判決ニ暗示スル所ニ依レバ、或ル原則ヲ應用スベキコトヲ契約ノ暗默條件トナシタル習慣ハ契約ノ全部ヲ變更スルヲ得ベシト述ヘテ曰ク『余ノ考フル所ニ依レバ、苟モ此ノ如キ暗默條件タルヘキ習慣ノ存在ヲ證明スルニアラザレバ此ノ如キ結果ヲ生セザルベクシテ、本件ニ關スル習慣問題ハ本院ニ上告セラルヽニ至ラザリシト雖ドモ、其爭點ハ既ニ正當ノ判決ニ接シタルヿ余ノ疑ハザル所ナリ、然ドモ「アトウード」對「セラー」事件ニ於テ判事「マニスチー」氏ガ下シタル結末ノ見解ハ甚タ重視スベキ價値アリテ、即チ氏ノ所説ニ依レハ、英國精算者間ニ多年間繼續セル普通ノ習慣ハ世上一汎ニ其便宜ヲ認メタルモノニシテ、從テ或ル塲合ニ於テ原則ニ反スルヿアルモ猶ホ其慣例ノ止ムヲ得ザル事情ヲ示ストキハ、其慣例ヲ非難スル者ト雖ドモ其採用ヲ拒ムコト難シトセリ、是レ余ノ同意ヲ表スル所ナリ』トセリ、而シテ氏ハ本件ノ計算勘定ニ付テハ最モ精細ノ調査ヲ行ヒタリシガ、其計算項目ヲ觀察シテ摘示スル所ニヨレハ、本件ノ精算ニ於テハ前拂運賃額ノ分擔割合トシテ積返費用ノ一部ヲ傭船者ニ負擔セシメタルヲ以テ、被告ハ之ヲ自巳ノ分擔額トシテ裁判所ニ供托シタリト雖ドモ此金額ハ全ク過分ノモノナリトシテ曰ク、『若シ積返費用ノ四百五十磅ニシテ當然ニ運賃ノ負擔ニ屬スベキモノタルトキハ、被告ハ毫末モ之ヲ支拂フノ義務ナシ』トセリ、然ドモ被告ハ既ニ此ノ如ク過分ノ支拂ヲナシ、且ツ其金額ハ爭點タル所ノ出港水先料及ヒ港内諸手數料ノ全額ニ比スレハ遙ニ多量ナルヲ以テ、氏ハ被告ノ爲メニ此等ノ經費項目ノ支拂義務ヲ判決スルノ要ナシト論定シタリ、而シテ氏ハ是レヨリ漸ク上院ニ起訴セラレタル原則問題ノ爭點ニ進入セシガ、其判決ノ委細ヲ知ルガ爲メ左ニ宣告文ヲ記錄スヘシ、

『余ハ惟ラク、避難港ノ入港ニシテ其積荷ハ危險ニアラスト雖トモ單ニ船舶修繕ノ目的ニ發シタルニ當リテハ、抑モ如何ナル手段ニ出ヅルヲ以テ正當トナスヤハ論定ノ要ナキヲ信ズ、盖シ此ノ如キ塲合ハ稀ニ生ズルモノナリ、又タ船舶及ヒ積荷ハ既ニ避難港内ニ安全ニ存在シテ、其積荷ノ荷揚ハ全ク修繕ヲ速成スルノ目的ニ發シタルニ當リテモ、又タ如何ナル手段ヲ採ルヲ以テ至當トナスベキヤハ同ジク論定ノ要ナキヲ信ス、此ノ如キ塲合ハ前塲合ニ比スレバ常ニ生シ易キモノナリ、余ハ今マ二個ノ精算ヲ撿査シテ、而シテ前述セルガ如ク自ラ認定セル所ノ

權能ヲ以テ判スルトキハ、漏水船舶内ニ於ケル積荷ナルモノハ假令ヒ避難港内ニ在リト雖ドモ、其船舶ガ入渠ヲ爲シ得ベキ程度ニ於テ船躰ヲ輕クシタル迄ハ未ダ其積荷ヲ以テ安全ナルモノト稱スル能ハザルナリ、然バ則チ貨物ハ此ノ如キ事情ヨリ荷揚セラレテ、而シテ船舶修繕ノ終了後再ビ船内ニ積返サレタルトキハ抑モ其積返ノ經費ハ運賃ノ負擔トナスベキヤ否ヤ、余ハ其負擔トナスヘキヲ信ズルナリ、……判事「コツクバルン」氏ガ「アトウード」對「セラー」事件ニ付テ下シタル判決ノ結論ハ右ニ述ヘタル余ノ見解ニ反對スルモノニシテ、而シテ余ハ或ハ氏ノ判決理由ヲ充分ニ理解セサルヤヲ疑フモノナリト雖トモ、若シ余ニシテ之ヲ誤解セザルニ於テハ余ハ眞ニ氏ト意見ヲ異ニセリ、……蓋シ船主ト商人間ニ於ケル通常ノ契約ナルモノハ、貨物ヲ其到達港ニ運送シテ而シテ除外條件タル危險ノ妨害ナキ限リハ之ヲ其到達港ニテ引渡スヘキモノニシテ、且ツ此運送ハ概シテ當初契約セラレタル所ノ船舶ヲ以テ行フヘキモノナリ、故ニ若シ其船舶ガ航海ニ堪エザル損害ヲ蒙ルトキハ、船主ハ契約條欵ヲ履行スルガ爲メニ貨物ノ運送ニ適當スル程度ノ修繕ヲ施シ、且ツ一部ノ積荷ニシテ荷揚セラレタルトキハ再ヒ船内ニ積返スベキモノトス、………茲ニ「ロセツトー」對「ガーニー」事件ヲ參照スルニ、此事件ハヲデツサ積リバプール揚ノ穀物所有者ト其保險者間ニ起リシモノニシテ、原告タル積荷主ハ全損ノ要償ヲナシテ保險者ハ其金額ヲ裁判所ニ供托シタリ、而シテ其積荷ハ甚シキ損害ヲ蒙リテコーク港ニ陸揚セラレタリト雖トモ、巨額ノ費用ト充分ノ手當ヲ加ニタルヲ以テ幸ニ腐敗ノ極ニ至ラス、其コークニ於テ賣却セラレタル際ニハ積荷ノ大部分ハ猶ホ穀物タル原狀ヲ有セシニ拘ラズ、陪審官ノ審判ハ之ヲ以テ全損ト認メタリ、是ニ於テ被告ハ更ニ再度ノ審判ヲ請求スルガ爲メニ種々ナル理由ヲ申請シタリシガ、其一理由ニ依レハ、判事ガ陪審官ニ對シテ其避難港タルコークヨリ到達港タルリバプール迄他船ヲ以テ接續運送スベキ増加費用ニ付キテ何等ノ審査ヲ命セザルハ其處置ヲ誤ルモノトセリ、然ルニ裁判所ハ之ニ對シテ宣告シテ曰ク、「若シ航海ガ當初契約ノ船舶ニ依テ遂ケラレタルトキハ、是レ當初ノ運送契約ニ由ルモノニシテ運賃額ニ増加ヲ來スベキ理由ナシ、又タ當初契約ノ船舶ガ修繕不能ノ損害ヲ蒙リタルニ當リテ、其際船長ガ貨物ノ接續運送ヲ以テ自已ノ義務タルヤ、或ハ自由行爲タルヤヲ講究セズシテ直ニ他船ニテ運送スルトキハ、是レ明カニ船長ガ其運賃ノ全額ヲ收入センガ爲メニ接續シタルモノニシテ、從テ其積荷ノ引渡モ亦タ當初ノ運送契約ニ由テ生ズルモノナリ」トセリ、……本件ニ於テハ、船舶「ヲラーフ、トリグバゾン」號ノ損害ガ修繕不能タルヤ否ヤニ付テハ未ダ些少ノ論議ヲ生シタルコトナシ、然トモ其損害タルヤリバプールニ貨物ヲ運送スルニ足ルヘキ相當ノ修繕ヲ終ル迄ハ若干ノ時日ヲ延引シタルハ事實ニシテ、實際上其修繕ノ爲メニ六週間ヲ費シタリ、而シテ其際若シセントルイ港ニ於テ適當ノ他船アリテ、當初ランクリンニ於テ定メタル契約運賃ヨリ低廉ナル運賃ヲ以テ貨物ヲ到達港ニ接續運送セント欲スルモノアリシトキハ、其貨物ハ直ニ該船ニテ運送セラレテ遅滞ナク荷受人ニ引渡シ得ヘキヲ以テ、其接續運送ガ凡テノ者ニ對シテ利益ナルハ固ヨリ言ヲ待タザルナリ、彼ノ「シプトン」對「ソルトン」事件ハ恰モ此假想ノ塲合ニ符合スルモノニシテ、此事件ニ依レハ曾テ「ゼームス、スコット」號ナル船舶アリ、新嘉坡ヨリ龍動揚ノ貨物ヲ積入出帆シタルニ、避難ノ爲メバタビヤニ入港スルニ至レリ、故ニ積荷ヲ「マウンテニヤ」號及ビ「センストリス」號ナル二船ニ積移シ、龍動ニ回送シテ之ヲ「ゼームス、スコット」號ノ船主ニ引渡シタリ、然トモ其接續船ニ要シタル費用ニ至テハ、「ゼームス、スコット」號ノ運送ニ依テ收入スベキ運賃額ニ比スレバ遙ニ寡少ノ金額ヲ以テ了ルヲ得タリ、是レニ於テカ荷受人ハ其積荷ノ受取ニ對シテ當初「ゼームス、スコット」號ヨリ發行シタル船荷證券ヲ交付シタリト雖トモ、運賃ニ關シテハ此船荷證券面ニ於ケル新嘉坡龍動間ノ運賃額ヲ支拂フヘキコトヲ拒ミ、單ニ「マウンテニヤ」號及ヒ「セソストリス」號ノ船荷證券面ニ於ケルバタビヤ龍動間ノ契約運賃ノミヲ支拂ヒタルニ在リ、而シテ其裁判々決ニヨレバ、船長ハ接續運送ノ義務アルト否トニ拘ラズ之ヲ行フト否トハ船長ノ自由權ニ屬シ、其接續運送ヲナシタルヲ以テ此ニ運賃ノ全額ヲ收入シタルモノニシテ、船長ガ其運賃收入ノ爲メニ蒙リタル經費ハ共同海損ニアラスト宣告セシカ、余ハ此經費ヲ以テ運賃收入ノ爲メニ船主ガ支拂ヒタル所ノ單獨海損トナスモノナリ、故ニ余ハ信ズラク、若シ船長ガ接續運送ヲ行ハズシテ却テ當初契約シタル船主ノ修繕ヲ終ル迄積荷ヲ延引シ、然ル後チ其積荷ヲ再ヒ船內ニ積返ストキハ、其經費ハ共同海損ト稱スル能ハズシテ全ク運賃收入ノ爲メニ要スル所ノ單獨海損ナリト思惟ルスナリ、而シテ「コツクバルン」氏ノ所說ヲ觀ズルニ、凡テ船舶ガ航海不能トナリタル塲合ニ於テハ、其修繕ノ不能タルト否トニ拘ラズ當初ノ運送契約ハ當然ニ解除セラレ、法律上更ニ新契約ノ發生ヲ來スモノト思惟スルガ如シ、即チ此見解タルヤ以上ニ示セル「ロセット」對「ガーニー」事件及ヒ「シプトン」對「ソルトン」事件ノ二判決ニ對シテ全ク悖違スルモノニシテ、假リニ一歩ヲ讓リテ事實上氏ノ所説ノ如ク看做スモ、猶ホ其新契約ノ一條件トシテ接續費用或ハ船內積返費用ヲ以テ共同海損トナシタリト説クハ到底臆斷タルヲ免レサルナリ、…………又タ控訴院ニ於テ判事「セシッヤ」氏ガ下シタル判決ハ余ノ判決理由ト其立論ノ方面ヲ異ニスルモノニシテ、且ツ其宣告書ヲ熟讀スルモ余ハ其理由ノ何レニ在ルヤヲ發見スルコ難シ、今マ其「アトウード」對「セラー」事件ヲ觀ズルニ、其船舶ハ任意犧牲ニ因テ損害セラレ、其修繕ノ爲メ止ムヲ得スシテチャーレストンニ入港シタルハ明白ノ事實ナレトモ、其積荷ガ果シテ危險ニ存在セシヤ否ハ明瞭ヲ欠ケリ、而シテ其判決ニ參與シタル判事「バッガレー」氏ガ判決理由トシテ說明セシ所ニ依レバ、其避難港入港ハ船舶及ヒ積荷ノ安全ヲ圖ルノ必要ニ發シタリトナシ、且ツ氏ハ其必要ヲ生ゼシメタル源因ノ果シテ何タルヤハ追究スルノ要ナシト思惟シタルカ如シ、然トモ其首席判事タル「セシヂャー」氏ガ「バッガレー」氏ノ此見解ニ全ク同意ヲ表シタルヤハ頗ル疑フヘキ理由アリ、氏ハ曰ク、「共同海損分擔ニ關スル全法律ノ基礎タル原則ナルモノハ、積荷、船舶、及ビ運賃ノ利益ノ爲メニ行ハレタル犧牲ヨリ直接並ニ其結果トシテ蒙ル所ノ全損失ヲ以テ之ヲ凡テノ利害關係者ニ負擔セシムルニ在リ、而シテ被告ハ此原則ヲ一汎ノ法理トシテハ承認シ、且ツ之レガ本件ニ於ケル應用トシテハ、航海繼續ニ必要ナル修繕ノ爲メニ行ヒタル荷揚經費ヲ以テ共同海損分擔ト看做スコトモ亦タ其肯諾セシ所ナリ、然トモ被告ハ此種ノ經費ヨリ積荷ノ倉敷料、積返費用、出港諸手數料及ヒ出港水先料ヲ區別セントシ、其理由トスル所ニ依レハ、航海ノ共同危險ナルモノハ積荷ノ荷揚ヲ終ルト共ニ終止スルモノニシテ、從テ共同海損ハ共同危險ノ終止ト共ニ消滅スト主張セリ」トセシガ、是レ將ニ本件ニ於テ被告ガ論告シタル所ト全ク同一揆ナルモノナリ、次テ氏ハ又タ曰ク、「入港、荷揚、倉入及ヒ積返ハ其如何ナル場合タルニ拘ラス、共同ノ安全及ビ利益ノ爲メニ預想決行セラレタル行爲若シクバ方法ノ一部タルモノニシテ、當然ニ互ニ相繼續スルモノト看做スベシ」ト説キシガ、是レ亦タ本件ニ於テ被告ガ大ニ利用シタル所ノ見解ナリ、而シテ若シ此ニ判決スベキ本件ノ場合ガ果シテ此ノ如キ事情タルニ於テハ、余ハ其右ノ諸方法ハ當然ニ損害修繕經費ノ一部分トシテ看做シ得ザルヤヲ觀察スベクシテ、從テ「アトウード」對「セラー」事件ノ如ク、其損害ノ源因ガ凡テノ者ヲシテ修繕經費ヲ負擔セシムベキ場合タルニ於テハ凡テノ利害關係者ヲシテ之ヲ負擔セシメ、又タ本件ノ如ク、損害ノ原因ガ唯タ船舶ノミヲシテ修繕經費ヲ負擔セシムベキ場合タルニ於テハ船舶ノミヲシテ之ヲ負擔セシメントスルモノナリ、然トモ本件ノ事情ハ決シテ此ノ如キモノニアラザルヲ以テ、余ハ「セシヂヤー」氏ノ論ツタル方面ニ於テ觀察ヲ遂ゲザルナリ、………今ヤ吾人ハ本件ノ判決ヲ下サントシテ此ニ結論スルトキハ、本件ノ事情ニ於テハ積荷ノ積返費用等ハ共同海損トナスベカラズシテ、且ツ被告ハ過分ノ金額ヲ支拂ヒタルコトヲ斷定スレバ茲ニ足レリトス、而シテ二十磅ノ金額ハ船舶或ハ運賃ノ負擔トナシテ之ヲ共同海損トナスベカラサルヤハ觀察スルノ要ナシ、又タ出港經費ニ付テハ判事「ボーウエン」氏ハ解釋ノ最モ困難ナルモノナリト説明セシガ余モ亦タ其然ルヲ信ズルモノナリ、然レモ本件ニ於ケル此經費ハ甚ダ小額ニシテ、從テ假令ヒ之レガ判決ヲ下スモ原被兩造間ニ於ケル計算勘定ノ局面ヲ轉換セシムルニ足ラザルヲ以テ又タ之ヲ判決スルノ要ナキナリ、惟フニ何レノ塲合ニ於テモ此經費ハ實際上判決ノ必要ヲ感ズルガ如キ巨額ニ達スルハ甚ダ稀ナルガ故ニ、寧ロ

此ニ判決ヲ下サヽルヿトセリ云々』、

第五節　裁判判決ニ關スル結論

玆ニ前節ニ記載セル「スベンゼン」對「ワレース」事件ノ判決ノ結果ヲ概括スルニ、吾人ガ先ヅ第一ニ示スベキモノハ他ナシ、上院ニ於テハ其訴訟問題タル一二ノ事項ニ對シテ其判決ヲ困難ナリトシ、且ツ其金額ハ甚ダ寡少ニシテ被告ガ全ク別種ノ理由ニ於テ過分ニ支拂ヒタル金額ニ充タザルノ故ヲ以テ遂ニ未決ニ付シタルヿ之レナリ、然ドモ此事項ガ再ビ訴訟トシテ提起セラルヽハ恐クハ多年ノ後ニ在ルベキヲ以テ、吾人ガ此ニ講究ヲ要スベキモノ二アリ、即チ第一ニハ實務ノ目的上、精算者幷ニ其他精算ヲ作成セントスル者ハ法律上如何ナル處置ニ出ヅベキヤヲ觀察シ、第二ニハ將來類似ノ訴訟事件ヲ支配スベキ學說上ノ原則ニシテ、前掲セル諸判決中ヨリ採用セラルベキモノハ果シテ如何ナルモノナルヤヲ觀察スルニ在リ、右第一ノ問題ニ對シテ吾人ガ充分ナル解答トシテ看做スベキモノハ、實ニ損害精算者協會ニテ千八百八十六年度ノ集會ニ於テ可決シタル所ノモノナリ、左ニ示セル五ケ條ノ議決ハ即チ之レナリ、

（第一）、船舶ガ共同海損タル損害ヲ修繕スル目的ヲ以テ避難港ニ入港シ、而シテ後チ再ビ元來ノ積荷ノ全部或ハ一部ヲ以テ其港ヲ出帆シタルトキハ、入出港ニ關スル諸手數料、積荷ノ荷揚費用、倉敷料及ビ船內積返費用ハ凡テ共同海損トシテ處置スベシ、（「アトウード」對「セラー」事件參照）、

（第二）、船舶ガ單獨海損タル損害ヲ修繕スル目的ヲ以テ避難港ニ入港シタルトキハ、入港諸手數料ト船舶修繕ノ爲メニ行ヒタル積荷ノ荷揚費用ハ共同海損トナシ、積荷ノ倉敷料ハ積荷ノ單獨海損トナシ、又タ積荷ノ船內積返費用及ビ出港諸手數料ハ運賃ノ單獨海損トナスベシ、（「スベンゼン」對「ワレース」事件參照）、

(第三)、船舶及ビ積荷ノ共同安全ノ爲メニ行ヒタル荷揚ト、中間港或ハ避難港內ニ於テ航海繼續ニ必要スル修繕施行ノ爲メニ行ヒタル荷揚トハ慣例上區別ヲ設クルヿナシ、

(第四)、船舶若シクハ積荷ニ對スル共同海損タル損害ヲ修繕或ハ減少スルノ目的ヲ以テ積荷ヲ荷揚シタルトキハ、倉入及ビ積返ノ費用ハ荷揚費用ト共ニ共同海損トシテ處置スベシ、

(第五)、積荷ノ荷揚費用、倉敷料、及ビ船內積返費用ニシテ各ホ共同海損トシテ處置セラルヽトキハ、其荷揚、倉入及ビ積返ノ爲メニ必要ニ生シタル積荷ノ損害ハ又タ共同海損トシテ處置スベシ、

次ニ第二ノ問題ハ前掲セル諸判決中ヨリ生スベキ重要ノ結論ニ關係スルモノニシテ、決シテ輕々ニ論斷スベカラザル所ナリ、然氏余ハ敢テ以下ニ所信ヲ陳述スベシ、

前節ニ於テ記載シタル所ノ「ロイド」ノ習慣ハ、從來幾多ノ人ガ學說上ノ

原則ヨリ正當ニ之レガ解釋ヲ下サント欲シテ皆ナ其困難ヲ感ジタル所ナリシガ、然ルニ之レガ解答ヲ與ヘタルモノハ實ニ判事「ブレット」氏ヲ以テ其嚆矢トス、蓋シ此習慣ガ諸他ノ「ロイド」ノ習慣ノ理論ト一致セザルガ爲メ反對者ヨリ蒙リタル攻擊ハ决シテ些少ニアラズ、反對者ハ常ニ論難シテ曰ク、『船舶ガ偶然ノ事變ニ生ジタル損害ヲ修繕スルガ爲メニ避難港ニ入港シテ積荷ヲ荷揚シタルニ當リ、其荷揚ハ共同安全ノ爲メニアラズ、若シクハ其船舶或ハ積荷ノ安全ノ爲メニアラズシテ單ニ船舶修繕ノ爲メニ行ハレタリト雖モ、猶ホ此荷揚費用ヲ共同海損トシテ處置スルハ果シテ正當ナリトスベキヤ』トシ、又タ『若シ此處置ヲ正當ノモノトシテ辯護セントセバ、其論議ハ却テ諸他ノ「ロイド」ノ習慣ヲ批難スルノ結果ニ陷ルヿナキヤ』トナセトモ、惜カナ此論難ニ對シテハ未ダ曾テ有力ノ答辯ヲ與フルモノナキナリ、然ルニ「ブレット」氏ニ至テ始テ之レガ解答ニ接スルヲ得タリ、氏ノ解說スル所ニ依レバ、犧牲或ハ共同海損行爲ナルモノハ單ニ入港スルノミニ止ラズシテ修繕ノ爲メニ入港スルニ在リ、即チ之ヲ詳言セバ船舶ノ修繕ニ相當スル位置ヲ與ヘンガ爲メニ入港スルニ在リテ、故ニ積荷ノ陸場ナルモノハ修繕ノ爲メニ入港スル行爲ノ一部タルヲ以テ正當ニ共同海損トシテ處置スベシトセリ、而ソ余ノ信ズル所ニ依レバ、此見解ハ實ニ「ロイド」ノ習慣ヲ眞正ニ解答シタルモノミシテ、將來永久ニ之レガ辯護ノ理由タルヲ疑ハザルナリ、故ニ此ノ如キ塲合ニ於ケル荷揚經費ガ共同海損トシテ看做サルヽハ自ラ共同海損タル効績ヲ有スルガ爲ニメアラズ、全ク他ノ行爲ノ一部ニ屬スルガ爲メニシテ、更ニ精確ニ解説セバ、共同海損行爲ヨリ當然ニ隨發スル所ノ一部ノ經費ニシテ、而シテ此經費ヲ蒙ルベキ亠ハ其行爲ヲ决行スルノ際既ニ必ズ豫想セラレタルガ爲メナリ、次ニ以上ノ所説ハ果シテ正當ナリトスルモ更ニ進デ觀察スベキモノアリ、即チ彼ノ積荷ノ倉敷料及ビ積返費用ナルモノハ當初避難港入港ト必要ナル荷揚執行トヲ決定シタル際ヨリ既ニ又タ當然隨發スベキ經費トシテ豫想セラレタリト認ムベカラザルヤ否ヤ之レナリ、惟フニ避難港ノ出港經費ナルモノハ出港ノ豫想ヲ以テ入港セル當初ノ意旨ニ生ズル當然ノ結果タルヲ以テ宜シク共同海損タルベキガ如シト雖モ、此見解ニ對シテハ上院ヲ首メトシ其他ノ裁判所ニ於テモ明確ノ判決ヲ與ヘタルモノナシ、然ラバ則チ同一ノ論法ニ於テ、積荷ノ積返ナルモノハ船舶ノ修繕終了後ニ於テ之ヲ積返スノ意旨ヲ以テ必要ニ行ヒタル荷揚ノ當然結果ナリト看做スベカラザルカ、是レ豈ニ不當ノ極ト言ハザルベケンヤ、而シテ前述セルガ如ク、若シ積荷ノ荷揚ハ避難港ノ入港ト共ニ所謂ユル修繕ノ爲メニ入港シタル行爲ノ一部分タルヲ以テ、其荷揚費用及ビ入港經費ノ兩者ハ當然ニ共同海損ト看做スヲ得テ、且ツ「ブレット」氏ガ「ノッチングヒル」事件ニ於テ說明シタル如ク、私犯行爲若シクバ損害行爲タルニ拘ラズ、第三者ガ支拂フベキ行爲ノ結果ニ關スル範圍ハ、其要償セラレタル損害ガ其行爲ヨリ生ズル當然ノ結果タルヤ否ヤニ據テ判定スベキモノナルトキハ、積荷ノ積返及ビ船舶ノ出港ナルモノモ亦タ積荷ノ荷揚及ビ船舶ノ入港ト共ニ當然ニ同一方針ニ於テ處置スベキ理由アルガ如シ、然圧此等ノ斷定タルヤ單ニ余ノ私見ニ止マルモノニシテ、其未ダ裁判々決ニ由テ確定セラレザル限リハ、前掲セル諸判決ニ於テ認メテ以テ法律トナスモノニ依ルベキヿ言ヲ待タザルナリ、

第二部　原則ノ應用

第六節　混合性損害ノ場合

前述シタル如ク「アトウード」對「セラー」事件及ビ「スベンセン」對「ワレース」事件ノ二判決ハ避難港經費ノ處置ニ關シテ船舶ヲ修繕スベキ損害ガ共同海損タリ或ハ單獨海損タルニ從テ各ホ別異ノ處置方法ヲ定メタルヲ以テ、此ニ於テカ更ニ一ノ難問題ヲ生ジ來レリ、即チ船舶ノ損害ニ

シテ其一部ハ共同海損ニ屬シ、他ノ一部ハ單獨海損ニ屬シテ、其損害ノ性質混合セル場合ニ在テハ抑モ如何ナル方法ヲ以テ之ヲ處置スベキヤニ在リ、例バ船舶ガ幾多ノ損害ヲ蒙リテ避難港ニ入港シタルニ當リ、一部ノ損害ト他ノ部分ノ損害トハ各ホ性質ヲ異ニスルト雖モ、其船舶ノ航海ヲ不能タラシメタル源因ハ敢テ其一部ノ損害ノ爲メニアラズ、全ク兩部ノ損害ガ總合シテ生セシメタル場合ノ如キ之レナリ、蓋シ右ノ如キ場合ニ於テ決定ヲ要スベキ點ハ、其避難港入港ヲ決行セシメタル眞正ノ源因即チ所謂ユル源因ノ源因ハ偶然ノ事變ヨリ生セル損害ニ存スルカ、或ハ犧牲ニ由テ生セル損害ニ存スルカヲ觀察スベキキナリ、然レ共共同海損行爲或ハ犧牲ヲ生セシメタル源因ヲ分解セントシテ其共同海損行爲或ハ犧牲外ニ遡テ探究スルハ此問題ニ於テ始テ接スル所ニシテ、吾人ハ之レガ決定上未ダ裁判々決ノ材料ヲ有セザルナリ、例バ打荷ノ場合ニ於テハ單ニ其犧牲タルニ付テ觀察ヲ下スノミニシテ、其打荷ヲ要セシメタル漏水損處或ハ其他ノ類似ノ源因ガ船舶ノミヲ當初ニ損害シタル偶然ノ事變ヨリ生セシヤ、若シクバ船舶ヲ損害セズト雖モ船舶及ビ積荷ノ位置ヲ危險ナラシメタル暴風雨ヨリ生セシヤ等ニ關シテハ少シモ探究スルヿナキナリ、又タ此問題ヲ純粋ナル原則上ノ理由ヨリ觀察セントスルモ、共同海損ノ問題ヲ近接ノ原因ニ由テ決定セズシテ眞正ノ源因即チ源因ノ源因ニ由テ決定スベシトハ、輓今ニ至テ漸ク確定シタル所ナルヲ以テ其觀察上甚ダ困難ナルヲ覺ユルナリ、故ニ此ノ如キ混合牲ノ塲合ニ於テ其源因ノ源因タルモノヲ決定セントセバ、果シテ如何ナル規則ニ據ルベキヤハ現今猶ホ不明ニ屬スルノミナラス、裁判例ニ於テモ未ダ曾テ説明ヲ見ザル所ニシテ、況ヤ玆ニ結果ノ源因ヲ探究セシトシテ保險法ト同一規則ヲ採用スベカラザルヿハ吾人ノ確信スル所ナリ、果シテ然ラバ吾人ハ今マ玆ニ此種ノ混合牲損害ニシテ其最モ生シ易キ塲合ヲ示シテ之レガ判斷ヲ試ンニ、例バ當初船檣ヲ犧牲トシテ切斷シタルニ拘ラズ、船長ハ猶ホ依然トシテ航海ヲ繼續セシニ、其後チ第二ノ暴風雨ノ爲メニ船底ニ漏水損處ヲ生シタルヲ以テ此ニ船長ハ船舶ヲ避難港ニ入港セシメタリ、而メ船長ガ入港ヲ行ヒタルハ其漏水損處ノ生シタルガ爲メナルカ、或ハ船檣ヲ喪失セル船舶ニ漏水損處ヲ生シタルガ爲メナルヤニ拘ラズ、畢竟其兩損害ガ相合シテ船舶ノ航海ヲ不能タラシメタルニ出テタル片ハ抑モ如何ニ處置スルヲ以ヲ正當トスベキヤ、思フニ此ノ如キ塲合ニ於テハ、其近接ノ源因タルモノハ船檣ノ切斷ニアラズシテ漏水損處ノ發生ナルヲ以テ、此後者ハ宜シク入港ノ源因ナリト看做スベキナリ、然モ凡テノ塲合ニ於テ後ニ發生シタル損害ハ必ズ入港ヲ決行セシメタル眞正ノ源因ナリト斷言スベカラズシテ、從テ吾人ガ以上ニ述ベタル判斷ハ或ル塲合ニ於テハ應用スベキ限リニアラザルナリ、

第七節　安全ノ情境

本節ニ於テハ安全ノ情境ニ達シタルガ爲メ共同海損ヲ終止セシムル精確ノ限界ハ抑モ何ナルヤ、又タ其安全ノ情境ト看做スベキモノハ抑モ如何ナルモノナルヤヲ觀察スベシ、

抑モ船長タルモノハ假令ヒ安全ノ位置ヲ探求スルノ際ト雖モ其終局ノ目的タル航海ノ完終ヲ全ク等閑ニ付スルノ自由ナキモノニシテ、例バ船長ガ二箇ノ避難港ニ付キ其一ヲ撰擇スルニ當リ、單ニ其入港費用ヨリ觀スレバ第一港ハ第二港ニ比シテ遙ニ短距離ナルガ故ニ少額ノ費用ヲ要スルニ過キズト雖モ、更ニ修繕工事上ヨリ觀スレバ第二港ニ於テハ之ヲ行ヒ得ベキニ反シテ第一港ニ於テハ然ル能ハザルトキハ、此第二港ハ宜シク船長ノ撰擇スベキモノトス、故ニ若シ船長ニシテ此撰擇ヲ誤ルトキハ航路變更ノ過失ニ陷ルヲ保セザルナリ、是レ船長タルモノハ苟モ必要ナキ限リハ其航海ノ直航路ヲ走ルノ義務アリテ、若シ必要ノ際之ヲ變更スルト雖モ其目的タルヤ航海ヲ再ビ安全タラシムル

ノ外他ニ存スベカラザルナリ、即チ此直航路ノ變更ニ關シテ船長ノ有スル自由權ナルモノハ唯ダ全ク航海完終ニ要スル一方法トシテ承認セラルヽモノニシテ、其到達港ニ達スル航海ノ完終ニ付キテ、直航、迅速、及ビ安全ノ三條件ヲ最モ適當ニ連結スベキ方針ヲ執ルハ實ニ船長ノ義務ナリトス、此故ニ若シ船長ニシテ修繕ヲ行ヒ得ル港灣ニ進入シ得ルニ當リテ敢テ修繕不能ノ港灣ニ進入スルヿアラバ、是レ船長ハ其義務ヲ盡サヽルモノトス、

以上ノ理由ニ因リ此ニ一汎ノ規則ヲ示セバ、船長ガ共同海損ノ爲メニ船舶ヲ入港セシムベキ安全ノ塲所トハ即チ修繕ヲ施シ得ル所ノ最近港ヲ稱スルモノナリ、然レ𪜈此最近ナル辭句ハ單ニ其距離ノミニ關シテ意味スルニアラズ、却テ其船舶ノ實際ノ情態ヨリ修繕ニ最モ適當スル塲所ヲ一汎ニ意味スルモノニシテ、故ニ便宜ニシテ且ツ費用低廉ナル修繕港ハ、不便ニシヲ多額ノ經費ヲ要スル最近ノ修繕港ニ比スレバ

遙ニ優ルモノトス、

船舶ガ修繕ヲ行フベキ避難港ニ入港セントスルニ當リテ二次ノ段落ヲ要スル塲合アリ、例バ修繕港ニ達セントシテ船舶ヲ牽船スベキ滊船ヲ待ツガ爲メニ、風波ノ恐レナキ碇泊塲ニ暫時入津スルヲ要スルヿアリテ、此ノ如キ碇泊ハ其無難タルハ明白ナレモ之レ全ク一時ノ安全ヲ求メタルニ過キザルモノトシテ看做スベキナリ、而メ此種ノ碇泊塲タルヤ船長ハ唯ダ適當ナル修繕港ニ達スル一手段トナスノ外之レニ入航スルノ權ナク、從テ其入航ハ修繕港入港ナル一大行爲ニ屬スル一部ノ手段ト認ムベキモノナルヲ以テ、理論上幷ニ慣例上ニ於テモ共同海損ハ此種ノ碇泊塲ノ進入ニ由テ直ニ終止スルモノトナサズ、其碇泊塲ヨリ修繕港ニ牽船セラルヽ所ノ費用ハ共ニ共同海損トシテ處置スルモノナリ、

船舶ガ修繕ヲ行フベキ避難港ニ到着スルト雖モ船舶及ビ積荷ハ常ニ

直ニ安全トナルモノニアラズ、船舶ニシテ若シ漏水セバ其沈沒ヲ防グガ爲メニ喞筒ヲ以テ排水スルノ要アリ、而シテ此ノ如キ場合ニ於テハ、其積荷ガ猶ホ船内ニ存在スル間ハ其排水ノ爲メニ雇入レタル人夫ノ賃銀ヲ以テ當然ニ共同海損トシテ處置スベキモノナリ、

右ノ原則ヨリ推論スルトキハ、積荷ノ荷揚ニシテ、共同ノ危險ヲ避クルガ爲メニ行ハレ、或ハ船舶修繕ノ爲メニ行ハレ、或ハ唯ダ積荷ガ單獨ニ海水ノ浸潤スル所トナリ運送上乾燥ヲ要スルガ爲メニ行ハレタルニ拘ラズ、凡テ此種ノ場合ニ要シタル荷揚ナルモノハ、船舶及ビ積荷ヲシテ時日ヲ空費セシムル關係ヲ除去スルニ在ルヲ以テ、其荷揚經費ハ常ニ共同海損トシテ處置スベキモノナリ

第八節　積荷ノ荷揚

積荷ノ荷揚ニ就テハ上來既ニ充分ニ說敍シタル所ニシテ今ヤ其他ニ附記スベキモノナク、又タ共同安全ノ爲メニ行ハレタル場合ハ一ノ疑

問ヲ生ズルコトナシ、而シテ修繕ノ爲メニ避難港ニ入港シタル船舶ニシテ、若シ其積荷ヲ船内ニ存留セバ修繕ヲ行フ能ハザルヲ以テ茲ニ積荷ヲ荷揚シタルトキハ、此場合ニ於ケル荷揚經費ハ從來ヨリ慣例上常ニ共同海損トシテ處置セラルヽノミナラズ、輓今ニ於ケル前述二箇ノ裁判例ニ在テモ明白ニ之ヲ承認セリ、然ドモ此原則ヲ獨リ明晰ニ解釋セシハ「スベシゼン」對「ワレース」事件ニ於テ判事「ブレット」氏ガ論説シタル所ニシテ、即チ船舶ガ修繕ノ爲メニ要スル入港行爲ナルモノハ其修繕ヲ行ヒ得ベキ位置ニ達スル迄ハ未ダ完全セズトスルモノナリ、而シテ之ニ關シテハ吾人ハ既ニ説明ヲ盡シタルヲ以テ此ニ再ビ詳言セズ、

積荷ノ荷揚ナルモノハ、時トシテハ現在若シクバ將來ニ於ケル船舶及ビ積荷ノ共同危險ヲ避クルガ爲メニアラズ、或ハ船舶ヲ修繕シテ航海ノ繼續ヲ圖ルガ爲メニアラズシテ、唯ダ全部若シクバ一部ノ積荷ノ利益ノ爲メニ行ハルヽ場合アリ、例バ積荷ガ海水ニ潤濕スルトキハ其荷

造ヲ開披シテ之ヲ乾燥スルガ爲メニ陸揚ヲ要スルヿアリト雖圧、此荷揚經費ヲ以テ共同海損トナスベキヤ否ニ付テハ未ダ一定ノ慣例ナシ、而シテ一二ノ塲合ニ於テハ既ニ之ヲ共同海損トシテ處置シタルノミナラズ、判事「ブラックバルン」氏ノ如キハ「此種ノ處置ハ實際上ノ便宜ニ基ク一種ノ規則ニシテ敢テ改正スルノ要ナシ」ト辯護セリト雖圧、吾人ノ思惟スル所ニヨレバ、此ノ如キ塲合ニ在テハ其荷揚ト船內積返ノ費用ヲ首メトシ、荷造開披及ビ乾燥ノ爲メニ要シタル全費用ハ凡テ其積荷ノ負擔ニ歸スベキ單獨經費トシテ處置スルヲ以テ正當ナリト信ズルナリ、然圧其果シテ然ルヤ否ヤハ敢テ斷言セザル所ナリ、又タ或ル一說ニヨレバ、船主タルモノハ積荷ニ損害ヲ生シタル圧ハ其乾燥ニ付テ適當ノ注意ヲ與フルヲ要シ、其不注意ヨリ生ズル損害ニ對シテハ責任ヲ有スルヲ以テ、畢竟其荷揚ニ付テハ間接ノ利害關係アリテ、從テ其荷揚經費ニ對シテモ亦タ分擔セザルベカラズ、且ツ運賃收入上ノ關係ヨリ觀スルトキハ、積返經費ハ全ク運賃ノ負擔ニ歸スベキ單獨經費タルベシトセリ、思フニ此見解ハ又タ自ラ一種ノ理由ヲ有スルガ如シ、

第九節　運賃前拂ノ場合ニ於ケル積荷ノ船內積返費用

英國ニテ一時行ハレタル慣例ニ依レバ、積荷主ガ無條件ヲ以テ全部或ハ一部ノ運賃ヲ前拂シタルトキハ、積荷ヲ船內ニ積返シタル費用ヲ首メトシ、出港ニ要シタル水先料及ビ諸手數料ハ其場合ニ應ジテ之レガ全額或ハ割前額ヲ以テ其前拂運賃額即チ積荷主ノ負擔ニ歸スベキモノトセリ、而メ此ノ如ク此等ノ諸經費ヲ運賃ニ負擔セシムル所以ヲ尋ヌルニ、畢竟航海ノ完終セザルガ爲メニ運賃ヲ損失スベキモノハ又タ此等ノ經費ヲ負擔スベシトナセバナリ、

此慣例ニ對シテハ余ハ到底正當ノ理由ヲ發見スル能ハズシテ其全ク一種ノ誤想ニ胚胎シタルヲ信ズルナリ、然トモ此誤想ハ嘗テ「アリソン」對「ブリストル海上保險會社」事件ニ於テ、前拂運賃ハ如何ナル場合ニ在テ

モ運賃ト同樣ニ船主ノ危險ニ屬スベキモノナリト確定セラレタル以降ハ遂ニ其跡ヲ絶ツニ至レリ。而シテ此ニ問題タル諸經費ニシテ共同海損トシテ處置スベカラザルトキハ、之ヲ負擔スベキモノハ必ズ其積荷ヲ積返シテ航海繼續ノ義務ヲ有スル契約當事者タルベクシテ、此義務ハ實ニ船主ニ屬スルモノナリ、何ントナレバ船舶ガ航海ヲ完終スルヲ得ベクシテ且ツ其積荷ガ運送ニ堪能ナル限リハ、運送契約ノ履行ヲ以テ航海ノ事變ヨリ妨害ヲ受ケタルモノト稱スベカラズシテ、從テ船主ノ航海ヲ繼續スベキ義務ハ前拂運賃ヲ收納シタルガ爲メニ變更スベキ理由更ニナクレバナリ、是ニ依テ之ヲ觀レバ、前述セル昔時ノ慣例ノ排斥セラレタルハ實ニ當然ノ結果ナリト云フベシ、

第十節　積荷ノ船內積返費用ヲ共同海損トナスベキ場合

積荷ヲ船內ニ積返シタル費用ヲ以テ慣例上之ヲ共同海損ト看做スヿアリ、例バ船舶ガ坐礁シタルニ當リテ之ヲ浮揚スルガ爲メニ一部ノ積

荷ヲ艀船ニ積移シテ之ヲ船側ニ存在セシメ、其船舶ガ浮揚スルヤ否ヤ再ヒ之ヲ船內ニ積返ス塲合ノ如シ、然ルトキハ其艀船賃、積荷ノ積移、及ヒ積返ノ費用ハ當然ニ共同海損トシテ處置セラルヽモノニシテ、即チ此ノ如キ塲合ニ在テハ凡テノ手段ハ悉ク全軆ノ一大方法內ニ屬スルモノニシテ、其積荷ハ假令ヒ暫時間艀船內ニ積移サレタリト雖モ、之レ未ダ眞實ニ船舶ヨリ分離シタルモノニアラザルナリ、

第十一節　代用經費

本節ニ於テハ、避難港ニ於ケル一種ノ經費ニシテ慣例ニテ代用經費トシテ處置セラルヽ所ノモノヲ觀察スベシ、而シテ此經費ヲ處置スルニ付テハ、之レガ爲メニ利益ヲ受ケタル當事者ノ誰レナルヤヲ究ムルニアラズシテ、唯ダ其實際ニ採用セラレタル方法ニ代フルニ若シ多額ノ經費ヲ要スル他ノ方法ヲ行ヒタルニ於テハ、經費ハ果シテ如何ナル有樣ニ於テ負擔セラルベキヤヲ究ムルニ在ルモノナリ、

此種類ノ經費ニ關スル英國慣例ヲ述ブルニ當リ、先ヅ其慣例ガ法律上ニ有スル効力ノ程度及ビ範圍ヲ觀察スルハ極テ肝要ニシテ、此問題ニ就テハ裁判々決ハ以下ノ二大區別ヲナスヲ得ベシ、

（第一）、或ル方法ヲ採用シタルガ爲メニ保險者ヨリ賠償ヲ受クベキ經費ヲ蒙ルヿヲ免レタリト雖𪜈、其方法ハ被保險者ニ對シテ却テ更ニ巨大ノ損失若シクバ多額ノ費用ヲ要セシメタルニ反シ、保險者ハ此損失或ハ費用ニ關シテ無責任ナル場合ニ於テハ保險者ハ猶ホ賠償ノ義務ヲ免レザルモノトス、但シ其賠償額ハ此方法ヲ採用セザル場合ニ於テ保險者ガ當然ニ支拂フベキ金額ヲ以テ限度トス、

右ニ關スル判決例ハ「リー」對「ソーサアン保險會社」事件ニシテ、避難港ニ於テ積荷ヲ陸揚シタル後チ、運賃ノ保險者ノ承諾ヲ經ズシテ直ニ鐵道ヲ以テ之ヲ仕向地ニ送達シタル場合ノモノナリ、而シテ裁判所ハ事實ノ證明ニ依リテ其積荷ハ陸揚後再ビ船內ニ積返シテ其運送ヲ果シ得

タルヿヲ認メタリト雖モ、其判決トシテハ、運賃ノ保險者ニ於テ假令ヒ其鐵道ノ全運送賃ヲ支拂フ責任ナシト雖モ、猶ホ其積荷ノ船內積返費用ニ相當スル金額ヲ負擔スベシト宣告セリ、

(第二)、船長ハ啻ニ避難港ニ入港シ得ルノミナラズ、其港內ニ碇泊シテ經費ヲ支用スルノ權利アリト雖モ、此權利ハ嚴格ニ其場合ニ於タル必要ノ程度內ニ於テ行フベキモノニシテ、而シテ積荷ニ對シテハ運送ノ延引若シクバ經費ノ負擔ヲ努テ避クルト共ニ、凡テノモノニ對シテ安全ノ途ヲ圖ルベク、又タ避難港ニ於テ一部若シバ假設ノ修繕ヲ以テ猶ホ能ク船舶ヲシテ積荷ヲ到達港ニ運送セシムルニ足ルトキハ、決シテ完全ノ修繕ヲ施スベカラザルモノトス、故ニ今マ若シ避難港ニ於テ船長ガ二箇ノ方法ニ就テ其一ヲ採用スベキ場合アリト假定シ、其第一方法ニ依レバ、船舶ハ假令ヒ完全ニ修繕スルヲ得ルト雖モ碇泊ノ延引ハ共同海損タル巨額ノ經費ヲ要スルニ反シ、第二ノ方法

ニ依ル𬼀ハ、修繕ハ敢テ完全タルヲ得ズト雖𪜈全部ノ積荷ヲ以テ航海ヲ繼續スルヲ得テ、且ツ碇泊ヲ減少シ若シクハ經費ヲ節約シ得ルニ於テハ、船長ガ其際採用スベキ方法ハ必ズ此第二ノ方法タルベキナリ、然𪜈船長ハ假令ヒ此ノ如ク處置スルト雖𪜈、其多額ノ經費ヲ要スル所ノ方法ヲ採用セザルヲ以テ之ヲ自己ノ功績ト看做スノ權ナク、從テ積荷ニ對シテ其報酬ヲ請求スベカラザルモノニシテ、一二ノ精算者ハ此ノ如キ塲合ニ於テ代用經費ノ基礎ヲ以テ精算ヲ作成スルモノアリト雖𪜈、是レ固ヨリ誤謬タルヲ免レザルナリ、

右ハ「ウヰルソン」對「ビクトリヤ銀行」事件ノ判決ニテ確定セラレタルモノニシテ、此事件ニ依レバ曾テ船檣ヲ喪失シタル一船舶アリ、避難ノ爲メリヨ、デ、ジヤネロー港ニ入港セシガ、船內ニハ一箇ノ豫備推進器ヲ所藏シタリ、故ニ英國ニ歸航スルガ爲メニ此際右ノ推進器ヲ補用スル𬼀ハ完全ナル修繕ヲ行ヒ得ルト雖𪜈、然ル𬼀ハ其修繕ハ巨額ノ經費ヲ要

シテ、且ツ其大部分ハ共同海損ノ經費トナルベキニ反シ、若シ其終繕ヲ假設ニ止メ幷ニ多量ノ石炭ヲ積取ルドハ單ニ蒸滊力ノ作用ノミニ由テ歸航スルニ足レリ、而シテ此後者ハ凡テノ利害關係者ニ對シテハ固ヨリ最良ノ方法タルヲ以テ遂ニ之ヲ採用シテ英國ニ歸航セリ、是ニ於テカ船主ハ右ノ假修繕及ビ消費石炭ノ費用ヲ以テ代用經費トシテ處置センコトヲ要求シ、即チ此費用ハリヨ港ニテ完全ニ修繕セザル結果トシテ生セル所ノ共同海損ノ節約額ト船主ノ節約經費額トニ於テ各ホ其割合ニ應ジテ分擔スベキモノナリト主張セリ、然ドモ裁判所ハ此要求ニ對シテ判決ヲ下シ、(第一)、前記ノ如キ事情ニ於テ豫備推進器ヲ使用スルハ之レ運送契約ノ條項ニ基キテ其船舶ニ固有セル所ノ椎進力ヲ用ヒタルニ過キズ(第二)、船長ナルモノハ成ルベク經費ヲ要セザル所ノ方法ヲ採用スベキ義務アルヲ以テ、假令ヒ一層多額ノ經費ヲ要スル所ノ方法ヲ採用セザリシト雖ドモ、之ガ爲メニ賠償或ハ報酬ヲ要求スルノ權

ナシトセリ、今マ此判決ニ關スル判事「ブラツクバルン」氏ノ判決宣告ヲ摘錄スレバ左ノ如シ、

『或ハ曰ク、此ノ如キ場合ニ當リテ若シ船長ガリヨ港ニ於テ其積荷タル金塊ヲ陸揚倉入シタル𪜊ハ船主ハ其經費ノ一部ヲ以テ積荷主ノ負擔ニ歸スルヲ得ベシトナセドモ、余ハ敢テ此見解ニ贊同スルモノニアラズ、畢竟船長ガ此ノ如ク假修繕ト石炭ノ積入トニ由リテ遙ニ少額ナル經費ヲ以テ船舶及ビ積荷ヲ安全ニ歸航セシメタルハ是レ船長ガ斯ル情境ニ於テ當然ニ行フベキ義務ノ範圍タルモノナリ、而シテ吾人ハ此ニ訴訟トシテ生セザル問題ヲ決定スルノ要ナシト雖𪜈、一說ニ依レバ、假令ヒ船長ハ此ノ如キ手段ヲ行ハザリシト雖𪜈船主ハ積荷主ニ對シテ責任ナシトスルモノアリ、然𪜈之レ吾人ノ判決趣旨ニアラザルナリ、……然𪜈之ト共ニ吾人ハ思ラク、既ニ實際ニ支用セラレタル經費ノ分配ハ實際ニ生シタル事實ニ準據スベキモノナリト雖𪜈、之レガ分配

上別種ノ手段ヲ行ヒタル場合ニ生ズベキ事實ヲ假想シテ之ニ準據セシセル如キ原則ハ未ダ曾テ見ザル所ニシテ、況ヤ本件ニ於テハ船主ハ其主張スル所ノ原則ヲ辯護スルニ足ルベキ裁判例若シクハ權原ヲ引用セザルノミナラズ、吾人ハ其引用スベキモノ全クナキヲ覺ユルナリ、而〆特ニ或ル種類ノ運送ニ於テ此ノ如キ原則ヲ行フヲ以テ便宜ナリトシ、乃チ之レガ習慣ヲ創設セントシテ默約上其原則ノ適用ヲ契約ノ一條項トナスカ、或ハ傭船契約ノ當事者ガ此原則ニ據ルベキ旨ヲ合意シテ、且ツ之ヲ船荷證券及ビ保險證券ノ契約條件トナシタルトキハ自ラ是レ別種ノ場合ナリト雖モ、吾人ノ考フル所ニ依レバ本件ニ於テ船主ノ主張スル原則ハ法律上辯護スベカラザルモノナリ」

以上ノ如ク「リード」對「ソーサアン保險會社」事件及ビ「ウヰルソン」對「ビクトリヤ銀行」事件ノ二判決ヲ總合シテ之ヲ觀察スルトキハ、代用經費ト稱スル精算方法ノ制限區域ヲ諒知スルヲ得ベクシテ、即チ「ウヰルソン」對「ビクトリヤ銀行」事件ノ判決ヲ要約セバ、苟モ精算ニ於テ代用經費ナル方法ヲ採用セントセバ必ズヤ或ル一行爲ノ執行セラレタルヲ要シ、而シテ其行爲ハ船主ノ負擔スベキ損失或ハ經費ヲ含有スルト共ニ共同海損ニ屬スル經費ヲ減少セシムルノミナラズ、併テ運送契約ニ於ケル船主ノ義務ニ超過スルモノタルベシト說明シ、又タ「リー」對「ソーサアン保險會社」事件ノ判決ニ依レバ、其執行セラレタル方法ガ運送契約ニ於ケル船主ノ義務ニ超過シ且ツ船主ノ負擔スベキ損失或ハ經費ヲ含有セルノ方法ヲ實際ニ採用シテ、而シテ此方法ヲ行ヒタルガ爲メニ共同海損タルベキ經費ヲ節約シタル場合ニ於テハ、假令ヒ一方ニ在テハ其實際ニ支用シタル經費ハ當然ニ共同海損ト稱スベカラズ、又タ他方ニ在テハ之ニ代替シテ共同海損タルベキ經費ヲ未ダ實際ニ支用シタルヿナシト雖ドモ積荷ハ到底其責任ヲ免ルベカラズト決定セリ。而シテ此ノ如キ場合ニ於テ其積荷ガ負擔スベキ責任ノ範圍ニ就テハ未ダ一定ノ裁判例ナシト雖ドモ、之ヲ「ウヰルソン」對「ビクトリヤ銀行」事件ノ判決ニ徴スルトキハ、習慣ニ從テ處置スルヿヲ得ベキモノヽ如シ、

吾人ハ是レヨリ更ニ進デ此代用經費ノ處置ニ關スル精算方法ハ從來慣例上ニ於テ幾許ノ範圍迄執行セラレ、且ツ現今ニ於ケル其範圍ノ如何ヲ觀察スルニ、太凡ソ以下ニ示ス所ノ六箇ノ塲合タルガ如シ、

(第一)、古來ヨリ習慣トシテ明白ニ確定セル一塲合アリ、即チ避難港ニ於テ積荷ノ倉庫船トシテ艀船或ハ廢船ヲ傭用スル塲合ニ關スルモノナリ、蓋シ積荷ノ荷揚ヲ要スルニ際シテ之ヲ艀船積ノ儘ニ存在セシムルトキハ、之ヲ陸上ニ送達シテ倉庫内ニ蓄藏スルニ比シテ遙ニ少額ノ費用ヲ以テ目的ヲ達シ得ルヿ稀レナリトセズ、例バ其艀船ノ傭用費ヲ以テ單ニ倉敷料ノミニ比シ、若シクバ積荷ヲ陸上ニ送達スル費用ノミニ比スレバ多額ハ、經費ナリト雖ドモ、若シ此兩者ノ合計額ニ比スルトキハ遙ニ小額タル塲合ノ如シ、此ニ於テカ此艀船或ハ廢船ノ傭用賃ヲ共

同海損トシテ船舶積荷及ビ運賃ノ三者間ニ分配スルノ習慣ヲ生ジ、而シテ其分配率ヲ定ムル標準トシテハ、積荷ヲ陸揚倉入シタル塲合ニ於テ右ノ三者ガ陸揚費、倉敷料及ビ積返費ニ對シテ各ホ支拂ヲナスベキ割合ニ據ラシムルモノトセリ、

此習慣ハ代用經費トシテ正當ノ處置タルハ明白ナリトス、然ルニ、後世ニ至リ種々ナル塲合ニ應用セラレ、遂ニ前述セル適法ノ範圍外ニ執行セラル、コアルニ至レリ、例バ倉庫ノ存在セザル港内ニ於テ積荷ヲ荷揚セントセバ必ズヤ其唯一ノ方法トシテ艀船又ハ廢船内ニ之ヲ蓄藏スベキ要アルニ拘ラズ、猶ホ其艀船ノ傭用費ヲ分配スルニ以上ト同一ノ規則ヲ採用シタル塲合ノ如シ、故ニ此ノ如キ分配比例ノ基礎ハ全ク想像ニ發シタルモノト謂フベキナリ、

(第二)、例バ石炭等ノ如キ容積ノ大量ナルニ比シテ價値ノ小額ナル積荷ヲ避難港ニ於テ荷揚セントスルニ際シテハ、其經費ヲ節約スルガ爲メ

ニ船長ト積荷主トノ協議ヲ以テ積荷ヲ直ニ船側ヨリ賣却シテ、而シテ船舶ノ修繕結了後ニ至テ之ニ相當スル同種ノ積荷ヲ新ニ買入ルヽコトアリ、此ノ如キ場合ニ在テハ其賣却價格ト買入價格間ニ生ズル差額ノ損失ハ此方法ノ採用ヨリ節約シタル所ノ荷揚經費ニ對スル代用經費トシテ處置セラルヽモノニシテ、而シテ此代用經費ノ分配ハ其荷揚經費ヲ負擔スベキ比例ニ準據スベキモノトス、惟フニ此處置ハ全ク適法ノモノタルガ如シ、

(第三)、又タ或ル場合ニ於テハ積荷ノ陸揚費用及ビ船內積返費用ヲ節約スルガ爲メニ、船長ハ積荷主ノ承諾ヲ經タルノ後チ他船ヲ傭入レテ船側ヨリ積荷ヲ積•移シ、以テ直ニ之ヲ到達港ニ運送スルヿアリ、然ルニ若シ之レガ結果トシテ船長ハ自已ノ船舶ニハ之ニ代ルベキ低廉ナル運賃ノ積荷ヲ運送スベキ場合ニ至リタルトキハ、其運賃ノ差額トシテ生セル損失ハ傭船費用ト共ニ代用經費ヲ搆成スルモノニシテ、即チ此ノ

如キ方法ニ依テ節約シタル所ノ陸揚及ビ積返ノ費用ニ代用セラレタルモノナリ、而シテ此代用經費ガ其節約シタル經費ヨリ大ナルトキハ其差額ハ固ヨリ船長ニ於テ負擔スベキモノナリト雖ドモ、其節約シタル經費額ノ限度ニ於テハ啻ニ慣例上ノミナラズ、理論上ニ在テモ恰モ猶ホ實際ニ陸揚經費ヲ要シタル塲合ノ如ク船長ハ之ヲ要償スルノ權アリテ、此權利ハ實ニ「リー」對「ソーサアン保險會社」事件ノ判決ニ於テ確認シタル所ノモノナリ、

(第四)、次ニ代用經費ノ生ズル塲合ハ避難港ニ於ケル修繕ノ撰擇ニ關スルモノニシテ、例バ其船舶ニ修繕ヲ加ヘザルトキハ假令ヒ全部ノ積荷ヲ搭載シテ航海スルヿ能ハズト雖ドモ、猶ホ一部ノ積荷ヲ以テ喫水ヲ淺クシテ航海ヲ遂ゲ得ル塲合ノ如キ之レナリ、即チ此際ニ於テハ全部ノ積荷ヲ運送シ得ルガ爲メニ其全部ヲ陸揚シテ以テ船舶ヲ完全ニ修繕スベキヤ、或ハ之ニ反シテ一部ノ積荷ハ他船ヲ以テ接續發送シ、避難

船舶ハ更ニ修繕ヲ加ヱズ若シクバ其修繕ヲ一部ニ限リテ殘餘ノ積荷ノミニテ航海ヲ繼續スベキヤヲ定ムルノ要アルモノナリ、然ドモ此場合ニ關スル習慣ハ現今未ダ確定セザル所ニシテ、且ツ以下ニ記載スベキ第六場合ト其基礎ヲ同一ニスルヲ以テ玆ニハ詳細ノ論議ヲ省略スベシ、

(第五)、又タ或ル場合ニ於テハ避難港ニ於テ完全ナル修繕ヲ行ハントセバ積荷ヲ荷揚スルノ必要アルヲ以テ、船長ハ唯ダ假修繕ヲ行フニ止メテ其荷揚費ヲ節約スルヿアリ、然ルニ此修繕タルヤ其積荷ヲ以テ航海ヲナスニ堪能ナリト雖𪜈船舶ニ對シテ更ニ永用ノ價値ヲ有セザルモノタルトキハ、抑モ此假修繕ノ費用ハ之ヲ代用經費トシテ處置シ、其全額或ハ一部ヲ以テ共同海損ノ負擔トナスヲ得ベキヤ、

此場合ハ古昔ヨリ議論ノ存在セル問題ニシテ、羅馬法ニ於テハ明白ニ其共同海損タルヲ非認セリ、然ルニ前記「ウヰルソン」對「ビクトリヤ銀行」

事件ノ判決以前ニ在テハ此ノ如キ要償ヲ是認スルノ傾向アリシト雖䏻、既ニ現今ニ至テハ右ノ判決ヲ以テ此問題ニ對スル最終ノ斷案ト認メザルベカラズ、今マ其判決趣旨ニ依レバ、此ノ如キ塲合ニ在テハ一者ヲ以テ他者ニ代フルガ如キ撰擇ノ要ヲ生ゼザルモノニシテ、即チ船舶ガ積荷ヲ以テ航海ヲ繼續スルニ付キ、經費ノ低廉ナル方法ヲ採用セバ敢テ他人ノ協力ヲ要セザル塲合タルニ於テハ船長ハ此際多額ノ費用ヲ要スル方法ヲ採用スベキ權ナシト決定セリ、

次ニ右ノ塲合ニ於テ其目的ノ爲メニ船舶ヲシテ航海ニ堪能タラシメントセバ、時トシテハ船主ノ運送契約義務ニアラザル行爲ヲ要スルヿアリ、例ハ喞筒使用ノ爲メニ臨時人夫ノ雇入ヲ要スル塲合ノ如シ、然䏻此ノ如キ附隨ノ補助費ハ宜シク代用。經費若シクハ共同海損トシテ處置セザルベカラズ、

(第六)、玆ニ説明セントスル塲合ハ吾人ガ常時見聞スル所ニシテ、實用上

大ニ研究ノ必要アルモノナリ、例バ避難港ニ入港シタル船舶アリテ、其港內ニ於テ完全ノ修繕ヲ施スニアラザレバ再ビ出帆スルコト能ハズト雖モ、若シ滊船ニ依テ牽船セラルヽトキハ該港ヨリ到達港ニ安着シ得ル塲合ニ當リテ玆ニ其牽船方法ヲ採用セバ、抑モ其牽船料ハ何人ノ負擔ニ歸スベキモノナルヤニ在リ、而シテ吾人ハ此塲合ニ於ケル假定條件トシテハ、右ノ牽船料ヲ以テ避難港ニテ節約シタル積荷ノ荷揚費用及ビ其他ノ共同海損經費ノ合計額ニ比シ、若シクバ避難港ニテ修繕ヲ行ハザリシ爲メニ船主ガ節約シタル經費ノ差額ニ比スレバ遙ニ大ナリト雖トモ、若シ此等ノ凡テノ節約總計額ニ比スレバ小額タルモノトシテ觀察ヲ下サント欲ス、

案ズルニ此塲合ニ於ケル牽船料ハ代用經費タル精算方法ニ屬スベキハ固ヨリ疑ヲ容レズト雖モ、抑モ其牽船料ノ全額ヲ共同海損トシテ處置スベキヤ、然ルトキハ積荷主ハ之ニ反對シテ寧ロ避難港ニテ船舶ノ修

繕セラレタルヲ希望シ、苟モ船長ガ修繕ノ目的ヲ以テ一旦入港シタル以上ハ單ニ自己ノ決意ヨリ必要ナクシテ其目的ヲ變更スルノ權利ヲ有セズ、故ニ此ノ如キ塲合ニ於テハ船舶ハ既ニ安全ニシテ牽船セラルヽノ要ナク、即チ其牽船料ハ共同安全ノ爲メニ必要ナル經費タルヲ得ズト抗辯スルニ至ルベキナリ、然バ則チ船主ヲシテ其牽船料ノ全額ヲ負擔セシムベキヤ、船主モ亦タ之ヲ拒絕スルハ固ヨリ其所ニシテ、即チ其修繕ニ代フルニ牽船ヲ用ヒテ當初ノ計畫ヲ變更シタルハ全躰ニ於テ其處置ノ宜シキヲ得タルモノニシテ、且ツ總躰ノ經費ハ之レガ爲メニ大ニ減少セリト抗論スベキナリ、

以上ノ如ク積荷主及ビ船主ノ主張スル所ハ各ホ其理由ヲ有スルモノナリト雖ドモ、此際吾人ガ其牽船料ノ分配ニ付テ最モ公平ナル基礎トシテ信スルモノハ他ナシ、即チ此塲合ニ於クル各利害關係者ハ避難港ニ於テ荷揚及ビ修繕ヲ行フ代リニ牽船方法ヲ採用シタルガ爲メ各ホ經

費ヲ節約セルヲ以テ其節約額ノ比例ニ準シテ牽船料ヲ分配負擔スルニ若クハナキナリ、然モ此分配方法ヲシテ適法ノ効力ヲ有セシメントセハ必ズヤ其習慣タルヲ證明スヘキ要アルモノニシテ、而シテ吾人ノ思惟スル所ニ依レハ、此ノ如キ習慣ハ現ニ其形式ヲ作成スルノ途ニ在ルカ如シ、何ントナレハ之ヲ一汎ノ意嚮ニ徵スルニ、此種ノ塲合ニ於テ牽船使用ヨリ得ル所ノ利益ハ何人モ認ムル所ニシテ、例ハ保險者カ其牽船傭入前ニ當リテ之レカ協議ニ接スル片ハ、常ニ直ニ其方法ノ採用ニ賛同シテ其經費ニ對スル公平ノ割前額支拂ヲ承諾スルカ如キハ當ニ之ヲ證スルニ足ルモノナリ、故ニ若シ其各塲合ニ於テ一々此種ノ協議ヲ當事者間ニ要スヘキモノトセハ其煩雜不便タル固ヨリ言ヲ待タズシテ、是レ此不便ヲ避クル爲メニ今ヤ公衆間ニ於テ既ニ一汎ニ認識スル所ノ意思ヲ生シ來リシ所以ナリ、思フニ此意思ハ漸次ニシテ習慣タル効力ヲ享有シ、遂ニ避難港ヨリ航海不能ノ船舶ヲ牽船スル費用ハ上記ノ基礎ニ於テ分配負擔スベキモノト確定スルニ至ルベキナリ、而シテ吾人ハ千八百七十七年及ビ同七十八年ニ於テ海損精算者協會ガ議定シタル慣例ノ規則ヲ觀ズルトキハ、或ハ其既ニ習慣トシテ實際ニ存在セザルヤノ疑ナキ能ハザルナリ、

第十二節　船舶ガ避難港ニ於テ修繕不能ノ斷定ヲ受ケタル結果

避難港ノ經費ニ關シテ吾人ガ前節迄說明セルモノハ船舶ガ航海ヲ繼續シ得タル場合ノモノナリト雖モ、茲ニ本節ニ論セントスル經費ハ、船舶ガ避難港ニ於テ修繕ノ價値ナキモノトシテ斷定ヲ受ケタル場合ニ要シタル所ノモノナリ、

英國法ニ從ヘバ、船舶ガ海難ヨリ損害ヲ蒙リタル場合ニ於テ、假令ヒ之ヲ修繕スルヿヲ得ルト雖モ若シ修繕後ノ船價ト其收入スベキ運賃トノ合計價値ニシテ其修繕經費ヨリ小ナルトキハ、船主ハ其船舶ヲ修繕ス

ベキ義務ナキモノトス、是レ此ノ如キ場合ニ於テハ、船主ガ積荷ヲ到達港ニ送セントシタル計畫ハ船荷證券ノ除外條件タル航海事變ノ爲メニ停止シタルモノナレバナリ、
今マ右ノ如ク船舶ガ適法ニ修繕不能ノ斷定ヲ受ケタル場合ニ於テハ、英國船主ノ位置如何ヲ觀察スルニ法律上船主ハ猶ホ當初ノ運送契約ニ於ケル運送者トシテ他船ヲ傭入レテ其積荷ヲ到達港ニ發送スルノ特權ヲ有スルモノニシテ、若シ此特權ヲ行フ片ハ船主ハ此第二船ノ傭船料ヲ支拂ヒ、而シテ積荷主ニ對シテハ猶ホ恰モ自己ノ所有船ヲ以テ積荷ヲ運送シタル如ク依然トシテ當初ノ契約運賃ヲ受取ルヲ得ヘシ、然𪜈之ニ反シテ若シ船主ガ損益ノ比較計算ヨリ其積荷ノ接續發送ヲ行フコヲ欲セザル片ハ、船主ノ運送者タル義務ハ此ニ終止スルモノニシテ、即チ船主ハ運送者タル資格ニ於テ自己ノ經費ヲ以テ第二船ヲ傭入ルヽノ義務ナキナリ、但シ此後場合ニ於テハ船長タルモノハ積荷ノ

保管者若シクバ積荷主ノ代理人タル義務ニ因リテ時トシテ其積荷ノ接續發送ヲ行フベキ責任アルヿアリ、例ハ避難港ニ於テ積荷主ト通信交渉ノ途ナクシテ、而シテ積荷保存ノ必要上若シクバ積荷ノ利害上明カニ其接續發送ヲ要スル場合ノ如シ、然ドモ此ノ如キ場合ニ於ケル接續發送ハ船長ガ積荷ノ爲メニ代理人トシテ行ヒタル所ナルヲ以テ、其接續運賃ト積荷ノ船移經費ハ共ニ積荷ノ負擔ニ歸スベキモノニシテ、而シテ若シ此接續發送費ガ當初ノ契約運賃ヨリ少キドハ船主ハ全ク之ヲ負擔スル代リニ其運賃ヲ收入スルヲ得ヘク、之ニ反シテ其運賃ヨリ大ナルドハ全ク積荷主ノ負擔トナリテ從テ船主ハ其契約運賃ヲ收入スベカラザルナリ、然ドモ此關係ハ畢竟船長ガ積荷主ト明白ナル協議ヲ經ズシテ其積荷ヲ接續發送シタル場合ヲ假想シテ之レカ論斷ヲ下シタルモノナリ、

英國法ニ依レバ、以上ノ如キ場合ニ於テハ船主ノ船舶ハ既ニ實際ニ航

海ノ幾部分ヲ果シタルモノナリト雖𪜈、之ニ對スル報償トシテハ船主ハ些少ノ運賃ヲモ收入スル權ナキモノトス、是レ諸他ノ海上國ノ法律ニ於テ運送契約面ノ航海距離ニ對シテ既ニ實際ニ航海シタル距離ニ比例スヘキ運賃ノ收入ヲ認許スルモノト原則ヲ異ニスル所ナリ、即チ英國法ニテハ其當初ノ契約船舶若シクハ適法ナル代船タルニ拘ラズ、荷モ運送契約ヲ完全ニ履行セサル限リハ船主ハ決シテ運賃ヲ收入スベカラザルモノトス、然𪜈若シ一部ノ運賃ガ既ニ無條件ニテ前拂セラレタル塲合ニ於テハ、其積荷ノ接續發送費ニ對スル負擔者ノ誰ナルヤハ未拂運賃額ト接續發送費ノ多寡ニ關係シテ定マルモノニシテ、即チ船主ガ接續發送ニ由テ利益ヲ占ムベキ時ハ船主ノ費用ヲ以テ接續船ヲ發送スベク、之ニ反スル時ハ積荷ハ積荷主ノ費用ヲ以テ發送セラレテ、未拂運賃額ハ船主ノ損失ニ歸スルモノトス、

以上ニ説明セル所ハ英國船籍ニ屬スル船舶ノ規則ヲ述ベタルモノニ

シテ其諸外國ノ船舶ニ就テハ固ヨリ其本國法ノ支配ヲ受クベキ1固ヨリ言ヲ待タザルナリ、

船舶ガ損害ヲ蒙リテ中間港ニ入港シタル塲合ニ於テ、船長ガ船舶ヲ修繕シ或ハ積荷ヲ接續發送スベキ義務ノ範圍ト、幷ニ其修繕或ハ接續ヲ執行セザル塲合ニ於テ船長ガ運賃ノ全部或ハ一部ニ關シテ有スル權利ノ範圍ハ其船藉國ノ法律ニ從テ決定スベキモノナリ、而シテ此規則ハ實ニ「ロイド」對「ギバート」事件ニ關スル「エッキスチユカー」裁判所ノ判決ニ於テ其大綱ノ理由ヲ明示スル所ニシテ、仍テ玆ニ其要旨ヲ説敍スレバ、運送契約ナルモノハ當初甲ナル第一國ニ於テ締結セラレ、乙ナル第二國ニテ之レガ履行ニ着手シ、而シテ其終結地ハ通常丙ナル第三國タルヲ得ルト共ニ其契約ノ一條件トシテハ意外ノ土地ニ於テ不意ニ其契約ヲ停止スベキ自由ヲ有スルモノナリ、然ルニ或ル塲合ニ於テハ此契約ハ數多ノ異邦人民ガ一方ノ當事者トナリ、他方ニ於テハ其契約ニ關係スル國法ニ屬セザル所ノ異邦人民ガ當事者トナリテ締結セラル、コアリ、故ニ積荷ノ積込港ニ於ケル契約ニ就テ生ズル事項ニシテ、例バ其積入及ビ積付方法ノ當否ニ關スル問題ノ如キハ其積込港ノ法律ヲ以テ支配スベク、又タ到達港ニ於ケル航海完終ニ付テ生ズル事項ニシテ、例バ積荷ノ引渡幷ニ其引渡ニ關スル運賃支拂等ノ問題ハ到達港ノ法律ヲ以テ支配スベキモノナリ、而メ止ムヲ得ザル事情ヨリ中間港ニテ航海ヲ廢止シタルガ爲メニ發生スル權利問題ニ就キテハ種々ナル規則ヲ主張スルモノアレ圧、其諸說ノ利害得失ヲ比較スル片ハ船籍國ノ法律ニテ支配スルヲ以テ最モ至當ナリト宣告セリ、

右ハ判決ノ要旨ヲ示シタルモノニシテ、此規則ハ海上法院ニ於テモ亦タ「バヒヤ」事件及ビ「ソブロムステン」事件ニ付キテ承認シタル所ナリ、故ニ他國ノ船舶ガ中間港ニテ修繕不能ノ斷定ヲ受ケタル塲合ニ於テハ、其斷定ニ關スル法規、航程割合運賃ニ關スル船主ノ權利及ビ積荷ノ接

續發送ニ關スル船主ノ義務等ハ凡テ其船籍國ノ法律ニ依テ處斷スヘキモノトス

之ヲ一汎ニ論スレハ、或ル一國ノ法律ニ於テ船主ニ航程割合運賃ノ收入權ヲ與フル所以ハ其航海ヲ廢止シタル場處ニ於テ運送契約ヲ終了セルモノト看做スモノニシテ、然ル片ハ此場合ニ於ケル積荷ノ積移費用及ビ接續運賃ハ悉皆積荷主ノ負擔ニ歸セサルベカラズ、

第十三節　避難港碇泊間ニ於ケル船員ノ給料及ビ食料費

本章ヲ終ラントスルニ當リ猶ホ觀察スベキ一問題アリ、即チ船主ガ船員ノ給料及ビ其食料費ニ關シテ共同海損トシテ之ガ賠償ヲ受クベキ權利是レナリ、

之ヲ諸外國ノ法律ニ就テ案ズルニ、船舶修繕ノ爲メニ行ヒタル避難港入港ニシテ共同海損トシテ處置セラル、場合ニ於テハ、啻ニ其避難港到着ノ爲メニ要シタル費用ノミナラズ、其碇泊及ビ出港ノ爲メニ要シ

タル諸經費ニ對シテハ皆ナ要償權ヲ與フルモノニシテ、從テ此航海ノ止ムヲ得ザル延引ノ爲メニ船主ガ損失シタル所ノ船員ノ給料及ビ食料費モ亦タ右ノ諸經費中ニ屬スルモノトシテ承認スル所ナリ、然ルニ獨リ英國ニ於テハ慣例上反對ノ規則ヲ採用セリ、

右英國ニ於ケル慣例規則ノ理由ヲ尋ヌルニ二アリ、其第一理由ニ依レバ、共同海損ナルモノハ船舶ガ避難港ニ達スルヤ否ヤ直ニ終止スルモノニシテ、故ニ船員ノ給料及ビ食料費ノ如キハ實際ニ共同海損行爲ノ經費ニ屬スルヲ得ズ、却テ修繕ノ爲メニ要シタル碇泊費用ノ一部タルモノニシテ、此碇泊費用ハ船舶ガ偶然ノ事變ヨリ損害ヲ蒙リタル場合ニ於テハ運送契約上到底船主ノ負擔ニ歸スヘキモノトセリ、然ㇾ𪜈惟フニ此第一理由ハ避難港入港ヲ要セシメタル船舶ノ損害ガ共同安全ノ爲メニ行ハレタル犧牲ノ結果タル場合ニ於テハ應用スヘカラザルガ如シ、次ニ第二ノ理由ニ依レバ、抑モ共同海損タルベキ經費ハ其種類ニ

於テ非常ノ性質タルベキヲ要スルモノニシテ、單ニ通常經費ノ增加ヲ以テ共同海損トシテ處置スベカラス、然ルニ積荷ニ對スル船員ノ職務ナルモノハ猶ホ船舶ノ使用ト同シク航海ノ全部ヲ通シテ運賃支拂ノ契約ニ依テ購ハレタル義務ニシテ、船主ハ其航海時日ノ伸縮ニ付キテ固ヨリ自ラ責任ヲ負フベキモノトセリ、

此英國ノ規則ハ既ニ幾多ノ裁判々決ニ依テ承認セラレタル所ニシテ、而シテ其判決タルヤ多クハ英國ニテ共同海損ノ事項ヲ未ダ精密ニ研究セザル時代ニ屬スルモノナルヲ以テ、從テ其論據ハ假令ヒ充分ノ理由ナシト雖モ現今猶ホ權原タル効力アルモノトシテ認ムベキナリ、然モ惟フニ若シ從來ノ諸判事ガ此船員ノ給料及ビ食料費ヲ共同海損タラシメントスル論旨ニ對シテ一層精細ノ講究ヲナシタル事アラバ、此ノ如ク古來ヨリ諸他ノ海上國ニ普通スル慣例ニ付キテ更ニ完全ノ判決ヲ遂セザルノ理由ナキナリ、

此問題ニ關シテハ、吾人ハ今マ玆ニ船舶ガ共同海損タル損害ヲ修繕スルガ爲メニ避難港ニ入港シタル場合ヲ假定シテ之ヲ觀察スルニ、此際船主ガ常ニ主張スル所ノ理論ニヨレバ、共同安全ノ爲メニ行ハレタル犧牲ノ結果トシテ船舶ヲ碇泊スルニ至リタルトキハ、船主ハ其間ニ於ケル船舶使用ノ損失ニ付キ賠償ヲ求ムルノ權アリテ、若シ其損失ニ對シテ完全ナル賠償ヲ受ケ得ベキモノトセバ其一部ノ損失タル船員ノ給料及ビ食料費モ亦タ算入セラレザルベカラズ、而メ時日ノ消費ニ對スル船主ノ要償權ハ船舶衝突事件ノ損害問題ニ關シテ裁判所ガ常ニ承認スル所ニシテ、即チ船主ハ滯船料ナル名義ニ於テ其賠償ヲ受クルモノナリト論斷セリ、

右ノ論旨ニ對シテ積荷主ハ又タ常ニ抗辯シテ曰ク、既ニ停船料ニ對シテ賠償ヲ求ムル以上ハ、何故ニ其要償ノ範圍ヲ單ニ船員ノ給料及ビ食料費ノミニ止メテ更ニ時日ノ消費ニ對スル損失ニ及サシメサルヤト

セリ、然ヒ吾人ハ惟ラク、船主ガ損失スル所ノ時日ノ消費ハ積荷主ガ損失スル所ノ時日ノ消費ト互ニ相平均スルモノニシテ、之ヲ詳説スレバ、抑モ時日ノ延引ハ積荷ニ對シテ二箇ノ損失ヲ與フルモノニシテ、即チ其第一損失トシテハ市場ニ於ケル賣買ノ好機ヲ失スルニ在リ、然ヒ之ニ對シテハ、時日延引ノ爲メニ時トシテハ却テ其賣買價格騰貴ノ好機會ヲ占メ得ルヿヲ思ハザルベカラズ、次ニ第二ノ損害ハ時日延引中ニ於ケル積荷ノ價格ニ對スル利息ノ損失ナレヒ、是レ又タ船主ガ其延引時日間ニ於テ船舶ヲ使用シ得ザルガ爲メニ船價ニ對スル利息ヲ損失スルト同一比例タルベキモノナリ、故ニ船主ト積荷主ガ各ホ蒙ルベキ此等二箇ノ損失ハ常ニ精密ニ同一タラザルベシト雖ドモ殆ド相平均スベキモノニシテ、從テ保險料ヲ觀察外ニ措クトキハ此兩損失ヲ共同海損ニ算入スルモ或ハ共同海損ヨリ控除スルモ船主ト積荷主トノ關係上全ク同一結果ニ歸スベキナリ、然ドモ茲ニ注意スベキハ、船主ハ此時日消費ノ損失ニ附隨シテ猶ホ航海終了ノ際支拂フ所ノ船員ノ給料及ビ食料費ヲ負擔スベキモノニシテ、故ニ船主タルモノハ苟モ此經費ノ賠償ヲ受ケザル以上ハ、航海ノ延引ヲ要セシメタル犧牲ニ對シテ未ダ完全ニ賠償セラレタルモノト謂フベカラザルナリ、

以上陳述セル所ニ依テ觀スレバ、將來英國裁判所ニ於テ犧牲ノ爲メニ航海ノ延引ヲ生シタル事件ヲ判決スルニ當リ、若シ其原則トシテ之レガ結果タル損失ヲ以テ凡テ共同海損トシテ完全ニ賠償スベシトナスニ至ラバ必ズヤ此船員ノ給料及ビ食料費ニ關スル現行規則ヲ再審スルノ要ヲ見ルベクシテ、且ツ此等ノ經費ヲ共同海損タラシムルニ付キテモ避難港入港ノ場合ニ區別ヲ設ケ、其共同安全ノ爲メニ行ハレタル犧牲ノ結果トシテ入港シタルトキハ之ヲ承認スルニ反シテ、偶然ノ事變ニ生ズル損害修繕ノ爲メニ入港シタルトキハ之ヲ非認スルガ如キ見解ハ是レ又タ將來ニ生セザルヲ確信スルナリ、然ㇾ現時ニ在テハ此

改正ノ氣運ハ猶ホ未熟ニ屬スルモノニシテ、即チ現行法トシテハ航海ガ船舶ノ難破ニ依テ終止セザル限リハ、其延引中ニ於ケル船員ノ給料及ビ食料費ヲ共同海損中ヨリ全然ニ控除スルヲ以テ確定規則ト認メザルベカラス、

次ニ以上ノ問題ニ連絡シテ猶ホ一ノ研究ヲ要スベキ問題アリ、即チ船舶ガ難破シ若シクハ修繕不能ノ斷定ヲ受ケタル結果トシテ、船員ノ雇傭契約幷ニ運送契約ノ停止シタル後ニ於テ船長及ビ其他ノ船員ガ猶ホ雜務ヲ執行スル爲メニ滯留セラルヽトキハ抑モ如何ナル範圍迄其給料ヲ要求スルヿヲ得ベキヤ是レナリ、蓋シ此要求ノ範圍ニ就テハ未ダ一定ノ裁判判決ナシト雖トモ、之ヲ原則上ヨリ觀察スレバ、既ニ船舶ノ航海繼續不能ノ爲メニ船長及ビ船員ノ義務ヲ終止シタルノ理由ヲ以テ、船主ハ自由ニ船長ヲ解傭シ或ハ船長ハ自由ニ船員ヲ解傭シ得ル場合タルニ至ラバ、船主ガ積荷主ニ對シテ船員ヲ滯留セシムベキ義務

モ亦タ同樣ニ終止スベキハ明白ナリ、故ニ若シ船長及ビ船員ニシテ其時日ヲ超ハテ猶ホ滯留セシメラルヽコアラバ是レ通常ノ傭人夫ト同一資格トナルモノニシテ、從テ其滯留ガ積荷ヲ救助スルノ目的ニ存セバ其給料ハ猶ホ傭人夫ヲ使用シタル場合ノ如ク積荷ノ負擔ニ歸スベキナリ、然トモ此ニ再ビ講究ヲ要スルモノハ、抑モ此ノ如ク船長及ビ船員ガ法律上當然ニ解傭セラルヽ時期ハ何ヲ以テ定ムベキヤノ問題ナリ、而シテ之ヲ解釋决定セントセバ宜シク千八百五十四年ノ英國商船條例ニ付キテ以下ノ兩條ヲ參照セゼルベカラズ、

第一八三條、　給料ハ運賃ノ收入セラレタルト否トニ關セズ要求スルノ權アリ、而シテ海員及ビ見習生ノ給料ニシテ其乘組船舶ガ運賃ヲ收入シタル場合ニ於テノミ之ヲ要求シ得ル契約タリシト雖トモ、此場合ニ適用スベキ諸他ノ法律規定ニ依リテ其運賃ノ收入ナキニ拘ラズ猶ホ給料ヲ要求スルノ權アリ、然トモ船舶ノ難破或ハ喪失ノ

場合ニ於テ、船舶、積荷及ビ貯蓄品ノ救助ニ盡力セザル事實ノ證明アルトキハ其給料要求權ヲ妨クルモノトス、

第一八五條、海員ノ職務ガ船舶ノ難破或ハ喪失ニ因リテ契約期限前ニ終止スル場合ニ於テハ……此ノ如キ海員ハ其職務終止前迄ノ給料ヲ要求スルノ權アレトモ其以後ニ及ブ能ハザルモノトス、

此故ニ海員ノ職務ガ船舶難破ノ理由ニ因リテ終止セラルヽトキハ其給料要求權ハ同時ニ其終リヲ告ゲ、且ツ雇傭契約上船主ノ使用人タルハ此時ヲ以テ限リトスルモノナリ、而シテ此ニ所謂ユル船舶難破ノ爲メニ船員ノ職務ヲ終止スルトハ他ナシ、即チ船舶ノ難破シタルガ爲メニ海員ハ其航海者タル正當ノ資格ニ於テ、或ハ商船條例中ニ命セル船舶、積荷及ビ貯蓄品ノ救助義務ニ於テモ既ニ職務ヲ行フ能ハザル場合ヲ云フモノナリ、然ルニ之ニ關シテ更ニ以下ノ二問題ヲ生シ來レリ、

（第一）、海員ノ職務ヲ終止セシムル所ノ船舶ノ難破或ハ喪失トハ果シテ

如何ナルモノナルヤ、

茲ニ所謂難破ナル言辭ハ、船舶ニ對シテ其航海ノ永久不能ヲ認メタル凡テノ場合ヲ網羅スル𪜈ハ固ヨリ明白ニシテ、其船舶ガ斷片ニ摧破セラレタルト若シクハ單ニ修繕ノ價値ナキ程度ニ於テ損害セラレタルトニ拘ラズ、荷モ船舶タルベキ望ナキ𪜈ヲ認定セラレタルトキハ皆ナ此難破ニ屬スベキモノナリ、而シテ船員ノ職務ナルモノハ此認定後ニ至テ始テ終止スルモノト看做スヲ得ベクシテ、若シ夫レ船舶ガ坐礁シ或ハ難破船タルベキ情況ニ陷ルヤ否ヤ、其救助或ハ修繕ノ能否ヲ確ムルヲ待タスシテ船長ハ直ニ船員ヲ解傭スルノ權ヲ有シ、或ハ船員ハ自ラ解散スルノ自由アリトナスガ如キハ是レ决シテ法律ノ精神ニアラズ、即チ前揭ノ法律ニ於テ船舶及ビ積荷ノ救助義務ヲ船員ニ命シタル所以ノモノハ全ク此ノ如キ弊害ヲ防禦スルガ爲メナリ、故ニ假令ヒ船舶及ビ荷積救助ノ目的ニ對シテ既ニ船員ノ助力ヲ要セザル場合ニ在テモ、猶ホ愈ヨ其船舶ガ修繕ノ價値ナキヲ確認スル迄ハ船長ハ當然ノ義務トシテ船員ヲ滯留セシムベクシテ、乃チ英國精算者ガ慣例ノ規則トシテ採用シタル所ニ徵スルモ、船舶ガ實際ニ全損シ或ハ全損トシテ推定スベキ場合ニ於テハ、其船舶カ修繕不能タリ若シクハ修繕ノ價値ナキ斷定ヲ正當ニ受クル迄ハ、船長ハ未ダ船員ヲ解傭スル權ナシト規定セリ、而シテ此斷定ハ公任ノ船舶司檢官若シクハ其船舶ニ利害關係ナキ人ノ檢査ニ依テ下サル丶ヲ以テ其常トス、

(第二)、積荷ガ猶ホ船內ニ存在シ或ハ危險ニ存在スル間ニ當テ、其船舶ガ修繕不能ノ斷定ヲ受ケ或ハ修繕不能ヲ明證セラレタル場合ニ於テハ、船長タルモノハ前揭セル第一八三條ノ規定ニ依テ其積荷救助ノ目的ノ爲メニ船員ヲ滯留セシムベキ義務アルヤ、或ハ單ニ其欲スル所ニ從テ自由ニ之ヲ處置スルヲ得ベキヤ

抑モ船員ナルモノハ船舶ヲ航海セシムルガ爲メニ其傭入ヲ契約シタ

ルモノニシテ、然ルニ此義務ニシテ既ニ絶對ニ終止シタル後ハ、苟モ法律ノ明文ナク若シクバ實際ノ利害上ヨリ觀察セザル限リハ當然ニ其雇傭契約ハ終止スベクシテ從テ各當事者ハ既ニ其契約ニ依テ羈束セラル丶義務ナシト云フベキナリ、思フニ此見解ハ法律ノ明文若シクバ明白ナル裁判判決ニ於テ其然ラザルヲ示サヾルニ於テハ正當ナリト云フベシ而シテ此ノ如キ場合ニ於テ若シ積荷及ビ貯蓄品救助ノ目的ノ爲メニ船員ノ助力ヲ必要トスルトキハ、法律上船長ハ其船員ヲ滯留セシムル權アルハ固ヨリ明白ナリト雖トモ、之ニ反シテ船長ハ此目的ニ對シテ既ニ船員ノ助力ヲ要セザル場合ニ當リテモ猶ホ船員ヲ滯留セシムベキ義務アルヤ否ヤハ商船條例中ニ一ノ規定ヲ見ザル所ナリ、故ニ之ヲ結論セハ、船長タルモノハ船員ヲ滯留セシムヘキ權利アリト雖トモ敢テ滯留セシムヘキ義務ナシト斷スルヲ得ベクシテ、即チ船長ハ船員ヲ解傭シテ之ヲ代フルニ通常ノ人夫ヲ傭入ル丶ヲ得ベキナリ、然バ則チ船長ガ此ノ如ク積荷主ニ對スル運送契約違反ノ責ヲ負ハズシテ船員ヲ解傭スル丁ヲ得バ、船長ハ又タ其積荷ノ救助費ヲ負擔スベキ者ノ費用ニ於テ在來ノ船員ヲ通常ノ人夫トシテ備入ルヽヲ得ベクシテ、而シテ此費用ガ共同海損ニ歸スベキヤ或ハ積荷主ノ單獨負擔ニ歸スベキヤハ固ヨリ其各場合ニ由テ定マルベキモノナリ。

第三篇　共同海損ノ精算

第六章　精算ヲ制定スベキ時日、場所、及ビ事實

第一節　本篇ノ研究綱目

共同海損ノ本領タル各種ノ損失及ビ經費ハ既ニ上篇ニ詳説シ終リタルヲ以テ、本篇ニ於テハ其損失或ハ經費ヲ分擔ニ依テ賠償スベキ方法ヲ論セザルベカラズ、而シテ其綱領ハ分レテ左ノ三大問題ニ歸スベシ

（第一）、共同海損ノ精算ヲ行フベキ時日及ヒ場所ハ何レヲ以テ正當トナスヤ、

（第二）、各種ノ損失、或ハ經費ニ對スル賠償額ハ如何ニ計算スベキヤ、

（第三）、分擔ヲ徵收スルニハ如何ナル財產ニ付テ之ヲ行ヒ、且ツ其財產ノ價値ヲ如何ニ決定スベキヤ、

以上三問題ヲ説明スルニ當テハ吾人ハ先ツ英國裁判所ノ判決例ニシ

テ其問題ニ直接關係スルモノヲ舉示シ、然ル後チ精算者ノ現行慣例ヲ説述スベシ、蓋シ此ノ如ク判決例ト慣例トヲ各ホ分離シテ觀察スルトキハ、其如何ナル慣例ガ適法ニシテ又タ如何ナル慣例ガ未定ノ問題ニ屬シ、且ツ必要上如何ニ修正スベキヤヲ容易ニ看破スルヲ得ベクレバナリ、而シテ右ノ三問題中第一問題ハ其他ノ二問題ヲ支配スベキモノナルヲ以テ、吾人ハ當然ノ順序トシテ先ツ精算ノ時日及ヒ場所ヨリ論究ヲ始ムヘシ、

第二節　精算ノ時日及ヒ場所

精算ヲ行フヘキ正當ナル時日及ヒ場所ヲ決定スルノ要ハ、二箇ノ理由ニ發スルモノナリ、先ヅ第一ニ何國ノ法律ヲ以テ精算ヲ制定スベキヤハ此決定ニ依テ定マルモノニシテ、苟モ共同海損ニ關スル各國ノ法律ガ其規定ヲ甚ダ異ニスルヲ知ラバ此決定ノ肝要ナルヿ自ラ明白タルベシ、次ニ精算ノ基礎トナスベキ事實ノ情況ハ又タ同樣ニ此決定ニ依

テ定マルモノニシテ、例バ分擔ヲ徴收スルニハ財産ガ犧牲ニ供セラレタル際ニ現有スル價値ニ付テ行フベキヤ、或ハ航海終了ノ際ニ於ケル價値ニ付テ行フベキヤハ必ズ精算ノ時日ト場所ニ關係ヲ有スベクシテ、畢竟共同海損ニ對スル責任ハ此兩者ニ附着スレバナリ、

精算執行ノ時日及ヒ場所ニ關スル訴訟問題ニシテ英國裁判所ニ於テ始テ判決セラレタルハ「シモンズ」對「ホワイト」事件ナリ、此事件ニ依レバ、曾テ一英國人アリ、通常ノ船荷證券ヲ以テ其所有貨物ヲヂブラルタルヨリセントピートルスブルグ迄發送セシニ、其船舶カ航海中避難港ニ入港シタルガ爲メセントピートルスブルクニ於テ其積荷ヲ受取ルノ際共同海損ニ對スル若干ノ分擔金額ヲ支拂フニ至レリ、而メ此分擔ハ魯國ノ法律ニ從テ正確ニ算定シタルモノナリト雖モ、若シ其海損ヲ英國法ニ從テ精算スルトキハ此商人ノ負擔ハ右ノ金額ニ比シテ遙ニ減少スヘクシテ、且ツ其船舶ハ英國船主ノ所有ニ屬シタルモノナリ、是ニ

於テ積荷主ハ其英國法ノ分擔ニ超過スル支拂ノ義務ナシトシ、船主ニ對シテ其超過額ノ返濟ヲ要求シタルニ、裁判所ハ船主ニ返濟ノ責任ナシト宣告セリ、此ニ判事「アボット」氏ガ下シタル判決趣旨ヲ約說スレハ共同海損ナルモノハ船舶ノ到達港若シクバ積荷ノ引渡地ヲ以テ其精算地トナスベキヿハ凡テノ海上國ノ法律ニ於テ悉ク一致スル所ナリ、又タ船長タルモノハ積荷ノ分擔金額ノ支拂ヲ受ケ若シクハ之レガ支拂ニ對スル充分ノ保記ヲ得ザル限リハ積荷ヲ引渡スノ義務ナシトスルモ同一ニ承認セラル丶所ニシテ、而ソ此留置權ナルモノハ固ヨリ唯ダ航海終了ニ至リテ始テ有効ニ執行スルヿヲ得ルモノトス、然ルニ共同海損ヲ此等以外ノ土地ノ法律ニ依テ精算スルトキハ非常ノ不便ヲ生スベクシテ、即チ若シ一部ノ積荷ハ英國人ニ屬シ、一部ノ積荷ハ他國人ニ屬スルヿアラバ、其精算ヲ作成スベキ數ハ又タ其國數ト同一タルヲ要スルニ至ルベキナリ、故ニ此不便ヲ避ケントセバ必ズヤ凡テノモノニ通スベキ同一規則ヲ採用スルノ要アリテ、而シテ其最モ一汎ニ承認セラレテ且ツ實行スルヲ得ベキ法律ハ即チ前述ノ土地ニ於ケル法律ナリトス、是ニ依テ之ヲ觀レバ、本件ノ精算ハ魯國法ニ從テ正當ニ作成セラレタルモノナルヲ以テ、船主ト積荷主ノ關係上有効トシテ認メザルベカラズ云々トセリ、

次ニ「ベルノン」事件ニ於テハ「ドクトル、ルシントン」氏曰ク『國際法ノ一般原則ニ依レハ、或ル一國ノ法庭ニ起訴スルモノハ其國法ノ命ズル救濟方法ヲ執ラザルベカラズ、而メ外國ニ於テ契約ヲ締結セルトキハ其締結地若シクハ履行地ノ法律ニ由テ解釋スヘキモノナリト雖ドモ、其救濟方法ヲ求ムルニ當テハ之レガ當事者タルモノハ其救濟ヲ行フヘキ國法ニ從テ救濟方法ヲ執ラザベカラズ』トセリ、

又タ「ロイド」對「ギバート」事件ニ於テ「エッキスチエカー」裁判所ノ宣告スル所ニ依レハ、船籍國ノ法律ナルモノハ運送契約ノ諸權利ヲ決定スル

ニ就テ諸々ナル目的ノ爲メニ據由スベキ要用アリト雖モ、敢テ共同海損ニ對スル規則タルベカラズトシテ曰ク、『船主及ヒ積荷主ガ荷揚港ノ法律ニ從テ作成セラレタル共同海損ノ精算ニ服從スベキ所以ノモノハ他ナシ、彼等ハ正當ニシテ且ツ通常ノ場所ニ於テ作成セラレタル精算ヲ承認セルモノト看做スヲ得ベクシテ、從テ荷揚港ノ法律ニ從テ作成セラレタル精算ヲ承認シタルモノトナスベキナリ』トセリ、

第三節　航海ヲ廢止シタル場合ニ於ケル精算作成地

前節ニ示シタル判決例ハ船舶ガ積荷ヲ以テ到達港ニ到着シテ其航海ヲ完終シタル場合ニ關スルモノナリト雖モ、若シ航海ガ海難ノ爲メニ中途ニシテ廢絶セラレ、茲ニ船舶ト積荷ガ中間港ニテ分離スル時ハ自ラ別種ノ規則ヲ應用スヘキモノトス、是レ「ブレッチヤ」對「アレキサンダー」事件ノ判決ニ於テ示ス所ナリ、

此事件ニ依レバ一船舶アリ、食鹽ノ積荷ヲ滿載シテリバプールヨリカ

ルコッタニ向テ航海中ウェクスフヲルド近方ノ沙洲ニ乗揚ケタリ、依テ船躰ヲ輕クスルカ為メ積荷ノ大部分ヲ海中ニ投棄シ、船舶ハ茲ニ引卸シノ功ヲ奏シテ漏水ノ儘リバプールニ歸航セリ、然ルニ其際打荷ニ供セザル所ノ食鹽ノ大部分モ或ハ海水ニ依テ溶流セラレ、或ハ甚シク損害ヲ蒙リタルガ為メ再ビ船積品トナス能ハス、従テ其餘ノ完全ナル部分ハ甚タ僅少トナリテ未ダ船足積荷ニ當ツルニ足ラス、況ヤ之ガ為メ特ニ其船舶ヲ發送スルノ價値ナキニ至レリ、是ニ於テ傭船者ハ再ビ積荷ヲ供給スルヿヲ拒絶シテ其航海ヲ委棄シタリシガ、船主ハ其船舶ノ修繕結了後ニ至テ自己ノ計算ヲ以テ更ニ食鹽ヲ積入レ、カルコッタニ運送シテ若干ノ利益ニ於テ之ヲ賣却セリ、

以上ハ本件ノ事實ノ大要ニシテ、而シテ此打荷ノ精算方法ニ付テハ種々ナル問題ヲ生シタリト雖𪜈、本節ノ研究問題ニ直接關係セザルモノハ之ヲ後章ノ論議ニ讓リ、茲ニハ單ニ此海損ヲ精算スベキ正當ノ時日

ト場所ニ關スル判決ヲ示サンニ、其積荷主ノ主張スル所ニ依レハ、本件ニ於テ要償權アル金額ハ其打荷トセラレタル食鹽ガカルコッタニ運送セラレタル場合ニ於テ當然ニ收得スルヲ得ヘキモノタルベシ、何ントナレバ其場合ニ於テ若干ノ利益ヲ以テ賣却シ得ベキハ第二ノ積荷ノ事實ノ證明スル所ニシテ、故ニ又タ之ニ相當スル利益ヲ要求スルノ權アリ、然ハ則チ共同海損ノ作成上カルコッタハ正當ノ場所ニシテ、又タ船舶ガカルコッタニ到着スベキ時日ハ正當ノ時日ナリト論告セリ、」右原告ノ論告ニ對シテ判事「ボービル」氏ガ判決宣言スル所ニ依レバ、假令ヒ一汎ノ規則トシテハ共同海損ヲ精算スベキ正當ノ場所ハ其船舶ノ到達港ナリト雖モ、若シ其航海ヲ廢絶シテ其他ノ場所ニ於テ終止セシムルトキハ海損ハ其地ニ於テ其地ノ法律ニ從テ精算スベキモノナリトセリ、而シテ判事「モンターグ、スミス」氏モ殆ド之ニ類似ノ意見ヲ陳述セシト雖モ、單ニ發航港ニテ航海ヲ廢止シタル場合ノミニ付テ断定

ヲ下シタリ、

第四節　航海ノ廢止

航海ヲ廢止スルトキハ到達港ヲ精算地トナサズシテ其航海終止ノ地ヲ以テ之ニ代フベシトハ前節ニ結論シタル所ナリト雖モ、其航海廢止トハ抑モ何ナルヤハ是レ又タ一問題ニシテ、吾人ハ先ヅ以下ノ判決例ニ就テ觀察スル所アルベシ、

「マブロー」對「チーシアン海上保險會社」事件ニ於テハ、「ゼチラール、シアツセー」號ト稱スル一帆船アリ、バルガリヤノバーナーヨリマルセールニ向テ小麥ノ積荷ヲ運送スルガ爲メコンスタンチノープルニテ傭船スル所トナリ、其積荷ヲ搭載シテ出帆シタルニ航海中不良ノ天候ニ遭遇シ、乃チ止ムヲ得ズ船帆ヲ緊張シテ疾走シ、遂ニ漏水損處ヲ生シタリ、此ニ於テ一部ノ積荷ト幾多ノ船舶材料トヲ海中ニ投棄シテコンスタンチノープルニ歸航セシガ、船舶及ビ積荷ハ共ニ損害ヲ蒙リタリ、而シテ

領事裁判所ヨリ任命セル船舶司撿官ハ船主及ヒ積荷主ト共ニ臨場シテ之レガ撿査ヲ執行シ、其結果トシテ勸告スル所ニ依レバ、積荷ハ凡テノ利害關係者ノ利益ノ爲メニ之ヲ競賣シ、且ツ其航海ヲコンスタンチノープルニテ廢止スベキ旨ヲ以テシタリ、然ドモ此勸告ハ當事者ノ全ク容ルヽ所トナラズシテ、更ニ積荷保險者ノ代理人ノ請求ニ基キ再度ノ撿査ヲ行ヒタルニ、全部ノ積荷ニ付キ其損害セルモノハ僅ニ五分ノ一タル事實ヲ發見セシヲ以テ、單ニ其損害部分ヲ賣却シテ殘餘ノ積荷ハ他船ヲ以テマルセール迄デ送達セリ、是レ實ニ本件ノ事實ノ大要ナリ、然ドモ吾人ハ其裁判記錄ニ付テ案ズルモ、此ノ如ク船舶ヲ修繕スル代リニ接續方法ヲ採用シタル必要ノ理由ニ至テハ明白ニ解セザル所ニシテ、唯ダ其接續發達ハ利害關係者タル凡テノ當事者ノ協議ニ發シ、且ツ領事裁判所ノ命令ニ依テ指示セラレタルヲ知ルナリ、而シテ「コンモンプリース」裁判所ガ以上ノ事實ニ據テ判決シタル見解ニ依レバ、コンスタンチノープル」ノ領事裁判所ハ其際服從セラレタル命令ヲ發スベキ裁判權限ヲ有シタルモノト看做スヲ要シ、且ツ事實ノ觀察ニ依ルモ其航海ハ「コンスタンチノープル」ニ於テ必要ニ廢止セラレタルモノト看做サヽルベカラズトセリ、然レ𪜈惟フニ此事件ニ於テ論究ヲ要スル點ハ判事「リンドレー」氏ガ次ニ記載スベキ「ヒル」對「ウヰルソン」事件ニ於テ說示シタルモノト同一タルベクシテ、氏ハ即チ曰ク、『本件ニ於テ眞ニ問題タルモノハ、英國ノ保險證券ニ記入スル所ノ「外國ノ精算ニ示セル共同海損」ナル言句ニ對スル眞正ノ解釋之レナリ、然レ𪜈其他ニ論究ヲ要スル問題ナシ』トセリ、

「ヒル」對「ウヰルソン」事件ニ於テハ「ピラゴー」號ト稱スル一船舶アリ、雜貨ヲ積荷トシテ魯國ノリガヨリ英國ハルニ向テ航海シ、其中途ニ於テ坐礁ノ爲メ損害ヲ蒙リタリト雖𪜈、幸ニ浮揚スルヲ得テ牽船ニテ「コーペンハーゲン」港ニ入港セリ、而シテ該港ニテ積荷ノ荷揚ヲ行ヒ多額ノ經

費ヲ投ジテ修繕ヲ結了シタリシガ、積荷ノ中殆ド八分ノ七ハ原告ノ所有ニ屬スルモノニシテ、然ルニ其部分ハ悉ク損害ヲ蒙リタルニ因リ相當ノ價格ヲ以テ之ヲコーペンハーゲンニテ賣却シ、船舶ハ惟ダ殘餘ノ積荷ニテ航海ヲ繼續シテハルニ到着シタルニ在リ、而シテ原告ノ運賃支拂ニ關スル起訴ニ對シテ船主ガ主張スル所ニ依レバ、船主ト原告間ニ於テハ航海ハ丁抹國コーペンハーゲンニ於テ終止シタルモノニシテ、從テ兩者間ノ共同海損ハコーペンバーゲンニ於テ其地ノ法律ニ從テ精算スベキモノナリト論告セリ、之レ畢竟丁抹國ノ法律ハ船主ニ對シテ啻ニ航程割合運賃ノ收入權ヲ認ムルノミナラズ、且ツ其他ニ於テモ英國法ニ比シテ遙ニ船主ヲ利益スベキ規定ヲ有スレバナリ、而シテ判事「リンドレー」氏ハ原告ヲ以テコーペンハーゲンノ精算ニ從フベキ義務ナシト判決シ、其理由トシテハ左ニ摘錄スルガ如ク說明セリ、

『本件ニ於テハ被告即チ船主ガ立證ヲ要スル二件アリ、即チ(第一)ニハ、原

告ハ何故ニ丁抹國ノ精算ニ服從スル義務アルヤ、(第二)ニハ、航海ヲコーペンハーゲンニテ終止セシメタル事情ハ其終止ヲ必要トシ若シクバ是認スベキモノニシテ、從テ其該港ニ於ケル共同海損精算ヲ必要トシ或ハ是認スベキ理由ノ何タルヤヲ證明セザルベカラズ、……余ガ本件ノ參照材料ニ就テ調査シタル結果ニヨレバ、船舶ガ其一部ノ積荷ヲ以テ當初定メタル所ノ荷揚港ニ到着シタルニ拘ラズ、中間港ニ於テ航海ヲ終止スルニハ果シテ如何ナル事情ヲ有スベキヤノ問題ニ關シテハ其材料甚ダ僅少ニシテ、唯ダ裁判例トシテ「フレッチヤ」對「アレキサンダー」事件ト「マブロー」對「ヲシアン海上保險會社」事件ノ二アルノミ、………(氏ハ此兩事件ニ付テ說明ヲ下シ次テ曰ク、)既ニ權原ニシテ此ノ如キ情況タルニ於テハ、茲ニ必要トシテ原則上ヨリ本件ヲ觀察セザルベカラズ、抑モ船長タルモノハ苟モ其及フ限リハ航海ヲ完終スル義務アリテ、若シ船舶ガ海難ニ由リ修繕ノ爲メニ中間港ニ入港ヲ要シタルトキハ、此ニ損害ヲ修覆シテ然シテ後チ其運送ニ堪能ナル積荷ヲ運送セザルベカラズ、然ルトキハ其航海ニ於ケル船舶ノ保險證券ハ此修繕結了ノ後チ避難港出帆ヨリ到達港到着間ニ於テ蒙リタル損失ニ對シテモ一樣ニ責任ヲ帶ブルモノニシテ、積荷ニ對スル保險證券モ同樣ニ此避難港ト到達港間ニ於ケル損害ニ付テ之ヲ賠償スルノ義務アルモノトス、即チ此種ノ場合ニ於テハ其航海ヲ以テ二箇ニ斷絕シタルモノト看做サヽルモノニシテ、詳言セバ發航港避難港間ヲ以テ第一航海トシ、避難港到達港間ヲ以テ第二航海トシテ區別セザルモノナリ、………次ニ船舶ノ修繕不能ナルニ當テハ、船主ハ荷受人ニ對シテ其積荷ヲ他船ニ接續シテ到達港ニ發送スル權利アルヲ以テ、斯ル場合ニ於テハ荷モ反對ノ契約ナキ限リハ航海ハ依然繼續スルモノトシテ處置セラルヽモノナリ、是レ「シプトン」對「ソルントン」事件ニ於テ見ユル所ニシテ、此事件ハ斯ル場合ニ於テ仕拂フベキ運賃ニ付テ爭論ヲ生シタルモノナリ、而シテ此種ノ場合ニ於テモ亦タ其航海ニ於ケル積荷ノ保險證券ハ接續發送後ノ損害ニ對シテ責任ヲ負フモノトス、……以上ノ如ク觀察シ來ルトキハ、玆ニ本件ニ於テ曾テ原告ノ承認セザル所ノ丁抹國ノ精算ヲ强行セシメントセバ、被告タルモノハ必ズ二箇ノ事項ヲ證明セザルベカラズ、即チ(第一)ニハ、航海ガコーペンハーゲンニテ實際ニ廢止セラレタルヿ(第二)ニハ、航海ガ契約或ハ必要ニ由ラ終止セラレタルヿヲ證明セザルベカラズ、而シテ此ニ所謂ユル必要トハ被告ニ於テ左右スベカラザル事情ノ發生ノ爲メニ廢止セラレ、且ツ其事情ハ當初契約シタル所ノ航海完終ノ實行ヲ不能タラシメ、若シクバ商業上契約ノ不履行ヲ認ムルガ如キモノヲ云フナリ、……夫レ此ノ如ク被告ハ立證ノ責アルヲ以テ、假令ヒ其航海ハコーペンハーゲンニ於テ實際廢止セラレタリトスルモ、苟モ被告ニシテ其廢止ヲ必要シタル事情若シクパ其終止ニ付テ原告ヲ羈束スベキ契約ノ存在ヲ證明セザル限リハ被告ノ要求ハ成立スベカラザルナリ、而シテ被告ノ本意トシテハ航程割合運賃ノ收入ヲ得ンガ爲メニコーペンハーゲンニ於テ精算ヲ執行センヿ欲シ、并ニ該港ニ於テ精算ヲ執行センガ爲メニ船舶ト積荷ヲ分離センヿ欲スルモノナリト雖モ、之ヲ本件ノ關係報告書類ニ就テ調査スルニ、苟モ此場合ニ於テ船舶ト安全ナル積荷トニ關シテ航海ノ廢止ヲ稱シ得ル限リハ、コーペンハーゲンニ於ケル精算ハ該港ニ於テ必要ニ航海ヲ廢止シタル結果ニアラズシテ、却テコーペンハーゲン港ニ於テ廢止セラレタル航海ノ源因ナリト云フヲ得ベシ、

船舶ノ修繕不能ナルニ當リ、他船ヲ以テ積荷ヲ接續發送スル場合ハ三種アリテ甚ダ錯雜ノ關係ヲ有セリ、而シテ此場合ハ右「リンドレー」氏ノ判決中ニモ見ユル所ナレドモ、其詳細ニ至テハ英國裁判所ニ於テ未ダ曾テ説明セラレタルコトナシ、故ニ以下ニ之ヲ解説スベシ、

（第一場合）ハ、猶ホ當初ノ運送契約ヲ以テ積荷ヲ到達港ニ發送スルモノ

ニシテ、是レ船主ガ自ラ其發送費用ヲ支辨シテ以テ船荷證劵或ハ傭船契約面ノ運賃ヲ收入センガ爲メニ行フモノセリ、

（第二塲合）ハ、船長ガ積荷主ノ代理人タル權能ニ於テ當初ノ運送契約ノ運賃ニ超過セル運賃額ニテ積荷ヲ發送スルモノナリ、而シテ此際ニ於テハ其積荷ハ積荷主ノ費用ヲ以テ發送セラル、モノナリト雖𪜈、若シ其新ニ作成シタル船荷證劵面ニ於テ船長ノ名義ヲ以テ自已ノ代理者ヲ荷受人トシテ記載シタルトキハ、其積荷ハ共同海損ニ對シテ猶ホ船主ノ留置權ニ服從スルモノナリ、

（第三塲合）ハ、船主ノ留置權ニ拘束セラル、コトナクシテ積荷ガ其所有者ニ由リテ若シクハ所有者ノ爲メニ發送セラル、モノナリ、

以上三種ノ塲合ニ付テ觀察スルニ、其第一ノ塲合ハ未ダ航海ヲ廢止シタルモノト稱スル能ハズ、是レ單ニ船主ガ一船ニ代フルニ他船ヲ以テシタルニ過ギスシテ、此代船使用ノ權ハ此ノ如キ情境ニ在テハ法律上

船主ガ當然ニ享有スル所ノモノナリ、故ニ運送契約中ニ定メタル所ノ航海ハ猶ホ依然トシテ成立シ、從テ契約ニ於ケル凡テノ權利ヲ首メトシ、積荷ノ引渡上共同海損ニ對スル留置權幷ニ要償權ノ如キモ亦タ有効タルヲ失ハザルナリ、是ニ依テ之ヲ觀レバ、此第一場合ニ於テ精算ヲ作成スベキ正當ノ時日ト場所ハ到達港ニ於テ積荷ヲ引渡シタル際タルヘキコト更ニ疑ヒナキナリ。

第二ノ場合ハ右ノ第一場合ニ比スレハ少シク錯雜ノ解釋ヲ要スルモノニシテ、此場合ニ於テハ船主ハ其積荷ヲ接續發送スベキ義務ナキモノト假定セザルベカラズ、然ルトキハ船主ハ直ニ其船舶難破ノ場所ニ於テ共同海損ニ對スル積荷ノ留置權ヲ有スベキナリ、是レ即チ積荷ハ此難破ニ接シタル時日ト場所ニ於テ共同海損ニ對シテ責任ヲ帶ブルニ至リタルモノニシテ、從テ其負擔額モ亦タ其際ニ於ケル事實ノ情況ニ由テ決定スベキモノトス、例バ一船舶ノ積荷ガ幾多ノ所有者ニ屬スル數部ノ貨物ヨリ成立スル場合ニ於テ、既ニ其各部ガ負擔スヘキ分擔額ヲ確定シタル以上ハ、假令ヒ其後ニ至テ一部分ノ貨物ガ損失スルコトアリト雖モ之レガ爲メニ他ノ部分ノ負擔ヲ增加スヘカラザルモノニシテ、故ニ若シ此等ノ數部ノ貨物ヲ二船ニ分載シテ到達港ニ接續發送シタルニ當リ、其一船ガ到着前ニ喪失スルト雖モ他船ニ依テ到着セル部分ノ分擔額ヲ增加セシムベカラズ、更ニ之ヲ詳例スレハ、若シ甲乙兩者ノ兩貨物ニシテ難破ノ場所ニ於テ各ホ同一價値ヲ有シ、即チ其難破ノ場所ニ於テ精算ヲ行フトキハ、甲乙兩者ハ其積荷ガ共同海損經費ニ對スル割前トシテ各ホ其價値ノ二分ノ一ヲ支拂フベキ比例タルニ於テハ、此負擔ハ既ニ其難破當時ニ於テ各積荷主ニ附着シタルモノナルヲ以テ、假令ヒ乙者ノ積荷ガ其接續運送中ニ於テ喪失スルト雖モ之レガ爲メ甲者ヲシテ其積荷ノ全價値ヲ割前トシテ支拂ハシムベカラザルナリ、以上ノ見解ニシテ果シテ正當ナル時ハ、此第二ノ場合ニ於ケル共同海損ハ其難破ノ當時或ハ修繕不能ノ斷定ヲ受ケタル當時ニ現存スル確實ノ情況ニ依リ、並ニ其時及ヒ其場所ニ於ケル價値ニ依テ精算スベキモノナリト雖モ、亦タ常ニ必シモ其場所ノ法律ガ精算ヲ支配スベキモノナリトハ一概ニ推論スベカラザルナリ、何ントナレハ、船主ガ積荷ニ對シテ留置權ヲ執行シテ要償ヲ求ムルニ就キ、之ヲ船舶難破ノ場所ニ於テ直ニ行フベキヤ、或ハ積荷ガ到達港ニ到着スルヲ待テ行フベキヤハ船主ノ撰擇權内ニ屬スルモノニシテ、然ルニ多クノ場合ニ於テハ船主ハ此後チノ方法ヲ採用スルヲ常トセリ、故ニ此ノ如キ場合ニ在テハ其到達港ノ法律ハ即チ積荷ノ分擔額ヲ決定スルモノナリ、

(第三場合)ハ、第一及ビ第二ノ場合ト異リテ、其積荷ガ積荷主或ハ其代理人ニ依テ發送セラルヽハ決シテ船主ノ利益ノ爲メニ行ハルヽニアラズ、船主ハ其發送ニ付テ既ニ全ク些少ノ關係ヲ有セザルモノナリ、而シ

テ此ニ船主ノ關係ヲ觀スレバ、航海ハ船舶難破ノ場所ニテ既ニ絕對ニ廢止シタルモノニシテ、「フレッチヤ」對「アレキサンダー」事件ノ判決ニ依レバ、此ノ如キ場合ニ在テハ假令ヒ難破ノ場所ハ積荷ノ積入港タリト雖ヒ其場所ハ即チ正當ノ精算地ナリト確定セリ、故ニ其難破ノ場所ノ法律ニ從ヒ、且ツ難破ノ際ニ於ケル事實ノ情況及ヒ價値ニ基テ難破ノ場所ニテ正確ニ作成セラレタル精算ハ、船主ニ於テ積荷引渡ノ際之ヲ强行スルコトヲ得ルモノニシテ、此種ノ精算ハ其作成上全ク正確ノ基礎ヲ有スルモノナリ、

第五節　共同海損後ニ於テ生シタル單獨海損ガ分擔ニ及ス結果

共同海損ノ精算ヲ作成スルニ當リ、之レガ基礎タルベキ事實ノ情況ハ犧牲或ハ經費ヲ要シタル當時ノ現狀ニ由ルベキヤ、若シクバ船舶ガ航海ノ到達港或ハ廢止地ノ如キ航海終了地ニ到着セル當時ノ現狀ニ由

ルベキヤハ現時英國精算者間ニ於テ異論ヲ生ズル所ナリ、故ニ便宜上此ニ本節ヲ設テ論究スベシ、

蓋シ此問題ノ決定ガ實際ニ必要ナル場合ヲ概説スレバ、既ニ共同ノ安全ノ爲メニ犠牲ヲ行ヒ或ハ經費ヲ蒙リタル場合ニ於テ、其後チ一部ノ財産ガ單獨海損ヨリ損害セラレタル結果トシテ殘餘ノ財産ノ關係價値ヲ變セシメタルトキノ如シ、即チ此第二ノ事變ハ啻ニ其効果ヲ分擔價値ニ及スノミナラズ、猶ホ犠牲ニ對スル賠償額ニ付テモ變動ヲ及スモノナレハナリ、

「アルノールド」氏ハ曾テ一規則ヲ下シテ曰ク『共同海損ノ損失ガ財産ノ犠牲ニシテ、而シテ其財産タルヤ航海中ニ代設セラレザルモノナルトキハ精算ハ航海終了ノ當時ニ現存スル事實ノ情況ニ由テ制定スベク、之ニ反シテ共同海損ノ損失カ經費タルトキハ、精算ハ其支出ノ當時ニ現存セル事實ノ情況ニ由テ制定スベシ』トセリ、然ㇳ此規則ハ曾テ英國

ニ於テ普通慣例トナリシヿナク、精算者ガ却テ通常ニ採用セル規則ニ依レバ、其損失ガ經費タルト或ハ犧牲タルトニ拘ラズ、凡テ航海終了ノ當時ニ現存スル事實ノ情況ヲ以テ精算ノ基礎トナシタリト雖圧、之レ亦タ未ダ一汎ニ慣用セラルヽ規則ト稱スベカラズシテ、此他猶ホ別種ノ規則ヲ採用スルモノ尠カラザルナリ、而シテ救助行爲ノ塲合ニ關シテハ一時海上法院ノ判決ニ基キテ、其救助料ハ救助ノ塲處ニ於テ評定シタル所ノ船舶及ビ積荷ノ價値ニ從テ分擔セシメ、即チ此等ノ價値ハ假令ヒ其後ノ事變ノ爲メニ實際ニ其割合ヲ變更セラルト雖圧猶ホ確定ノモノト認ムルノ傾向ヲ生ジタルコトアリテ、畢竟本節ノ問題ニ付テハ未ダ一般ニ確定セル習慣ナキナリ、然圧若シ夫レ強テ觀察スルトキハ、以上ノ見解中終局ノ結果ヲ以テ精算ノ基礎トナスモノハ最モ汎ク慣例トシテ支配セルガ如シ、

吾人ハ以上ノ問題ニ關シテ現時裁判ヽ決トシテ確定セルモノヲ調査

スルニ、僅ニ「フレッチヤ」對「アレキサンダー」事件ヲ發見シタルノミニシテ、而シテ其判決趣旨ニ依レバ、積荷ノ打荷ノ場合ニ於テハ船舶ガ到達港ニ到着シタルト或ハ其他ノ場所ニ於テ航海ヲ廢止シタルトニ拘ラズ、其航海終了ノ當時ニ現存スル事實ノ情況ハ精算ヲ制定スベキモノトセリ、判事「ボービル」氏ハ其判決宣告中ニ於テ左ノ如ク曰ヘリ、

『若シ打荷或ハ其他ノ共同海損事項ノ發生後ニ於テ殘餘ノ貨物ガ全ク損失シ、其結果トシテ諸他ノ積荷主ハ打荷ノ爲メニ何等ノ利益ヲ收得セザル場合ニ於テハ分擔ノ要償ヲナスベカラズ、何ントナレバ共同海損ノ原則トシテハ、一者ノ貨物ガ爾餘ノ者ノ利益ノ爲メニ犧牲ニ供セラレタル損失ハ、一方ニ於テハ其蒙リタル損失ニ從テ賠償セラレ、他方ニ於テハ之ニ由テ生シタル利益ニ從テ賠償スベキモノニシテ、即チ此ノ原則ヨリ推論スルトキハ以上ノ如ク決定スルヲ以テ正當ノ法律トス、』

又タ判事「モンターーグ、スミス」氏モ左ノ如ク曰ヒリ、
『若シ其貨物ガ船内ニ存留シテ爾餘ノモノト運命ヲ同一ニシタル時ハ其貨物ノ情況果シテ如何ナルベキヤハ海損精算者ノ宜シク觀察ヲ要スル所ナリ、「アルノールド」氏ノ著書第三版第八〇三頁ニハ「慣例ニ於テ採用スル規則ニ依レバ、共同ノ利益ノ爲メニ犧牲ニ供セラレタル財産ハ啻ニ損失セラレザルモノト見做スベキノミナラズ、實際上却テ精算作成ノ際ニ分擔ヲ賦課セラルヽ所ノ財産ノ一部ナリ」ト記載セリ、余ハ此見解ヲ以テ正當ノモノト思惟ス、』
右ノ如ク打荷ノ場合ニ關シテハ凡テノ權原及ビ慣例モ共ニ一致スル所ナリト雖モ、此打荷ニ就テ下シタル規則ハ同ジク經費ノ場合ニ適用スルヲ得ルヤ否ヤハ再ビ異論ノ生ズル所ニシテ、今マ此ニ航海終了ノ當時ニ現存スル事實ノ情況ヲ採用セントスル論者ノ論據ヲ示セバ、凡ソ左ニ記載スル六ケノ理由ノ如シ、

(第一)、財産ノ價値ナルモノハ其所有者ニ引渡ノ後チ茲ニ始テ正確ニ定ムルヲ得ベシ、從テ其他ノ價値ハ概シテ想像ニ發スルモノニシテ、此ノ如キ想像的價値ヲ採用スルトキハ其精算ヲ不當タラシムルニ至ルベシ、

(第二)、精算ナルモノハ全躰ノ共同海損ヲ通ジテ唯ダ一箇タラザルベカラズ、若シ幾多ノ精算ヲ有セシムルトキハ其結果トシテ無限ノ紛擾ヲ招クベキノミ、例ハ打荷セラレタル貨物ノ所有者ニ對シテハ一種ノ精算ニ依テ分擔ニ對スル要償ヲナサシメ、又タ同航海中船檣ヲ切斷セラレタル船主ニ對シテハ他ノ精算ニ依テ要償セシムルガ如シ、而シテ斯ル場合ニ於テ若シ精算ナルモノハ唯ダ一箇タルベキモノトセバ、其精算ハ全躰ヲ通ジテ同一基礎ニ於ケル事實ニ由テ作成セザルベカラザルナリ、故ニ一航海中ニ於テ打荷ト經費支出ノ兩者ヲ生ジタルトキハ其終局ノ結果ヲ以テ打荷ノ精算基礎トナシ、而シテ經費ノ精算基礎ハ

便宜上ヨリ又タ之レト同一タラシメザルベカラズ、

(第三)、共同海損ニ對シヲ分擔ヲナスベキ原由ハ其共同海損ノ爲メニ收得シタル利益ニ在リテ、前掲セル判事「ポーピル」氏ノ判決ニ依レバ、分擔ニ關スル全法律ハ一方ニ於ケル損失ト、他方ニ於ケル利益ニ從フベキモノトセリ、然ルニ此原則ヲ完全ニ施行セントセバ唯ダ終局ノ結果ヲ精算決定ノ基礎トシテ採用スルノ外他ニ途ナキナリ、

(第四)、船長ハ積荷ニ對シテ確實ナラザル利益ヲ圖ルガ爲メニ若干ノ經費ヲ支出シテ之ヲ積荷ノ負擔トナスノ權アリヤ否ヤ、「ロールド、ストーヴェル」氏ハ「グラチチユヂン」事件ニ於テ救助料ニ對スル積荷ノ責任ヲ主張シ、此經費ハ積荷ノ利益ノ爲メニ要シタルモノニシテ、積荷ニ對シテ些少ノ損害ヲ付與スル能ハザルモノナリトシテ曰ク、『捕獲セラレタル積荷ヲ贖戻スル場合ニ於テハ、積荷ノ利益ノ爲メニ行ハレタルモノハ時トシテハ其積荷ノ全價値ヲ費スコトアリテ、斯ル場合ニ於テハ積

荷主ハ利益ヲ受クルコトナシト雖モ敢テ損害ヲ蒙ルコトナキナリ、何ントナレバ積荷主ハ既ニ其積荷ノ價値外ニ損失ヲ蒙ルコトナキモノニシテ、而シテ此積荷ハ右ノ贖戻ヲナサヾルトキハ全ク擧ゲテ敵手ニ陷ルベキヲ以テ、此際積荷主ハ損失ヲ蒙ルベキ危險或ハ懸念ナクシテ利益ヲ收ムベキ機會ニ接シタルモノナレバナリ』トセリ、故ニ終局ノ結果ヲ基礎トセザル精算ハ其極積荷主ヲシテ積荷ヲ損失セシムルニ至ルベクシテ、然ルトキハ其積荷主ノ位置ハ共同海損行爲ノ生セザル場合ヨリモ更ニ不良トナルベキナリ、

船長ハ時トシテハ確實ナラザル利益ノ爲メニ若干ノ經費ヲ支出シ、或ハ全部ノ財產ヲ消滅ニ歸セシムル必要ノ場合ニ接スルコトアルハ固ヨリ認メザルベカラズト雖モ、未ダ此兩者ニ就テ撰擇ヲ行フヘキ場合ニ接スルコトナシ、何ントナレバ船長ハ此種ノ目的ノ爲メニハ冒險貸借ノ方法ニ依リ、或ハ一部ノ積荷ノ賣却ニ依テ金員ヲ調達スルヲ得ベ

クシテ、若シ此等ノ方法ヲ執行シタル後ニ於テ船舶及ビ積荷ガ航海中ニ喪失シタルトキハ其經費ハ此喪失中ニ編入セラルヽモノナリ、故ニ「ロールド、ストーウヱル」氏ノ原則ヲ實行セントセバ、船長ハ如何ナル經費ト雖モ、其返濟ニ關シテ積荷ノ終局ノ安全或ハ其到達港到着ヲ條件トセザルニ於テハ之ヲ以テ積荷ノ負擔トスルノ權利ナシト謂ハザルベカラズ、

(第五)、船長ノ權利ハ假令ヒ此ノ如ク制限セラルヽコトナシトスルモ、分擔ノ原因ハ共同海損ヨリ收得セル利益ニ基クモノナルヲ以テ、其經費ハ利益ヲ收得セザル者ヨリモ寧ロ利益ヲ收得シタル者ノ負擔ニ歸スベキハ當然ナリ、而シテ若シ經費ヲ支出シタル後ニ於テ船舶及ヒ積荷ガ全ク喪失シテ其極何人モ利益ヲ收得セザルトキハ、各人ハ悉ク平等ノ位置ニ在ルヲ以テ凡テノ者ヲシテ其經費ヲ分擔セシムルヲ正當トス、何トナレバ斯ル場合ニ於テハ利益ヲ收得セントスル當初ノ意旨ニ

遡テ觀察スルノ要アレバナリ、然トモ利益ヲ收得スル意旨ノミニ止マルモノハ之ヲ實際ニ利益ヲ受ケタルモノニ比スレバ分擔ノ責任ハ固ヨリ甚ダ輕クシテ、故ニ若シ一者ニ在テハ既ニ實際ニ利益ヲ受ケ、他者ニ在テハ單ニ利益ノ收得ヲ企圖シタルノミニシテ實際ニ利益ヲ受ケザルニ於テハ、此兩者ハ分擔ニ付テ同一基礎トナスベカラザルナリ、

（第六）船主ガ共同海損ニ對シテ留置權ヲ完全ニ利用セントセバ、唯ダ終局ノ結果ヲ精算ノ基礎トナスニ由テ始テ其權利ヲ保護セラルヽヲ得ベシ、何ントナレバ全部ノ共同海損ハ此基礎ニ於テ到着財産ヨリ支拂ハレ、且ツ船主ノ留置權ハ唯ダ此財産ノミニ付テ行フヲ得ルモノニシテ、故ニ留置ナルモノハ要償額ノ全部ヲ蓋フモノナリ、然ルニ若シ其共同海損ノ一部ヲ以テ既ニ喪失シタル財産ノ負擔トナストキハ、船主ノ行フ所ノ留置ハ到底要償ノ全額ヲ蓋フ能ハザルベシ、

以上六ケノ理由ハ即チ英國ニテ最モ汎用セラルヽ慣例ノ論據トシテ

主張セラルヽモノニシテ、而シテ之ニ對スル反對論者ノ見解ヲ說敍スレバ以下ニ記スル如シ、

右六ケノ理由ハ一部ハ便宜上ノ理由ニ基キ、一部ハ原則上ノ理由ニ基クモノニシテ、故ニ先ヅ第一ニ原則上ノ理由ヨリ論議シテ原則上何レノ精算方法ヲ以テ正當トナスヤヲ決定シ、然シテ後チ其方法ヲ實用スル困難ハ果シテ避クベカラザルヤ否ヤヲ觀察スベシ、蓋シ或ル場合ニ於テハ、完全ナル原則ヲ行ハントセバ非常ノ不便ヲ釀スガ故ニ到底其採用ヲ許シ難キコトアリト雖モ、是レ畢竟程度問題タルニ過ギザルナリ、故ニ苟モ正當ノ方法アリテ、其適用ニハ些少ノ不便アリト雖モ敢テ其實行ヲ難シトセザルトキハ、之ニ代フルニ不正ニシテ便利ナル方法ヲ撰用スベカラザルナリ、

今マ此ニ決定セントスル原則上ノ問題ヲ簡單ニ約說スレバ、航海中ニ於テ蒙ル所ノ共同海損ノ性質タル經費ハ如何ナル債務ヲ成立スルヤ

ニ在リテ、即チ其債務ハ經費ヲ要シタルノ際各分擔者ヨリ單ニ應分ノ仕拂義務ヲ生ズルノミナルヤ、或ハ其債務ハ既ニ實際ニ確定セル負債トシテ其仕拂ヲ航海終了迄延引セラレタルモノナルヤニ在リ、而シテ若シ其債務ガ既ニ實際ノ負債トシテ成立スルモノナルトキハ、各分擔者ヨリ支拂フベキ割合ハ實ニ其當時ニ現存セル事實ノ情況ニ從テ決定セザルベカラザルナリ、

之ヲ救助料ノ如キ實際ニ費用ヲ構成スル所ノ一大種類ノ經費ニ付テ觀ズルニ、船舶及ビ積荷ノ各所有者ガ支拂フベキ債務ハ救助行爲ノ完終セル當時ニ成立スルコトハ疑ヒナキ所ニシテ、救助者ハ船舶及ビ積荷ヲ危險ヨリ救濟シテ之ヲ安全ノ場所ニ達セシメタルトキハ、其航海ノ完終ニ至ル迄救助料ノ領收ヲ待ツノ義務ナキナリ、而シテ救助者ハ船舶及ビ積荷ノ各者ニ對シテ其救助料ニ關スル留置權ヲ有シ、且ツ其各者ニ對シテハ各別ニ之ヲ行使シ得ル權利ヲ有スルヲ以テ、船主或ハ

各積荷主ハ自己ノ割前ニ屬スル救助料ニ關シテ各自獨立ニ救助者ト處置ヲ遂ゲ、而シテ殘餘ノ救助料ニ對シテハ其餘ノ財産ニ付テ要求セシムルヲ妨ケザルナリ、是ニ依テ之ヲ觀レハ、各部ノ財産ニ對スル債務ハ其救助完終ノ當時ニ於テ既ニ確乎トシテ成立スルハ明瞭ニシテ、然ハ則チ此ノ如ク救助者ガ各部ノ財産ニ對シテ各別ニ處置スルニ代フルニ、船長ガ船主及ヒ各積荷主ニ遠隔スルノ故ヲ以テ代理人タル固有ノ權能ニ由テ全者ノ利益ノ爲メニ一定ノ救助料ヲ約束スル場合ヲ假想スルトキハ抑モ此間ニ何等ノ差異ヲ生ズべキヤ、即チ斯ル事情ハ各者ニ對スル負債ノ成立時間ニ變化ヲ及スヘキ結果ナキモノニシテ、然ルトキハ救助料ナルモノハ救助セラレタル各財産ノ所有者カ其救助料ヲ要シタル當時ニ於テ絕對ニ負擔スル所ノ債務タルべギナリ

打荷ハ共同海損犧牲ノ摸範タルガ如ク救助料ハ共同海損經費ノ摸範タルモノニシテ、而シテ經費ニ對スル分擔要償ナルモノハ船長ガ船主

ノ使用人タル資格ヲ以テセス、却テ凡テノ者ノ利益ノ爲メニ其代理人タル一大權利ヲ以テ經費ヲ支出シ或ハ其經費ヲ要セシメタル行爲ヲ執行シタルニ基クモノナリ、然バ則チ船長ガ必要ノ際確實ナラザル一大利益ヲ達セントシテ若干ノ經費ヲ支出スルノ權ハ果シテ以上ノ代理權中ニ包含セラルヽヤ否ヤ、是レ此ニ問題トシテ論究セザルベカラザルナリ、

此問題ニ關シテ單ニ前掲セル「ロールド、ストーウェル」氏ノ判決宣告ノミニ就テ觀ズルトキハ、其結論トシテハ船長ニ此ノ如キ權利ナシト斷定セザルベカラズ、然𪜈回顧スレバ此判決宣告ハ既ニ七八十年前ノモノニシテ、此時代ニ在テハ共同海損ノ法律ハ未ダ英國裁判所ニ於テ殆ド其講究ノ端ヲ發シタルコトナク、從テ其義理ヲ瞭解スルモノ甚ダ稀レナリ、況ヤ同氏ノ右ノ宣告ハ其裁判事件ニ關スル餘論ト看做スベキモノニシテ現今ニ於テ之ヲ重視スベキ理由ヲ確認スル能ハズ乃チ判

事「ボルロック」氏ノ如キモ「ダンカン」對「ベンソン」事件ニ於テ右ノ判决宣告ヲ非認シタルコトアリ、「ロールド、ストーウエル」氏ノ權原ハ既ニ此ノ如ク其憑據スベキ價値ナキヲ以テ今マ此問題ヲ單ニ理論上ヨリ講究スレバ、船長ノ經費支出權ヲ以テ此ノ如ク制限セラルヽモノト信スル能ハザルナリ、蓋シ共同海損ノ爲メニ若干ノ經費ヲ支出シテ其後チ船舶及ビ積荷ガ全損シタル場合ニ於テ、此經費ハ船主及ビ積荷主ヨリ各ホ其割合ニ應シテ之ヲ賠償スベキモノナルヤ否ヤハ未ダ曾テ問題トナリシヿナク、畢竟此場合ニ於テハ留置ハ既ニ行フヿヲ得ズ、從テ財產ノ所有者ヲ正確ニ區別シテ經費ノ賠償ヲ求ムルヿ甚ダ困難ナルベシト雖圧、苟モ此困難ニシテ排除スルヲ得ベ猶ホ其賠償要求權ノ存在スルコトハ决シテ否ムベカラザルナリ、又タ救助ノ場合ニ於テモ、船長ガ船主ト遠隔シテ實際通信協議ノ途ナキニ當リ、若干金額ノ支拂ヲ救助者ニ約シテ以テ其救助ヲ求ムルノ權利アルヿハ未ダ曾テ疑問ノ存セザル所ナリト雖モ、其際若シ船主ノ信用ニ依テ其必要ナル金額ヲ調達スルコトヲ得バ、船長タルモノハ敢テ冒險貸借或ハ積荷ノ賣却ニ依リテ資金ヲ調達スベカラザルモノトス、然バ則チ後時ノ事變ニ由リテ或ハ無用ニ歸スベキ恐レアル利益ナリト雖モ、此利益ヲ得ルガ爲メニ、船長ガ凡テノ者ノ利益ノ爲メニ其代理人タル權能ニ於テ、若干ノ經費ヲ支出シ以テ之ヲ賠償セシムルノ權利アルヿハ敢テ辨明ヲ待タザル所ニシテ、而メ船長ガ此權利ヲ行フニ當テ其處置ノ正當ナルベキハ固ヨリ明白ノ義務ナリト云フベシ、

右ノ理論ニ對シテハ或ハ反對ノ見解ヲ主張スルモノアリト雖モ然ルトキハ非常ノ弊害ニ接セザルヲ保シ難シ、何ントナレバ若シ船長ニシテ此權利ヲ有セザルニ於テハ、時トシテハ全部ノ財産ヲ危險ニ陷ラシメ或ハ航海ノ目的ヲ消滅セシムル場合少シトセザレバナリ、蓋シ船長ガ

航海ヲ繼續スルニ付テハ正當ニシテ相應ナル經費ヲ要スル場合アルベクシテ、其所謂ユル正當ニシテ相應ナル經費トハ他ナシ、即チ若シ全部ノ財產ガ船長ノ所有タルニ於テハ毫モ其支出ヲ躊躇セザル如キモノヲ云フナリ、而メ此際其地ニ於ケル船主ノ代理人ニシテ船主ニ宛テタル支拂手形ヲ以テ必要金額ヲ融通セントスルモノアル片ハ、船長ハ敢テ冒險貸借或ハ積荷ノ賣却ニ依テ資金ヲ調達スルノ權利ナクシテ、畢竟此ノ如キ場合ニ於テ船主ノ居住地ヨリ發送シ來ル金員ノ到着ヲ待ツ片ハ、啻ニ徒ラニ損失ヲ招クノミナラズ、其無益ニ航海ヲ延滯スルハ遂ニ船主ヲシテ航海延引ノ責ヲ負ハシムルニ至ルベキナリ、故ニ以上ニ主張セル所ノ船長ノ權利ハ假令ヒ單純ノモノナリト雖氏其性質ハ至重ノ關係ヲ有スルモノニシテ、若シ船長ニシテ此權利ヲ備エザルニ於テハ航海ハ此ニ全ク閉塞スルニ至ルベキナリ、以上ノ如ク觀シ來ルド片ハ原則上ノ問題ハ明白タルベクシテ、即チ凡テノ者ノ利益ノ爲メニ支出セラレタル實際ノ經費ニ對シテハ、財產ノ各所有者ハ其經費ノ支出セラルヽヤ否ヤ直ニ其割合ニ應ジテ眞實ニ債務者トナルベキナリ、而メ其負債ノ性質タルヤ寧ロ立替金額ノ返濟ト看做スベキモノニシテ畢竟其仕拂ヲ航海ノ終了迄延引シタルニ過ギザルナリ、故ニ原則トシテハ經費負擔ノ割合ハ其經費支出ノ當時ニ現存セル事實ノ情況ニ從テ決定セザルベカラザルナリ。

次ニ反對論者ガ終局ノ結果ヲ精算基礎トナサンガ爲メニ猶ホ原則上ノ理由トシテ主張スル所ニヨレバ、利益ヲ企圖シタルニ過キザル意旨ハ實際ニ付與セラレタル利益ニ比シテ分擔上同一基礎ニ置クベカラザルモノトセリ、即チ前記第五ノ理由トシテ論ゼルモノ是レナリ、然ㇾ吾人ハ思ラク、若シ分擔ノ基礎ヲ決定スベキ債務ノ成立時期ハ、航海ノ終了シタル時ニアラズシテ經費ヲ支出シタル時ナルヿヲ明察セバ自ラ反對論ノ誤謬タルヲ知ルヲ得ベシ、何ントナレバ此經費支出ノ時ニ當テハ凡テノ分擔者ハ其支出ニ付テ皆ナ同一位置ヲ有シ、全財産ハ一樣ニ危險ニ存在シテ各財産ノ安全一トシテ確實ナルモノナク、畢竟全財産ヲ利益セントスル意旨ノ外更ニ一事ヲ存セザルヲ以テ、此情態タルヤ凡テノ者ヲ分擔者トナスニ付テ充分ノ原由タルモノナリ、之ヲ要スルニ經費支出ノ當時ニ現存セル事實ノ情況ニ依テ其經費ヲ分擔スルハ實ニ眞正ノ原則タルモノニシテ、故ニ是レヨリ更ニ進ンデ此原則ハ果シテ實際ニ應用スルヲ得ルヤ否ヲ觀察スベシ、

抑モ反對論者ガ第一ニ主張スル論據ニ依レバ、財産ノ價値ナルモノハ到達港ニ於テ其所有者ニ引渡サレタル後始テ正確ニ定ムルヲ得ベクシテ、中間港ニ於ケル價値ハ到底想像タルヲ免レズトセリ、然レ𪜈熟考スルトキハ、到達港ニ運送ヲ要スル財産ハ中間港ニ於テ賣却セラルルノ意旨ナク又タ賣却スベカラザルモノニシテ、中間港ニ於ケル價値ハ、畢竟到達港ニ於ケル價値中ヨリ到達港ニ至ルベキ運送費用ト其運送間ニ

於ケル航海危險料トヲ控除シタルモノヲ云フ、之レ實ニ海上法院ガ救助料負擔ニ對スル財產評價ノ基礎トシテ採用シタル所ノ原則ナリ、曾テ龍動ニ向テ運送スベキ積荷アリ、航海中救助ニ接シテリスボンニ回送セラレ、而メ其救助料ハリスボンニ於ケル財產ノ價値ニ由テ決定セラレタルヿアリシガ、「ドクトル、ルシントン」氏ハ其積荷ノ元來リスボンニ於テ賣却スベキモノニアラザルヲ以テ、此際負擔ノ基礎トシテ採用スベキ價値ハリスボンニ於ケル市價ニモアラズ、又タ龍動ニ於ケル價値ニモアラズトシテ曰ク『救助者ニ依テ實際救助セラレタルモノハ、龍動ニ於ケル價値中ヨリ運送費用ト航海ノ危險料ヲ控除シタルモノナリ』トセリ、故ニ航海ノ危險料ナルモノハ各財產ガ同一ノ割合ニ有スルモノナルヲ以テ、共同海損ニ對スル各財產ノ關係價値ヲ定ムル場合ニ於テ一汎ニ之ヲ局外トシテ算入セザルトキハ、財產ノ價値ノ割合ハ右ノ救助料ノ場合ト更ニ差異ナキヲ知ルヲ得ベクシテ、即チ第二ノ事變ノ發生セザル場合ニ於テハ、凡テ中間港ニ於ケル價値ヲ基礎トスル精算モ終局ノ到着價格ヲ基礎トスル精算モ全ク同一ノ結果ヲ與フベキナリ。而メ若シ經費支出後ニ於テ事變ノ發生ヨリ財產ニ關スル諸般ノ情態ニ變化ヲ生スルキハ此ニ困難ヲ見ルコアルベシト雖モ、此困難タルヤ敢テ實際ニ於テ深ク憂フルニ足ラズ、唯ダ其經費支出後ニ於ケル喪失或ハ損害額ノ若干ナルヤヲ決定シテ之ヲ到着價値ニ合計スルヲ要スルニ在ルノミ、而メ此損失額ヲ決定スベキ計算方法ハ保險者ニ要償スル場合ニ於テ世人ガ從來屢バ行フ所ニシテ敢テ新奇ノ方法ニアラザルナリ、

次ニ財產ノ到着價値ナキ場合ハ以上ノ場合ニ比スレバ其處置遙ニ難ク、即チ船舶及ビ積荷ガ悉皆喪失スルカ、或ハ經費支出後ノ事變ニ由テ到達港ニアラザル土地ニ於テ賣却セラレタル場合之レナリ、惟フニ此ノ如キ場合ニ在テハ市價ヲ定ムベキ確乎タル引證事實ハ一モ存在セ

ザレバナリ然レ𪜈全損ノ場合ハ救助料ヲ支拂ヒタル難破ノ場合ニ比スレバ其處分困難ナルニ拘ラズ、前場合ヲ處置スベキ慣例ニ於テモ其困難敢テ甚ダ大ナラザル如シ何ントナレバ共同海損タル經費ヲ支出シタル後チ全損ヲ生ジタル場合ニ際シテ其經費ノ支拂ニ對シテ無責任ヲ主張シタルモノハ未タ曾テナキ所ニシテ、慣例上此ノ如キ場合ニ於テハ最モ近接セル評定價値ヲ承認シテ之ニ憑據スルモノトセリ、是ニ依テ之ヲ觀レバ、以上ノ如ク假令ヒ經費支出ノ場處ニ於ケル財產ノ價値ニ對シテ分擔ヲ執行スルト雖モ、僅ニ一二ノ困難ナル事情ヲ除クノ外ハ現今ノ慣例ニ於テ格別ノ不便ヲ覺ユル所ナキナリ、

最後ニ反對論者ガ主張シタル批難ハ船主ノ留置權ニ關スルモノナリ、然レ𪜈此ニ留置權ナルモノハ保險ニ付スベカラザルヿヲ說明スル𪜶ハ其批難ノ價ナキヲ知ルベクシテ、之ヲ英國裁判所ノ決定ニ徵スルニ、共同海損經費ニ關シテ船主ガ積荷ニ對シテ有スル留置權ナルモノハ保

險ニ付スベカラザル利益ナリトセリ、故ニ避難港ニ於テ經費ヲ支出シタル場合ニ當テハ、其後ノ事變ニ由テ此經費ヲ分擔スベキ積荷ヲ喪失シテ留置權ヲ不用ニ歸セシムベキ危險アルヲ以テ、船主ハ之レガ預防上其積荷ヲ保險ニ付スルコハ常ニ屢バ見ル所ナリ、乃チ此等上來ノ説明ニ依テ觀ズルトキハ、反對論者ガ論難スル實用上ノ困難ナルモノハ殆ド皆無ト稱スルモ過言ニアラザルナリ、

以上説叙シタル所ハ即チ一方ノ論者ガ擧示セル前記六ケノ理由ニ對シテ他方ノ論者ガ抗論セル大要ノ見解ニシテ、思フニ精算者間ニ於ケル此兩見解ハ到底裁判判決ニ依テ始テ可否ヲ定ムベキモノナリ、然圧吾人ニシテ以上兩派ノ見解ヲ觀察スルトキハ、經費ヲ支出シタル場合ニ於テ財産ノ價値決定上其支出ノ當時ニ於ケル事實ノ情況ニ從フベシトスルハ明ニ優勢ノ理論ヲ有スル見解タルガ如シ、

第六節　數港ニ運送スベキ積荷アル場合

船舶ガ數港ニ陸揚スベキ積荷ヲ運送スルコハ瀛船ノ航海ニ多ク見ル所ニシテ、斯ル場合ニ於テハ共同海損ヲ精算スベキ場所ハ何レヲ以テ正當トナスヤ、之レ本節ニ於テ研究セントスル問題ナリ、

此問題ニ對スル一說ニ依レバ、共同海損ノ行爲ガ其犧牲タリ或ハ經費支出ノ場合タルニ關セズ、其行爲ノ後チニ於テ一部ノ積荷ヲ陸揚スル第一ノ到達港ハ即チ正當ノ精算地タルベキナリ、何ントナレバ此第一ノ到達港ハ凡テノ分擔者ニ共通シテ航海ヲ終了セルモノニシテ、其後ノ航海ノ部分ニ就テハ單ニ殘餘ノ積荷ノミニ於テ關係ヲ有スル所ナリ、故ニ若シ共同海損ニシテ此第一港ニ向テ運送セラレタル積荷ノ打荷ナル場合ニ於テハ、其積荷主ハ其後ノ航海ノ危險ニ對シテ何等ノ利害關係ヲ有スルコナク、猶ホ恰モ殘餘ノ積荷ガ共ニ此第一港ニテ荷受セラル丶場合ト同一ノ基礎ニ於テ直ニ分擔ノ要償ヲナスヲ得ベシトセリ、

右所說ノ當否ニ關シテハ吾人ハ暫ク措テ問ハザルベシト雖モ、假リニ其見解ヲ正當ナリトスルトキハ、之レガ推論上此ノ如キ場合ノ精算基礎トシテハ先ヅ其第一到達港ニ於ケル法律ニ準據シ、又タ凡テノ財產ノ價値及ビ事實ノ情況ハ既ニ前節ニ述ベタル原則ニ從テ其第一到達港ニ於ケル到着及ビ陸揚當時ノモノニ依テ定ムルヲ要シ、猶ホ其第一港ニ運送シタル貨物ト其後ノ到達港ニ運送スベキ貨物トヲシテ精算上同一基礎ヲ保タシムルガ爲メニ後者ノ分擔價値中ヨリ其後ノ航海保險料ヲ控除セザルベカラザルナリ、

次ニ以上ノ見解ニ反對スル一方ノ論者ノ說ク所ニ依レバ、抑モ通常ノ規則ニ於テ共同海損ノ精算ヲ積荷ノ陸揚港ニ於テ行フベシトナスモノハ、主トシテ其理由ヲ便宜上ノ觀察ニ發シタルモノニシテ、就中陸揚港ニ於テハ貨物ノ價値ヲ最モ公平ニ測定スルヲ得、且ツ當事者ノ權利ヲ最モ能ク有効ニ執行シ得ルヲ以テ從テ其地ノ法律ヲ適用スルヲ最

モ明白ニ便宜トナセバナリ、然レ𪜈二箇以上ノ到達港ニ向テ運送セラルヽ積荷ノ場合ニ在テハ、假令ヒ船舶ガ第一港ニ到着シタリト雖𪜈未ダ全部ノ航海ノ結果ヲ知ル能ハズ、即チ第二港ニ向テ運送セラルヽ貨物ガ有スベキ眞正ノ分擔價値ヲ未ダ決定スベカラザルヲ以テ、其第一港ニ於テ直ニ終局ノ精算ヲ行ハントスルモ到底爲シ得ベカラザル所ニシテ、故ニ斯ル場合ノ精算ハ第一港ヨリモ寧ロ却テ第二港ニ於テ行フヲ便宜ナリトス、例バ船舶ガ航海中其兩港間ニ於テ喪失スル𪜈ハ其際船内ニ存在スル積荷ヲシテ前ノ共同海損ニ對シテ分擔セシムルヲ得ルヤ否ヤ、即チ此際ニハ此等ノ積荷ニ對スル船主ノ留置權ハ既ニ行使スルヿ能ハザルベクシテ、故ニ其積荷ノ分擔義務ノ有無ニ就テハ現時英國及ビ其他ノ諸國ニ於テモ實ニ未決ノ問題ニ屬スルモノナリ云々トセリ、

玆ニ以上ノ兩見解ニ付テ觀察スルニ、若シ吾人ニシテ單ニ純粹ノ理論

上ヨリ判ズルトキハ、船舶ニシテ第一港ニ到着セルトキハ、第二港ニ運送ス

ベキ貨物ハ第一港ニ運送セラレタル貨物ト同樣ニ既ニ其第一港迄安

全ニ送達セラレ、即チ犧牲ノ爲メニ其間ニ於タル航海ノ利益ヲ蒙リタ

ルモノナルヲ以テ、此利益ハ其貨物ノ到達港ニ於ケル價値中ヨリ第一

港以後ノ航海保險料ヲ控除シテ正當ニ算出スルヲ得ベシ、然レトモ此見解

ハ第二ノ見解ニ比スレバ理論ニ重キヲ措キテ實際ノ便宜ヲ顧ミザル

ノ嫌アルヲ以テ、之ヲ從來ノ各種ノ裁判例ニ徵スルトキハ、恐クハ英國裁

判所ノ意見トシテハ此ノ如キ塲合ノ積荷主ヲ以テ前ノ犧牲ヨリ實際

何等ノ利益ヲ受ケザルモノト認ムルコアルベキナリ、果シテ然ラバ精

算ハ到底第一ノ陸揚港ニ於テ行フベカラザルヲ以テ抑モ之ヲ第二ノ

陸揚港ニ於テ行フベキヤ否ヤ、是レ亦タ更ニ硏究ヲ要スベキモノニシ

テ、然ルニ吾人ハ此塲合ニ在テモ以下ニ記スル如ク再ビ其處置ノ困難

ナルヲ發見スベシ、

第二港ニ於テ精算ヲ行ハントスル場合ニ當テ既ニ第一港ニ運送セラレタル積荷ノ所有者カ主張スル所ニ依レバ、假令ヒ第二港ニ運送スベキ殘餘ノ積荷ハ猶ホ航海中ニ屬スルト雖ヒ、單ニ此理由ニ因リテ第一港ニ運送セラレタル積荷ノ位置ヲ更ニ不利タラシムル所以ナシトセリ、故ニ例ハ船火ヲ消防スルガ爲メニ注水ヨリ積荷ニ損害ヲ加ヘテ共同海損ヲ生ジタル場合ニ當リ、第一港ノ法律ニテハ此損害ヲ分擔ニ依ヲ賠償スルニ反シ、若シ第二港ノ法律ハ猶ホ昔時ノ英國慣例ノ如ク之レガ分擔要償ヲ許サヾルニ於テハ、第一港ニ運送セラレタル積荷ノ所有者ハ果シテ此第二港ノ法律ニ服從シテ其要償權ノ消滅ニ甘スベキヤ、是レ甚ダ吾人ノ疑ヲ存スル所ナリ、何ントナレバ此等ノ積荷主ナルモノハ第一港以後ノ航海ニ就テハ既ニ契約ノ當事者ニアラズ、從テ彼等ノ權利ハ此航海ニ就テ些少ノ利害關係ヲ有スベキ理由ナクレバナリ、次ニ又タ更ニ一汎ニ應用スベキ一場合ヲ例證スレバ、第一港ノ法律ニテハ船舶ハ其全價値ヲ以テ共同海損ヲ分擔スベキ規定ナルニ反シ、第二港ノ法律ハ猶ホ佛國法ノ如ク唯ダ船價ノ半分ヲ以テ分擔ニ應スベキ規定タル場合ニ於テハ、第一港ニ運送セラレタル積荷ノ所有者ヲシテ此後規定ニ從テ其共同海損分擔ノ比例ヲ增加セシムルモ果シテ正當タルヲ失ハザルヤ否ヤ、是レ亦タ大ニ疑問ノ存スル所ナリ、

以上ノ如ク數港ニ陸揚スベキ積荷運送ノ場合ニ關スル共同海損ノ精算ハ種々ノ困難ナル事情アリト雖ドモ、吾人ハ未ダ曾テ之ニ關スル裁判例ヲ有シタルコトナシ、故ニ參考ノ爲メ此種ノ場合ニ就テ近時採用セラレタル方法ヲ記述センニ、曾テ「サルニヤ」號ト稱スル一流船アリ、其積荷トシテハ英領加那陀ノハリファックスニ運送スベキモノト、米國ポートランドニ運送スベキモノトヲ搭載シテリバプールヲ出帆セシガ、航海中事變ニ遭遇シタルヲ以テリバプールニ歸航シ、此ニ修繕ノ爲メニ積荷ノ荷揚ヲ行ヒ、修繕結了後再ビ航海ヲ繼續シテ遂ニ各到達港ニ向

テ其積荷ヲ運送セリ、而メ此船舶、運賃、及積荷ニ關スル共同海損ノ精算ハハリフワックスノ精算者ト米國ノ精算者トニ依テ協議ノ上之ヲ作成シタリシガ、其精算ノ方法ニ依レバ、精算表ニ二列ノ勘定項目ヲ設ケテ其第一列ヲハリフワックスノ分トナシ、第二列ヲポートランドノ分トナシ、以テ第一列ニ示セル金額ハ英國法ニ從テハリフワックスニテ荷渡シタル荷受人ノ支拂フベキモノトシ、第二列ニ示セル金額ハ米國法ニ從テポートランドニテ荷渡シタル荷受人ノ支拂フベキモノト定メ、此ノ如クニシテ此精算ハ遂ニ實施セラルヽニ至レリ、然トモ當初此精算ヲ決定スルニ於テハ船主ト船舶及ビ運賃ノ保險者ノ間ニ一小紛議ヲ生シ、苟モ保險證面上『共同海損及ビ救助料ニ對スル要償アルトキハ外國ノ精算ニ從テ支拂フベシ』ナル條欵アル以上ハ、船主ハ前記ノ精算ニ於テ第一列或ハ第二列ノ金額ヲ撰擇シテ要償スルノ權アルヤ否ヤノ問題ヲ生セリ、何ントナレバ若シ船主ニシテ此撰擇權ヲ有セバ、船舶ノ保險ニ付テハポートランドノ列ニ屬スル金額ヲ要償シ、運賃ノ保險ニ付テハハリフワックスノ列ニ屬スル金額ヲ要償スルヲ得テ、其極船主ハ巨額ノ利益ヲ占ムルニ至ルベキナリ、然𪜈此ノ如キ權利ハ遂ニ船主ニ對シテ認ムル所トナラズ、其所謂『外國ノ精算』ナル辭句ハ積荷ニ關シテ實行セラル、部分ノ精算ヲ意味シテ、船主ハ唯ダ此ノ如キ解釋ニ於テ處置スルヲ得ベキモノト定メラレタリ、即チ例バ此場合ニ於ケル積荷ノ全價値ハ七十萬圓ニシテ、其中三十萬圓ハハリフワックス揚ノ積荷價値ニ屬シ、四十萬圓ハポートランド揚ノ積荷價値ニ屬セリト假定スルトキハ、船主ガ要償權ヲ有スル部分ハ積荷ノ全價値中ハリフワツクスノ列ニ於テ七分ノ三ヲ占メ、ポートランドノ列ニ於テ七分ノ四ヲ占ムルモノトスルニ在リ、而〆此決定ニ對シテハ多少ノ紛議ヲ見タリト雖モ船主ハ遂ニ之ニ服從スルニ至レリ。

第七章　賠償額ノ計算方法

第一部　經費支拂

第一節　經費及ビ資金調達費

前章ニ於テハ精算ノ基礎トナルベキ時日、場所、及ビ事實ノ情況ノ三者ヲ説明セシガ、本章ニ於テハ如何ナル賠償額ヲ分擔ニ由テ支拂フベキヤヲ講究セントス、而シテ此問題ハ第一、經費支拂ノ場合、第二、犧牲ノ場合ノ兩部ニ區別シテ之ヲ觀察スベシ、

玆ニ吾人ハ先ヅ第一部トシテ經費仕拂ノ場合ヨリ觀ズルニ、此場合ニ於ケル賠償額ハ其費用額ト其資金ノ調達費ヲ合計シタルモノニ過キズ、而シテ如何ナル經費ノ仕拂ヲ以テ船舶及ビ積荷ノ共同安全ニ對スル經費トシテ處置スベキヤハ吾人ガ既ニ論定シタル所ナルヲ以テ、其費用額ノ性質ニ就テハ斯ニ再ビ説述スルノ要ナシト雖モ、唯ダ其調達費

ニ關シテハ諸種ノ疑問ヲ生ズルヿアリテ、是レ吾人ノ研究ヲ要スベキモノナリ、

之ヲ原則上ヨリ論ズレバ、共同海損ノ爲メニ資金ヲ調達スルヿハ運送契約ノ除外條件タル『海難ヲ除ク』ノ範圍ニ屬スルモノニシテ、此關係ハ共同海損ト少シモ異ル所ナシ、故ニ此資金ヲ調達スベキ責任ハ共同海損ヲ支拂フベキ責任ニ隨伴シテ生ズルモノニシテ、從テ其責任ハ凡テノ利害關係者ノ負擔ニ歸スベキハ固ヨリ明白ナリトス、

領事裁判史等ノ記錄ニ就テ資金調達ニ關スル古代ノ慣例ヲ案ズルニ、昔時商人ガ自ラ航海シテ貿易ヲ營ミタル時代ニ於テハ、其乘船ノ際貨物ノ賣上代金或ハ買入資本トシテ屢バ多額ノ金員ヲ携帶シ、然ラザレバ常ニ貨物ヲ所持スルモノニシテ、故ニ船長ガ金員或ハ其他賣却スルニ足ルベキ貨物ヲ必要スル場合ニ當テハ、危急ノ際商人ハ常ニ其資金ノ調達者トナルモノナリ、而シテ此等ノ資金ハ打荷ノ場合ト同一方法

ニ於テ拂戻サルヽモノニシテ、即チ船舶ガ到達港ニ到着スルヤ否ヤ、凡テノ利害關係者ヨリ直ニ之ヲ支拂テ以テ各人ノ位置ヲ平等ニ歸セシムルヲ常トシ、若シ又タ其船舶ガ航海中ニ喪失シタル時ハ資金調達者タル商人ハ固ヨリ其積荷ヲ共ニ喪失スベシト雖ドモ、既ニ供給シタル金員或ハ貨物ニ對シテハ必ズ賠償ヲ受クベキモノトセリ、然ルニ其後商人ガ各自陸上ニ居住シテ貿易ヲ營ム時代トナルニ及ビテハ船長ノ權力ハ太ニ擴張シ來リ、遂ニ船長ハ自ラ商人ニ代テ其利益ノ爲メニ必要ノ行爲ヲナスノ權ヲ有スルニ至レリ、即チ例バ船長ガ金員ヲ必要スル場合ニ於テ、若シ船主ヨリ之ヲ得ル能ハズ、或ハ船舶及ビ運賃ヲ冒險貸借ニ供スルモ未ダ充分ニ之ヲ調達シ能ハザルニ當テハ、積荷ヲ抵當トナシ若シクバ更ニ之ヲ賣却シテ以テ要用ノ資金ヲ調達シ得ルニ至レリ、而シテ本書ニ於テ冒險貸借若シクバ此等ノ强制賣却ニ關スル法律ヲ論述スルハ冗長ニ亘ルノ恐アリト雖ドモ、其諸國ノ法律ノ一致セザル

ガ爲メ法律上ノ難問ヲ惹起スベキモノ少シトセズ、故ニ以下ノ二節ニ於テ聊カ說明スル所アルベシ、

第二節　積荷ノ强制賣却

現今英國ニテ確定ノ法理トスル所ニ依レバ、船長ガ共同海損行爲ニ就キテ經費ヲ支出シ或ハ犧牲ヲ行フハ、船主ノ使用人或ハ代理人タル資格ニ於テ爲シタルモノト看做サズ、却テ其犧牲ヲ承認スル凡テノ當事者ノ代理人タル資格ニ於テ之ヲ行ヒ、若シクハ償還ヲ受クベキ暗默契約ニ於テ凡テノ者ノ爲メニ犧牲ヲ行フ所ノ利害關係者ノ代理人タル資格ニ於テ之ヲ行フモノトセリ、然ルニ從前ニ在テハ普通法裁判所ハ此法理ヲ全ク認識セザリシテ以テ爲メニ種々ナル疑問ヲ生ズルニ至レリ、

玆ニ吾人ガ此等ノ疑問ニ付テ擧示セントスル裁判例ハ、積荷ヲ强制的ニ賣却シタルニ當リ、若シ其賣上代金ニシテ其積荷主ガ貨物安着ノ場

合ニ收得スベキ金額ヨリモ多額ヲ達シタルトキハ抑モ如何ニ之ヲ處置スベキヤノ問題ニ關スルモノナリ、蓋シ此ノ如キ結果ハ其强制賣却ニ由テ異常ノ利益ヲ搏シ、或ハ殘餘ノ積荷ガ其後ノ航海中ニ投棄セラレタル塲合等ニ於テ生スルモノナリ、

（第一）「リチヤードソン」對「ノールス」事件ニ依レバ、曾テ印度洋中ノマウリシヤスニ避難シタル一船舶アリテ、船長ハ其避難港ニ於ケル經費ヲ支拂フガ爲メニ積荷ヲ賣却シタルニ、其賣上代金ハ到達港ニ於ケル實價ニ比シテ却テ多額ヲ達シタリ、乃チ此塲合ニ於テハ其積荷主ハ到達港ニ於ケル實價ヲ要求スベキヤ、或ハ其實際ノ賣上代金ニ付テ要求スベキヤノ問題ヲ生ツタルモノナリ、而メ此事件ハ當初三人ノ仲裁人ノ處置スル所トナリ、其積荷主ハ兩金額中多額ノモノニ付テ要求スルノ權アリト決定セラレタリガ、其法庭ニ起訴セラルヽニ至テモ裁判所ハ又タ右仲裁人ノ決定ヲ是認セリ、判事「アボツト」氏曰ク『此貨物ハ航海中船

船修繕ノ必要ノ爲メニ賣却セラレ、其賣上代金ハ之ヲ到達港ノ到着ニ至テ賣却スルモノニ比シテ遙ニ多額ヲ達シタルニ在リ、然ドモ此ノ如キ場合ニ適合スベキ裁判例ハ未ダ曾テ存在セザル所ニシテ、且ツ辯論中ニ引用セラレタル諸學者ト雖ドモ、貨物ガ到達港ニ於ケル價格ヨリ高價ニ賣却セラルヽ場合ニ對シテハ未ダ一人モ之ヲ預想シテ論及シタルモノナキナリ、蓋シ此事件ハ商業者ニ關係スルヲ以テ商業者ハ商業習慣ニ由テ之レガ決定ヲ下シ得ベキ者ニシテ、吾人ハ仲裁人ノ決定ヲ不當ナリト認ムル能ハザルナリ、何ントナレバ船主ガ陳述スル所ニ依レバ、船主ハ此ノ如キ賣却ノ爲メニ損失ヲ蒙ルモ決シテ利益スルヿナシト主張スルト雖ドモ、船主ガ凡テノ貨物ヲ到達港ニ運送スルニ付キテ其及ブ限リ盡力スベキハ是レ又タ當然ノ義務ナレバナリ、而メ若シ仲裁人ノ處置ニシテ確定ノ原則ヲ誤解シタルドハ、裁判所ニ於テ忌憚ナク、之ヲ非認スベキハ固ヨリ多言ヲ要セズト雖ドモ、此事件ニ於テハ仲裁人ノ決定ハ法律ノ確定原則ニ悖反シタル所ナク、從テ其決定ヲ破棄スベキ限リニアラズ』トセリ、又タ判事「ホルロイド」氏ハ曰ク、『賣却セラレタル貨物ニ對シテ其所有者ガ最高價格ニ從テ賠償ヲ得ンヽスルハ其理由明確ナリト云フベシ、蓋シ船長ナルモノハ他ノ方法ニ依テ金員ヲ調達シ得ルトキハ貨物ヲ賣却スルノ權ナク、然ルニ若シ船長ニシテ之ヲ賣却シタルトキハ其所有者ハ實際ノ賣上代金ニ對スル要償權ナカルベカラズ、何ントナレバ此場合ニ於テハ船主ハ此ノ如キ賣却ニ由テ些少ノ利益ト雖モ之ヲ占ムベキ理由ナシ』トセリ、

(第二)「アトキンソン」對「ステフエンス」事件ハ其判決甚ダ簡單ニシテ、即チ船舶ガ避難港出帆後ニ喪失タルトキハ修繕經費ヲ調達スルガ爲メニ避難港ニ於テ賣却セラレタル貨物ノ所有主ハ其貨物ノ到達港ニ於ケル價格ヲ以テ要償スルノ權ナシトセリ、蓋シ此事件ノ辯論ニ際シテハ、船主ハ「クチヤードソン」對「ノールス」事件ノ權原ニ基キテ積荷主ハ賣上

代金ヲ限リテ要償權ヲ有スル𛀁ヲ認メタルモノヽ如ク、故ニ船主ノ辯護人タル「チルダーソン」氏ハ其辯論ニ於テ曰ク『假令ヒ船舶ハ到達港ニ到着セズト雖モ貨物ノ所有主ハ其實際ニ賣却セラレタル金額ヲ限リテ要償スルノ權アルベク、然モ若シ船舶ニシテ到達港ニ到着スルトキハ、其貨物ノ所有者ハ其貨物ガ到達港ニ於ケル市價ニ付テ要償スルヲ得ベシ、故ニ其貨物ノ所有者ハ其賣却ヨリシテ實際一ノ利益ヲ占ムルモノナリ』トセリ。

(第三)「ホッパー」對「バーネス」事件ハ千八百七十六年「コンモンプリース」裁判所ニ於テ審判セラレタルモノナリ、此事件ニ依レバ一船舶アリ、カーヂッフヨリポイント、ドゥ、ガール迄石炭運送ノ爲メニ傭船セラレタリシガ、航海中風波ニ由テ損害スル所トナリ、乃チ喜望峰ニ避難シテ此ニ修繕經費ヲ支拂フガ爲メニ船長ハ其一部ノ石炭ヲ賣却シ、再ビ航海ヲ繼續シテ遂ニ到達港ニ到着スルヲ得タリ、而メ其共同海損ノ精算ニ於テハ其實際ノ賣上代金ヲ以テ石炭所有者ノ債權トナシタリシガ、然ルニ其賣上代金タルヤ、運賃ヲ算入セザルトキハ其元價ニ比シ或ハ到達港ニ於ケル市價ニ比シテ遙ニ多額ニ達シタルモノニシテ、加之ノミナラズ其精算ニ於テハ賣却石炭ニ對スル船主ノ運賃收入ヲ認メザリシヲ以テ、此ニ船主ハ其石炭ニ對シテ少クモ航海ノ航程割合運賃ヲ要求セントヲ出訴セリ、然モ「コンモンプリース」裁判所ハ船主ニ此要償ノ權ナシトシ、判事「ブレット」氏ハ左ノ如ク宣告セリ、

『航海ノ航程割合運賃ナルモノハ、傭船者若シクハ荷送人ト船長若シクハ船主間ニ契約ノ存在シタル場合ニ限リテ支拂ハルヽモノニシテ、即チ船長若シクハ船主ハ積荷ヲ到達港ニ運送スルヿヲ欲スルト雖モ、傭船者或ハ荷送人ハ之ヲ中間港ニ於テ荷受センヿヲ欲シテ此ニ協議ノ上積荷主ノ希望ニ應ズルトキハ、法律上其契約ハ航海ノ航程割合運賃ヲ支拂フベキ旨ヲ約シタルモノト認ムルナリ、然ルニ本件ノ塲合ハ明ニ

其然ラザル示スモノナリ、……吾人ノ考フル所ニ依レバ、傭船者ハ其石炭ノ賣上代金ヲ貸金トシテ處置スベキ撰擇權ヲ有スルモノニシテ、傭船者ヨリ觀ズレバ其貨物ハ傭船者ノ意思ニ反シテ賣却セラレタルヲ以テ、其賣却ハ假令ヒ海上法上不法ノ行爲ニアラズト雖ドモ猶ホ傭船者ハ此賣却ニ依テ蒙ル所ノ凡テノ損失ヲ要償スルノ權ヲ主張スルヲ得ベキナリ、故ニ若シ傭船者ガ貸金ノ性質ニ於テ之ヲ要償スルヿヲ撰ブニ於テハ、船主ハ航海ノ航程割合運賃ヲ支拂フベキ默約ノ存在ヲ證スベカラズシテ、又タ若シ傭船者ガ其中間港ニ於テ賣却セラレタル貨物ヲ以テ到達港ニテ賣却セラルベキ殘餘ノ貨物ヨリモ多額ノ利益ヲ占メ得タルモノト考フルドキハ、其强制賣却ヲ以テ直ニ之ヲ貸金ノ性質ト看做シテ船舶ノ到達港到着前ニ之レガ辨濟ヲ要求スベカラザルノ理ナキナリ、然ドモ若シ船舶ガ中間港ト到達港間ニ於テ喪失スルトキハ傭船者ハ撰擇權ヲ有スルヿナク、傭船者タルモノハ此際其貨物ヲ以テ到達港ニ於テ多額ノ利益ヲ占ムベキモノトシテ賠償ヲ要求スベカラズシテ、即チ斯ル場合ニ於テ要償ノ論據トナルモノハ、其貨物ノ到達港ニ於ケル價格ガ中間港ニ於ケル賣却ヨリモ更ニ多額ナルベシトノ想像ニ基クモノナリ、故ニ船舶ニシテ喪失スルトキハ航海ハ海難ノ爲メニ消滅セルモノナルヲ以テ傭船者若シクバ荷送人ハ船主ニ對シテ決シテ賠償ヲ要求スベカラズト雖モ、猶ホ其貨物ノ賣却ヲ强制的ノ貸金トシテ處置シ、其貨物ノ賣却價格ヲ要求スルノ權アルハ吾人ノ信ジテ疑ハザル所ナリ、是ニ依テ之ヲ觀レバ、貨物ガ中間港ニ於ケル賣却ニ依テ多額ノ利益ヲ占メタルトキハ、其積荷主ハ要償ノ撰擇上固ヨリ之ヲ貸金トシテ處置スルヲ得ベシト雖モ、若シ之ニ反シテ自已ノ利益上其貨物ノ價値ヲ到達港到着ノ場合ニ於ケル者ノ如ク處置スベキヿヲ主張スルニ於テハ、積荷主ハ貨物ニ對スル到達港迄ノ運賃ヲ支拂フベキナリ、然ルニ本件ニ於テハ被告タル積荷主ハ其貨物ノ賣上代金ヲ貸金トシテ要償スルノ權ヲ有シ、且ツ實際ニ之ヲ貸金トシテ要求シタルヲ以テ、吾人ハ此ニ傭船者ニ對シテ航海ノ割合運賃ヲ支拂フベキ暗默義務ノ存在ヲ認ムル能ハザルナリ、思フニ吾人ノ判決ハ或ハ不當ノ觀アルベシト雖モ是レ全ク本件ノ契約ヨリ生ゼル結果ニ外ナラズシテ、而メ船主ノ損失ハ海損ニ因テ生ゼル損失ナリト云フベシ、故ニ若シ船主ニシテ斯ノ如キ結果ニ陥ルヲ救濟セントセバ運賃ヲ保險ニ付スルヲ以テ最モ得策ナリトス』、

(第四)「ピートリー」對「ミッドル船渠會社」事件ハ判事「アトキンソン、ウヰルリヤム」氏ニ依テ判決セラレタリシガ、其原則ハ右「ブレット」氏ノ所說ト同一ナリト雖モ更ニ一段ノ注意ヲ價スベキモノナリ、此事件ニ依レバ、船火消防ノ注水ヨリ其積荷タル石炭ヲ損害シタルヲ以テ之ヲ賣却セシニ、其賣上代金ハ到達港ニ於ケル實價(但シ運賃ヲ算入セズ)ニ比シテ甚ダ多額ヲ超過シタルニ在リテ、而メ其判決ノ結果トシテハ石炭ノ所有主ハ

其賣上代金ノ金額ヲ收得シ、船主ハ其損失運賃ヲ共同海損トシテ賠償セラレ、以テ積荷主ガ占メタル所ノ異常ノ利益ハ船舶、運賃、及ビ積荷ニ對スル保險者ノ經費ニ於テ支拂ハルヽニ至レリ、

以上ノ如ク四箇ノ裁判例ヲ擧示シ來リテ茲ニ吾人ハ之ヲ一汎ニ觀察スルニ、蓋シ此等ノ塲合ニ於ケル資金ノ調達ハ假令ヒ船舶ノ修繕若シクバ船長ノ需要ニ發シタルモノナリト雖𪜈嚴格ニ共同海損ニ屬セザルモノ多キガ如シ、而メ其各判事ノ見解トシテハ積荷ノ賣却ヲ以テ船主ノ一種ノ行爲ト看做シテ船主ニ特別ナル責任ヲ負ハシメタリト雖𪜈、若シ其積荷ノ賣却ヲ要セシメタル經費ニシテ嚴格ニ共同安全ノ爲メニ支出シタル非常經費タルニ於テハ、此等ノ見解ハ船長ノ代理權ヲ認ムル現今ノ法理ト一致スルヿ甚ダ疑ナキ能ハザルナリ、思フニ若シ此强制賣却ニシテ打荷ノ如ク同樣ニ處置セラルヽ𪜈ハ、其積荷主ハ他人ノ貨物ガ賣却セラレタル塲合ニ比シテ些少ノ利益ヲ獨占スルノ理

由ナキハ明白ニシテ、然ルニ此點ニ關シテハ以上ノ裁判例中未ダ一判事モ觀察ヲ施シタルモノナシ、

第三節　積荷ノ冒險貸借

船長ガ積荷ノ冒險貸借ニ依テ金員ヲ調達スルノ權ハ諸他ノ利用手段ヲ盡シタル後ニ於テ始テ生ズルモノニシテ、詳言セバ船主ニ請求シ、或ハ船主ノ信用貸借ニ依リ、或ハ船舶及ビ運賃ノ冒險貸借ニ依ルモ到底金員ヲ調達スベキ望ヲ絶チタル時ニ在リトス、蓋シ船長ガ金員ヲ調達スルニ付キ、苟モ航海ヲ不當ニ延引スル恐ナキ塲合ニ於テハ必ズ先ヅ之ヲ船主ニ交渉スベキ義務アルハ古來ヨリ一汎ニ認ムル所ニシテ、降テ近世ニ至リ英國及ビ其他二三ノ國ニ於テハ遂ニ此規則ヲ積荷主ニモ應用スルヿトナリ、即チ此等諸國ノ法律ニ依レバ、若シ船長ガ積荷主ニ對シテ此豫告ヲ等閑ニ付スルトキハ其積荷ノ抵當ハ無効ノモノトセリ、故ニ船長ニシテ積荷ヲ抵當トシテ資金ヲ借用セントセバ、通信ノ便

否ニ應ジテ書信或ハ電報ヲ以テ必ズ先ヅ其所有主、或ハ荷受人、或ハ荷送人ニ對シテ資金需要ノ理由幷ニ其利用ノ趣旨等ヲ報道シテ其承諾ヲ求メザルベカラズ、

蓋シ右ノ規則ハ未ダ各國ヲ通ジテ悉ク然ル能ハザルモノナリト雖ドモ、之ヲ商業ノ發達上ヨリ觀ズルトキハ將ニ第二ノ革新時期ノ現象ト稱スベキモノニシテ、此革新時期ハ其性質ノ緊要ナル程度ニ於テハ、彼ノ第一革新時期トシテ商人ガ各自ニ積荷ト共ニ航海スル風習ヲ廢止シタルモノニ比シテ敢テ讓ル所ナキナリ、即チ現今ニ於テハ電信、鐵道、及ビ滊船ノ如キ各種ノ交通機關ノ便宜アルガ爲メニ、船舶ガ危難ニ遭遇シタルノ際船長ハ容易ニ積荷主及ビ其保險者ニ交涉シテ其意見ヲ徵シ若シクバ資金ヲ調達スルヲ得ベクシテ、其兩者間ノ連絡ハ猶ホ恰モ昔時積荷主ガ各自船內ニ存在セル場合ニ比シテ異ルナキナリ、此ニ於テカ一方ニ於テハ積荷主及ビ保險者ニ對シテ其盡スベキ義務ヲ負ハシ

シメ、他方ニ於テハ之ニ反對スル範圍ニ於テ船長ノ權利ヲ制限スルヿトハナレリ、然ルニ此變化ハ國際間ニ於ケル法律規定ノ差異アルガ爲メ以下ノ如キ「ゲータノー、エンド、マリヤ」號事件ノ問題ヲ生ゼシムルニ至レリ、

此事件ニ依レバ「ゲータノー、エンド、マリヤ」號ナル伊國船アリ、龍動ニ向テ航海中、西班牙アゾールス島ノフワイヲール港ニ於テ積入レタル英國行貨物ヲ冒險貸借ニ供シタルニ因リ、其抵當ノ效力ニ付テ英國海上法院ニ於テ一問題ヲ生シタルニ在リ、蓋シ此船長ハ其冒險貸借ヲ行フノ際充分ノ時日アルニ拘ラズ積荷主ニ對シテ之レガ交渉ヲナサズ、却テ伊國法上船長ニ此ノ如キ義務ナシト抗辯シタルヲ以テ、是ニ於テカ此場合ニ適用スベキ法律ハ抑モ船籍國タル伊國法タルベキヤ、若シクハ英國法タルベキヤノ問題ヲ生ジタルモノナリ、而シテ英國海上法院ノ判事「ドクトル、ヒリモーア」氏ガ「ハンブルヒ」事件ニ關スル判事「ドクトル、

ルシントン」氏ノ裁判例ニ基キヲ宣告シタル所ニ依レバ、此ニ適用スベキ法律ハ契約締結地若シクバ船籍國ノ法律ニモアラズ、全ク英國ニテ行ハルヽ一汎ノ海上法タルベクシテ、彼ノ「ロイド」對「ギバート」事件ニ於ケル原則ハ本件ニ應用スベキ限リニアラズ、何ントナレバ其事件ノ問題ハ如何ナル法律ヲ以テ運送契約ヲ支配スベキヤニ在リテ、如何ナル法律ヲ以テ積荷抵當ニ關スル船長ノ權利ヲ支配スベキヤニアラズ云々トセリ、然ヒ此「ヒリモーア」氏ノ判決ハ控訴院ニ於テ破棄スル所トナリシガ、之ニ關スル判事「ブレット」氏ノ宣告ヲ摘錄スレバ左ノ如シ、

『若シ此船舶ニシテ英國船タリ、船長ニシテ英國人タリ、積荷主ニシテ英國臣民タラシメバ、苟モ或ル必要ノ事情ヲ存セザル限リハ船長ガ其積荷主ニ義務ヲ負ハシムルノ權利ナキハ更ニ疑ヲ入レザル所ナリ、故ニ若シ此ノ如キ場合タルニ於テハ必ズヤ船舶ハ危難ノ情態ニ於テ避難港ニ存在シ、而メ必要ノ修繕ヲナスガ爲メニ資金ヲ調達セントスレヒ

船主ハ之ヲ達スベキ手段若シクハ信用モナク、且ツ船舶ノ價格モ充分ナラスシテ此ニ船長ハ最後ノ手段トシテ積荷ヲ抵當ニ供シタルヲ要ス、次ニ又タ此船舶ニシテ英國船タリ、其船長ニシテ英國人タルニ於テハ、假令ヒ以上ノ如キ必要ノ事情ヲ存在スル場合ナリト雖モ、船長ガ其積荷ヲ抵當ニ供スルノ際、苟モ相當ノ時日間ニ於テ積荷主ニ通信シテ其抵當トスルヲ承諾スルヤ、或ハ其他ノ方法ニ於テ積荷ヲ處置スベキヤノ回答ヲ確メ得タルトキハ、船長タルモノハ其回答ニ接スル以前ニ於テ決シテ其積荷ニ對シテ債務ヲ負ハシムベカラザルナリ、故ニ本件ノ船舶ガ英國船タラシメバ本件ノ如キ事情ニ於ケル被告ノ積荷ハ債務ヲ負フベカラザルコト固ヨリ明白ニシテ、畢竟船長ガ積荷ヲ抵當ニ供スル以前ニ於テ豫メ其積荷主ニ交渉ヲナスベキ義務アルハ實ニ一汎ニ認識スル所ナレバナリ、』

次ニ「ブレット」氏ハ以上ノ規則ガ伊國船舶ヲ支配スベキヤ否ハ船長ノ

權利ヲ解說シテ決定スベキモノニシテ、而シテ本件ハ出訴地ノ法律ニテ支配スベキ訴訟手續ノ問題ニアラズ、又タ船長ハ運送契約上此ノ如キ積荷ノ處置ニ關スル權利ナキヲ以テ、本件ハ契約締結地ノ法律ニ依テ支配スベキ契約條款ノ問題ニモアラズトナシ、左ノ如ク曰ヘリ、

『抑モ船長ガ船舶或ハ積荷ヲ抵當ニ供スル權利ハ一種特別ノモノニシテ、其基ク所ハ寄託契約ナルヤト云フニ、此契約ハ此ノ如キ權利ヲ與フルモノニアラズ、又タ陸上運送ノ契約ニモ基クモノニアラズ、唯ダ夫レ一國內ニ於ケル海上運送ノ契約ニ發セザルヤハ疑ヲ存スベキ所ナリト雖モ敢テ此ニ決定スルノ必要ナキナリ、而シテ之ヲ事實ニ付テ觀スレバ、貨物ガ一國ヨリ他國ニ運送セラレンガ爲メニ船舶ニ積入ラルヽトキハ此ニ船長ニ此權利ヲ生ズルモノニシテ、之レ啻ニ英國ノミナラズ諸國ノ海上法ニ於テモ一汎ニ認識セラルヽ所ナリ、即チ此權利ナルモノハ全ク事物ノ實際ノ必要ニ因テ發スルモノニシテ、船主及ビ船長ハ

貨物ヲ一國ヨリ他國ニ運送スベキ義務アルニ拘ラズ、船舶及ビ積荷ガ外國港ニ存在シテ船長ハ一ノ施スベキ手段ナク、又タ船主ノ信用モ利用スベカラザル場合ニ當テハ、凡テノ利害關係物ノ安全ヲ圖リ幷ニ航海ノ終局目的ヲ達スルガ爲メニ、此ニ船長ハ啻ニ船舶ノミナラズ又タ其積荷ヲ抵當ニ供スルノ權ヲ有スベキ必要アレバナリ、故ニ此權利ガ船荷證券若シクバ傭船契約證券ノ約欵ヨリ生セザルヿハ此等ノ證券ナキ場合ニ於テモ猶ホ其權利ノ存在スルヲ見テ知ルニ足ルベク、要スルニ海上運送ノ契約上、貨物ヲ一國ヨリ他國ニ運送スルノ目的ヲ以テ之ヲ船積スルトキハ、其積入ト共ニ直ニ此權利ヲ存在セシムルモノナリ、而シテ此權利ハ船荷證券或ハ傭船契約證券ノ約欵ニ由テ規定セラレ、且ツ時トシテハ幾分ノ制限ヲ加ヘラルヽヿアリト雖モ、苟モ其約欵ニ由テ特ニ此權利ヲ剝除スルニアラザレバ猶ホ貨物ノ船積ニ依テ船主ト積荷主間ニ生ズル契約ノ爲メニ有効ニ存在スルモノナリ、然モ此權利ガ果シテ契約ニ由リ若シクハ法律ニ由リテ船長ニ付與セラレタルモノナルヤハ此ニ決定スルノ要ナシ、……更ニ進デ本件ハ如何ナル原則ヲ以テ支配スベキモノナルヤヲ觀察センニ、其貨物ハ伊國船ニ船積セラレテ以上ノ權利ヲ行使スベキ者ハ實ニ伊國船長ナリ、然バ則チ伊國船長ノ權利ナルモノハ其本國法ト荷送人ノ國法間ニ差異アル塲合ニ於テハ其荷送人ノ國法ニ從フベキモノナルヤ、若シ然リトセバ其理由ハ果シテ何クニ在ルヤ、又タ船長ナルモノハ其船內ニ積入レタル貨物ニ付テハ其荷送人ノ國法ヲ一々熟知スベキ義務アルモノナルヤ、若シ然リトセバ甚ダ奇怪ナリト謂ハザルベカラズ、又タ商人ガ其貨物ヲ伊國ノ船內ニ積入レテ伊國船長ノ權內ニ屬セシメタルニ當リ、其船長ガ伊國船長トシテ積荷ヲ處置スベシトハ即チ其船內ノ積荷ヲ處置スルニ外ナラザルベクシテ、苟モ船長カ特別ノ處置ヲ施スベキ義務ナキ以上ハ商業行爲ノ觀察上此他ニ別種ノ意義ヲ附會スベカラザルナリ、惟フニ原則トシテハ何人ト雖モ外國船舶ニ貨物ヲ積入ルヽニ當テ反對ノ約欵ナキ塲合ニ於テハ、其貨物ハ船長ニ依テ船舶所屬ノ國法ニ從テ處置セラルヽモノトシテ船積スベクシテ、故ニ本件ニ於ケル如ク反對ノ契約ヲ存セズシテ貨物ヲ伊國船舶ニ積入レタルトキハ、普通ニ承認セラルヽ航海事變ノ發生ニ際シテ船長ガ伊國法ニ準據シテ其貨物ヲ處置スベキハ之ヲ當事者間ニ於ケル船積契約ニ徵シテ當然ナリト云フベシ、而シテ此原則ニ關スル權原ニ就テ案ズルニ、余ハ「ロイド」對「ギバート」事件ヲ以テ未ダ直接ニ本件ヲ支配スベキモノト信セザルナリ、何ントナレバ其事件ニ於ケル問題ハ船積契約中ニ一ノ約欵ヲ包含シタルヤ否ヤニ在リテ、詳言セバ或ル情境ノ發生ニ際シテ船長ガ船舶及ビ運賃ヲ委付シタルトキハ船主ハ其額外ニ責任ナシトノ約欵ハ果シテ運賃契約中ニ包含セルヤ否ヤニ在リ、故ニ該契約中此ノ如キ約欵ヲ含有スルトキハ船主ハ唯ダ之ニ由テ其責ヲ免ルベキモノニシテ、其際若シ英國裁判所ノ法律ニ依テ判決セラルヽ𪜈ハ此ノ如キ約款ハ存在セザルベシト雖ドモ、若シ船舶所屬ノ國法ニ從テ船積ノ契約ヲ解釋スル𪜈ハ敢テ必シモ然ラザルベキナリ、而メ其裁決ニ依レバ、運送契約ガ外國ニ於テ外國船舶ノ船主或ハ船長ト締結セラレタル𪜈ハ之レ船舶所屬國ノ契約ニシテ、即チ船籍國ノ法律ニ依テ支配セラルヽヲ要シ、且ツ其船籍國ノ法律ニシテ運送契約中ニ此約款ヲ有スベキモノトナス𪜈ハ、英國裁判所ハ當然ニ其契約ニ此約款ヲ有スルモノト認ムベシトセリ、然ルニ本件ハ此ノ如キ塲合ト其趣ヲ異ニシ、此ニ論スベキモノハ如何ナル權利ガ契約ノ事實ヨリ生スベキヤノ問題ニシテ契約ノ構成ニ關スル問題ニアラズト雖ドモ、唯ダ夫レ右ノ判決趣旨ニシテ外國船舶ニ貨物ヲ積入ルヽニ由テ生ズル契約ハ外國法ノ支配ヲ受クベキ契約ナリト看做ス𪜈ハ、此判決ノ原則ハ又タ本件ヲ支配シ、從テ吾人ガ既ニ述ベタル如ク、船積契約ニ由テ生ズル船長ノ權利ハ其船舶所屬國ノ法律ガ船長ニ付與スル權利タルヿヲ確認スベシ、要スルニ吾人ハ本件ヲ決定スルニ付テハ必ズ此原則ニ從フベキヿヲ疑ハザルナリ、海上法院ノ「ヒリモーア」氏ハ本件ヲ觀察シテ「ハンブルヒ」事件ニ從テ判決スベキモノトナシタレ𪜈余ハ全ク其見解ヲ異ニスルモノナリ、蓋シ同事件ニ於テハ「ドクトル、ルシントン」氏ハ其船舶ヲ英國船トシテ處置シタルモノニシテ、故ニ氏ガ英國ノ海上法ヲ適用シタルヿハ氏ノ自言セル所ナリ、而シテ其何故ニ外國ノ海上法ニ依テ處分セザルヤノ問ニ對シテ氏ハ答辯シテ曰ク、「若シ外國ノ海上法ト英國法間ニ於テ其規則ニ差異アル證明ニ接シタルトキハ余ハ其適用法律ノ何國タルベキヤヲ判定セザルナリ、然𪜈余ハ本件ニ於テ此ノ如キ證明ヲ見ズ」トセリ、故ニ此「ハンブルヒ」事件ニ於テハ、國際間ノ法律ニ差異アルニ當リ其何レノ法律ヲ適用スベキヤニ付テハ全ク論議ヲ生セルヿナク、從テ「ルシントン」氏ノ判決ヲ首メトシ、其控訴ニ對スル樞密院ノ判決ニ於テモ此點ニ付テハ少シモ決定ヲ下シタル所ナシ、要スルニ「ハンブルヒ」事件ハ余ガ本件ニ付テ下シタル決定ニ對シ、或ハ「ロイド」對「ギバート」事件ニ對シテモ理論上毫モ撞着ヲ見ザルモノナリ、是ニ於テカ本件ノ裁決上余ハ「ロイド」對「ギバート」事件ノ原則ニ基キ、且ツ商業行爲ニ生ズル原則ニ基テ觀察スルトキハ、何人ト雖ドモ其貨物ヲ外國船ニ積入ルヽモノハ、其積入ノ際當事者間ノ明約ニ依テ制限ヲ加ヘザル限リハ其貨物ハ船舶所屬國ノ法律ニ準據シテ船長ノ處置ニ服從セシメタルモノト認メザルヲ得ズ、……或ハ曰ク、假令ヒ以上ニ述ベタル所ハ正當ノ法律ナリト假定スルモ、本件ニ於ケル運送契約ハ實際英國ニ於テ締結セラレタルヲ以テ本件ヲ支配スベキ法律ニアラズト主張スルモノアリ、然ドモ此抗論タルヤ本件ニ關スル余ノ見解ニ對シテハ些少ノ關係ナキモノナリ、何ントナレバ此ニ論ズル所ノ船長ノ權利ハ船積ニ由テ成立スル契約ヨリ發スルモノニシテ、此契約ハ其權利ニ關シテ船荷證券若シクバ傭船契約證券中ニ於ケル約欵ヨリ支配ヲ受クベキモノニアラズ、故ニ余ハ本件ニ於テハ決シテ反對ノ意見ヲ認ムル能ハズシテ、當事者ノ權利ハ必ズ船籍國ノ法律ニ從テ決定スベキモノト信ズルナリ、』

判事「コットン」氏モ右「ブレット」氏ノ判決ニ合議シテ左ノ如ク宣告セリ、『余ノ見解ニ依レバ本件ノ論點ハ契約ノ條欵ニ關スルモノニアラズシテ、運送ノ爲メ貨物ヲ船內ニ積入ルヽニ當リテ積荷主ト船主間ノ契約ニ生ズル默諾ノ權利ニ關スルモノナリ、故ニ此權利ノ有無ヲ決定スベキ法律ハ諸他ノ默諾條件ニ於ケルカ如ク、之ヲ默諾ト認ムル國ニ適用スベキ法律タルベシ、而シテ吾人ガ本件ノ問題トシテ觀察スルモノハ何ヲ以テ正當ノ救濟方法トナスヤニアラズシテ冒險貸借ノ效力ノ有無ヲ斷スルニ在リ』

以上ノ判決ニ依テ觀スルトキハ、凡テ積荷ノ冒險貸借ノ效力ニ關スル疑問ハ船舶所屬ノ國法ニ由テ裁決スルヲ以テ確定ノ原則ト看做スベキナリ、而シテ此冒險貸借ナル保證方法ニシテ現今猶ホ盛ニ行ハルヽトキハ、共同海損トノ關係上吾人ハ更ニ精細ノ研究ヲ要スベシト雖トモ、既ニ前述セル如ク各種ノ交通機關ノ發達ニヨリ此方法ハ今ヤ將ニ廢絕ノ境ニ屬スルヲ以テ此ニ充分ナル觀察ヲ施サヾルベシ、終ニ茲ミ此冒險貸借或ハ積荷ノ强制賣却等ノ方法ヲ現今ノ時勢ヨリ觀ズルトキハ、船主、商人或ハ保險者ニ對シテ固ヨリ甚ダ嫌惡スベキモノナリト雖トモ、苟モ貨物ニシテ英國其他二三ノ邦國ニ屬スル船舶ニ船積セラルヽトキハ之レガ損害ヲ免ルヽコト敢テ難キニアラザルナリ、何ントナナバ此等ノ邦國ニ屬スル船舶ノ船長タルモノハ、若シ資金調達ノ爲メニ積荷ヲ冒險貸借ニ供シ或ハ賣却セントセハ、必ラズヤ先ヅ相當ノ時日間ニ於テ船主及ビ積荷主ニ對シテ報告交涉スルノ義務アルモノニシテ、又タ其需要資金ノ送達モ既ニ實際ニ容易ナルノミナラズ、必要ノ際之レガ支拂監督人ヲ派遣スルガ如キモ多クノ場合ニ於テ充分ノ餘日ヲ有スベキナリ、而シテ此等ノ場合ニ要スル經費ハ固ヨリ共同ノ爲メニ支出セラルヽモノナルガ故ニ、相當ノ利息ヲ附加シテ之ヲ其賚金ニ合計シ、以テ凡テノ當事者ヲシテ終局平等ノ位置ニ於テ負擔セシムベキモノトス、

第二部　犧牲

第四節　積荷ノ打荷

積荷ノ犧牲ニ對スル賠償額ハ其種類ノ如何ヲ問ハズ凡テ打荷ト同一ノ基礎ニ於テ處置セラルヽモノニシテ、故ニ打荷ニ就テ說明ヲナスヤハ共ニ積荷ノ犧牲ニ關スル一般ノ處置ヲ瞭知スルヲ得ベシ、卽チ積荷ガ共同利益ノ爲メニ全ク損滅セラレタルトキハ其賠償額ハ全部タルベク、又タ唯ダ其一部ヲ損傷シタルノミニ止マルトキハ、其賠償額ハ實際ノ賣上代金ト其打荷トセラルヽ場合ニ於テ賠償セラルヽ全價トノ差額タルベキモノトス、故ニ打荷ノ場合ニ於ケル處置ハ又タ積荷ノ犧牲ニ

關スル凡テノ塲合ニ應用スルヲ得ベキナリ、而シテ前述セル第一部ノ經費支拂ニ對シテ犧牲ヲ觀察スルトハ、犧牲ハ積荷ノ塲合ト船舶ノ材料ノ塲合トヲ含ムモノニシテ、本節ハ即チ其前塲合ニ就テ説明セントスルモノナリ、

打荷ニ對スル賠償額ヲ定メントセバ、其打荷セラレタル貨物ノ所有主ハ精算上恰モ他人ノ貨物ガ犧牲ニ供セラレタルト同一ノ位置ニ於テ賠償セラルヽヲ以テ原則トス、次ニ其精算ヲ作成スベキ時日及ビ塲所ハ既ニ第六章ニ於テ述ベタルガ如ク航海ノ終了ニ由テ定マルモノニシテ、即チ之ヲ概説スルトハ到達港ニ於ケル船舶及ビ積荷ノ到着ナリト雖モ、時トシテハ船舶難破ノ時日及ビ塲所ヲ以テ其精算作成ノ基礎トナスヿアリ、而シテ打荷ノ塲合ニ於テ、其犧牲ニ供セラレタル財産ノ所有者ト救助セラレタル財産ノ所有者間ニ於ケル分擔ヲ公平ニセントセバ、之レガ簡易ノ方法トシテハ宜シク犧牲ニ供セラレタル財産ニ

對スル賠償額ヲシテ救助セラレタル財產ト共ニ同一割合ニ於テ分擔ヲナサシメ、以テ前者ヲシテ猶ホ後者ノ如ク共同海損ニ對スル同一比例ノ支拂ヲナサシムルニ加クハナキナリ、蓋シ此方法ハ海損精算者ガ一汎ニ慣用スル一工夫ニシテ、其原則ハ啻ニ打荷ノ塲合ノミナラズ其他凡テノ種類ノ共同海損ニ就テモ應用スルヲ得ベキモキノナリ、

打荷ヲ行ヒタル後チ船舶及ビ殘餘ノ積荷ガ到達港ニ到着シタルトキハ、茲ニ共同海損タルベキ賠償額ハ其打荷セラレタル貨物ノ市價中ヨリ其喪失ノ爲メニ支拂ヲ免レタル必要經費ヲ控除シタル殘額トス、而シテ其所謂ユル市價トハ其貨物ガ到達港到着ノ塲合ヲ假想シテ荷受後直ニ賣却セラルベキ價格ヲ云フナリ、故ニ其運賃ニシテ若シ到達港ニ於テ支拂フベク、或ハ荷受ヲ條件トシテ支拂フベキモノタルニ於テハ陸揚費及ビ賣捌費用ト共ニ市價中ヨリ控除セラレザルベカラズ、然レ海上保險料ナルモノハ貨物ガ打荷ニセラレタルト否トニ拘ラズ支拂

ヲ要スベキモノナルヲ以テ、假令ヒ之レガ支拂ヲナスモ市價中ヨリ控除スベキ限リニアラザルナリ、

積荷ノ市價ハ凡テノ場合ヲ通ジテ荷揚ヲ行ヒタル當日ノ市價ヲ以テ賠償ノ基礎トナスモノナリ、故ニ若シ積荷ニシテ到着後船積ノ儘ヽ直ニ賣買引取セラレタル𪜈ハ積荷主ガ打荷ノ爲メニ實際被リタル損失モ亦タ此賣買價格ニ依ルベキハ當然ナリ、然𪜈此ノ如キ荷揚前ニ行フ所ノ投機賣買ナルモノハ爾餘ノ財產所有者ニ關係ナキ事項ナルヲ以テ其結果ノ如何ニ付テハ少シモ顧慮スル所ナク、從テ此種ノ取引ニ依テ賣買セラレタル貨物ハ假令ヒ實際ノ市價ニ比シテ高低ヲ示スヿアリト雖𪜈、精算上ニ於ケル賠償及ビ分擔ノ基礎タルモノハ常ニ實際ノ市價ヲ採用スルモノトス、

貨物ガ打荷トセラレタルガ爲メ船主ガ其貨物ノ運賃ヲ損失スル𪜈ハ、猶ホ積荷主ガ打荷ニ對シテ賠償ヲ受クルガ如ク船主モ亦タ運賃ニ對

シテ共同海損トシテ賠償ヲ受クベキモノナリ而シテ打荷セラレタル貨物ガ既ニ打荷ノ以前ニ於テ損傷ヲ受ケタル場合タリ、或ハ其貨物ガ殘餘ノ積荷ト共ニ船內ニ存留セバ其到達港到着前ニ於テ正ニ必ズ損害スベキ場合タルニ在テハ、其賠償額中ヨリ右損害ニ相當スル金額ヲ控除スベキモノトス、然𪜈此原則ヲ行フニ當リテ一ノ注意ヲ要スベキヿアリ、即チ打荷セラレタル貨物ノ所有者ハ其完全ナル貨物ノ價値ニ於テ善意ノ要償權ヲ有スルガ故ニ之ニ對シテ其價値ノ低減ヲ主張スル者ハ自ラ擧證ノ責ヲ有シ、苟モ其貨物ハ打荷ノ際既ニ實際ニ損害セルカ、或ハ其後ニ於テ必ズ損害ヲ避クベカラザル事情ヲ明證セザル以上ハ打荷ニ對スル賠償額ヲ低減スベカラザルナリ、故ニ慣例上ニ於テモ、打荷ヲ行ヒタルノ後チ船舶ガ到達港ニ到着シテ、其一部ノ積荷ハ完全タルモ一部ノ積荷ハ損傷ヲ有シ、從テ若シ其打荷トセラレタル貨物ガ船內ニ存留セバ果シテ又タ損傷ヲ受クベキモノタルヤ否ヤヲ判スベカラザルトキハ、其貨物ハ完全ノモノトシテ處置スルヲ常トセリ、又タ打荷ヲ行ヒタル後チ偶マ事變ノ發生ニ遭遇シテ殘餘ノ貨物ハ之レガ爲メニ經費ヲ蒙ル場合アリ、而シテ此場合ニ於テ若シ其打荷トセラレタル貨物ガ船内ニ存留セバ猶ホ同様ニ此經費ヲ蒙ルベキ事情明白タルニ於テハ、其打荷ニ對スル賠償額中ヨリ右ニ相當スル經費ヲ控除スルヲ以テ當然ノ規則トス、故ニ慣例ニ於テモ此種ノ經費ニシテ多額ナルトキハ常ニ之レガ控除ヲナサヾルヿナシ、然トモ若シ其經費ニシテ少額ナルトキハ時トシテ其控除ヲ省畧スル場合アリテ、例バ打荷ノ後チ船舶ガ避難港ニ入港シテ修繕ノ爲メニ荷揚ヲ行ヒタル場合ニ於テハ、精算上常ニ其荷揚經費及ビ其他ノ共同海損ヲ以テ打荷トセラレタル貨物ノ分擔ニ歸セシムルニ反シ、其避難港ニ於ケル揚荷ノ倉敷料ニ付テハ打荷ノ賠償額ヨリ之レガ控除ヲナサヾルヿ多シ、然ルニ此倉敷料ナルモノハ若シ其貨物ニシテ打荷トセラレザリシトキハ必ズ共ニ蒙ルベキ經費タルヲ以テ、其極打荷トセラレタル貨物ハ殘餘ノ貨物ニ比シテ此經費ノ範圍上有利ノ位置ヲ占ムルニ至ルベキナリ、故ニ此ノ如キ處置ハ明白ニ原則ニ反違スルモノト云フベシ、

上來擧示セル所ノ打荷ノ賠償額算定ニ關スル諸規則ハ積荷ガ到達港ニ到着シタル塲合ニ用ユベキモノナリト雖モ、若シ航海ガ船舶ノ難破ニ因リテ終了シ、爲メニ其精算ハ到達港ニアラザル土地ニ於テ作成スベキ塲合タルニ於テハ、打荷ニ對スル賠償額ハ其地ニ於ケル積荷ノ價値ニ由テ支配セラルヽモノトス、之レ「フレッチヤ」對「アレキサンダー」事件ノ判決ニ於テ確定ノ法律トシテ承認セラルヽ所ニシテ、其原則ノ範圍及ヒ應用等ハ既ニ前章ニ詳述セリ、故ニ此ニ再ヒ説明ヲナサズ、

打荷ヲ行ヒタル後チ船舶及ヒ殘餘ノ積荷ガ悉ク全損スルトキハ共同海損ニ對スル賠償ハ固ヨリ行ハルヽヿナシ。然トモ若シ其船舶ノ難破ニ際シテ一部ノ財産カ救助セラレタルトキハ、打荷ニ對スル賠償額ハ

其打荷トセラレタル貨物ガ船内ニ存留シタル場合ヲ假想シ、推定上其貨物カ猶ホ殘餘ノ貨物ノ如ク救助セラル丶部分ヲ以テ程度トスルモノナリ、

打荷ヲ行フトキハ其當然ノ結果トシテ運賃ノ損失ヲ來スモノニシテ、而シテ之レカ賠償ニ關シテハ以上ニ示シタル諸原則ヲ同一ニ適用スルモノトス、故ニ若シ打荷ヲ行ヒタルノ後チ船舶カ避難港ニ於テ離破ニ歸シ、或ハ修繕不能ノ斷定ヲ受ケテ玆ニ積荷ヲ他船ニテ到達港ニ接續發達シタル場合ニ在テハ、打荷ニ對スル損失運賃ノ賠償額ハ船荷證劵面ノ運賃額中ヨリ其接續發送ニ要スヘキ運賃ヲ控除シタル殘額タルヘシ、而シテ若シ其接續船ノ傭船料カ當初ノ契約運賃額ニ比シテ同額タリ若シクハ多額タルニ於テハ、船主ハ打荷ハ爲メニ些少ノ運賃ヲ損失セサルヲ以テ、此場合ニ於テハ船主ハ共同海損トシテ賠償ヲ受クヘキ運賃ナキナリ。

打荷ヲ行ヒタル後チ船舶カ避難港ニ入港シテ茲ニ打荷ノ爲メニ生セル空虛ノ船腹ニ對シテ新ニ積荷ヲナシタルトキハ、其收得運賃ハ打荷ニ對スル損失運賃ノ賠償額中ヨリ控除スヘキモノトス、然トモ若シ其船舶ニシテ當初ヨリ空虛ノ船腹ヲ有シ、打荷ノ有無ニ關セス更ニ積荷ヲ搭載シ得タルニ於テハ固ヨリ此控除ヲ行フベキ理由ナシ、

打荷トセラレタル貨物カ既ニ其運賃ヲ無條件ニテ前拂シタル場合ニ於テハ其打荷ニ對スル賠償額ハ曾テ前述シタル所ト大躰ニ於テ異ルナシ然モ唯タ此際ニ在テハ此賠償額ハ積荷主ト船主間ニ分配セラルヽコトナク全ク積荷主ノ收得ニ歸スルモノニシテ、即チ其貨物ノ價値中ヨリハ運賃額ニ對スル控除ヲナサズ、又タ船主ニ對シテハ少シモ賠償ヲナスコトナシ、之レ此場合ニ於テハ船主ハ打荷ノ爲メニ毫モ運賃ノ損失ヲ蒙ラザレバナリ、

從來ノ先例ニ付テ案ズルニ、運送貨物ノ多寡ニ拘ラズ單ニ一定ノ金額

ヲ以テ船舶ヲ傭船シタル塲合ニ於テハ裁判所ハ此金額ノ仕拂ヲ純粋ノ運賃トシテ看做スコトナク全ク其船舶ノ傭用料トシテ處置スルヲ以テ概子其常トシ其船舶ガ貨物ヲ滿載シタルト否トニ關セズ荷モ航海ヲ行ヒテ到達港ニ到着シタルトキハ茲ニ其契約ノ全金額ヲ支拂フベキモノトセリ故ニ此種ノ傭船ノ塲合ニ於テハ打荷ニ對スル賠償額中ヨリ運賃ノ關係ニ於ケル控除ヲナスベカラサルナリ、

茲ニ傭船ノ一塲合ニシテ複雜ナル關係ヲ生ズルコアリ例バ積荷ノ一屯或ハ一斤ニ對スル到達港引渡ノ運賃率ヲ定メテ船舶ヲ傭船シ而シテ其傭船者ハ自己ノ貨物ヲ搭載セズシテ却テ船荷證劵ヲ以テ更ニ低廉ナル運賃率ニテ再ビ荷送人ニ其船腹ヲ貸與スル塲合之レナリ即チ此塲合ニ於テ打荷ニ對スル賠償ヲ生ズルトキハ其打荷トセラレタル貨物ガ此際支拂ヲ免レタル經費ハ船荷證劵面ノ運賃額タルヲ以テ其打荷ニ對スル賠償額ヨリ控除スベキモノモ亦タ唯ダ船荷證劵面ノ低率

運賃額タルベク、從テ其極高率運賃ヲ約定シタル船主ハ其差率ニ對スル損失ヲ招クニ至ルベキナリ、然ルニ若シ此場合ニ在テ傭船者並ニ船主ノ兩者ニ對シテ各ホ其損失運賃ノ賠償ヲ認ムベキモノトセバ、遂ニ共同海損タル全賠償額ヲシテ却テ打荷トセラレタル貨物ノ全價値ヲ超過セシムル奇觀ヲ呈スベシ、故ニ此場合ヲ處置スル慣例トシテハ其打荷トセラレタル貨物ノ實價ヲ限度トシテ之ヲ共同海損ノ賠償額ト定メ、即チ積荷主ハ其貨物ノ實價中ヨリ船荷證券面ノ運賃ヲ控除シタル殘額ヲ受領シ、從テ共同海損タル損失運賃ハ其低率ノ運賃額タルベキモノトセリ、蓋シ船舶ガ此ノ場合ノ如キ方法ニ於テ傭船セラルヽ時ハ積荷主ト其傭船契約トハ更ニ何等ノ關係ナク、積荷主ガ契約スル所ハ唯ダ船荷證券ノミニシテ、其共同海損ニ關スル權利義務ハ傭船契約ノ存在セザル場合ト少シモ異ルコトナシ、故ニ共同海損ニ關スル一般ノ目的ヨリシテ慣例上此ノ如キ傭船契約ノ存在ヲ全ク不問ニ付スルハ、

猶ホ船積ノ儘積荷ヲ投機賣買スル場合ヲ無視スルガ如シ、

第五節　船舶ノ材料犧牲

船檣ヲ切斷シ、或ハ船舶ノ一部ヲ搆成スル物品或ハ船具等ヲ犧牲ニ供シテ其後チ船舶ヲ修繕シタルトキハ、此等ノ損害ニ對スル賠償額ハ其修繕費中ヨリ新物ヲ以テ舊物ニ代替シタル利益額ヲ控除シタル殘額トス、

右ノ如キ船舶ノ損害修繕費ハ必ズヤ其修繕ヲ當然ニ執行スヘキ時日ト場所ニ於ケルモノタルベクシテ、故ニ船舶ガ犧牲ヲ行ヒタル後チ避難港ニ入港シテ修繕ヲ必要トシタルトキハ、假令ヒ其地ノ修繕費ガ偶ヤ多額ヲ達シタリト雖モ當然ニ之ヲ以テ其賠償額トス、之ニ反シテ若シ其修繕ハ到達港ニ至テ施行スベキモノナルトキハ、其ノ到達港ノ到着ニ至テ要シタル所ノ修繕費ヲ以テ之レガ賠償額トナスベキナリ、而シテ時トシテハ船長ガ經費節約ノ趣旨ニ因リ經費ノ低廉ナル場所ニ

到着スル迄其修繕ヲ延引スルコトアリト雖モ、此ノ如キ場合ニ於テハ通常其撰擇地ニ於テ實際ニ要シタル經費ヲ以テ其賠償額トス、之レ畢竟原則トシテハ船主ハ其實際ニ蒙リタル損失ニ超過シテ賠償ヲ要求スルノ權ナク、又タ其損失ヲ努テ輕減セシムベキ義務ヲ有スルモノニシテ、即チ以上ノ諸規則ハ實ニ此原則ニ生ズルモノナリ、

古來ヨリ諸國ノ航海業者間ニ汎用セラルヽ習慣ニ依レバ、新物ヲ以テ舊物ニ代替スル改良利益ノ控除額ハ修繕費ノ三分ノ一ト定メ、而シテ其除外規定トシテ錨ハ其全價額ヲ賠償シ、鐵鎖ハ其全價額ノ三分ノ一ヲ控除シ、又タ食料或ハ貯蓄品ノ如キ性質上單ニ時日ノ經過ノ爲メニ價値ノ低減ヲ蒙ラザルモノニ在テハ其全價額ヲ賠償シ、又タ船舶ノ材料品例バ麻繩或ハ帆布等ニシテ、未ダ一回ノ使用ヲ經ズシテ直ニ犧牲ニ供セラレタルモノハ、其價値ニ些少ノ控除ヲ行ハズシテ全價額ヲ賠償スベキモノトセリ、

右古來ノ習慣ニ付テ觀ズルニ、其改良利益トシテ修繕費ノ三分ノ一ヲ控除スベキ規則ハ甚ダ粗畧ノ方法ナリト云ハザルベカラズ、何ントナレバ此規則ニ於テハ、假令ヒ修繕ヲ加フルモ更ニ改良ノ實ナキ船舶ノ部分ト、帆布及ビ繩類ノ如キ時々新調ヲ要スルモノトノ間ニ區別ヲ設ケズ、又タ各種ノ品物ニ於ケル實際ノ消耗程度ノ多寡ニ付テモ少シモ差別ヲ設ケザルガ如キハ畢竟精算ノ際煩雜ナル手數ト異議ノ紛出ヲ避クルノ外更ニ其理由ヲ發見スルヿ難シ、例バ船舶ガ船檣ヲ切除セラレテ其修繕ノ爲メ避難港ニ入港スルトキハ、其地ニ於ケル材料ノ高價若シクバ不足ヨリシテ其新檣ノ經費ガ英國ニ於ケル經費ニ比シテ非常ノ高價ニ達シ、時トシテハ其二倍若シクバ三倍トナル場合ノ如キハ常ニ吾人ノ見ル所ナリ、然ルニ若シ右ノ規則ニ依ルトキハ、此場合ニ在テモ船主ハ猶ホ舊檣ノ代リニ新檣ヲ得タル改良利益ヲ占メタルモノトシテ其經費ノ三分ノ一ヲ控除セラレ、即チ實際ニ於テハ新檣ノ全經費ヲ支拂フニ至ルベキナリ、加之ノミナラズ、此ノ如キ際ニ於ケル修繕費ナルモノハ屢バ冒險貸借ノ利息或ハ資金融通ノ手數料支拂ノ爲メニ更ニ其額ヲ增加スルヿアルモノニシテ、而メ英國ノ習慣トシテハ此等ノ附隨經費ニ對シテモ同ジク其三分ノ一ヲ控除スベキモノトセリ、然𪜈船檣ノ供給費用ニ付キテ冒險貸借ノ利息ヲ支拂ヒタリト雖𪜈、之レガ爲メ其船檣ノ價値ニ何等ノ利益ヲ付與セザルハ實ニ自明ノ理ト云フベシ、

次ニ此修繕費ノ三分ノ一ヲ控除スベキ規則ハ、啻ニ船舶ノ材料ノミナラズ其修繕ニ要シタル勞力ニ付テモ亦タ常ニ同一ニ應用セラルヽモノナリ、然𪜈其修繕ニシテ粗惡ノ材料ヲ使用シ若シクバ其工事拙劣ニシテ耐久ノ價値ナク、從テ航海終了ノ後チ再ビ新調ヲ要スル如キ塲合タルニ於テハ些少ノ控除ヲ行フヿナシ、

玆ニ吾人ガ注意ヲ要スベキハ、英國ニテハ以上ノ規則ニ對シテ一ノ緊

要ナル除外規定ヲ有シ、即チ初航海ニ於ケル船舶ノ修繕費ニ對シテハ以上ノ如キ三分ノ一ノ控除ヲナサヾルコ之レナリ、而シテ其所謂ユル初航海トハ船舶ガ全ク運送營業ノ關係ニ於テ始テ航海ヲナスノ意義ニシテ、故ニ船舶ガ落成シタル後チ其造船地ヨリ船主ノ營業使用港ニ迄デ回航スルガ爲メニ、單ニ船足積荷タル貨物ヲ搭載シテ航走スルガ如キハ此ニ所謂ユル初航海ト稱スルモノニアラザルナリ、例バ一船舶ニシテ加那陀ニ於テ造船セラレ、之ヲ英國ニテ賣却センガ爲メニ材木ヲ船足積荷トシテ航海シタルトキハ、其新船トシテ初航海ヲナスハ實ニ龍動或ハリバプールニ於ケル賣却後ニ始マルモノトス、而シテ英國裁判所ノ判決ニ依レバ此初航海ナルモノハ一汎ニ往航及ビ復航ノ二者ヲ合併セル一航海ヲ稱シ、即チ船舶ガ英國ヨリ外國港ニ至ル運送ニ從事セル場合ニ於テ、英國ヨリ輸出貨物ヲ積出シテ外國ヨリ輸入貨物ヲ積來ルトキハ其往復路ノ兩航ヲ通稱シテ此ニ一航海ヲ成スモノトセリ、然𪜈其船舶ガ英國ト外國間トヲ直航セルヤ、或ハ英國出帆ノ際既ニ全航海ニ對スル契約ヲ成立セシヤ否ヤハ必要ノ條件ニアラズシテ、故ニ「ピーリー」對「スチール」事件ニ依レバ、曾テ一船舶アリ、龍動ヨリシドニー及ビタスマニアニ至ル航海ニ對シテ傭船セラレ、タスマニヤニ到着シテ此ニ其傭船契約ヲ終了シタリト雖𪜈同地ニ於テ復航ノ貨物ヲ得ル能ハズシテマドラス迄ハ底荷ノミヲ以テ航海シ、此ニ英國向積荷ヲ搭載シテ歸航シタリ、然ルニ此ノ如キ航海ハ當時此種ノ傭船ニ於テ普通ニ行ハレタル習慣タリシヲ以テ、裁判所ハ該船舶ニ對シテ其英國歸着ニ至ル迄ヲ以テ猶ホ其初航海ニ在ルモノト判定セリ、

古船ニシテ新檣ヲ有シ、或ハ發航前ニ其他ノ部分ヲ新調シタル場合ニ於テ其新檣或ハ新調部分ヲ犧牲ニ供シタルトキハ、猶ホ其修繕費ノ三分ノ一ヲ控除スベキヤハ之レ又タ一ノ問題ナリ、之ヲ公平ノ理論ヨリ觀察スルニ、此ノ如キ場合ニ在テハ其犧牲前ニ存在セシモノハ既ニ新調

物ニシテ、假令ヒ之ヲ更ニ新造スルト雖モ船主ハ之ニ由テ何等ノ利益ヲ增加セザルヲ以テ、其船舶ガ發航港ニ歸航シタル場合ノ如キハ其修繕費ニ控除ヲナスノ理由決シテナキモノナリ、而シテ之ヲ現今ノ慣例ニ徵スルニ、金屬ノ被板ニシテ發航前ニ新裝セラレタルモノハ、其船舶ガ發航港ニ歸港シタル場合ニ於テハ之レガ修繕ニ對シテ控除ヲ行ハズト雖モ、其他ノ修繕費ニ付テハ三分ノ一ヲ控除スルヲ以テ概ヲ其常トセリ、然モ此ノ如キ區別ハ到底不理タルヲ免レザルベクシテ、故ニ此種ノ場合ニ於テハ苟モ其發航前ニ於テ新調セラレタル事實ノ證明アルモノハ、其修繕費ニ對シテ些少ノ控除ヲ施サズ、即チ其全額ヲ以テ共同海損トナスニ加カザルナリ、

次ニ鐵船或ハ鋼鐵船ニ對シテ、新物ヲ以テ舊物ニ代替スル改良利益トシテ其鐵製或ハ鋼製ノ部分ノ修繕費ヨリ同一ニ三分ノ一ヲ控除スルハ明ニ過酷ノ處置ト稱スベキナリ、故ニ從前ニ於テハ保險者ハ此種ノ

船舶ノ保險證劵ニ常ニ特別ノ約欵ヲ設ケ、以テ右ノ部分ノミニ對シ或ハ全沉ニ對スル控除額ヲ保險金額中ニ加ヘザルモノトセリ、然圧此約欵ハ固ヨリ船主ト積荷主間ニ於ケル共同海損ノ關係ヲ變化スベキ効力ナキヲ以テ、共同海損タル修繕ヲ生シタル場合ニ於テハ、其極此約欵ヲ採用シタル船舶ノ保險者ハ啻ニ船舶ニ屬スル分擔ノ全額ヲ支拂フノミナラズ、猶ホ三分ノ一ノ控除額ニ對シテモ積荷及ビ運賃ト共ニ其分擔ヲナスベキ如キ不當ノ結果ヲ見ルニ至レリ、是ニ於テカ英國ノ精算者協會ハ此等ノ改正ニ關スル特別調査委員ヲ設ケタリシガ、其委員ノ報告案ハ千八百八十七年度ノ集會ニ於テ試用規則トシテ採用セラレ、次デ翌年ノ例年會ニテ三分ノ二ノ多數ヲ以テ之ヲ確定セリ、而シテ其報告案ニ依レバ、共同海損ノ精算上鐵船ノ修繕費ニ對スル控除額ヲ船齡ノ多少ニ由テ順次差別シタルモノニシテ、之ヲ從來ノ粗雜ナル規則ニ比スレバ甚シキ改良ヲ加ヘタルモノナリ、船舶ノ損害ガ犧牲ノ結果トシテ生ジ、或ハ犧牲ト單獨海損ト結合シタル結果トシテ生ジタルニ拘ラズ、苟モ其損害ノ爲メニ修繕不能トナリテ遂ニ其船舶ヲ賣却シタル場合ニ於テハ、其犧牲ノ修繕ニ對スル見積經費ハ敢テ必シモ之レガ共同海損ノ賠償額タル能ハザルナリ、蓋シ此ノ如キ場合ニ當テハ船舶ヲ損失セシメタル源因ハ果シテ其犧牲ナルヤ否ヲ調査スルノ要アリテ、而シテ若シ其修繕ヲ不能トナシタルハ、敢テ犧牲ノ有無ニ關スルニアラズ、全ク唯ダ單獨海損ノミヲ以テ其充分ノ源因ト看做スベキ時ハ、其犧牲前ニ於ケル船價ト實際ノ賣價トノ差額ヲ以テ犧牲ニ對スル賠償額トスベシ、即チ此差額ハ船主ガ犧牲ノ爲メニ實際ニ損失シタルモノナリ、然レ圧之ニ反シテ若シ犧牲行爲前既ニ幾多ノ單獨海損ニ遭遇シタリト雖圧、苟モ其後チ共同安全ノ爲メニ船檣ヲ切斷シ、或ハ其他類似ノ犧牲ヲ行ハザレバ猶ホ修繕ノ價値ヲ有スル場合タルニ於テハ、之レ其修繕ノ不能ヲ生セシメタル源因ハ全ク犧牲ニ發シタル損害ナルヲ以テ、此犧牲ニ對スル共同海損ノ賠償額ハ其船舶ノ賣價ヨリ單獨海損ノ見積修繕費ヲ控除シタル差額タルベシ、是レ此差額ハ船主ガ此塲合ニ於テ犧牲ノ爲メニ實際ニ蒙リタル損失額トシテ推定スベキモノナレバナリ、但シ船舶ヲ賣却シタルニ因リテ船主ガ此他猶ホ運賃ヲ損失シタルトキハ、更ニ此差額ニ加フルニ其運賃額ヲ以テスベキモノトス、

第八章　分擔利益及ビ其價値

第一節　一般原則

精算ノ方法ニ關シテハ上來既ニ其主要ノ部分ヲ說敍セシガ、猶ホ本章ニ於テハ其分擔ノ徵收ハ如何ニ行フベキヤ、即チ如何ナル利益ガ分擔ヲナシ、且ツ其價値ハ如何ニ定ムベキヤヲ觀察スベシ、右ノ硏究事項ヲ支配スベキ原則ハ既ニ再三記載シタル所ニシテ、之ヲ概說スレバ救助セラレタル財產ノ分擔基礎ハ犧牲ニ供セラレタル財產ニ對スル賠償基礎ト同一タリト云フベシ、又タ分擔ニ關スル一汎原則ヲ約言スレバ、各財產ガ危險ニ遭遇シテ安着シタル場合ニ於テハ其所有者ハ全損ノ場合ニ比シテ金額上幾許ノ利益ヲ占メタルヤヲ決定スルニ在リテ、然ルニ此利益額ハ船舶ヲ救助シタル犧牲ノ効力ニ依テ取得セル利益ヲ表示スルモノナルガ故ニ、各財產ノ所有者ハ此利益額ヲ以テ犧牲ヲ分擔スベキモノトス、而シテ多クノ場合ニ於テ船主ハ其船舶ト共ニ併セテ運賃ヲ救助スルモノニシテ、故ニ先ヅ船舶ヨリ順次以下ニ說明ヲナスベシ

第二節　船舶ノ價値

分擔利益トシテ第一ニ擧示スベキモノハ船舶ナリ、而シテ船舶ノ分擔價値ハ既ニ說明シタル規則ニ從ヒ、船舶ガ完全或ハ損傷セルニ拘ラズ精算ノ基礎タルベキ時日ニ際シテ其船舶ガ實際ニ現存セル情況ニ於テ船主ノ有スル所ノ實價ナリトス、

抑モ船舶ノ實價ヲ決定スルコトハ常ニ容易ニアラズ、之ヲ原則上ヨリ觀スレバ、商船ハ單ニ運賃ノ收入ヲ目的トスル一機械ナルヲ以テ、船主ガ船舶ニ付テ有スル眞成ノ價値ナルモノハ、將來收入ヲ取得セシガ爲メニ放下シタル所ノ現在ノ資本額中ヨリ其船舶使用間ニ於ケル營業費ヲ控除シ、猶ホ之ニ加フルニ最後ニ廢船トシテ賣却スベキ價格ヲ以

テセザルベカラズ、然トモ此ノ如キ計算ニ對シテハ其計算ノ基礎タルベキ事項ヲ存セザルヲ以テ、吾人ハ寧ロ船主ノ意見ヲ一汎ニ代表シ且ツ最モ其實價ニ近似スベキ査定方法トシテ、船舶ノ市價ヲ採用スルモノナリ、蓋シ此査定方法ハ其船舶ニ付テ賣買ノ行ハル、場合ニ於テ常ニ使用スルヲ得ルモノニシテ、其賣買價格ハ眞成ノ價値ヲ評定スルニ於テ殆ンド公平ヲ失ハザルナリ、而シテ若シ船舶ガ特別ノ搆造ヲ有スルカ、或ハ非常ニ大船タルカ、或ハ特定ノ運送業ノミニ使用スベキモノタルニ於テハ、時トシテハ其市價ガ眞成ノ價値ニ達セザルヿアルベシト雖モ、斯ル場合ニ在テハ先ヅ其元價中ヨリ船舶及ビ實際ノ消耗程度ニ從テ船價ヲ減却シ、且ツ造船後ニ於クル材料及ビ勞銀ノ下落或ハ騰貴ノ如キ、若シクバ船價ヲ減少セシメタル改繕工事ノ如キハ一々之ヲ參酌シテ實價ヲ算定スベキモノトス、惟フニ此規則ハ諸他ノ規則ニ比スレバ其應用最モ巧妙ニシテ、其船舶ノ價値ヲ査定スル原則トシテハ常理ヲ有スル船主ガ其賣却ヲ拒マザルベキ價格ニ依ルモノナリ、而シテ其價格ニ付テハ固ヨリ精算者幷ニ船主ノ承認ヲ要スベキモノトス、」次ニ船價ニ關スル控除ハ既ニ前節ニ述ベタル原則ニ依テ支配セラルヽモノニシテ、即チ船主ハ船舶ヲ全損スベキ代リニ救助セラレタルヲ以テ、其取得利益ノ關係ニ於テ分擔スベキモノトス、故ニ船舶ガ損害ノ情況ニ於テ救助セラレタルトキハ、其必要ナル修繕費ハ修繕ノ後チ船價中ヨリ控除スベキモノニシテ、而シテ其損害ガ共同海損行爲ニ先ツテ生ジ、且ツ其行爲ノ時迄修繕ヲ行ハザリシ場合ニ於テハ常ニ必ズ此控除ヲ行ハザルベカラズ、然トモ若シ其損害ガ共同海損行爲ノ後ニ生ジタル場合ニ於テハ、其修繕費ヲ船價中ヨリ控除スベキヤ否ノ問題ハ航海終了ノ際ニ於ケル價値ヲ以テ其精算ノ基礎トスベキヤ、或ハ共同海損經費ヲ支出シタル場所ノ價値ヲ以テ其精算ノ基礎トスベキヤニ屬スルモノナリ、而シテ之レガ原則トシテハ曾テ說明シタル如ク、打荷ノ如キ犧牲ノ場合ト中間港ニ於ケル支出經費ノ場合トヲ區別スベキモノニシテ、即チ前場合ニ在テハ航海終了ノ際ニ於ケル價値ハ其精算ノ基礎タルヲ以テ船價中ヨリハ修繕費ノ全額ヲ控除スベク、後場合ニ在テハ唯ダ其經費支出前ニ於テ生ジタル損害額ノミヲ船價中ヨリ控除スベキモノナリト雖トモ、之ヲ實際ノ慣例ニ徴スルトキハ啻ニ別種ノ見解ヲ存在スルノミナラズ、多數ノ精算者ハ凡テノ場合ニ於テ損害ノ全額ヲ船價中ヨリ控除スルモノトセリ、

船舶ノ損害控除ニ關スル以上ノ所説ハ又タ積荷ノ損害ノ場合ニ付テモ同一ニ適用スルヿヲ得ルモノニシテ、而シテ船舶ノ損害ニ對シテ此ノ如ク控除ヲナシテ船舶ノ價値ヲ決定シタル以上ハ、猶ホ第七章第四節ノ始ニ説明セル一般ノ原則ニ依リテ共同安全ノ爲メニ行ヒタル犧牲ノ損害ニ對スル賠償額ヲ合計シ、玆ニ全ク船舶ノ分擔價値ヲ確定スルモノナリ、

第三節　積荷ノ價値

積荷ノ價値ニ關スル規則ハ既ニ打荷ニ對スル賠償額ノ說明ニ於テ講究シタル所ニシテ、積荷カ分擔ニ應スヘキ價値ハ到達港ニテ荷渡ヲ行フ當日ノ市價タルカ、若シクハ精算ノ基礎タルヘキ時日及ヒ場所ニ於ケル市價中ヨリ、其積荷カ到達港到着ノ場合ニ支拂ヲ要スレトモ其全損ノ場合ニ支拂ヲ免ルヘキ經費ヲ控除シタル殘額トス、而シテ此等ノ經費ハ即チ現金賣買ノ割引、運賃、陸揚費、倉敷料、及ヒ仲買手數料之レナリ、然トモ海上保險料及ヒ荷受人ニ仕拂フヘキ手數料ノ如キハ控除スルヿナク、又タ船積ノ儘貨物ヲ賣買スルカ如キハ第三者ニ無關係ナル投機取引トシテ顧慮スルヲ要セザルモノナリ、而シテ若シ貨物カ損害セラレタル場合ニ在テハ、第七章第四節ニ於テ共同海損經費ノ支出後ニ蒙リタル損害ヲ說明シタルカ如ク、其貨物ノ分擔スヘキ價値ハ唯タ其損害ノ情況ニ於ケル價値タルヘシ、共同海損カ船積港ニテ其當時ニ現存スル事實ノ情況ニ依テ精算セラルヽトキハ、其船積港ニ於ケル積荷ノ價値ヲ以テ分擔ノ基礎トナスヘキモノナリ、而シテ實際ノ處置ニ依レハ其價値トシテハ貨物ノ送狀面ニ於ケル價格ヲ採用スルヲ以テ常トセリ、故ニ其買入ノ當時ト精算ノ基礎タルヘキ時日トノ間ニ於テ其貨物ノ市價ニ變化ヲ生シタル場合ニ於テハ、此送狀面ノ價格ハ精算ノ際ニ於ケル貨物ノ眞價値ヲ表ハサヽルコアルヘシト雖トモ、通常ノ目的トシテハ送狀面ノ價格ハ殆ト其眞成ノ價値ヲ近似スルニ足ルヘキナリ、

第四節　運賃

運賃ハ又タ船舶及ビ積荷ト共ニ共同海損ヲ分擔スベキモノニシテ、而シテ普通ノ場合ニ於ケルガ如ク、貨物ガ船荷證劵ニ依ッテ船積セラレテ其運賃ノ仕拂ハ積荷ノ到着及ビ引渡ヲ條件トスルトキハ、船主ハ其船舶及ビ積荷ガ全損ヨリ救助セラルヽガ爲メニ船舶ノ價値ノ外ニ猶ホ

利益トシテ其運賃額ヲ占ムルモノナリ而シテ此運賃收入ノ爲メニ要シタル經費ハ船舶喪失ノ場合ニ於テ節減シ得ルモノナルヲ以テ、其收入運賃額中ヨリ此經費ヲ控除シタル殘額ハ即チ此場合ニ於ケル運賃ノ分擔價値ヲ表示スルモノナリ、

以上ニ反シテ運賃ガ無條件ニテ前拂セラレ、若シクバ船舶ノ喪失或ハ安着ニ關セズ其支拂ヲ要スベキ契約タルニ於テハ、其航海ノ實行ヨリ生スベキ利益ハ船主ヨリ積荷主ニ移轉スルモノニシテ、貨物ノ價値ハ其運賃ノ支拂額ニ依テ增加スルモノナリ、故ニ此ノ如キ場合ニ於テ若シ其貨物ノ市價ガ分擔ノ基礎タルトキハ其市價中ヨリ運賃ヲ控除スルヲ要セズ、又タ其貨物ガ送狀面ノ價格ニ於テ分擔スベキトキハ前拂運賃額ヲ之ニ加算スルヲ要シ、而シテ船主ハ運賃ノ關係ニ於テ分擔セザルモノナリ、

船船ガ船積港ニテ難破シ或ハ修繕不能ノ斷定ヲ受ケタルガ爲メニ船

積港ニテ共同海損ノ精算ヲ作成シテ、其極積荷主ハ運賃ノ前拂ヨリ何等ノ利益ヲ得ザル时ハ其前拂運賃ハ全ク分擔ノ義務ナシ、何ントナレバ前拂運賃ハ斯ル場合ニ於テハ眞ニ喪失シタルモノナレバナリ、畢竟前拂運賃ガ分擔義務ヲ帶ブル所以ヲ尋ヌレバ、積荷主ガ貨物ノ無賃運送權ヲ買得シタル时ハ其貨物ハ積荷主ニ對シテ一層價値ヲ高ムルニ在リト雖モ、此關係ハ其貨物ガ船舶ニ依テ運送セラレ、若シクバ運送セラル、コヲ得ル場合ニ於テノミ其實ヲ示スモノナリ、

積荷ノ全部或ハ一部ガ船主ノ所有ニ屬スル時ハ、其到達港ニ於ケル價値ハ猶ホ恰モ同種ノ貨物ガ他人ノ所有ニ屬セル場合ト同一ニ處置スベキモノニシテ、即チ航海中何レノ場所タルヲ問ハズ、分擔ノ目的ヨリ船主ノ所有貨物ノ價値ヲ定メントセバ必ズヤ他ノ所有者ニ屬スル同種ノ貨物ト平等ノ基礎ニ置クベキモノトス、故ニ到達港ニ於ケル價値ヲ以テ分擔ノ基礎トナスベキトキハ運賃ヲ控除スルノ要ナク、若シ或

ハ便宜ノ爲メ他人ト同一率ナル運賃額ノ控除ヲ行フニ於テハ其運賃額ハ再ビ船主ノ計算ヲ以テ分擔シ、若シ又タ送狀面ノ元價ヲ以テ分擔ノ基礎トナスベキヰハ、此價格ニ加フルニ猶ホ船積當時ニ於テ他人ノ支拂ヒタル如キ普通ノ運賃額ヲ以テセザルベカラズ、但シ此送狀面ノ價格ガ精算ノ際ニ於ケル貨物ノ眞價ヲ代表セザルヿアルハ前節ニ述ベタル所ト異ルナシ、

以上運賃ノ分擔價値ニ關シテ陳述シタルモノハ共同海損ノ原理ニ包含セル單一ノ原則ヲ布演シタルニ過キズシテ、從テ其事理自ラ明白ナリト雖ドモ、更ニ進デ傭船ノ塲合ニ於ケル運賃ノ分擔ヲ觀ズルヰハ大ニ複雜ノ關係ヲ生スベシ、故ニ吾人ハ先ヅ便宜ノ爲メ傭船ノ塲合ヲ以下ノ三種ニ區別シテ之レガ説明ヲナスベシ、

(第一塲合)ハ、傭船者ノ所有ニ屬スル貨物ヲ積入レンガ爲メニ傭船セラル、モノナリ、

（第二場合）ハ、傭船者ガ或ル航海ニ使用ノ目的ヲ以テ船舶ヲ一定ノ金額若シクハ運賃率ニテ傭入レ、以テ第三者ノ貨物ヲ積入運送スルニ在リ、而シテ此傭船ハ投機ノ一種ニ屬スルヲ得ルモノニシテ、即チ傭船者ハ船主ニ支拂フベキ運賃率ト積荷主ヨリ收入スベキ運賃率トノ差額ニ依テ利益ヲ得ルモノナリ、

（第三場合）ハ、仲立人ガ一定ノ時期或ハ幾多ノ航海ヲ通ジテ傭船スルモノニシテ、即チ其仲立人タル傭船者ハ法律上臨時ノ船主トシテ看做サルヽト否トニ拘ラズ、自己ノ利益ノ爲メニ實際ニ船舶ヲ使用スルニアラズシテ、且ツ眞正ノ船主ハ唯ダ此目的ニ對シテ傭船者ニ船舶ヲ賃貸スルモノナリ、而シテ此場合ニ於テ傭船者ガ船長及ビ船員ヲ自ラ任命スルカ、或ハ船主ノ任命セル船員ヲ其儘ニ使用スルカハ茲ニ運賃ノ分擔ニ付キテ緊要ノ關係ナキモノナリ、

吾人ハ以上三種ノ場合ニ付キ、其性質最モ簡明ニシテ、即チ彼ノ運送ノ

通常方法トシテ船荷證劵ヲ發行スル場合ニ最モ近似セルモノヨリ順次論究センニ、其第一場合トシテ船舶ガ傭船者ノ所有ニ屬スル貨物ヲ積入レンガ爲メニ傭船セラレタル片ハ、共同海損行爲ノ際既ニ其積荷ヲ船內ニ存在セルト否トニ關セズ、其傭船料ハ常ニ共同海損ニ對シテ分擔スベキモノトス、何ントナレバ其船舶ニシテ喪失スル片ハ船主ハ積荷ノ有無ニ關セズ預期ノ運賃ヲ失フニ至ルベケレバナリ、蓋シ此見解ハ「ウヰルリヤム」對「龍動保險會社」事件ノ判決ニ於テ認ムルヲ得ベクシテ、即チ此事件ニ依レバ、曾テ東印度會社ニテ一船舶ヲ傭入レ、其使用ノ目的トシテハ龍動ヨリ東印度諸港行ノ積荷ヲ運送シ、其地ニ到着シタル上ハ同會社ノ代理店ノ指圖ニ從ヒテ他ノ貨物ノ運送ニ從事シ、終ニ東印度ニ於ケル最後ノ港ヨリ龍動揚貨物ヲ積入レテ回航スベク、而シテ以上ノ航海ニ對シテハ、船舶ガ龍動ニ安着シタル場合ニ限リテ一定ノ率ヲ以テ運賃額ヲ支拂フベシト雖圧、其內三千磅ノミハ前拂運賃トシテ龍動發航前ニ支拂フベキ契約トナセリ、然ルニ該船舶ハ龍動ヲ發航セル後チ不良ノ天候ニ由リテノーアノ近傍ニ坐礁シ、乃チ此ニ積荷ヲ陸揚シテ修繕ノ爲メニ龍動ニ歸航シ、其結了ヲ待テ再ビ航海ヲ繼續シタリシガ、此事變ハ遂ニ共同海損ニ對スル要償ヲ生ジ、船主ハ該船船ガ猶ホ航海中ニ屬スル際ニ於テ其分擔責任額ニ付テ船舶保險者ヲ出訴スルニ至レリ、而シテ此事件ノ爭點トスル所ニ依レバ、傭船契約ニ由テ船主ガ收得スベキ見積運賃額五千七百四十磅ハ共同海損ニ對スル分擔利益トシテ計算スベキヤ否ヤニ存スルモノナリ、

右事件ノ裁判記錄ヲ案ズルニ、該船舶ハ右ノ出訴ノ後チ未ダ裁判審問ノ始マラザル以前ニ於テ既ニ輸入貨物ヲ搭載シテ龍動テームス河内ニ歸着シタリシガ、唯タ其未ダ碇繫場ニ達セズ、從テ積荷ヲ引渡スベキ境遇ニ存在セザリシヲ以テ、此境遇ノ關係ハ審問ノ際極力辯論スル所トナレリ、然トモ此點ニ付テハ原被兩造ハ遂ニ合意ノ上船主ニ於テ其

運賃額ヲ實際ニ收得セルモノト看做シ、此ニ於テカ「クヰンスベンチ」裁判所ノ諸判事ハ一致ノ見解ヲ以テ其傭船運賃ノ分擔義務アルコヲ認定セリ、首席判事「ロードエレンボロー」氏ハ曰ク『原告ハ往航及ビ復航ニ於ケル運賃ノ全額ヲ以テ分擔義務ナシト主張スレ𪜈此全額ハ船舶ノ損失ヨリ影響ヲ蒙ルモノニシテ、時トシテハ其損失ノ爲メニ全ク烏有ニ歸セザルヲ保シ難シ、然ルニ本件ニ於テハ船主ハ船舶ノ修繕ニ由テ遂ニ之ヲ保有スルヲ得タリ、而メ往航及ビ復航ニ關スル問題ハ其運賃ノ全額ガ修繕ニ由テ救助セラレタル事實ヲ觀察セバ自ラ明ニ解説セラルヽガ如シ』トシ、判事「リー」、「ブランク」氏ハ曰ク『原告ガ其辯論ノ要旨トシテ主張スル所ニ依レバ、損失ヲ生シタル際ニハ未ダ其分擔ハ確定セザルモノナリトセリ、然𪜈之レヲ凡テノ共同海損分擔ノ場合ニ付テ觀スルニ、運賃ナルモノハ損失ノ當時ニ在テハ未ダ收入セラルヽ能ハズ、從ラ其分擔ハ常ニ確定セザルニ拘ラズ、猶ホ「ダー、コスター」對「ニユンハム」事件ノ判決ニ於テハ運賃ヲ以テ分擔義務アリトセリ、故ニ損失ノ當時ニ於テ事物ノ確定セルト否トハ其分擔義務ノ有無ヲ判定スベキ決論ニアラズ』トシ、又タ判事「ベーレー」氏モ曰ク、『本件ニ於テハ原告ハ運賃ヲ收入スベキ權ヲ有シ、其內若干額ハ既ニ實際ニ收入シタルモノナリ、而シテ其全額ハ一旦危險ニ接シタレ𪜈遂ニ取得スルヲ得タリ、……此運賃ナルモノハ船舶ノ往航及ビ復航ノ使用ニ對シテ支拂フベキ一ノ分割スベカラサル金額ニシテ、故ニ一旦危險ニ接シタリト雖𪜈遂ニ收得セラレタルトキハ必ズ分擔スベキ責アリ』トセリ、

以上ノ判決宣告ヲ觀察スルニ、其見解トシテハ傭船運賃ヲ實際收得シタル事情ヲ以テ要點ト認メ、即チ船舶ガ復航ノ際ニ喪失セバ其運賃ニ分擔義務ナシトスルモノヽ如シ、然𪜈此斷定タルヤ畢竟如何ナル時日及ビ如何ナル事實ノ情況ヲ以テ分擔ノ基礎トナスベキヤノ一大問題ニ屬スル者ニシテ、而メ此大問題ニ關シテハ審問ノ際更ニ論議セラレ

タルヿナシ、故ニ吾人ハ、此判決ヲ以テ充分ニ有力ナル見解ト看做ス能ハザルノミナラズ、保險ニ付シ得ベキ運賃ハ即チ共同海損ニ對シテ分擔スベキ運賃タルヲ察セバ、凡テ其疑點ノ明瞭トナルヲ信ズルナリ、何ントナレバ將來ニ收入スベキ運賃ヲ保險スルニ付キテ之レガ權利ヲ定ムル原則ニ依レバ、保險證券ガ義務ヲ負ハントスル際ニ當テハ運賃ノ收入ニ關シテ適法ナル確實ノ事情ヲ存在スルヲ要シ、換言セバ保險ヲナシ得ル危險ニ際シテノミ偶發スベキ確實ノ事情ヲ存スベクシテ、而メ此ノ如キ確實ノ事情ヲ備フル場合ニ於テハ共同海損行爲ニ依テ海難ノ損失ヨリ救助セラルヽ利益ヲ常ニ存在スルモノナリ、

第五節　運賃ノ保險利益ノ發生時期

運賃ノ保險利益ノ發生時期ハ英國ノ裁判々決ニ於テ屢バ解釋セラレタル所ニシテ茲ニ其判決中ヨリ運賃ノ分擔ニ關スル原則ヲ摘要スルトキハ以下ノ二項ニ歸スルヲ得ベシ、

(第一)、傭船契約ガ其傭船ノ當初ヨリ最終ニ至ル間ヲ以テ一ノ分割スベカラザルモノト定メタルトキハ、假令ヒ其航海ガ複雜ノ計畫ヲ有シ、或ハ幾多ノ小航海ヨリ成立シ、或ハ幾多ノ各別ナル積荷ヲ運送スルト雖トモ其間ニ區別ヲ立ツルノ要ナシ、

(第二)、傭船契約ノ締結ノミヲ以テ足レリトセス猶ホ其契約ノ履行ニ着手スルヲ要ス、

右二原則ニ付テ觀察スルニ、第一項ハ明白ノ理由ヲ有スルニ反シ、第二項ニ至テハ吾人ノ瞭解ニ苦ム所ナリ、何トナレバ前節ニ述ベタルガ如ク、保險ニ付シ得ベキ利益ノ條件トシテハ原則上唯ダ運賃ノ收入ニ關シテ適法ナル確實ノ事情ヲ要スルノミニシテ、此確實ナル事情ハ傭船契約ノ成立スルヤ否ヤ實際直ニ存在スルモノナリ、故ニ此原則ヨリ察スルトキハ第二項ノ如キ要件ヲ認ムルノ理由ナキヲ知ルベシ、例バ傭船契約ハ既ニ適法ニ締結セラレタリト雖トモ、船主ハ船舶ヲシテ猶ホ

船渠內ニ存在セシメ、或ハ傭船者ノ使用ニ對シテ未ダ些少ノ準備ヲモ行ハザルニ當テ其船舶火災ノ爲メニ燼滅シタル塲合ニ於テハ、船主ガ確實ニ預期セル利益ヲ剝奪セラレテ其傭船運賃ヲ損失スル關係ハ、猶ホ恰モ其船舶ガ船足積荷或ハ積荷ヲ以テ進航中ニ喪失セル塲合ニ比シテ聊モ異ル理由ナク、從テ右第二項ノ理由ハ到底其不當タルヲ免レザルナリ、蓋シ此例證ハ假令ヒ充分ニ適切ナル能ハズト雖トモ、此ニ論ズル所ノ原則ノ範圍ヲ窺フニ足ルベキモノニシテ、故ニ以上ノ所說ニ基キテ茲ニ傭船ノ塲合ニ關スル慣例ノ規則タルベキモノヲ求ムレバ、船舶ガ一ノ分割スベカラザル契約ニ依テ傭船セラレタル塲合ニ於テハ、船主ガ之レヨリ收得スベキ運賃ハ其航海ノ着手後ニ生ズル凡テノ共同海損ニ對シテ分擔スベク、而シテ其收得運賃ヲ由來セシムル積荷ガ其際既ニ船內ニ存在セルヤ否ヤハ必要ノ條件ニアラズト定ムルヿヲ得ベシ、然レドモ茲ニ一ノ疑問トシテハ、傭船契約ニ對シテ全ク無關係ナル第三者ノ貨物ヲ搭載セル場合ニ於テモ猶ホ同一ニ右ノ規則ヲ適用スルヲ得ルヤ否ヤヲ定ムベキノ要アリ、蓋シ此種ノ貨物ハ船主或ハ傭船者ニ對スル契約ニ依テ積入ルヽヿヲ得ルモノニシテ、例バ船舶ガ遠隔セル地方ヨリ傭船者ニ屬スル貨物ヲ輸入スル目的ヲ以テ傭船セラレタルニ當リ、傭船契約上其往航ノ空船腹ニ對シテハ船主ガ自己ノ利益ノ爲メニ運賃ヲ收入スル積荷ヲ搭載スベキカ、或ハ傭船者ノ自由使用ニ屬スベキカヲ約定シ、此約定ヨリシテ往航ノ際船荷證券ヲ以テ第三者ノ貨物ヲ積入運送スルヿ常ニ稀ナラザルナリ、而シテ此場合ニ關シテ或ハ主張シテ曰ク、往航ノ積荷ハ復航ノ運賃ニ對シテ共同ノ利益ヲ有セザルヲ以テ、傭船契約ニ於ケル運賃額ハ往航ニ於テ生ズル共同海損ヲ分擔スベキ義務ナシトセリ、然モ此見解タルヤ甚タ理解シ難キモノニシテ、何トナレバ各種ノ財産ヲ首メトシ其他法律上財産ト同一基礎ニ於テ處置セラルベキ各種ノ預定利益ニシテ、共同危險ノ際同一行爲ニ依テ損失ヨリ救助セラレタルトキハ、此關係上ニ在テハ其各者ハ交互ニ共同利益ヲ有スルモノト稱スルヲ得ベクシテ、而シテ船內ノ積荷ガ假令ヒ傭船者ニ屬セズシテ第三者ノ所有物タリト雖モ、此事實ハ傭船運賃ノ價値ヲ減却セシメ、若シクハ其收得ヲ不確タラシムルモノニアラザレバナリ、或ハ又タ主張シテ曰ク、此ノ如キ場合ニ於ケル分擔ノ徵收ハ、其航海ガ終了シ即チ其積荷ガ船舶ヨリ荷卸セラルヽ際ニ現存セル價値ニ付テ行フベキモノニシテ、然ルニ復航ノ運賃ハ此際未ダ現存セザルヲ以テ之ヲ分擔者トシテ加入セシムルハ不當ナリトセリ、然モ分擔ナルモノハ實際船主ト積荷主間ニ付テ行フベキモノナルヲ以テ、之レガ分擔ヲ決セントセバ吾人ハ必ズヤ其當時ニ於テ其各者ニ屬スル財產ノ價値ヲ觀察スルヲ要ス、然ルニ其船舶タルヤ其際既ニ復航ノ運賃ヲ現存スルヲ以テ、船主ニ對シテハ此程度ニ於テ船舶ノ價値ヲ實際ニ增加セルモノナリ、是レ即チ吾人ガ其復航運賃ノ分擔ヲ疑ハザル所以ナリ、蓋シ精算ニ於テ船主ノ分擔價値ヲ區別シテ船舶及ビ運賃ノ兩者トナスモノハ唯ダ保險者ニ對スル計算上ノ便宜ニ出ヅルノミニシテ、積荷ニ對シテハ更ニ關係ナキモノナリ、

第六節　投機的傭船ノ場合

本節ニ於テハ既ニ第四節ニ説述シタル順序ニ從ヒ先ヅ第二ノ傭船ノ場合タル投機的傭船ヨリ觀察セン、此場合ニ於テハ傭船者ハ自己ニ屬スル貨物ノ運送ヲ以テ目的トナサズ、唯ダ船主ト積荷主間ニ於ケル中間者トナリテ、一方ニ於テハ船主ニ一定ノ運賃率ヲ支拂ヒ、他方ニ於テハ積荷主ヨリ船荷證券面ニ定ムル運賃ヲ收得シテ以テ其兩運賃間ニ於ケル差額ヲ利得スルモノナリ、之ヲ慣例ニ付テ案ズルニ、此種ノ投機的傭船契約ニ對シテハ分擔ノ目的上其存在ヲ認メザルコ猶ホ船積ノ儘積荷ヲ投機賣買セル場合ニ對スル處置ニ異ルナシ、故ニ積荷ノ船積後、若シクバ其船積契約後ニ於テ

共同海損ヲ生シタルトキハ、唯ダ其船荷證券面ノ運賃ニ付テ分擔ヲナサシム。ルモノニシテ、而シテ此慣例ノ規則ガ果シテ正當ノ理由ヲ有スルヤ、幷ニ其必要ノ理由如何ヲ知ラント欲セバ宜シク積荷ノ打荷ノ場合ニ付キテ各當事者ノ位置ヲ觀察スルニ如クハナシ、何ントナレバ打荷ニ對シテ賠償スベキ全額ハ運賃ヲ控除セザル所ノ貨物ノ實價ニシテ、此價額ハ積荷主ト船主ヲ首メトシ、且ツ概子傭船者ニ對シテモ分配セラルヽモノナリ、然ルニ此ニ積荷主ガ收領スベキモノハ其實價中ヨリ船荷證券面ノ運賃率ヲ控除セル殘額タルベキヲ以テ、若シ此運賃率ガ傭船契約面ノ運賃率ヨリ低廉ナルトキハ船主ハ此兩運賃間ノ差額ヲ損失スルニ至ルベキナリ、而シテ此差額ノ損失ハ畢竟打荷ノ爲メニ生シタルニ拘ラズ、既ニ分擔ニ依テ之レガ賠償ヲ許サヾル以上ハ又タ此差額ヲシテ共同海損ヲ分擔セシムベカラザルナリ、然𪜈此ノ如ク船荷證券面ト傭船契約面間ニ於ケル投機的部分ニ屬スル差額ヲ全ク共同海損ヨリ除外スルコトハ唯ダ積荷ノ船積後若シクバ其船積契約ノ成立後ニ於テ行フベキモノニシテ、畢竟其投機ノ性質ヲ帶ブベキヤ否ヤハ此船積若シクバ契約成立ニ由テ始テ定マルモノナレバナリ、故ニ若シ此種ノ傭船ニシテ唯ダ船足積荷ヲ以テ其積荷ノ積入港ニ向テ進航中ニ共同海損ヲ生シタル場合ノ如キハ、固ヨリ其傭船契約面ノ運賃ヲ以テ分擔ニ應スベキモノトス、

終リニ第三ノ傭船ノ場合トシテ傭船主ガ船舶ノ臨時所有者トナル場合ヲ說明セシニ、例バ傭船者ガ一船舶ヲ十二ケ月間隨意使用ノ權ヲ以テ傭入レタル後チ之ヲ數回ノ沿岸航海ニ分用シ、且ツ其每航各別ノ積荷ヲ運送シタル場合ニ於テ、若シ此等ノ或ル一航海ニ於テ共同海損ヲ生シタル片ハ、抑モ此全期間ニ對スル傭船料ヲシテ分擔セシムベキヤノ問題ヲ生ズルモノナリ、

此第三ノ場合ニ於テハ其傭船運賃ヲ船價ヨリ分離スルハ甚ダ困難ニ

シテ、而シテ此際船主ニ對スル船價ナルモノハ二箇ノ部分ヨリ成立シ。即チ十二ケ月間ニ於ケル傭船運賃ト、其期間內ニ在テハ自ラ營利ニ使用スベカラズル現在ノ船價トノ二者之レナリ、然レ𪜈此二箇ノ成分タル價値ヲ合一シテ之ヲ船價ト看做スベキカ、或ハ船舶及ビ運賃ノ二者ニ分別スベキカハ積荷ニ關係ナキ事項ニシテ、若シ之ヲ分別スルトキハ是レ唯ダ船舶及ビ運賃ノ保險者ニ對スル計算上ノ便宜ノ爲メニ行ハル、モノナリ、而シテ此ニ示シタル場合ノ如キハ其傭船運賃ヲ保險ニ付シ得ルヲ以テ、實際ノ便宜トシテハ其分別ヲ行フニ加カザルヲ信ズ。

今マ純粹ノ原則上ヨリ觀察スルトキハ、此種ノ傭船運賃ノ場合ニ關スル分擔ノ基礎ヲ決定セントセバ、先ヅ船舶ノ價値ト運賃トヲ合算シ、且ツ其船舶ハ傭船契約ヲ締結シタルガ爲メニ若干ノ價値ヲ增加シタルヤヲ觀察スベキモノトス、然𪜈其增加價額ハ決シテ傭船運賃ノ全額ニ達スルモノニアラズシテ、之ヲ嚴格ニ解釋スレバ、傭船運賃率ガ其船舶所在地ニ於ケル普通運賃率ニ超過スル差額ヲ增加スルニ止マルモノナリ、何ソトナレバ若シ其船舶ガ傭船トナラザリシ片ハ船主ハ普通ノ運賃率ヲ以テ自ラ使用スルヲ得レバナリ、故ニ此際船主ノ分擔價値タル全額ヲ以上ノ如ク船舶及ビ運賃ノ二者ニ分別スルニ當テハ、原則上其船價トシテ看做スベキモノハ傭船契約ノ存在ニ關係セザル船價タルベク、換言セバ單ニ船舶トシテ市場ニ賣買スルヲ得ベキ自由價額ヲ以テスベクシテ、而シテ運賃ノ分擔價値トシテ看做スベキモノハ普通運賃率ト傭船運賃率間ニ於ケル差額タルベキナリ、

第七節　傭船契約面ニ於ケル前拂運賃

傭船契約ニ於テ航海ノ終了如何ニ關セズ無條件ニテ一部ノ運賃ノ前拂ヲ約シタル場合ニ在テハ、此前拂運賃額ノ共同海損ニ對スル分擔義務ハ船主ヨリ傭船者ニ移轉スベキモノナルヤ否ヤ、蓋シ此問題ニ對シテハ何人モ一見シテ其移轉ヲ以テ不正ノ極トナサヽルハナク、即チ其

理由トシテ論難スル所ニ依レバ、畢竟傭船者ハ船主ノ利益ノ爲メニ運賃ノ前拂ヲ約定シ、且ツ船舶ノ喪失ヨリ其使用ノ利益ヲ全ク剝奪セラルヽモ猶ホ甘ジテ無條件ナル前拂ヲナシ、即チ傭船者ハ船主ノ要求ナクシテ進ンデ義務ヲ帶ヒタルモノナリ、然ラバ則チ傭船者ノ此ノ如キ好意ニ對シテ猶ホ其他ニ義務ヲ負擔セシメントスルハ到底不當タルヲ免レズ云々トセリ、而シテ諸外國ノ法律ニ於テモ概ヲ此分擔義務ノ移轉ヲ認メズ、其原則トシテハ共同海損ニ對スル運賃ノ分擔ハ凡テノ場合ヲ通ジテ船主ノ義務ニ屬シ、且ツ其運賃ノ支拂時期ノ如何ヲ問ハザルヲ以テ一汎ノ規定トセリ、然ルニ茲ニ獨リ以上ニ反對ナル原則ヲ採用セルモノハ英國之レナリ、即チ右ノ問題ニ對シテ英國ノ規則ヲ辯護スル說ニ依レバ共同海損ナルモノハ全損ヲ救助スベキ一種ノ贖戻方法ニシテ、故ニ之ニ對スル責任ヲ決定セントセバ、船舶ガ全損セル場合ニ於テハ何人ガ其損失者ニシテ且ツ之レガ爲メニ崇ルベキ其損失額ノ若干タルベキヤヲ調査スルノ要アリト雖トモ、敢テ契約上何レノ當事者ガ之ヲ支拂フベキヤヲ調査スルノ要ナシ、而シテ此ノ如キ場合ニ於テハ船主ト傭船者トハ其運賃ノ無條件前拂ニ付テ互ニ相爭フヲ妨ケザルニ拘ラズ、既ニ傭船者ガ其前拂ヲ契約シタル以上ハ、前拂運賃額ノ範圍內ニ於テ船舶ノ安全ニ付テ最モ緊要ノ利害關係ヲ有スルモノハ船主ヨリモ寧ロ船傭者ニシテ、從テ其船舶ノ救助費用ニ對シテモ亦タ多額ノ分擔者タルベキハ船傭者ガ其契約ノ際必然ノ結果トシテ充分ニ自覺スベキ所ナリ、故ニ此英國ノ規則ハ瞥見似テ而シテ非ナルガ如シト雖モ、之ヲ諸外國ニ普通ノ規定ニ比スレバ却テ共同海損ノ眞正ノ原則ニ適合スルヲ知ルベシ云々トセリ、

以上ノ如ク傭船ノ場合ニ於テ共同海損ニ對スル前拂運賃ノ分擔責任者ハ英國法上船主ニアラスシテ傭船主タル可シトハ實ニ「フレース」對「ウヲームス」事件ノ判決ニ明規スル所ニシテ、此事件ニ在テハ傭船者ノ辯

護人「メリッシ」氏ハ北米合衆國ニ於ケル定説ヲ論據トシ、即チ傭船者ハ假令ヒ運賃ヲ前拂シタリト雖モ敢テ共同海損ノ關係ニ於テ更ニ責任ヲ帶ブベキ契約ヲナシタルニ非ズト主張セリ、然モ諸判事ハ此見解ヲ一致シテ非認シ、其決定トシテハ畢竟何レノ當事者ガ船舶ノ救助ニ由テ實際ニ利益セルヤヲ調査スベキ者ナリト判決セシガ、此規則ハ爾來又タ海損精算者ノ慣例ニ於テモ適用セラル、コトナレリ、

既ニ英國法トシテ幷ニ英國ノ慣例トシテ、此ノ如ク前拂運賃ヲ以テ傭船者ガ共同海損ニ對スル分擔責任アルモノトセバ、抑モ英國ニ於テハ傭船契約中如何ナル約欵ガ其運賃ヲ絶對ニ前拂タラシメ、即チ航海中船舶ノ喪失ヲ生ズルト雖モ其拂戾ヲ要セザル効力ヲ附與スベキモノナルヤヲ觀察スルニ、其契約ニ於テハ必ズ此意旨ノ認メ得ベキモノナカルベカラズ、何ントナレバ若シ此意旨ヲ示スベキ約欵ヲ備ヒザルトキハ、運賃ノ爲メニ支拂ハレタル金額ハ猶ホ運賃ト同一條件ニ從テ處置

セラレ、從テ其航海ノ履行後ニアラザレバ收得スベカラザルナリ、然圧此前拂ヲ絶對的タラシムル意旨ハ傭船契約ノ文辭上假令ヒ明白ノ記載ナキモ猶ホ概子推定ヲ以テ判別シ得ベキモノニシテ、契約ノ目的トシテハ之ヲ以テ充分ナリトス、例パ傭船契約面ニ於テ、『運賃ハ以下ノ如ク支拂フベシ、即チ船舶ノ港税及ビ外國ニ於ケル費用ニ對スル金額ハ傭船者ニ於テ前拂トナスベク、其殘額運賃ハ積荷ノ引渡ニ於テ支拂フモノトス』、或ハ『運賃ノ一部支拂タル前拂金額』等ノ如キ文句ヲ有スルニ當テハ、裁判所ハ之ニ依テ其前拂ハ絶對的ノ意旨ニ屬スルヿヲ推定スベク、又タ現今普通ノ書式トシテハ、『前拂金額但シ保險附、』或ハ『保險料船主持』等ノ文句ヲ採用スレ圧、其結果ハ皆ナ同一ノ効力ヲ有スルモノナリ、何ントナレバ其前拂金額ニ關係シテ『保險』ナル言句ヲ使用スル所以ノモノハ、其前拂金額ガ傭船者ニ保險利益ヲ與フル性質ヲ表示スルノニシテ、若シ傭船者ガ航海ノ危險ヲ冒スニアラレバ敢テ保險ノ必要ヲ生セザルベキナリ、而シテ此ノ如ク船主ニ於テ其保險料ノ支拂ヲ約定スルト雖モ此關係ハ敢テ絕對的前拂ニ關スル推定ヲ害スルモノニアラズ、即チ裁判所ハ此ノ如キ約定ヲ以テ單ニ船主ガ傭船者ノ運賃前拂ニ對スル步合金或ハ報酬トシテ、之レガ保險料ヲ傭船者ニ贈與スルモノト看做スニ過ギザルナリ、

判事「コツクルバルン」氏ハ「エツキスチエカー」裁判所ノ「バイイルン」對「シーラー」事件ニ於テ以上ノ英國規則ヲ以テ全ク不正ノ原則ニ基クモノナリト痛歎セシガ、吾人ハ氏ガ其際寧ロ斷然タル判決ヲ以テ運賃ハ如何ナル場合ニ於テモ航海完終ノ後チ始テ收得スベシト改正セザリシヲ遺憾トスルモノナリ、然ルモ氏ハ右ノ規則ヲ以テ既ニ幾多ノ先例ニ起原シ、最早到底破棄スベカラザル確定ノモノナリト承認セリ

第八節　運賃ヨリ控除スベキ經費

運賃ノ分擔價値中ヨリ控除スベキ經費ハ如何ナルモノナルヤハ吾人

ガ猶ホ觀察ヲ要スル一問題ニシテ、而シテ之ヲ原則上ヨリ觀ズルトキハ、運賃ヨリ控除スベキ經費ハ運賃收得ノ爲メニ要セラレタルモノニシテ、且ツ其經費ハ船舶全損ノ塲合ニ於テ敢テ其支出ヲ要セザリシモノトス、

船員ノ給料ハ右ノ經費中ニ屬スベキモノニシテ、英國ノ普通法ニ依レハ、船舶ガ全損スルトキハ其航海ハ未ダ完終セザルヲ以テ船員ハ給料ヲ要求スルノ權ナク、即チ船員ハ唯ダ其乘組船舶ガ運賃ヲ最後ニ收得シタル時ヲ限リテ給料ヲ收領スベキ權アリトス、故ニ船舶ノ全損ハ船主ニ對シテ其收得スベキ運賃ヲ損失スルト雖モ、之ト同時ニ船員ノ給料支拂ノ義務ヲ免スルモノニシテ、即チ船主ハ前航海後ノ乘組船員ニ對シ、若シクハ運賃ヲ最後ニ收得シタル以後ノ乘組船員ニ對シテハ給料ヲ支拂フノ義務ナク、從テ此給料額ハ法律上當然ニ運賃ノ分擔價値中ヨリ控除スルモノトス、然ルニ此規則ハ千八百五十四年ノ商船條例第

三部第一〇九條、第一八三條、第一八五條ニ於テ特ニ英國船舶ニ限リテ修正ヲ行ヒ、又タ千八百六十二年ノ改正商船條例ニ於テハ、船舶ノ喪失ニ際シテ死亡セル船員及ビ見習生ノ代表者ニ對スル給料支拂ノ條項ヲ設ケタルヲ以テ、此等ノ條項ニ屬スル場合ニ於テ運賃ノ分擔價値中ヨリ控除スベキ船員ノ給料ハ全航海ニ對スル全額ニアラズシテ唯ダ共同海損行爲ノ當日ヨリ航海終了ノ期日ニ至ル迄ノ額ニ限ルベキモノトス、何ントナレバ此給料額ハ實ニ船主ガ船舶全損ノ場合ニ於テ其支拂ヲ要セザリシモノナレバナリ、而シテ此控除方法ハ現今英國ノ慣例ニ於テ行ハルヽ所ニシテ、故ニ其何國タルヲ問ハズ船員ノ給料支拂ニ關シテ近世ノ英國法ヲ採用シタル邦國ニ屬スル船舶ニ對シテハ、又タ以上ト同一ノ規則ヲ應用セザルベカラズ、

船員ノ食料品ハ運賃ノ分擔價値中ヨリ控除セザルヲ以テ常トス、是レ食料品ナルモノハ概シテ從前ヨリ貯藏セラルヽモノニシテ、從テ運賃

ノ喪失ハ敢テ船員ノ賄費用ヲ船主ニ免セシメザルガ爲メナリ、次ニ共同海損行爲ノ以前ニ於テ積入レタル船用炭價ノ如キモ之レト同樣ノ理由ヲ以テ控除ヲ行フヿナシト雖モ、其他共同海損行爲ノ後ニ要シタル各種ノ港稅及ビ手數料ノ如キハ荷揚費用ト共ニ運賃中ヨリ控除スキモノトス、

第九節　諸他ノ分擔利益

船舶、積荷及ビ運賃ノ三者ハ共同海損ニ對シテ分擔責任ヲ有スル全財產ヲ構成スルモノニシテ、是レ實ニ一汎ノ原則ナリ、然𪜈若シ此等ノ三者ニ屬セザル財產ニシテ共同海損行爲ノ爲メニ損滅ヨリ免レタルモノアル𪜈ハ、苟モ特別ノ理由ナキ限リハ又タ同樣ニ分擔ノ責ヲ負フベキヿ固ヨリ當然ナリトス、而メ人命ノ如キハ假令ヒ共同海損行爲ニ由テ生存スルヲ得タリト雖𪜈金錢上ノ價値ヲ付スベカラザルヲ以テ分擔ノ義務ナク、又タ船員ハ旣ニ心身ノ勞役ヲ以テ船舶ノ救助ニ分擔シ

タルモノトシテ其給料ニ分擔ノ責任ヲ付セス、又タ船客ノ手荷物及ビ携帶品ノ如キハ其價値概シテ小ナルヲ以テ常ニ之レガ分擔ヲ免除スルモノトセリ、但シ船舶ノ保險中ニ通常包含セラル、船内ノ附屬物ノ如キハ、航海ノ終了迄消費セザル所ノ食料品ト共ニ船價ニ合算シテ分擔セシムルヲ要シ、又タ假令ヒ商品ト名稱スベカラザルモノナリト雖𪜈荷モ實際ニ價値ヲ有スルモノハ分擔ノ責任アリ、例バ軍隊運送船或ハ船客ヲ搭載スル傭船内ノ食料品ヲ首メトシ、積荷ノ取扱ニ使用スル敷板及ビ蓋板類ノ如キ是レナリ、然𪜈此種ノ品物ハ其價値概シテ小ナルヲ以テ慣例上多クハ之ヲ省略スルヲ常トス、

第九章　共同海損ニ對スル積荷ノ留置及ビ適法ノ救濟方法

第一節　普通法ニ於ケル船主ノ留置權

上來共同海損ヲ構成スベキ各種ノ損失或ハ經費ヨリ其計算方法、分擔價値及ビ分擔割前等ヲ說敍シタリシガ、猶ホ本章ニ於テ研究スベキハ英國ニ於テ行ハル丶所ノ共同海損ニ對スル要償ノ强制方法之レナリ、而ノ此適法ナル方法ヲ說明スルニ付テハ吾人ハ便宜上之ヲ二段ニ分チ、先ヅ第一段タル本節及ビ第二節ニ於テハ普通法及ビ國會ノ制定條例ニテ付與セル所ノ救濟方法ハ如何ナルモノニシテ、且ツ船主ノ留置權ナルモノハ一汎ニ法律上如何ナル効力ヲ有スルヤヲ觀察シ、第二段ニ於テハ積荷主ハ船主ニ對シテ如何ナル救濟方法ヲ有スルヤヲ觀察スベシ、英國ニテハ共同海損ニ對スル要償ハ普通法ノ裁判所ニ於テ通常判決セラルヽモノニシテ、而シテ普通法ニ依ルトキハ、積荷ガ船主ノ保管ニ屬シ或ハ船主ノ使用人タル運送人ノ保管ニ屬スル間ハ、船主ハ啻ニ其運賃ニ對スルノミナラズ、共同海損ニ對スル積荷ノ割前負擔額ニ對シテモ亦タ積荷ノ上ニ留置權ヲ有スルモノトス、故ニ船主ハ積荷引渡ノ際共同海損ニ對スル要償額ヲ精確ニ定ムルヲ得バ此權利ニ依テ直ニ荷受人ヨリ其支拂ヲ主張シ得ベシト雖モ、之レ殆ド實際ニ見ルベカラザル場合ナリ、何ントナレバ分擔額ナルモノハ積荷ノ價値ニ基クモノニシテ、然ルニ其價値ハ通常積荷ノ陸揚後ノ調査ニ依ラズンバ確認スルコト難ケレバナリ、故ニ此留置權ナルモノハ實際ニ於テハ唯ダ積荷ノ引渡ニ際シテ其分擔額支拂ニ對スル保證ヲナサシメ、或ハ其他ノ同價物ヲ提供セシムル一種ノ强制手段トシテ用ヒラルヽモノトス、而シテ船主ガ積荷引渡ノ際通常荷受人ニ對シテ要求スル條件ニ依レバ、旣ニ指定セラレタル精算人ノ定ムル所ニ從テ共同海損ニ對スル割前ヲ支拂フベキ契約ニ署名セシムルカ、或ハ精算ニ依テ確定スベキ分擔額ニ對スル保證金額ヲ支拂ハシムルカノ一ニ依ルモノトセリ、共同海損ニ關シテ船主ガ積荷ニ對スル留置權ハ實ニ以上ニ示シタルガ如シト雖圧、然圧船主ガ或ハ此權利ヲ濫用センヿヲ慮リテ英國ノ普通法ハ以下ノ如キ防禦方法ヲ認メリ、

(第一)荷受人ガ船主或ハ船長ノ正當ナル要求ニ應ジテ既ニ充分ノ預金ヲ提供セル以上ハ常ニ積荷ヲ受取ルノ權ヲ得ルモノニシテ、然ルニ若シ猶ホ其引渡ニ接セザル𪜈ハ之レガ結果トシテ損害賠償ノ起訴權ヲ有スルモノナリ、而シテ此預金額ヲ決定スベキ義務ハ實際上荷受人ニ屬スルモノナリト雖圧、若シ船主或ハ船長ヨリ其保證預金トシテ一定額ヲ要求セル𪜈ハ、其要求者ハ此額ヲ限度トシテ要償ノ權利ヲ放棄スルモノト看做シ、從テ荷受人ハ之ニ超過スル保證金ヲ提供スベキ義務ナ

キガ如シ、

(第二)荷受人ノ貨物ガ打荷トセラレ或ハ外國ニテ賣却セラレタル場合ニ於テハ、普通法上其荷受人ハ船舶ニ對シテ船主ノ留置權ニ相對スル如キ擔保權ヲ有セズト雖モ、此際若シ船主ガ共同海損ニ對スル保證預金ヲ荷受人ヨリ强制セントシテ留置權ヲ行使スルトキハ、船舶ガ積荷ノ打荷或ハ賣却ニ對シテ要償セラルヽ金額ト對照スルヲ要シ、而メ此後金額ハ荷受人ノ債權ニ於テ預金トナスベキ義務アリ、

(第三)船主ハ留置權ヲ强制執行セントセバ自己ノ經費ヲ以テ支辨スベキモノニシテ、故ニ船主ハ留置權ニ依テ積荷ヲ船內ニ差押フルト雖モ、之レガ爲メニ航海ヲ延引シタル停船料ヲ要求スルヲ得ズ、又タ積荷ヲ陸揚倉入シ或ハ之ヲ棧橋管理者ニ委托スル場合ニ於テハ、船主ハ其貨物ノ留置權ヲ失フコトナクシテ之ガ保有ヲ繼續シ得ルト雖モ、此種ノ倉入及ビ差押ニ要シタル經費ハ荷受人ニ對シテ要償スベカラザルモノ

トセリ、

第二節　留置權ノ擴張

普通法ニ於ケル船主ノ留置權ハ實ニ以上ニ述ベタル如シト雖モ、千八百六十二年發布ノ改正商船條例ハ船主及ビ船長ノ爲メニ此留置權ノ強制權力ヲ大ニ擴張シ、即チ運賃ニ對スルト或ハ其他ノ費用ニ對スルトヲ問ハス、之ヲ收得スル爲メニハ其積荷ヲ陸揚及ビ倉入シ若シクバ棧橋管理者ニ委托スルヿヲ許セリ、茲ニ其規定ノ大要ヲ摘錄スレバ左ノ如シ、

右條例ノ規定ニ依レバ、凡テ貨物ガ船舶ヨリ陸揚セラレテ棧橋或ハ倉庫所有者ノ管理ニ付セラレタルトキハ、船主或ハ船長ハ書面ヲ以テ其管理者ニ貨物ノ差押ヲ要求シ、其貨物ニ對スル運賃或ハ其他ノ經費ノ支拂ヲ待テ始テ引渡ヲナスベキ旨ヲ通告スルヲ得ルモノトス、然ルトキハ一方ニ於テハ棧橋或ハ倉庫ノ所有者ハ此通告ノ要求ヲ履行スベキ義

務アリテ、若シ其懈怠ヨリ損失ヲ生ズルトハ自ラ責ヲ負フベク、又タ他方ニ於テハ其積荷主ハ船主ノ要求額ニ等シキ金額ヲ倉庫ノ所有者ニ付托シテ後チ始テ貨物ノ引渡ニ接スルモノナリ、然圧若シ積荷主カ此ノ如ク金額ヲ付托シタル後チ十五日間ニ於テ、其全額若シクハ自己ノ承認スル負擔額ニ超過シタル殘額ヲ差押フヘキ旨ヲ倉庫所有者ニ書面ヲ以テ通告セザルトハ、其付托金ノ全額ハ悉ク船主ノ收得ニ歸スヘクシテ、故ニ倉庫所有者ハ此通告ニ接スルトハ直ニ之ヲ船主ニ報知スルヲ要シ、船主ハ乃チ其後ノ三十日間ニ於テ其要償ヲ强制スル手段ヲ採用スルカ、若シクハ倉庫所有者ヲ經テ付托金ノ全額或ハ一部ヲ積荷主ニ返還スルモノトス、而メ此塲合ニ於テ特ニ條例中ニ規定スル所ニ依レバ、凡テ貨物ガ留置權ニ依テ差押ヲ受ケタルニ當リテ、其間ニ要シタル倉敷料及ビ棧橋所有者ノ保管料等ノ如キ經費ハ悉ク積荷ノ負擔ニ歸スベキモノニシテ、是レ實ニ前述セル普通法ト異ル所ナリ、次ニ荷受人ガ以上ノ如キ付托金ヲ提供セザル場合ニ於テハ、倉庫所有者或ハ棧橋管理者ハ先ヅ其貨物ニ對シテ九十日間ノ差押ヲナシ、(但シ貨物消失ノ憂アル𪜈ハ此期限ノ限リニアラズ、)然ル後チ始テ之ヲ賣却シテ其賣得金中ヨリ第一ニ自己ノ收得スベキ諸經費ヲ控除シ、第二ニ船主ノ留置權ニ對スル要償額ヲ引去リ、終リニ其殘餘ノ金額ヲ荷受人ニ返還スベキモノトセリ、

第三節　打荷ニ關スル積荷主ノ救濟方法

船主ハ自己ノ救濟方法トシテ以上ノ如ク留置權ヲ利用シ得ルモノナリト雖𪜈、共同安全ノ爲メニ犧牲ニ供セラレタル貨物ノ所有者ハ其位置甚ダ不利益ニシテ、是レ畢竟船主ノ如ク占有ニ依テ留置權ヲ行使スルノ途ナキニ因レリ、而シテ之ヲ普通法ニ付テ案ズレバ、此種ノ積荷主ハ單ニ船主及ビ爾餘ノ積荷主ニ對シテ其共同海損ノ割前要求權アルモノトセリ、然𪜈此種ノ積荷主ハ一二ノ外國法ノ規定ニ於クルガ如ク、先

ヅ船主ニ對シテ引渡ノ不足ナル貨物ノ全價値ヲ直接ニ要償シ、然シテ後チ船主ヲシテ凡テノ分擔者ヨリ共同海損ヲ徵收セシムルノ權アルヤ否ヤハ曾テ一時疑問ニ屬シタル所ナリト雖モ、打荷或ハ之レニ類似ノ犧牲ハ全ク航海ノ危險ニ源因セル結果タルヲ以テ、苟モ船主ガ此見解ヨリ抗辨スル片ハ訴訟上充分ノ論據タルモノトセリ、而メ吾人ハ今マ實際ノ便宜上ヨリ觀察スルニ、船主ハ積荷ノ引渡前ニ於テ共同海損分擔ニ對スル保證徵收權ヲ有シ、且ツ打荷ノ場合ニ於テハ之レガ爲メニ生ズル損失運賃トノ關係上自ラ要償者タル位置ニ存スルヲ以テ、常ニ凡テノ利害關係者ノ爲メニ分擔額ノ受取人並ニ賠償額ノ分配者トシテ全部ノ要償ヲ處理スルモノニシテ、惟フニ此ノ如ク船主ガ處理スル代リニ敢テ其他ノ方法ヲ採用スル片ハ恐クバ却テ非常ニ煩雜ヲ來シ、其極遂ニ共同海損ニ關スル分擔及ビ賠償ノ目的ヲ達スベカラザルナリ、故ニ此場合ニ於テ船主ガ處理スベキ權利義務ハ法律上如何ナル

範圍ニ存セルヤハ吾人ガ宜シク觀察ヲ要スルモノナリ、
英國ニ於テ此問題ニ直接關係シテ第一ニ生シタル訴訟ハ千八百十一年ニ於ケル「ハルレット」對「バウスヒールド」事件ナリ、此事件ニ依レバ曾テ「チーシアン」號ト稱スル一船舶アリ航海中海難ニ際シテ船舶及ヒ積荷救助ノ爲メニ積荷ノ一部タル樹皮ヲ打荷シタルヲ以テ、其積荷主ハ「チヤンセリー」裁判所ニ申請シテ船主及ヒ船長ニ向テ積荷ノ引渡、運賃ノ收得並ニ船舶ノ利益配當ノ禁止命令ヲ發センヿヲ出願シ、以テ分擔ニ對スル留置權ヲ主張セリ、而メ其理由トシテ論ズル所ニ依レバ、船主ガ荷受人ニ積荷ヲ引渡スノ際共同海損ノ割前ニ對スル保證ヲ各人ヨリ徵收シ、後日分擔ニ依テ精算ヲ行フ準備ヲナスベキハ一汎ノ商事法ニ於テ認ムル船主ノ義務ナリトシ、且ツ「ロイド」ノ習慣トシテハ、貨物引渡前ニ於テ其所有者ヲシテ海損分擔證書ニ署名セシムルヿヲ引證セリ、然モ「ロールド、エルドン」氏ハ「ロイド」ノ習慣ヲ以テ法律ノ効力ヲ左右スベキ原則ナシトシ、右ノ禁示命令ヲ發スル事ヲ拒絶シテ曰ク『此種ノ場合ニ於テハ留置權ナルモノハ分擔及ビ海損ノ關係上各積荷主ノ貨物ノ上ニ存在スルモノニシテ、即チ船長ハ各荷受人ヨリ損失ニ對スル割前額ノ保證ヲ得ル迄ハ積荷ヲ引渡スベキ義務ナシ、然𪜈船長ハ假令ヒ此ノ如ク精算ヲナスベキ場合ニ當テ各荷受人ヨリ海損ノ分擔額保證ヲ强制スベキ程度ニ於テ留置權ヲ有スルモノナリト雖𪜈、未ダ之ヲ以テ直ニ積荷ノ所有者ガ船長ニ命令シテ此權利ヲ行使セシムル權アリト認ムベカラズ』トセリ、

次ニ千八百七十九年ニ於ケル「クルークス」對「アラン」事件ハ以上ノ事件ト同一問題ニ屬シタルモノナリシガ、然ルニ此事件ハ精覈ナル觀察ヲ經テ遂ニ本問題ノ基礎ヲ永久確定スルニ至レリ、此事件ニ依レバ曾テ「サルヂニアン」號ト稱スル一流船アリ、リバプールヨリ米國モツテリヲルニ航海セントシ、同國トロント行ノ雜貨ニ對シ船荷證券ノ通切符ヲ

發行シテ之ヲ積入レシガ、其券面ニハ其貨物ヲ通常ノ手續ニテモンテリヲルニテ「グランドトランク」鐵道ニ接續スベキ旨ヲ記載セリ、然𪜈其約款中ニハ、『船主及ビ鐵道會社ハ凡テ保險ニ付シ得ベキ貨物ノ損害ニ付キ責任ナシ』ナル一定ノ條件ヲ備ヒタルニ拘ラズ、其文字ハ諸他ノ除外條件及ビ規約ト共ニ非常ニ細書セラレ、且ツ其中央部ニ介在セルヲ以テ一見容易ニ人ノ注意ヲ惹起スニ足ラズ、從テ其記錄ノ躰裁ニ付キテハ判事「ラッシ」氏ハ、『巨細ニ就テ注意スベカラザルノミナラズ、唯ダ視力強健ノ者ノミ閲讀スルヲ得ベシ』ト評シタルモノニシテ、又タ此等ノ三十有餘ノ諸約款ノ末段ニ於テハ、『貨物ノ荷送人或ハ所有主ノ代理人ハ此船荷證券面ニ印刷或ハ筆書セラレタル凡テノ約款及ビ除外條件等ヲ明白ニ承認ス』ナル附言ヲ眞實ニ有セリト雖𪜈、此船荷證券ノ交付ニ際シテ船主ハ果シテ此等ノ諸條件ヲ荷送人ニ注意シ或ハ閲讀セシメタルヤニ付テハ、「ラッシ」氏ノ訊問ニ對シテ被告タル船主ガ證明セザリシモノナリ、而シテ此「サルヂニヤン」號ハリバプール出帆後海中ニテ火災ヲ生シタルヲ以テ、其沈沒防禦ノ爲メ貨物ニ注水シテ原告ノ所有貨物ニ共同海損ヲ加ヒ、船舶ハ直ニリバプールニ歸航セシガ、船主ハ船荷證劵ノ條件ニ基キテ積荷ノ損害ニ對スル責任ナシトシ、且ツ其積荷ニ對シテモ敢テ要償ヲナサズ、從テ共同海損ニ關スル諸般ノ手續ヲ行ハズシテ直ニ其損害貨物ヲリバプール救助協會ニ引渡シ、以テ最モ有利ノ方法ニテ其積荷ノ當事者間ニ分配セラルヘキモノトセリ、此ニ於テカ此等ノ損害貨物ノ所有主タル原告ハ船主ノ此處置ニ對シテ滿足ヲ表スル能ハズ、乃チ「クヰンスベンチ」裁判所ニ起訴シ、其理由トシテハ『船主ハ協會、保險者或ハ損害貨物ノ所有者ニ對シテ海損精算ヲ作成セシムルニ付キ些少ノ協力ヲ與ヘズ、又タ原告ヲシテ分擔ヨリ賠償ヲ得セシムルニ付キテモ何等ノ手續ヲ行フヿヲ拒絕シ、其積荷ヲ引渡スニ際シテハ各積荷主ヨリ通常ノ如ク保證ヲ徵收セザルヲ以テ、原告ハ啻ニ此種ノ保證ノ利益ヲ有セザルノミナラズ、諸多ノ積荷主ハ幾何ノ割合ニ於テ分擔スベキヤ、又タ船主ト共ニ何人ガ分擔者タルベキヤモ全ク辨別シ難キニ至レリ』ト論告セリ、而メ裁判所ノ決定ハ遂ニ原告ヲ以テ正當ナリト認メタリシガ、其判決ノ宣告ニ依レハ、判事「ラッシ」氏ハ前掲セル船荷證劵ノ約款ニ拘ラス、先ヅ「シミッド」對「ローヤルメール」滊船會社」事件ノ裁判權原ト同一理由ニ於テ船主ノ分擔義務ヲ論定シ、然シテ後チ左ノ如ク宣告セリ、

『次ニ考究スヘキ問題ハ、船主タルモノハ共同海損タル損失ヲ生シタル場合ニ於テハ其享有セル權利ヲ行使シテ共同海損ノ要償及ビ負擔ニ關スル精算ノ手段ヲ執行シ、以テ要償者ニ對スル支拂ヲ確實タラシムル義務アルヤ否ニ在リ、此問題ハ米國ニテハ既ニ積荷主ノ利益ニ於テ判決セラレタルニ拘ラズ、英國ニテハ未ダ曾テ正式ノ判決例ヲ見ス、從テ之ニ關スル直接ノ權原ニ欠クルヲ以テ、吾人ハ唯ダ一般ノ慣例ハ其

義務ノ存在ヲ證明スルモノトシテ推定ヲ下スニ過キザルナリ、而メ船主カ分擔義務ヲ有スル積荷ノ全部ニ對シテ共同海損ニ關スル留置權ヲ有シ、積荷引渡ノ際其分擔額支拂ニ對スル保證ヲ要求シ得ルハ明白ノ事實ニシテ、故ニ古昔ニ於テハ船長ガ航海中ノ全財産ヲ救助スル爲メニ一部ノ積荷ヲ打荷シタル塲合ニ當テハ各〻品物ヲ以テ其共同海損ノ分擔ニ應セシメタリト雖モ、爾來現今ニ至ル迄幾多ノ年代間ニ行ハル、所ノ通常方法ニ依レバ、船主ハ積荷引渡ノ際各積荷主ヨリ損失ノ割前支拂ニ關スル海損分擔證書ヲ要求スベキモノトシ、而メ此保證ヲ要求スル權ハ獨リ船主ニ屬スルモノトセリ、……………海損分擔ニ關スル留置權ハ其源ヲ羅馬民法ニ發スルモノニシテ、該法ハ又タ船長ニ對シテ分擔額ヲ決定シ幷ニ之ヲ徵收スルノ義務ヲ付シタリ、而メ一汎ノ習慣ハ常ニ此法律ニ一致シテ實行セラレタルヲ以テ其習慣ハ遂ニ英國普通法ノ一部トナルニ至レリ、…………故ニ本件ニ對スル余ノ見解トシテハ、第一、其船荷證劵ハ共同海損タル損失ノ分擔ヨリ船主ヲ免除スルモノニアラズ、第二、船主ハ共同海損ノ精算作成ニ必要ナル手段ヲ行ハズ、且ツ其支拂保證ヲ要求セザル事實ニ對シテハ其責ヲ免ルヘカラズト判決スルモノニシテ、余ハ原告ヲ以テ正當ナリト認ム、』

此ノ如ク觀察シ來ル𪜈ハ、右判決ノ結果トシテ共同海損ヲ生ツタル塲合ニ於テハ、船主ハ直ニ必要ナル報告ヲ收集或ハ發送シテ精算ノ作成ニ着手シ、以テ船主及ビ保險者等凡テノ利害關係者ニ依テ決定セシムベキモノトス、

第四節　共同海損分擔證書

共同海損分擔證書ナルモノハ前節ノ判決宣告中ニ示セルカ如ク、船主カ其義務ヲ執行スルニ付キ便宜手段トシテ既ニ從前ヨリ永ク慣用スルモノナリ、然ルニ近時之ニ關シテ緊要ナル判決例ヲ生シ、其結果ハ實用上ニ關係アルヲ以テ本節ヲ設ケテ聊カ觀察スベシ、

茲ニ緒言トシテ共同海損分擔證書ナルモノヽ發生シタル所以ヲ概說スレバ、抑モ船舶ガ共同海損ニ對スル要償ヲ帶ビテ到達港ニ到着スルトキハ船主ハ一ノ困難ナル位置ニ接スルモノニシテ、即チ船主タルモノハ其際留置權ノ强制ニヨリテ各荷受人ニ對シテ至當ノ手段ヲ行ハザル以上ハ積荷ヲ引渡スベカラザル義務ヲ負フモノナリ、而メ此義務タルヤ、唯タ船主ガ積荷ヲ差押フルカ、或ハ其引渡ノ際同價格ノ品物タリ、若シクバ保證金タリ、若シクバ分擔支拂承諾證書ヲ荷受人ヨリ領收スルニ依テ始テ之ヲ果シ得ヘシト雖𪜈、商人ハ賣買ノ好機ヲ失ハザルガ爲メニ努テ速ニ其貨物ノ引渡ニ接センヿヲ欲スルニ反シ、船主ハ若干ノ時日ヲ費スニアラサレバ各荷受人ノ支拂フベキ分擔額ヲ精確ニ決定スルヿ能ハザルナリ、此ニ於テカ此間ニ處スヘキ至當ノ方法ヲ要スルト雖𪜈、果シテ如何ナル方法ガ船主、商人及ビ保險者ノ要償ヲ能ク正當ニ調和セシムヘキヤハ容易ニ決定スヘカラザルナリ、吾人ノ回想スル所ニ依レバ、右ノ場合ニ關スル處分方法ニ付テハ既往凡ソ五十年間ヲ通ジ龍動《ロンドン》トリバプールノ慣例ハ互ニ一致セザル所ノモノアリタリ、即チ龍動ノ昔時ノ慣例ニ依レバ、特別ナル場合ヲ除ク外ハ積荷ノ引渡上荷受人ヲシテ單ニ共同海損ノ割前ニ關スル支拂契約書ニ署名セシメタルニ反シ、リバプールノ船主ハ此ノ如キ簡單ノ方法ヲ以テ滿足セズ、船主ハ先ヅ精算者ヲ任定シ、而ソ荷受人ニ對シテハ此精算者ガ認定セル割前額支拂ノ契約ヲ要求シ、以テ實際上精算者ヲシテ船主ト荷受人間ニ於ケル一種ノ仲裁者タラシメタリ、而ソ又タ共同海損ニ對スル割前額ガ多額ヲ達シタルトキハ船主ハ荷受人ヲシテ更ニ之ヲ補足スベキ充分ノ金額ヲ付托セシメタルヲ以テ、積荷引渡ノ際船主ハ荷受人ニ對シテ常ニ此等ノ二條件中少クモ其一ノ承諾ニ接セソヿヲ主張セリ、

夫レ龍動及ビリバプールノ如キ商業上密着ノ關係アル二大市間ニ於

テ此ノ如ク積荷引渡ノ手續ニ差異ヲ存スル限リハ、早晩紛議ヲ生スヘキハ固ヨリ當然ノ結果ニシテ、是ニ於テカ數年前リバプールノ慣例ヲ改革セントスル計畫ヲ見ルニ至レリ、而メ就中此リバプールノ慣例ニ對シテ保險者ガ批難スル所ニ依レハ、保險者ハ假令ヒ精算者ノ撰定ニ參與スル權ナク、若シクハ其事件ニ關スル自己ノ意見ヲ辯護スルガ爲メニ、論議、說明或ハ擧證等ヲナスノ時機ナシト雖モ、元來精算ナルモノハ被保險者ニ義務ヲ負ハシムルモノニシテ、然ルニ若シ精算者ニシテ此慣例ノ組織ニ於ケル如キ權力ヲ有スルトキハ、保險者ハ畢竟精算問題ニ付テ實際局外ニ排斥セラルヽ不當ノ位置ニ陷ルモノナリトセリ乃チ船主協會、商業會議所及ヒ保險者協會ヨリハ各〻代表委員ヲ撰出シテ此ニ數次ノ集會ヲ催シ、其三團躰ノ承認ヲ經テ海損分擔契約ノ一新書式ヲ決議採用セリ、而メ此改革ニ際シ、其何故ニ「ロイド」ノ舊書式ヲ應用セザリシ所以ヲ尋ヌルニ、此書式モ既ニ實用ニ迂遠トナリ、即チ龍動ニ於テハ單ニ名義上ニ於テノミ之ヲ承認スルト雖モ、實際上緊要ノ事項ニ關シテハ既ニ幾多ノ至重ナル改正ヲ施セル部分少カラズシテ、從テ此際應用ノ價値ナキハ一汎ニ諒知シタル所ナレバナリ、故ニ右ノ集會ニ於テ決議シタルモノハ唯ダリバプールノ舊書式ヨリ生シタル不常ノ事項ヲ改正スルニ止マリテ、其改正方針トシテハ、(第一)精算ノ決定ニ對シテ不服ノ塲合アルトキハ、一定ノ期限内ニ於テ仲裁手段ニ依テ行フベキ一種ノ控訴ノ途ヲ設クル事、(第二)預金額ハ精算者ニ依テ定メラレ、精算者ハ船主ト共ニ之レガ受托人トシテ其金額ヲ保管スル事トセリ、而メ此新書式ヲ制定シタル後チ爾來八九年間ヲ通ジ、リバプールニ於テハ此改正式ヲ採用シ、龍動ニ於テハ假令ヒ名義上ノミト雖モ猶ホ「ロイド」ノ舊書式ヲ墨守セシガ、此情態ハ以下ニ示ス所ノ「ヒユース」對「ランポート」事件ノ判決ニ依テ端ナク全般ノ局面ヲ一變スルニ至レリ、此事件ニ依レバ曾テ「テールス」號ト稱スル一滊船アリ、南亜米利加ブーノス、アイルヨリリバプールニ向テ航海中米國ブリッヂ、ポートノ近傍ニテ坐礁セリ、依テ先ヅ一部ノ積荷ヲ打荷トナシ、其後チ猶ホ數多ノ曳船ノ援助ヲ以テ船躰漸ク浮揚シ、茲ニ航海ヲ繼續スルヲ得タリ、而ゾ船舶ガリバプールニ到着スルヤ原告タル荷受人ハ積荷ノ引渡ヲ請求セシニ、船主ハ之ニ對シテ荷モリバプールノ書式ニ於ケル海損分擔證書ニ署名シ、且ッ其貨物ノ價値ノ一割ニ相當スル預金ヲ提供スルニアラザレバ積荷ヲ引渡シ難ク、猶ホ其預金ハ右ノ證書面ニ記セル如ク、船主及ビ精算者ノ連名ニ於テ或ハ單ニ船主若シクハ精算者ノ名義ニ於テ行フベキ旨ヲ主張セリ、故ニ荷受人ハ此要求ヲ拒絶シテ龍動ノ書式ニ於ケル分擔證書ニ署名シ、且ッ其一割ノ預金ハ荷受人及ビ船主ノ連名ニ於テ若シクハ兩者ノ代表人ノ名義ニ於テ共同勘定トシテ支拂ハンヿヲ提議シタリト雖モ船主ハ到底之ヲ承諾セザルヲ以テ荷受人ハ止ムヲ得ズ抗議ノ上其支拂ヲナシ、然ル後チ船主ニ對シテハ右金額ノ取戻ト並ニ積荷ノ差押ヨリ生セル損害賠償トノ二件ヲ直ニ出訴スルニ至レリ、而メ此事件タルヤ畢竟船主ハ此ノ如キ情態ニ於テ積荷差押ノ權利アルヤノ問題ニ屬スルモノナレ𪜈、此關係ヨリ圖ラズモリ、バプール」ノ書式ニ於ケル海損分擔證書ノ正否ニ關スル問題ヲ喚起シ來リ、「クヰンスベンチ」裁判所ノ審問ニ於テハ判事「マッシユー」氏ハ判事「スミス」氏ト合議ノ上原告ノ勝利ニ判決シテ左ノ如ク宣告セリ、

『吾人ノ見ル所ニ依レバ原告ハ何レノ塲合ニ於テモ裁判上正當ナリト認メザルベカラズ、抑モ本件ノ訴訟辯論ニ就テ觀スルニ、共同海損ノ要償ヲ生シタル塲合ニ當リ、商業習慣及ビ英國法律トシテ船主ハ預金ノ仕拂ニ接スル迄其積荷ヲ抑留スベキ權アリヤ否ハ之ヲ確定ノ問題トシテ證明セラレタル所ナシ、故ニ若シ本件ニ於テ船主ガ果シテ此種ノ權利ノ存在ヲ確メタルモノトセバ吾人ハ精確ノ觀察ヲ以テ之レガ斷定ヲ要スルモノニシテ、然ルニ船主ノ辯護人タル「ヒンレー」氏ハ、此權利

ノ存在ニ關シテ聊カ引證セル所アリト雖モ敢テ充分ノ論議ヲ盡サヽルノミナラズ、其證明ニ關スル權原ハ本件ニ於テ擧示スル必要ナシト陳述セルガ如シ、而シテ就中「シモンス」對「ホワイト」事件、及ビ「クルークス」對「アラン」事件ハ氏ノ辯論ニ於テ最モ吾人ノ注意ヲ喚起シタルモノナリト雖モ、吾人ハ未ダ此等ノ權原ヲ以テ氏ノ辯論ヲ正當タラシムル價値アリト看做ス能ハズシテ、即チ本件ニ於テハ被告ハ其論據トシテ以上ノ權利ノ存在ヲ證明セザルヿ實ニ明白ナリト云フベシ、而シテ若シ本件ガ貨物ノ留置ニ關スル問題ニシテ、即チ船主ガ貨物ノ留置ヲ强制シテ荷受人ニ接シタルモノナルトキハ金額ニ關スル問題ヲ直ニ發生スベクシテ、船主ノ位置トシテハ之ニ過キタル困難ノ問題ナカルベキナリ、何ントナレハ斯ル塲合ニ於テ船主ガ荷受人ヨリ至當ノ提供金額ヲ受取リタルトキハ貨物ヲ引渡スニ至ルヘシト雖モ、此至當ノ金額ヲ提供セシムルニハ船主ハ荷受人ニ對シテ必要ノ報告ヲ示スノ義務アルヘクシテ、然ルトキハ時トシテハ其要求多額ニ過キ、時トシテハ不足ニ陷ルノ恐アリテ、即チ各荷受人ノ負擔ハ各場合ニ於テ不公平ノ結果ヲ生セザルヲ保シ難キナリ、然レ𪜈本件ニ於ケル船主ノ位置ハ決シテ此ノ如キ場合ニアラズシテ、船主ハ荷受人ヨリ保證ヲ受クルヲ欲スルト雖𪜈其保證ハ唯ダリパプールノ書式ニ於ケル海損分擔證書ニ據ルヘキモノナリト主張スルニ在リ、故ニ本件ヲ解說シ來レバ、其爭點トスル所ハ畢竟此リパプールノ書式ニ於ケル證書ナルモノハ船主ガ正當ニ要求シ得ル保證タルヤ否ニ歸スヘキナリ、………吾人ハ右ノ問題ニ對シテ觀察スルニ、船主ノ要求ハ二箇ノ點ニ於テ明白ニ其不當ナルヲ信ズ、何ントナレハ船主ノ主張スル所ニ依レバ、(第一)ニハ、若シ荷受人ガ精算ノ決定ニ不服ナル場合ニ於テハ之レガ一種ノ控訴トシテ複雜ナル方法ヲ以ラ海損精算者ヲ仲裁人タラシメントシ、(第二)ニハ、荷受人ヲシテ其保證金ヲ船主或ハ船主及ヒ精算者ニ支拂ハシメ、以テ若干ノ期間內ハ荷受人ヲシテ全ク其金額ノ處置ニ關スル局外ニ在ラシメントシ、且ツ其證書面ノ規定ニ依レバ、若シ該金額ヲ船主ノ名義ニ於テ預金トナス𪜈ハ船主ハ何時ニテモ之ヲ引出スヲ得ベク、又タ船主ト船主ノ任定セル海損精算者トノ兩名義ニ於テ預金トナス𪜈ハ兩者ハ何時ニテモ自由ニ引出シ得ルモノトセリ、故ニ吾人ハ此等ノ二點ヲ觀察スル𪜈ハリバプールノ書式ノ證書ヲ以テ到底不正ナリト認ムルモノニシテ、之ヲ彼ノ既往七八十年間ヲ通シテ使用セラル丶所ノ龍動ノ書式ニ於ケル證書ニ比スレバ吾人ハ後者ヲ以テ正當ノモノト信スルナリ、要スルニ若シ此判決ノ結果トシテ將來リバプールノ船主ガ龍動商人ノ經驗智識ニ摸倣シテ其證書ノ形式ヲ採用スルニ至ラバ吾人ノ喜悅スル所ナリ」

以上ノ判決ニ對シテ此事件ハ更ニ控訴院ニ抗告セラレタリシカ、其判決ハ再ビ原裁判ヲ是認スルニ至リ、判事「ロールド、エシヤ」氏ハ左ノ如ク宣告セリ、

『吾人ノ判決ノ論據ハ假令ヒ當事者ノ各者ニ對シテ滿足ヲ與ヘザルベシト雖モ「クヰンスベンチ」裁判所ノ判決ハ到底正當ト認メザルベカラズ、本件ヲ案ズルニ、被告ノ船舶ハ航海中共同海損タル損失ヲ生ジテ到達港ニ到着シタルヲ以テ、其船舶ノ積荷ノ所有主タル原告ハ此共同海損タル損失ヲ分擔スヘキ義務アリ、而シテ被告タル船主ハ積荷主ヨリ共同海損ニ對スル割前金ノ支拂ヲ受クルガ爲メニ凡テノ積荷ノ上ニ留置權ヲ有シ、苟モ其支拂ニ接セザル迄ハ貨物ノ引渡ヲ拒絶スルノ權アルヿ固ヨリ當然ナリト雖モ、其金額ヲ直ニ領收セザル代リトシテ船主ハ敢テ必シモ保證ヲ要求スベキ義務ナキナリ、故ニ其極荷受人タルモノハ共同海損トシテ船主ノ要求セル金額ヲ支拂フカ、若シクバ自ラ至當ノ割前ナリト思惟スル金額ヲ提供セザルベカラズ、然モ船長タルモノハ詳細ナル必要ノ計算書ヲ呈示シ、以テ各荷受人ガ負擔スベキ金額ノ至當ナル所以ヲ說明セザル限リハ漫然隨意ノ金額支拂ヲ要求スル權利ナキハ固ヨリ當然ニシテ、故ニ若シ船長ニシテ此ノ如キ計算書ノ呈示ヲ拒マ・バ本件ハ「ノルウエー」事件ニ關シテ「ドクトル、ルシントン」氏ノ定メタル規則ニ據テ判決スルヲ要シ、從テ荷受人ハ假令ヒ充分ナル金額ノ提供ヲナサズト雖モ更ニ批難ヲ受クベカラザルナリ、然ニ之ニ反シテ船長ガ適當ナル凡テノ報告ヲ呈示シテ、然ル後チ其荷受人ニ向テ其要求金額ヲ支拂フカ、或ハ自ラ至當ナリト思惟スル金額ヲ支拂フベキカヲ催促スルトハ、荷受人タルモノハ其金額ヲ船主ニアラザル他人ノ名義ニ於テ銀行ニ預入レンコヲ主張スルノ權ナク、必ズヤ右兩金額中其一ヲ擇デ船主ニ支拂フベキモノトス、而メ此際荷受人ヨリ提供セラレタル金額ノ若干タルニ拘ラズ、船長ハ若シ之ヲ以テ單ニ保證ト看做スニ過キザルトハ茲ニ船長ノ要求シタル保證金額ハ果シテ至當ナリヤ否ヤノ問題ヲ生スベクシテ、例バ船長カ單ニ貨物ノ價値ノ一割ニ相當スル預金ヲ要求スル場合ノ如キハ實際時トシテ至當ノ要求額タルヿアリト雖モ、一汎ノ規則トシテハ全ク其要求ノ理由ナキモノト云フベシ、故ニ本件ニ於テハ吾人ハ宜シク其關係事情ヲ調査シテ要求金額ノ至當ナルヤ否ヤヲ觀察セザルベカラズ、而メ其海損分擔證書ニ要求スル所ニ依レバ、保證金ハ被告ト其海損精算者トノ連名ニ於テ預入トナスベキモノトナシ、此「其」ナル文字ハ明カニ被告ニ依テ任定セラルヽ精算者ヲ示スモノナルヲ以テ、船主ハ支拂ヲ要スル際ニハ何時ニテモ右ノ預金ヲ隨意ニ引出スノ權ヲ有シ、其極自己ノ負擔ニ屬スル仕拂金ヲモ此預金ヨリ支出スルニ至ルベキナリ、例バ茲ニ船舶救助ノ一塲合ヲ假想シテ之ヲ觀察スルニ、一船舶危難ニ遭遇シテ救助者ノ爲メニ助ケラレ、船長ハ其救助者ニ對シテ巨額ノ報酬ヲ支拂フベキ旨ヲ契約シタリ、而メ此塲合ニ於ケル終局ノ決算ニ依レハ此救助料ノ過半額ハ船主ノ負擔ニ歸スヘキモノタルニ拘ラズ、苟モ分擔證書面ニ以上ニ述ベタル如キ約定ヲ有スル片ハ船長ハ其全額ヲ預金ヨリ支辨スルノ自由アルベクシテ、然ルニ此預金ノ性質ナルモノハ畢竟船主ノ收得スベキ債權ニ對スル支拂ノ保證タルニ過キザルモノナリ、……船主ガ荷受人ヲシテ海損分擔證書ノ諸條件ヲ承認セシメントスル場合ニ於テハ其證書ノ正否ニ關スル問題ヲ生スベクシテ、若シ其一條件ト雖モ不正ナル𪜊ハ其證書ハ全ク不正タルモノナリ、然ルニ本件ニ於テ船主ガ荷受人ニ對シテ強制セントスル證書ノ不當ナルヿハ吾人ノ確信スル所ナリ、何ントナレハ、(第一)、此證書ニ於テ任定セル海損精算者ヲシテ仲裁人タラシムルハ明ニ不當ニシテ、而メ其海損精算者ノ決定ニ對シテ一種ノ控訴方法ヲ設ケタリト雖𪜈、之レ當事者ヲシテ法定ノ裁判々決ヲ仰クノ途ヲ絶タシメタルモノナリ、(第二)、預金ニ關スル條件ニ依レハ、其金額ハ船主及ビ海損精算者ノ連名ニ於テ預入ヲナスベキ要求ナリト雖𪜈之レ又タ不正ナリ、然ル𪜊ハ此預金中ヨリ凡テノ支拂ヲ行フニ至ルベクシテ、即チ船主ノ任定セル海損精算者ハ實際ニ裁判官ノ位置トナリ、荷モ船主ト精算者ガ船主ノ收得ニ歸スベキ支拂ナリト思惟スルモノニ付テハ荷受人ノ許可ナクシテ預金ヨリ續々支出スルノ恐レアルベキナリ、是ニ因テ之ヲ觀レハリバプールノ船主ハ同港ニ到着シタル積荷ノ所有者ニ對シテ此ノ如キ海損分擔證書ヲ强制使用スベキ權利ナキモノトス、……本件ニ於テハ此證書ノ書式ヲ以テ龍動ニ於ケル證書ノ書式ト其正否ヲ比較スルノ要ナシ、故ニ龍動ノ書式ニ關シテハ敢テ意見ヲ陳述セザルベシ、』

判事「リンドレー」氏モ亦タ左ノ如ク宣告セリ、

『余ハ下級裁判所ノ判決ヲ以テ不正ナリト認ムル能ハザルナリ、抑モ船長ニシテ荷受人ヨリ共同海損ノ割前金ヲ受領セザルトキハ、其荷受人ニ對シテ貨物ノ引渡ヲ拒絶スル權利アルハ或ル程度ヲ限リテ明白ナルガ如シ、何ントナレバ若シ荷受人ガ其負擔ニ歸スベキ金額ヲ要求ニ應シテ支拂ヒ或ハ自ラ提供セルトキハ船長ハ引渡ヲ拒ムベカラザレバナリ、而シテ荷受人ヨリ至當ノ保證ヲ供シタル場合ニ於テ船長ハ猶ホ貨物ノ引渡ヲ拒ミ得ルヤ否ヤハ此ニ論スルノ要ナシト雖モ、若シ要求金額ノ支拂或ハ提供金額ニ關スル問題ヲ生セズシテ而シテ船長ガ自ラ保證ヲ得ンヿヲ要求シタルトキハ、不當ノ條件ヲ強フベカラザルナリ、然ルニ本件ニ於ケル問題ハ被告ガ原告ニ對シテ一種ノ方法ニ於ケル預金ヲナサシメ、若シクバリバプールノ書式ニ於ケル分擔證書ニ署名セシムルヿヲ主張スルヲ得ルヤ否ニ在リ、故ニ預金ノ目的ナルモノハ船主ノ利益ノ爲メニ船長ニ其金額保管ノ權利ヲ附與スルニ在ルヲ知ラハ本件ノ如キ預金ハ不正タルヘク、又タ右ノ書式ノ如キ分擔證書ハ荷受人ノ意思ニ反シテ強制スベカラザルモノト信ズルナリ、」

（完）

佛蘭西商法

第二編

第十一章　海損

第三九七條　船舶及ヒ貨物ノ兩者、或ハ其各者ノ爲メニ蒙リタル凡テノ非常經費、貨物ノ船積及ヒ船舶ノ發航ヨリ船舶ノ到着及ヒ荷揚ニ至ル迄船舶及ヒ貨物ニ生ズル凡テノ損害、

右ノ二項ハ海損トシテ計算ス、

第三九八條　凡テノ當事者間ニ於テ特別ノ契約ナキトキハ海損ハ以下ノ規則ニ依テ支配セラルヽモノトス、

第三九九條　海損ハ分テ共同海損及ヒ單獨海損ノ二種トス、

第四〇〇條　共同海損ニ屬スルモノハ左ノ如シ、

(一)船舶及ヒ貨物ヲ償收或ハ贖戻スル爲メニ付與シタル物、
(二)海中ニ投入シタル物、
(三)切除或ハ破毀シタル錨鎖或ハ船檣、
(四)共同安全ノ爲メニ委棄シタル錨及ヒ其他ノ物品、
(五)打荷ノ爲メ船內ノ貨物ニ加ヒタル損害、
(六)船舶ヲ防禦スルニ際シテ創傷ヲ受ケタル海員ノ療養費及ヒ宿泊料、
船舶ガ月ヲ以テ傭船セラレタル場合ニ於テ、航海中國家ノ命令ヨリ拘留ヲ受ケテ航海ヲ停滯シ、或ハ共同安全ノ爲メ任意ニ蒙リタル損害ヲ修繕スル間ニ於ケル海員ノ給料及ヒ食料費、
(七)船舶ガ風波或ハ敵ノ追擊ヲ避クル爲メニ船舶ヲ輕クシテ港河內ニ進入シタル場合ニ當リ、其際積荷ノ荷揚ヲ要シタルトキハ其荷揚費用、

(八)船舶ガ全損或ハ捕獲ヲ避クル意思ヲ以テ坐礁シタルニ當リ之ヲ浮揚スルガ爲メニ要シタル經費、

凡テ貨物ノ船積及ビ船舶ノ發航ヨリ船舶ノ到着及ビ荷揚ニ至ル間ニ於テ船舶及ビ貨物ノ共同利益及ビ安全ノ爲メ熟慮シテ費シタル經費及ビ任意ニ受ケタル損害、

第四〇一條　共同海損ハ貨物ト船舶及ビ運賃ノ半分トニ於テ各々其價値ノ割合ニ應ジテ負擔スベシ、

第四〇二條　貨物ノ價値ハ陸揚場所ニ於ケル價格ニ由テ定ム、

第四〇三條　單獨海損ニ屬スルモノハ左ノ如シ、

(一)積荷ノ不良ナル性質、風波、捕獲、難破或ハ坐礁ヨリ積荷ノ受ケタル損害、

(二)前項ノ積荷ヲ救助スル爲メニ蒙リタル經費、

(三)暴風或ハ其他ノ海上事變ノ爲メニ喪失シタル錨鎖、錨、帆、檣或ハ綱

具、
此等ノ物品ヲ單獨海損ニ由テ喪失シタル爲メ、或ハ食料品積入ノ必要ノ爲メ、或ハ漏水ノ損處ヲ修繕スルガ爲メニ避難港入港ノ場合ニ要シタル經費、
(四)船舶ガ航海ヲ以テ傭船セラレタル場合ニ於テ、航海中國家ノ命令ヨリ拘留ヲ受ケテ航海ヲ停滯シテ其間ニ行フ修繕中ニ於ケル船員ノ給料及ビ食料費、
(五)船舶ガ航海若シクハ月ヲ以テ傭船セラレタル場合タルトヲ問ハズ、撿疫中ニ於ケル海員ノ給料及ビ食料費、
凡テ貨物ノ船積及船舶ノ發航ヨリ船舶ノ到着及ビ荷揚ニ至ル間ニ於テ船舶或ハ貨物ノミニ於テ蒙リタル經費及ビ損害、
第四〇四條　單獨海損ハ損害ヲ受ケ或ハ經費ヲ生セシメタル物ノ所有者ニ依テ之ヲ負擔スルモノトス、

第四〇五條　船長ガ船艙ヲ密閉セズ、或ハ船舶ヲ適當ニ繋留セズ、或ハ適當ノ器具ヲ準備セザル等ノ懈怠ノ爲メニ商品ニ損害ヲ加ヘ、又ハ船長或ハ船員ノ不注意ヨリ其他ノ損害ヲ生ズルトキハ單獨海損トナシ、荷送人ハ船長、船舶及ビ運賃ニ對シテ要償スルノ權アリ、

第四〇六條　港灣或ハ川河出入ノ際ニ於ケル沿岸或ハ港內ノ水先料、曳船料、出入港稅、旅客撿查料、船舶撿查料、噸稅、燈臺稅、及ビ其他ノ航海ニ關スル諸稅ハ海損ニアラズ、此等ノ經費ハ單ニ船舶ノ負擔ニ屬スルモノトス、

第十二章　打荷及ビ分擔

第四一〇條　風波或ハ敵ノ追擊ヲ避クルガ爲メニ、船長ガ船舶ノ安全上積荷ノ一部ヲ海中ニ投入シ、或ハ船檣ヲ切除シ、或ハ錨ヲ脫去セシムル要アリト認ムルトキハ、船內ニ於ケル積荷ノ利害關係者及ビ主要

ノ船員ト共ニ協議ヲ催スベシ、

右協議ニ於テ異見アル片ハ船長及ヒ主要ノ船員ノ意見ニ從フベキモノトス、

第四一一條　其必要ノ程度最モ少ク、其量最モ重ク、其價最モ低キ物ヲ先ヅ第一ニ投棄シ、然ル後チ船長ハ主要ノ船員ト協議シテ艙内ノ積荷ヲ撰擇投棄スベシ、

第四一二條　船長ハ右協議ノ報告書ヲ務テ迅速ニ作成スルノ義務アリ、

此報告書ニハ打荷ヲ決意セシメタル原由ト、其打荷セラレ或ハ損害セラレタル品名トヲ記載シ、且ツ協議者ヲシテ之ニ署名セシムベシ、而シテ若シ其署名ヲ拒ム者アル片ハ其拒絶ノ理由ヲ記入シテ航海日誌ニ轉載スベシ、

第四一三條　前條ノ協議ニ由テ打荷ヲ行ヒタル片ハ、其後ニ着船シタ

ル第一港ニ於テ船長ハ到着後二十四時間内ニ航海日誌ニ轉載シタル事實ノ認定ヲ受クベキモノトス、

第四一四條　喪失及ビ損害ノ精算目錄ハ船舶ノ荷揚港ニテ船長鑒視ノ上鑒定人之ヲ作成スルモノトス、

佛國ニ於ケル港内ニテ荷揚ヲ行フ時ハ鑒定人ハ商事裁判所ヨリ之ヲ任命シ、若シ其地ニ於テ商事裁判所ナキ時ハ治安裁判所ヨリ任命スベシ、又タ外國ノ港ニテ荷揚ヲ行フ時ハ鑒定人ハ佛國領事ノ任命ニ由リ、若シ領事不在ナル時ハ其他ノ官吏ニ由テ任命セラルヽモノトス、而シテ鑒定人ハ鑒定ニ着手スル以前ニ於テ宣誓ヲナスベシ

第四一五條　打荷セラレタル貨物ハ其荷揚地ニ於ケル市價ニ從テ價値ヲ定メ、其品質ハ船荷證劵又ハ送狀ヲ提供シテ之ヲ證明スルモノトス、

第四一六條　第四一四條ノ規定ニ基テ任命セラレタル鑒定人ハ喪失

及ビ海損ノ精算目錄ヲ作成シ裁判所ノ公認ヲ經テ之レヲ實施スベシ、而シテ外國港ニ於テハ佛國領事ノ認可ヲ經ヘク、若シ領事不在ナルトキハ其他ノ相當ナル裁判所ノ認可ヲ經テ實施スルモノトス、

第四一七條　喪失及ビ損害ハ、打荷セラレタル貨物及ビ救助セラレタル貨物ト船舶及ビ運賃ノ半分トニ於テ各々荷揚地ニ於ケル價値ノ割合ニ應シテ分配支拂ヲ行フモノトス、

第四一八條　貨物ノ性質ガ船積證券ニ詐僞ヲ以テ記載セラレテ實際上更ニ大ナル價値ヲ有シタル場合ニ於テ、若シ其貨物ガ救助セラレタルトキハ眞價ニ從テ分擔シ、若シ喪失シタルトキハ船荷證券面記載ノ價値ニ從テ賠償セラル、モノトス、又タ貨物ガ船荷證券ニ記載セル價値ヨリ實際ニ低廉ノ價値ヲ有スル場合ニ於テ、其貨物ガ救助セラレタルトキハ船荷證券面ノ價値ニ從テ分擔シ、若シ打荷トセラレ或ハ損害セラレタルトキハ其眞價ニ從テ賠償セラル、モノトス、

第四一九條　武器、貯蓄品、船員ノ手荷物ハ打荷ニ對シテ分擔スルヿナシ、但シ此等ノ品物ニシテ打荷トセラレタル片ハ其價値ハ爾餘ノ財產ノ分擔ニ依テ賠償セラルヽモノトス、

第四二〇條　貨物ニシテ船荷證券ナク又ハ船長ニ申告セズシテ船積セラレタルモノハ假令ヒ打荷トセラルヽモ賠償ヲ受クルヿナシ、但シ救助セラレタル片ハ分擔ノ責アルモノトス、

第四二一條　甲板積貨物ニシテ救助セラレタルモノハ分擔ノ責アリ、甲板積貨物ハ打荷トセラレ或ハ打荷ヲ行フノ際損害ヲ蒙ルヿアリト雖圧其所有者ハ分擔ヲ要償スル權ナシ、但シ船長ニ對シテハ之レガ賠償ヲ妨ケズ、

第四二二條　船舶ニ生シタル損害ハ分擔ニ依テ賠償セラルヽコトナシ、但シ打荷ヲ容易ニ行ハンガ爲メニ損害ヲ加ヘタル塲合ハ此限リニアラズ、

第四二三條　打荷ニシテ船舶ヲ救助セサルモノハ分擔ニ依テ賠償セラルヽコトナシ、

前項ノ場合ニ於テ救助セラレタル價物ハ、其打荷トセラレ或ハ損害セラレタル貨物ノ價値ニ對シ若シクハ其減少シタル價値ニ對シテ分擔ノ責ナキモノトス、

第四二四條　打荷ニシテ船舶ヲ救助シ、船舶ハ航海ヲ繼續シテ其後チ喪失シタル場合ニ於テハ、救助セラレタル貨物ハ其救助セラレタル當時ノ情況ニ於ケル價値ニ於テ打荷ニ對シテ分擔スヘシ、但シ其救助費用ヲ控除スルモノトス、

第四二五條　打荷トセラレタル貨物ハ其打荷ノ後チ救助セラレタル貨物ニ生スル損害ニ對シテ分擔ノ責ナシ、

積荷ハ喪失或ハ航海不能トナリタル船舶ノ損失ニ對シテ分擔スル責ナシ、

第四二六條　船中協議ノ結果ニ於テ貨物ヲ船艙ヨリ取出ス爲メニ船舶ヲ毀損シタルトキハ、貨物ハ此ノ損害修繕經費ニ對シテ分擔スベシ、

第四二七條　港河進入ノ際船舶ヲ輕クスルガ爲メニ商品ヲ端艇ニ積移シタル場合ニ於テ其商品ヲ喪失シタルトキハ、此損失ハ船舶及ビ全部ノ積荷ニ於テ分擔スベシ、

前項ノ場合ニ於テ船舶ガ殘餘ノ貨物ト共ニ其後チ消滅シタルトキハ、其端艇ニ積移サレタル貨物ハ假令ヒ安全ニ到着スルコアルモ分擔ノ責ナキモノトス、

第四二八條　前數條ニ記シタル凡テノ場合ニ於テハ、船長及ビ船員ハ商品又ハ其賣上代金ニ付キ分擔額ニ對スル留置權ヲ有ス、

第四二九條　打荷トセラレタル貨物ガ分擔額ノ決定後ニ於テ其所有ニ復歸シタルトキハ、其貨物ハ分擔ニ依リテ收得セル賠償金額ヲ船

長及ビ其他ノ利害關係者ニ返濟スベシ、但シ打荷トセラレタル爲メニ蒙リタル損害及ビ恢復ノ爲メニ費シタル經費ヲ控除スルモノトス。

第八章　運賃

第二九三條　荷送人ガ航海中ニ其貨物ヲ船卸スル時ハ運賃ノ全額ト其荷揚ノ爲メニ生シタル凡テノ荷役費用ヲ支拂フベシ、然𪜈其貨物ニシテ船長ノ行爲或ハ過失ノ理由ニ因テ船卸セラレタルトキハ船長ハ凡テノ經費ニ對シテ責任アルモノトス、

第二九六條　船長ガ航海中船舶ノ修繕ヲ必要トシタルトキハ、積荷主ハ其修繕ノ結了ヲ待チテ其積荷ヲ運送スルカ若シクバ運賃ノ全額ヲ仕拂フテ之ヲ船卸スヘシ、

船舶ガ修繕不能タルトキハ船長ハ他船ヲ傭入ルベキ義務アリ

船長ガ他船ヲ傭入ルヽヿ能ハザル𪜈ハ運賃ハ既ニ航海シタル部分ニ比例シテ仕拂フベキモノトス、

第二九八條　船長ガ船舶ノ食料、修繕、其他緊要ナル必要經費ヲ支拂ワ爲メニ貨物ヲ賣却シタル𪜈ハ、其殘品或ハ同種ノ積荷ヲ其荷揚港ニ於テ賣却シ得ル價値ヲ以テ賠償スベシ、然ル𪜈ハ其貨物ハ運賃ヲ仕拂フモノトス、

前項ノ塲合ニ於テ其後チ船舶ガ喪失シタル𪜈ハ船長ハ其貨物ニ對シテ賣却價格ニ從テ賠償スベシ、此塲合ニ於テモ船長ハ船荷證劵ニ記載セル運賃ヲ收得スルヲ得ベシ、

第三〇一條　船長ハ共同安全ノ爲メニ海中ニ投棄セラレタル貨物ノ運賃ニ對シテ分擔ニ依テ收得スルヲ得ヘシ、

第三〇二條　貨物ガ船舶ノ難破或ハ坐礁ニ由テ喪失セラレ、或ハ海賊ニ掠奪セラレ、若シクハ敵ニ捕獲セラレタルトキハ運賃ハ仕拂ノ責

ナシ、

船長ハ反對ノ契約ナキ限リハ前拂運賃ヲ拂戻スノ義務ナシ、

第三〇三條　船舶及ヒ貨物ニシテ贖戻セラレ若シクバ貨物ガ船舶ノ難破ヨリ救助セラレタルトキハ、船長ハ其捕獲若シクハ船舶難破ノ場合ニ至ル迄ノ運賃ヲ收得スルヲ得ベシ、

船長ガ貨物ノ贖戻ニ對シテ分擔シ之ヲ到達港ニ運送シタルトキハ其運賃ノ全額ヲ收得スルヲ得ベシ、

第三〇四條　贖戻ニ對シテハ、陸揚港ニ於ケル貨物ノ市價ヨリ經費ヲ控除シタルモノト、船舶及運賃ノ半部トニ於テ分擔スルモノトス、

前項ノ贖戻ニ對シテハ海員ノ給料ハ分擔ノ責ナシ、

第三〇六條　船長ハ貨物ニ對シテ其運賃ノ支拂ニ接セズト雖モ之ヲ船內ニ拘置スベカラズ、然モ其荷揚ノ際運賃ノ仕拂ヲ受ケザル迄ハ其貨物ヲ第三者ニ寄托スルヿヲ主張スルヲ得ベシ、

第三一〇條　積荷主ハ不良ナル性質ニ因リ或ル偶然ノ事變ニ因ヲ價格ノ減少シ或ハ惡質トナリタル貨物ヲ運賃ニ代ヘテ委棄スベカラズ、

酒、油、蜜類、其他流動物ヲ有スル容器ニシテ漏出ノ爲メ空虛トナリ若シクバ殆ド空虛トナリタルトキハ運賃ニ代エテ委棄スルヲ得ベシ、

第九章　冒險貸借

第三三〇條　冒險貸借ノ貸人ハ借人ノ代リニ共同海損ヲ分擔スベク、又タ反對ノ契約ナキ限リハ單獨海損ハ貸人ノ負擔タルベシ、

第三三一條　同一ノ船舶或ハ積荷ニ付テ冒險貸借ト保險アルトキハ、船舶ノ難破ヨリ救助セラレタル物件ノ賣上代金ニ對シテ冒險貸借ノ貸人ハ唯ダ其資本金額ニ於テ、又タ保險者ハ唯ダ其保險金額ニ於テ各〻其利害關係ノ多少ニ比例シテ分配スルモノトス、但シ第一九一

條ニ規定セル特權ヲ害スベカラズ、

獨逸海上法

第八章

第一節　共同海損及ビ單獨海損

第七〇二條　共同ノ危險ヨリ船舶及ビ積荷救助ノ目的ヲ以テ、船長ニ於テ又ハ船長ノ命令ニ依リ故意ヲ以テ船舶或ハ積荷或ハ船舶及ビ積荷ニ加フル總テノ損害、此處分ニ依リ其他ニ生ツタル損害、幷ニ同一ノ目的ノ爲メ支出セラレタル費用ハ之ヲ共同海損トス、

共同海損ハ船舶、運賃、及ビ積荷ニ於テ共同シテ負擔スルモノトス、

第七〇三條　共同海損ニ屬セザル災難ニ依リテ生ツタル總テノ損害及ビ費用ハ之ヲ單獨海損トス、但シ其費用ハ第六二二條ニ屬セザルモノニ限ル、

單獨海損ハ船舶及ビ積荷ノ所有者、ニ於テ各自單獨ニ之ヲ負擔スル

モノトス、

第七〇四條　共同海損ニ關スル規定ハ第三者若シクハ利害關係者ノ過失ノ結果ヨリ危險ヲ生ジタル場合ト雖モ之レガ適用ヲ妨ゲズ、前項ノ過失ノ責アル利害關係者ハ啻ニ自己ノ被リタル損害ニ付キ補償ヲ要求シ得ザルノミナラズ、分擔義務者ガ共同海損トシテ分配セラル丶損失ニ對シテモ亦タ責任ヲ負フモノトス、危險ガ乘組員ノ過失ニ發シタルトキハ船主ハ第四五一條第四五二條ノ規定ニ從ヒ其過失ノ結果ヲ負擔スルモノトス、

第七〇五條　共同海損ノ分配ハ船舶幷ニ積荷ノ兩者若シクハ其一者ノ全部或ハ一部ガ實際ニ救助セラレタル時ニ限リテ之ヲ行フ、

第七〇六條　救助セラレタル物件ノ分擔義務ハ其物件ガ其後單獨海損ヲ蒙ルト雖モ全部喪失スルニアラザレバ全ク消滅セザルモノトス、

第七〇七條　共同海損ニ屬スル損害補償ノ要求權ハ其損傷シタル物件ガ其後ニ遭遇スル單獨海損ニ依テ更ニ損傷スルト若シクハ全部喪失スルトヲ問ハズ消滅スルモノトス、但シ證明上後回ノ災難ハ前回ノ災難ト全ク關係ナキノミナラズ、前回ノ損害ニシテ嘗テ生セザルモ後回ノ災難ニ依リ其損害ノ発ルベカラザルコト明白ナルトキニ限ル、

後回ノ災難發生前其損傷シタル物件ヲ修繕スル爲メニ既ニ費用ヲ支出シタルトキハ其費用ニ付キ賠償ノ要求權アルモノトス、

第七〇八條　共同海損ハ左ノ場合ニ於テ生ズルモノトス、但シ本條ニ特別ノ規定ナキ限リハ同時ニ第七〇二條第七〇四條及第七〇五條ニ記載セル各要件ヲ備フルヲ要ス、

（第一）貨物、船舶所屬ノ部分、或ハ船舶所屬ノ器具ヲ投棄シ、船檣ヲ切斷シ、檣綱或ハ船帆ヲ截斷シ、錨、錨綱、或ハ錨鎖ヲ脫失セシメ若シクハ截

切シタル場合、

此等各種ノ處置ニヨリ其他船舶及積荷ニ生セシメタル損害モ亦タ共同海損ニ屬スルモノトス、

(第二)船舶ヲ輕クスル爲メニ積荷ノ全部又ハ一部ヲ艀船ニ積替ヘタル場合、

艀船賃、艀船ニ積替ヘ又ハ船舶ニ積戻ノ際積荷或ハ船舶ニ加ヘタル損害、並ニ艀船ニ於テ積荷ノ被リタル損害モ亦タ共同海損ニ屬スルモノトス、

航海ノ經過非常ナル場合ニ於テ船舶ヲ輕クスル事アルモ共同海損ハ生セザルモノトス、

(第三)沈沒或ハ掠奪ヲ防ク目的ヲ以テ船舶ヲ故意ニ坐礁セシメタル場合、

坐礁及ビ引卸ニ依テ生セル損害並ニ其引卸費用ハ共同海損ニ屬ス

ルモノトス、
沈沒ヲ防ク爲メ乘礁船舶ノ引卸ヲ行ハズ、或ハ引卸ノ後修繕不能ト認メラル、トキハ(第四四四條)共同海損ノ分配ヲ生セズ、
船舶及ビ積荷救助ノ目的ニアラズシテ船舶坐礁スルトキハ其坐礁ヨリ生ズル損害ハ共同海損ニ屬セズト雖モ、其引卸ノ爲メニ支出シタル費用幷ニ其引卸ノ爲メニ船舶或ハ積荷ニ故意ヲ以テ加ヘタル損害ハ共同海損ニ屬スルモノトス、
(第四)船舶ガ航海ヲ繼續スルニ當リ、船舶及ビ積荷ニ對スル共同ノ危險ヲ避クンガ爲メ避難港ニ進入シタル場合ニシテ、特ニ船舶ガ航海中ニ被リタル損害修繕ノ爲メ避難港ニ進入ヲ要シタル場合ノ如キ之レナリ、
此場合ニ於テ共同海損ニ屬スルモノハ下ノ如シ、〇入出港費用〇碇泊費用〇碇泊中乘組員ニ屬スル給料及經費〇乘組員船內ニ在宿ス

ルヲ得ザルトキハ其間滯陸ノ爲メニ要シタル諸經費○避難港進入ヲ要セシメタル原因ニ依リ荷物陸揚ノ必要アルトキハ其陸揚費用○積荷ヲ船舶ニ再ビ積入ルヽニ至ル迄其陸上ニ於ケル保管費用、凡テノ碇泊費用ハ避難港進入ヲ要シタル原因ノ存續スル時日ヲ限リテ計算シ、若シ其原因ガ船舶ノ必要修繕ニ存スルトキハ碇泊費用ハ其修繕ノ終了シタルベキ時日迄ヲ限リテ計算スルモノトス、船舶ノ修繕費ハ其修繕スベキ損害ガ共同海損タル部分ニ限リテ共同海損タルモノトス、

（第五）船舶ガ敵人或ハ海賊ニ對シテ防禦シタル場合、此場合ニ於テ共同海損タルベキモノハ下ノ如シ、○船舶或ハ積荷ニ加ヘタル損害○消費シタル彈丸、彈藥○乘組員死傷ノ治療費、埋葬費、及ビ賞與金（第五二三條第五二四條第五四九條第五五一條）、

（第六）船舶ガ敵人或ハ海賊ニ依テ拘置セラレタルニ當リ船舶及ビ積

荷ヲ買戻シタル場合、

買戻ノ爲メニ與ヘラレタルモノハ人質ノ衣食及ビ解除ノ爲メニ生シタル費用ト共ニ之ヲ共同海損トス

（第七）共同海損ニ當ツル爲メ航海中必要ノ金錢ヲ調達スルニ依リ損失及ビ費用ヲ生ツタル場合、又ハ利害關係者間ノ精算ニヨリ費用ヲ生シタル場合、

此損失及ビ費用ハ共ニ共同海損ニ屬スルモノトス、

以上ノ他猶ホ特ニ共同海損ニ屬スルモノハ下ノ如シ、○航海中賣却シタル貨物ノ損失○冒險貸借ニ依テ必要ノ金錢ヲ調達シタル時ハ其冒險貸借利息○冒險貸借ヲ行ハサリシトキハ其支出シタル金錢ノ保險料○損害ノ撿定及ビ共同海損精算ニ關スル費用、

第七〇九條　左ニ揭クルモノハ共同海損ト見做サスシテ單獨海損タルモノトス、

（第一）航海中ト雖モ單獨海損ノ爲メニ要セラレタル金錢ヲ調達スル爲メニ生ズル損失及ビ費用、
（第二）船舶及ビ積荷ヲ共ニ有効ニ取戻シタルトキト雖モ其取戻費用、
（第三）坐礁或ハ掠奪ヲ防クガ爲メニ船帆ヲ緊張疾走セシメタル場合ト雖モ其緊張ニ依リテ生シタル船舶、附屬品、及ビ積荷ノ損害、

第七一〇條　共同海損ノ場合ニ於テハ左ニ掲クル物件ニ關スル損傷及ビ喪失ハ之ヲ損害ノ計算ニ入レザルモノトス、
（第一）甲板積貨物、但シ此規定ハ沿岸航海ニ於テ各邦ノ法律ニテ甲板積ヲ許シタルトキハ適用ノ限リニアラズ
（第二）船荷證券ノ交付ナク、又ハ積荷目錄或ハ積荷帳簿ニ記載ナキ貨物、
（第三）船長ニ明告セザル高價品、金錢、及ビ有價證券（第六〇八條）、

第七一一條　船舶及ビ其屬具ニ生ゼル共同海損ニ屬スル損害ニシテ、

若シ航海中ニ修繕セラレタルトキハ其修繕地ニ於テ鑑定人ヲシテ之ヲ撿定評價セシムベク、又タ其修繕前タルトキハ航海終了ノ地ニ於テ之ヲ行フベシ、其評價書ニハ必要ナル修繕費用ノ豫算額ヲ記載スベキモノニシテ、若シ航海中ニ修繕ヲ行ヒタルトキハ其評價書ハ實費ニシテ豫算額ヲ越過セザル部分ニ限リテ損害計算ノ標準タルモノトス、但シ評價書ニ記載スルヿ能ハザリシトキハ必要ナル修繕ニ支出シタル實際ノ費用ヲ以テ其決定額トス、

航海中ニ於テ修繕ヲ行ハザリシトキハ其評價ヲ以テ全ク損害計算ノ標準トス、

第七一二條　前條ノ規定ニ從テ撿定シタル修繕費用ノ金額ハ、若シ船舶ニシテ其損傷ノ時未ダ滿一ヶ年間航海ヲナサヾリシトキハ之ヲ以テ其補償額トス、

船舶ノ各部、特ニ金屬ノ被板幷ニ屬具ノ各部ニシテ未ダ滿一ヶ年間

使用セザリシトキハ其各部ノ補償ニ付テモ亦タ前項ト同一タルベシ、

其他ノ場合ニ在テハ新舊ノ差ニ依リ全額ヨリ三分ノ一ヲ控除シ、錨鎖ニ在リテハ六分ノ一ヲ控除スルモノトス、但シ錨ニ在リテハ些少ノ控除ヲ行フヿナシ、

其他新物ヲ以テ代ヘ或ハ代フベキ舊物尙ホ存スルトキハ、其賣却金又ハ價額ヲ全額ヨリ控除スルモノトス、

此種ノ控除ト共ニ新舊ノ差ニ生ズル控除ヲナスベキトキハ、先ヅ新舊ノ差ニ生ズル控除ヲ行ヒ、次ニ其殘額ニ付キテ始テ其他ノ控除ヲ行フベキモノトス、

第七一三條　犧牲ニ供セラレタル貨物ニ對スル補償ハ同種類及ビ同品質ノ貨物ガ到達港ニ於テ船舶荷揚着手ノ際有スル市價ニ依リテ定ムルモノトス、

市價ヲ知ル能ハズ又ハ其適用上特ニ貨物ノ性質ニ關シテ疑ヲ生ズルトキハ鑑定人ヲシテ其價格ヲ撿定セシムルモノトス、

貨物ノ喪失ニ依リ運賃、關稅及ビ費用ヲ節シタルトキハ其價格中ヨリ之ヲ控除スルモノトス、

共同海損ニ當ツル爲メ賣却セラレタルモノハ又タ犧牲ニ供セラレタル貨物ニ屬スルモノトス、(第七〇八條第七項)、

第七一四條　共同海損ニ屬スル損傷ヲ被リタル貨物ノ補償額ハ、損傷ノ儘到達港ニテ船舶カ積荷陸揚着手ノ際ニ有スル賣却價額ニシテ鑑定人ノ撿定スベキモノト、損傷ヨリ節約セル關稅及ビ費用ヲ控除シタル後チ前條ニ記載セル價額トノ差額ニ依テ定ムルモノトス、

第七一五條　海難ノ前又ハ其際又ハ其後ニ生シテ共同海損ニ屬セザル價額減少及ビ喪失ハ補償計算ノ際之ヲ控除スベキモノトス(第七一三條第七一四條)、

第七一六條　船舶及ビ積荷ニ關シテ其航海到達港ニ於テ終了セズ却テ他ノ地ニ於テ終了セルトキハ、此地ハ補償ノ撿定ニ付キ到達港ニ代ハルモノトス、然レ氏航海ニシテ船舶喪失ノ爲メニ終了シタルトキハ積荷ノ安全ヲ達シタル地ヲ以テ補償ノ撿定地トス、

第七一七條　喪失運賃ニ對スル補償ハ犧牲ニ供セラレタル貨物ガ船舶ト共ニ到達港ニ着シタル場合又ハ船舶其港ニ達スルヲ得スシテ他ノ地ニテ航海ヲ終了シタル場合ニ於テ、其貨物ガ支拂フベキ運賃額ニ依テ定ムルモノトス、

第七一八條　共同海損タル全損害ハ船舶、積荷及ビ運賃ノ三者ニ於テ價額及ビ金額ノ割合ニ應シテ分配スベキモノトス、

第七一九條　船舶ハ其屬具ト共ニ左ニ揭グル所ニ依リテ分擔スルモノトス、

（第一）航海ノ終ニ於テ積荷ノ陸揚着手ノ際現狀ノ儘有スル價額、

(第二)共同海損トシテ計算スベキ船舶及ビ屬具ノ損害、右第一項ノ價額中ヨリ海難ノ後チ始テ施シタル修繕及ビ準備品ノ價額ニシテ尙ホ存在スルモノヲ控除スヘキモノトス、

第七二〇條　積荷ハ左ニ揭クル所ニ依リテ分担スルモノトス、

(第一)航海ノ終ニ於テ積荷ノ陸揚着手ノ際尙ホ存在スル貨物、又タ航海ニシテ船舶ノ喪失ニ依リテ終ル旪ハ(第七一六條)安全ニ保持シタル貨物、但シ此兩場合ニ於テ其貨物ハ海難ノ際船內又ハ艀船內(第七〇八條第二項)ニ存在シタルモノトス、

(第二)犧牲ニ供セラレタル貨物(第七一三條)、

第七二一條　分担額ヲ撿定スルニ方リテハ左ノ價額ニ依テ計算スルモノトス、

(第一)損傷セザル貨物ニ付テハ航海ノ終ニ於テ其陸揚着手ノ際及ビ其地ニ於ケル市價若シクハ鑑定人ノ撿定セル價額ニ依ルベク、又タ

航海ニシテ船舶ノ喪失ニ依テ終ルトキハ(第七一六條)之ヲ救護シタル時及ビ其地ノ撿定價額若シクハ市價ニ依ルモノトス、但シ運賃、關稅、及ビ其他ノ雜費ヲ控除スベシ、

(第二)航海中損敗シ若シクハ共同海損ニ屬セザル損傷ヲ受ケタル貨物ニ付テハ鑑定人ノ撿定スベキ賣買價格(第七一四條)ニシテ第一項ニ記載シタル時及ビ地ニ於テ有スルモノニ依ルモノトス、但シ運賃、關稅、其他ノ雜費ヲ控除スベシ、

(第三)犧牲ニ供セラレタル貨物ニ就テハ第七一三條ニ從ヒ其貨物ニ對シ共同海損トシテ計算スル金額ニ依ルモノトス、

(第四)共同海損ニ屬スル損傷ヲ受ケタル貨物ハ、第二項ニ從テ撿定スベキ價格ニシテ其貨物ノ損傷シタル現狀ニ於テ有スルモノト、及ビ第七一四條ニ從ヒ其損傷ニ對シ共同海損トシテ計算スル價額ノ差額トニ依ルモノトス、

第七二二條　貨物ニシテ投棄セラレタルトキハ、其救護ヲ達シタル場合ニ於テ所有者ガ補償ヲ求ムルトキニ限リ同時又ハ其後ニ生ジタル共同海損ニ付キ分擔スベキモノトス、

第七二三條　運賃ハ左ニ掲クル三分ノ二ヲ以テ分擔スベキモノトス、

(第一)其得ベキ總額、

(第二)第七一七條ニ從ヒ共同海損トシテ計算スル金額、

右三分ノ二ノ分擔ハ各邦ノ法律ニ依リ二分ノ一迄減少スルヲ得ベシ、

旅客運賃ハ船舶喪失ノ場合ニ於テ失ヒタルベキ金額(第六七一條)ヲ以テ分擔スルモノトス、但シ船舶喪失ノ爲メニ節約シタルベキ雜費ヲ控除スヘシ、

第七二四條　分擔義務ヲ有スル物件ニシテ其後ノ海難ニ依テ生ゼル債務ヲ帶ブルトキハ、其物件ハ其債務ヲ控除シタル殘餘ノ額ノミヲ以

テ分擔スルモノトス、

第七二五條　左ニ掲クルモノハ共同海損ニ付キ分擔セザルモノトス、

(第一)船舶ニ蓄藏セル軍需品及ビ食料、

(第二)船員ノ給料及ビ携帶品、

(第三)旅客ノ携帶品、

此種ノ蓄藏品或ハ携帶品ニシテ犧牲ニ供セラレ或ハ共同海損ニ屬スル損傷ヲ受ケタルトキハ第七一三條乃至第七一七條ノ規定ニ從テ補償ヲナスベキモノトス、但シ高價品、金錢、及ビ有價證劵ノ如キ携帶品ニ付テハ之ヲ船長ニ相當ニ明示シタル時ニ限リ(第六〇八條)補償ヲナスベキモノトス、又タ補償ヲ受クル蓄藏品及ビ携帶品ハ共同海損トシテ計算スル價格或ハ差額ヲ以テ分擔スルモノトス、

第七一〇條ニ掲ケタル物件ハ救助セラレタル場合ニ限リテ分擔義務ヲ有スルモノトス、

冒險貸借金ハ分擔義務ヲ有セザルモノトス

第七二二條　海難損失ノ後及ビ航海終了シテ貨物陸揚ノ着手迄ニ於テ分擔義務ヲ有スル物件ガ其全部(第七〇六條)或ハ一部ニ喪失ヲ生ジ、或ハ特ニ第七二四條ニ屬スル價格減少ヲ生ズル片ハ其他ノ物件ガ支拂フベキ分擔額ハ各〻割合ニ應シテ增加スルモノトス

貨物陸揚ノ着手後ニ於テ初テ喪失或ハ價格減少ヲ生ジタル片ハ、其分擔額ハ之レガ支拂ニ不足スル程度ニ限リテ補償權利者之ヲ失フモノトス、

第七二七條　補償權利者ハ船舶及ビ運賃ニ對シテハ其支拂フベキ分擔額ノ爲メニ船舶債權者ノ權利ヲ有シ(第十章)、又タ分擔義務ヲ有スル貨物ニ關シテハ支拂フベキ分擔額ノ爲メニ質權ヲ有スルモノトス、

但シ此質權ハ貨物引渡ノ後チ善意ニ之ヲ所有スル第三者ヲ害シテ行フヲ得ザルモノトス、

第七二八條　共同海損ニ於テハ分擔額支拂ノ爲メ無限責任ヲ自ラ生スルヿナシ、

分擔義務ヲ有スル貨物ノ受荷人ガ、之ヲ受取ルノ際其分擔額支拂ノ義務アル事ヲ了知セルニ於テハ、其分擔額ニ付キ引渡ノ際貨物ノ有スル價格ヲ限リテ無限ノ責任ヲ負フ、但シ其額ハ假令ヒ引渡ナシト雖圧貨物ヨリ辨償スルヲ得タル程度ニ限ルモノトス、

第七二九條　損害ノ確定及ビ分配ハ到達港ニ於テ之ヲ行ヒ、若シ到着港ニ着船セザリシ圧ハ航海終了ノ港ニ於テ之ヲ行フ、

第七三〇條　船長ハ共同海損ノ精算ヲ遲延ナク行ハシムルノ義務アリ、此義務ニ反違スル圧ハ利害關係者ニ對シテ責任ヲ負フモノトス、

共同海損ノ精算ヲ適當ノ時期ニ於テ行ハザルニ於テハ利害關係者ハ其精算ヲ申述シテ之ヲ執行スルヲ得ベシ、

第七三一條　本法ノ支配ニ屬スル地ニ於テハ共同海損ノ精算ハ常任

ノ海損精算人之ヲ行ヒ、又タ常任ノモノナキトハ裁判所ニテ特ニ任命シタル海損精算人之ヲ行フモノトス、
利害關係者ハ共同海損精算上必要ニシテ其處分ニ屬スル證書、例ハ傭船契約書、船荷證券、及ビ荷物送狀ヲ精算人ニ交付スル義務アリ、
共同海損精算ノ手續及ビ其實施ニ關スル細則ハ各邦ノ法律ニ依テ之ヲ定ム、

第七三二條　船舶ヨリ支拂フベキ分擔額ハ、船舶ガ第七二九條ニ從ヒ損害ノ確定及ビ分配ヲナスベキ港ヲ發航スル以前ニ於テ利害關係者ニ對シテ保證ヲナスベキモノトス、

第七三三條　船長ハ共同海損分擔ノ義務アル貨物ニ對シテ其支拂ヲ受ク或ハ保證ヲ得ザル以前ニ於テハ之レガ引渡ヲ許サズ、(第六一六條)、之ニ反違スルトハ其貨物ノ義務ヲ變更スルヿナクシテ分擔額ニ付キ無限ノ責任ヲ負フモノトス、

船主ガ船長ニ處分方法ヲ命ジタルトキハ第四七九條第二項及ビ第三項ノ規定ヲ適用スルモノトス、分擔義務ヲ有スル貨物ニ對シテ補償權利者ガ有スル質權ハ其權利者ニ代テ傭船者之ヲ行フモノトス、

第七三四條　船長ガ航海ノ繼續上共同海損ニ屬セザル支出ノ爲メニ積荷ヲ冒險貸借ニ供シ、或ハ其一部ヲ賣却及ハ支出シテ處分シタルニ當リ、積荷關係者カ之レガ爲メニ受ケタル損失ニシテ船舶及ビ運賃ヨリ全ク其辨償ヲ受クル能ハザルモノハ(第五〇九條、第五一〇條、第六一三條)共同海損ノ原則ニ從ヒ凡テノ積荷關係者ニ於テ之ヲ分擔スベキモノトス、

右損失ヲ撿定スルニ方リテハ、積荷關係者ニ對スル關係ニ付テハ凡テノ場合特ニ第六一三條第二項ノ場合ニ於テモ亦タ第七一三條ニ記載シタル補償ヲ以テ標準トス、賣却セラレタル貨物ハ、共同海損ノ

生ズル時其損失ニ付テモ亦タ此補償額ヲ定ムル價格ヲ以テ分擔スルモノトス、

第七三五條　以上ノ外、共同海損ノ原則ニ從テ分配スベキ損害及ビ費用ニ付テハ第六三七條ヲ適用スルモノトス、

第六三七條及ビ七三四條ノ場合ニ於テ支拂フベキ分擔額及ビ生ズベキ補償額ニ付テハ、凡テ法律上ノ關係ニ於テ共同海損ノ場合ニ於ケル分擔額及ビ補償額ト同一タルモノトス、

ヨーク、アントワープ規則

千八百九十年八月國際法改正編纂協會ノリバプール會議ニ於テ
修正スル所ニ係ル

第一條　甲板積貨物ノ打荷

甲板積貨物ハ共同海損トシテ賠償セラルヽコトナシ、
船躰ノ部分ニシテ船舶ノ助材ヲ以テ構造セザル所ハ凡テ甲板ニ屬スルモノト看做スベシ、

第二條　共同安全ノ爲メニ行ヘル打荷及ビ犠牲ニ依テ生ズル損害

船舶及ビ積荷或ハ其各者ノ損害ニシテ、共同安全ノ爲メニ行ヒタル犠牲或ハ其犠牲ノ結果ニ依リテ生ジ、若シクハ共同安全ノ爲メニ打荷ヲナスノ目的ヲ以テ開放セラレタル艙口或ハ其他ノ孔口ヨリ迸入スル

浸水ニ依テ生シタル𪜈ハ共同海損トシテ賠償スベキモノトス、

第三條　船内ノ火災消防

船舶及ビ積荷或ハ其各者ノ損害ニシテ、船内ノ火災消防ノ爲メニ行ヒタル注水或ハ其他ノ手段ニ依リテ生シタル𪜈ハ、其罹災船舶ヲ海濱ニ乘揚ケ或ハ穿孔シテ沈沒セシメタルヨリ生ゼル損害ト共ニ共同海損トシテ賠償スベキモノトス、但シ各部ノ船躰及ビ散積《バラヅミ》荷物若シクハ各個ノ積荷ニシテ其既ニ火災ニ罹リタルモノ、損害ニ付テハ賠償ヲナスヿナシ

第四條　難破物ノ切除

難破物、或ハ圓材ノ損傷セル殘物、或ハ其他既ニ海難ノ爲メニ傷害シタルモノヲ切除スルニ依テ生シタル喪失或ハ損害ハ共同海損トシテ賠償セラル、ヿナシ、

第五條　任意ノ坐礁

船舶ガ故意ヲ以テ海岸ニ乘揚ケタルニ當リ、其情境ニシテ若シ此手段ヲ採用セザリシトキハ船舶ハ到底沈沒ヲ招キ或ハ海岸若シクバ岩礁ニ吹キ付ケラル丶如キ塲合タルニ於テハ、此ノ如キ故意ノ乘揚ヨリ船舶、積荷、及ビ運賃、若シクバ其各者ニ生ゼル喪失或ハ損害ハ共同海損トシテ賠償セラレザルモノトス、然𪜈其他ノ塲合ニシテ船舶ガ共同安全ノ爲メニ海岸ニ乘揚ケタルトキハ其結果タル喪失或ハ損害ハ共同海損トシテ看做サルベシ、

第六條　船帆ノ緊張使用、船帆ノ損害或ハ喪失

船帆及ビ圓材或ハ其各者ノ損害或ハ喪失ニシテ、共同安全ノ爲メ船舶ヲ坐礁ヨリ引卸サントシ若シクバ更ニ高ク乘揚ヲ行ハントシテ招キタルモノナルトキハ共同海損トシテ賠償スベキモノトス、然𪜈船舶ノ浮揚セル塲合ニ於テ、船帆ヲ緊張使用シテ船舶、積荷、及ビ運賃、或ハ其各者ニ損害或ハ喪失ヲ與フルト雖𪜈共同海損トシテ賠償セラル丶コナシ、

第七條　船舶ヲ浮揚スル爲メニ招キタル汽機ノ損害

船舶坐礁シテ危難ニ瀕セルニ當リ、之ヲ浮揚センガ爲メ機械及ビ汽鑵ニ損害ヲ招キタルトキハ之ヲ共同海損トシテ認ムルヲ得ベシ、但シ此種ノ損害ハ確實ノ意旨ヲ以テ共同安全上船舶浮揚ノ爲メニ賭シタル結果ナルコトヲ證明スベシ、

第八條　坐礁船舶浮揚ノ爲メニ要セル經費及ビ其結果ニ生ズル損害

船舶ノ乘揚ゲタル場合ニ於テ、之ヲ浮揚センガ爲メニ積荷、焚料炭、及ビ貯蓄品、若シクバ其各者ヲ荷揚スルトキハ、其荷揚、艀船傭入、及ビ積返シノ爲メニ要スル臨時費用ト並ニ此際被ル所ノ喪失或ハ損害ハ共同海損トシテ看做スベシ、

第九條　燃料トシテ燒失セル積荷、船舶ノ材料及ビ貯蓄品

積荷、船舶ノ材料、及ビ貯蓄品、若シクバ其各者ニシテ危難ノ際共同安全

ノ爲メニ必要上燃料トシテ燒失セラレタルトキハ、當初ヨリ燃料ノ供給充分ナル場合ニ限リ之ヲ共同海損トシテ看做スベシ、但シ此際ニ消費セラルベキ石炭ノ見積高ハ最後ノ出帆地ニ於ケル出帆當日ノ市價ヲ以テ計算シ、之ヲ船主ノ負擔ニ歸シテ共同海損ヨリ控除スベキモノトス、

第十條　避難港ニ於ケル諸經費

(一)船舶ニシテ不慮ノ事變、犧牲、或ハ其他非常ノ事情ノ結果ヨリ共同安全ノ爲メ必要上避難港或ハ避難地ニ進入シ若シクバ積荷ノ積込港ニ歸航シタルトキハ、此種ノ港或ハ地ニ進入セル經費ハ共同海損トシテ看做スベシ、尙ホ元來ノ積荷若シクバ其一部ヲ以テ其港或ハ其地ヨリ再ビ出帆セル時ハ其入航或ハ歸航ノ結果トシテ出帆ニ相當スル經費モ亦タ同樣ニ共同海損トシテ看做スベシ、

(二)積荷積込地、或ハ寄航地、或ハ避難港ニ於ケル船舶ノ荷揚ニシテ、共同

安全上ノ必要ニ發シ若シクハ航海ノ續行上航海中ノ犠牲或ハ不慮ノ事變ヨリ生ゼル損害ノ修繕必要ニ發シタル時ハ、此荷揚費用ハ共同海損トシテ看做スベシ、

(三)荷揚費用ヲ共同海損ト看做ス場合ニ於テハ、此積荷ヲ再ビ船内ニ積返シ及ビ積付クル費用ヲ首メトシ、其倉敷料ハ凡テ同樣ニ共同海損トシテ看做スベシ、然ヒ其船舶ガ航海不能ノ宣告ヲ受ケ又ハ元來ノ航海ヲ續行セザルトキハ、其宣告ニ接シ又ハ其航海ヲ見捨テタル日ヨリ以後ニ要シタル倉敷料ハ共同海損トシテ看做スベカラズ、

(四)海難ヲ受ケタル船舶ニシテ、其全積荷ノ運送ニ適當スル修繕ヲ施シ得ル港灣ニ於テ、若シ經費節約ノ爲メニ其港灣ヨリ他ノ修繕港或ハ到達港ヘ曳船セラレ、若シクバ其積荷ノ全部或ハ一部ヲ他船或ハ其他ノ方法ニ依テ接續運送スルトキハ、此種ノ曳船料、接續費、或ハ其他ノ臨時費用ハ(之レガ爲メ節約セラレタル臨時ノ經費額ヲ限リ)、關係者

ニ於テ各自節約シタル臨時費用ニ比例シテ分擔スベキモノトス、

第十一條　避難港ニ於ケル海員ノ給料及ビ食料費

船舶ニシテ第十條ニ示セル事情ニ依リ若クバ修繕ノ目的ヲ以テ或ル港或ハ地ニ進入或ハ碇泊セル時ハ、其臨時滞在セル期間ニシテ再ビ航海ヲ續行スベキ準備整頓シ又ハ整頓スルニ至ル迄ヲ限リトシ、船長、船員及ビ其他ノ海員ノ給料ハ其食料費ト共ニ共同海損トシテ看做スヲ得ベシ、然〓船舶ニシテ航海不能ノ宣告ヲ受ケ或ハ元來ノ航海ヲ續行セザル時ハ、其宣告ニ接シ或ハ航海ヲ見捨テタル日ヨリ以後ニ於テハ、船長船員及ビ其他ノ海員ノ給料及ビ食料費ハ共同海損トシテ看做スヲ得ズ

第十二條　荷揚等ニ際シテ積荷ニ生ズル損害

荷揚、倉入、積返、及ビ積付等ノ爲メ止ムヲ得ズシテ生ジタル積荷ノ損害或ハ喪失ハ、此等ノ手段ノ費用ニシテ共同海損ト看做スベキ塲合ニ限

リ其損害或ハ喪失モ亦タ共同海損トシテ看做スベシ、

第十三條　修繕費ヨリ控除スベキ金額

共同海損ノ要償ヲ精算スルニ當リ、共同海損トシテ看做スベキ修繕費ハ新物ヲ以テ舊物ニ代替シタル關係ニ依リ左ノ控除ヲナスベキモノトス、

鐵船或ハ鋼鐵船ノ場合ニ於テハ其新造登記ノ日ヨリ起算シ、

(第一)一ケ年未滿ナルトキハ

船底ノ塗替或ハ張替費ヨリ其三分ノ一ヲ控除スルノ外、其他ノ修繕費ハ凡テ共同海損トス、

(第二)一ケ年以上三ケ年未滿ナルトキハ

船躰ノ木造部、檣、帆架、器具、敷物類、陶器類、金屬製及ビ硝子製ノ諸品、帆、索具、索、シーツ類、大索(金屬製ノモノヲ除ク)、日覆、々布ノ修繕及ビ新調費、並ニペンキ塗替料ヨリ其三分ノ一ヲ控除ス、

鐵索具、鐵製ノ大小索、錨鎖、鎖、副滊機、滊用揚貨機及ビ附屬品、滊用揚錨機及ビ附屬品ヨリハ六分ノ一ヲ控除シ、而シテ此他ノ修繕ハ全額ヲ以テ共同海損トス、

（第三）三ケ年以上六ケ年未滿ナルトキハ

第二項ニ記載セル控除ヲナスノ外猶ホ檣及ビ帆架ノ鐵製部分、並ニ滊關（滊罐及ビ附屬品ヲ含ム）ヨリ六分ノ一ヲ控除ス、

（第四）六ケ年以上十ケ年未滿ナルトキハ

第三項ニ記載セル控除ヲナスノ外猶ホ檣及ビ帆架ノ鐵製部分、機關（滊罐及ビ附屬品ヲ含ム）、索類、シーツ類、及ビ索具ノ修繕又ハ新調費ヨリ三分ノ一ヲ控除ス、

（第五）十ケ年以上十五ケ年未滿ナルトキハ

躰躰ノ鐵製部分、セメント接合部、及ビ錨鎖ヨリ六分ノ一ヲ控除スルノ外、其他ノモノハ修繕又ハ新調セルニ係ラズ凡テ三分ノ一ヲ

控除ス、但シ錨ノミハ控除ヲナサズ、

(第六)十五ヶ年以上ナルトキハ凡テノ修繕及ビ新調ヨリ三分ノ一ヲ控除ス、但シ錨ハ控除ヲナサズシテ錨鎖ハ六分ノ一ヲ控除ス、

(第七)以上各項ニ記載セル控除ハ(但シ食料品、貯蓄品、汽機、及ビ汽罐ヲ除ク)、船舶ノ年齢ニ由テ計算スルヲ要シ、其控除セラルベキ局部ノ年齢ニ關セザルモノトス、而シテ船底ノ塗替ハ事變ニ遭遇シタル日ヨリ起算シテ六ケ月以内ニ塗替シタルモノニアラザレバ共同海損タルヲ得ズ、又タ新規ノ材料ヲ用井ズシテ修繕セラレタル原品、並ニ未ダ使用セザル食料品及ビ貯蓄品ニハ控除ヲ行フヿナシ」、

次ニ木造船或ハ鐵骨木皮船ノ場合ニ於テハ、其事變ノ遭遇ニシテ新造登記ノ日ヨリ一ケ年以内ナルトキハ新物ヲ以テ舊物ニ代替スル關係上控除ヲ行フヿナク、此期限後ニ在テハ左記ノモノヲ除クノ外凡テ三分

ノ一ヲ控除ス、
錨ハ一切控除ヲナサズシテ錨鎖ハ六分ノ一ヲ控除シ、又タ未ダ使用セザル食料品及ビ貯蓄品ハ控除ヲナサズ、
金屬ノ被板ハ其剝離セル部分ト同一重量ナルモノ、價格ヨリ古物ノ賣得金額ヲ差引クノ外控除ヲナスヿナシ、但シ其被板ノ張替ノ爲メニ要スル釘類及ビ職工賃銀ハ三分ノ一ヲ控除ス、
船舶ノ種類ノ如何ニ拘ラズ、凡テ鐵製品ノ彎曲ヲ直カラシムル經費ハ之ヲ取外スシ又ハ設置スル費用ト共ニ凡テ共同海損ト看做シ、又タ入渠料ハ入出渠ノ費用、車賃、起重器使用料、足場使用費、及ビ其他船渠ノ諸器械使用料ト共ニ凡テ全額ヲ以テ共同海損トス、

第十四條　假修繕

共同海損トシテ看做スベキ損害ノ假修繕費ニ對シテハ新物ヲ以テ舊物ニ代替スル關係上ノ控除ヲ行フヿナシ、

第十五條　運賃ノ損失

積荷ノ損害或ハ喪失ヨリ生ズル運賃ノ損失ハ、若シ其損害或ハ喪失ニシテ共同海損ノ行爲ヨリ生ツ若シクバ其損害或ハ喪失ニシテ賠償セラル、ドハ又タ共同海損トシテ賠償セラルベシ、

第十六條　犧牲ニ依テ損害或ハ喪失セラレタル積荷ニ對スル賠償額

犧牲ニ供セラレタル貨物ノ損害或ハ喪失ニ對シテ共同海損トシテ賠償スベキ額ハ、船舶到着ノ日若シクハ航海終了ノ際ニ於ケル市價ニ準據シ、貨主ガ其犧牲ノ爲メニ被リタル損失額タルモノトス、

第十七條　分擔價値

共同海損ニ對スル分擔ハ、航海終了ノ際ニ於ケル財產ノ實價ト犧牲財產ニ對シテ賠償スベキ共同海損額トノ合計額ニ就テ之ヲ行フモノトス、然レドモ船主ノ分擔價値タル運賃及ビ旅客運賃ヨリハ港內ノ諸費用

及ビ海員ノ給料ヲ控除スベクシテ、而シテ此兩種ノ經費ハ共同海損或ハ犧牲ノ生ジタル日ニ於テ若シ船舶及ビ積荷ガ全損シタルニ於テハ更ニ支出ヲ要セズシテ共同海損タル能ハザルモノタルベシ、又タ凡テノ財産ノ實價ヨリハ共同海損トシテ看做スベキ經費ヲ除クノ外共同海損行爲後ニ於テ支出シタル諸經費ヲ控除スルモノトス、旅客ノ手荷物及ビ着用品ニシテ船荷證券ノ發行ナキモノハ共同海損ヲ分擔セザルモノトス、

第十八條　精算

船積契約ニ於テ共同海損ノ仕拂ハ此規則ニ依ルベシトノ條款ヲ有セザルトキハ、精算ハ其土地ノ法律及ビ習慣ノ定ムル所ニ從テ調製スヘシ

日本商法

第五編　海商

第四章　海損

第六四一條　船長ガ船舶及ビ積荷ヲシテ共同ノ危險ヲ免レシムル爲メ、船舶又ハ積荷ニ付キ爲シタル處分ニ因リテ生ジタル損害及ビ費用ハ之ヲ共同海損トス、

前項ノ規定ハ、危險カ過失ニ因リテ生ジタル場合ニ於テ利害關係人ノ過失者ニ對スル求償ヲ妨ケズ、

第六四二條　共同海損ハ之ニ因リテ保存スルコトヲ得タル船舶又ハ積荷ノ價格ト、運送賃ノ半額ト、共同海損タル損害ノ額トノ割合ニ應ジテ各利害關係人之ヲ分擔ス、

第六四三條　共同海損ノ分擔額ニ付テハ、船舶ノ價格ハ到達ノ地及ヒ

時ニ於ケル價格トシ、積荷ノ價格ハ陸揚ノ地及ビ時ニ於ケル價格トス、但シ積荷ニ付テハ其價格中ヨリ滅失ノ場合ニ於テ支拂フコトヲ要セザル運送賃其他ノ費用ヲ控除スルコトヲ要ス、

第六四四條　前二條ノ規定ニ依リ共同海損ヲ分擔スヘキ者ハ船舶ノ到達又ハ積荷ノ引渡ノ時ニ於テ現存スル價額ノ限度ニ於テノミ其責ニ任ス、

第六四五條　船舶ニ備附ケタル武器、船員ノ給料、船員及ビ旅客ノ食料幷ニ衣類ハ共同海損ノ分擔ニ付キ其價額ヲ算入セス、但此等ノ物ニ加ヘタル損害ハ他ノ利害關係人之ヲ分擔ス、

第六四六條　船荷證劵其他積荷ノ價格ヲ評定スルニ足ルヘキ書類ナクシテ船積シタル荷物、又ハ屬具目錄ニ記載セザル屬具ニ加ヘタル損害ハ利害關係人ニ於テ之ヲ分擔スルコトヲ要セズ、

甲板ニ積込ミタル荷物ニ加ヘタル損害亦同ジ、但沿岸ノ小航海ニ在

リテハ此限ニ在ラズ、
前二項ニ掲ケタル積荷ノ利害關係人ト雖モ共同海損ヲ分擔スル責ヲ免ル、コトヲ得ズ、
第六四七條　共同海損タル損害ノ額ハ、到達ノ地及ビ時ニ於ケル船舶ノ價格、又ハ陸揚ノ地及ビ時ニ於ケル積荷ノ價格ニ依リテ之ヲ定ム、但積荷ニ付テハ其滅失又ハ毀損ノ爲メ支拂フコトヲ要セザリシ一切ノ費用ヲ控除スルコトヲ要ス、
第三三八條ノ規定ハ共同海損ノ場合ニ之ヲ準用ス、
第六四八條　船荷證劵其他積荷ノ價格ヲ評定スルニ足ルベキ書類ニ積荷ノ實價ヨリ低キ價額ヲ記載シタルトキハ、其積荷ニ加ヘタル損害ノ額ハ其記載シタル價額ニ依リテ之ヲ定ム、
積荷ノ實價ヨリ高キ價額ヲ記載シタルトキハ、其積荷ノ利害關係人ハ其記載シタル價額ニ應ジテ共同海損ヲ分擔ス、

前二項ノ規定ハ、積荷ノ價格ニ影響ヲ及スベキ事項ニ付キ虛僞ノ記載ヲ爲シタル場合ニ之ヲ準用ス、

第六四九條　第六四二條ノ規定ニ依リテ利害關係人カ共同海損ヲ分擔シタル後、船舶、其屬具若シクハ積荷ノ全部又ハ一部カ其所有者ニ復シタルトキハ、其所有者ハ償金中ヨリ救助ノ費用及ヒ一部滅失又ハ毀損ニ因リテ生シタル損害ノ額ヲ控除シタルモノヲ返還スルコトヲ要ス、

第六五〇條　船舶カ双方ノ船員ノ過失ニ因リテ衝突シタル場合ニ於テ双方ノ過失ノ輕重ヲ判定スルコト能ハザルトキハ、其衝突ニ因リテ生シタル損害ハ各船舶ノ所有者平分シテ之ヲ負擔ス、

第六五一條　共同海損又ハ船舶ノ衝突ニ因リテ生シタル債權ハ一年ヲ經過シタルトキハ時效ニ因リテ消滅ス、

前項ノ期間ハ共同海損ニ付テハ其計算終了ノ時ヨリ之ヲ起算ス、

第六五二條　本章ノ規定ハ船舶カ不可抗力ニ因リ發航港又ハ航海ノ途中ニ於テ碇泊ヲ爲ス爲メニ要スル費用ニ之ヲ準用ス

共同海損法　終

明治三十二年七月八日印刷
明治三十二年七月廿一日發行

定價金壹圓貳拾錢

譯述者　甲野莊平

東京市日本橋區本町三丁目八番地
發行者　大橋新太郎

東京市京橋區西紺屋町廿六七番地
印刷者　愛敬利世

東京市京橋區西紺屋町廿六七番地
印刷所　株式會社秀英舍

發兌元　東京市日本橋區本町三丁目　博文館

法學士上田豐君著

民法 親族編 相續編 釋義

全一冊

定價 並製：金三拾五錢：郵稅八錢
上製：金五十錢：郵稅十錢

凡そ法令中、吾人に最も緊切なるものを民法と爲し、民法中吾人に最も緊切なるものを**親族篇**及び**相續篇**と爲す。蓋し前者は、吾人生前の身分及親族關係を規定し、後者は吾人死後の財產の處分を規定するものなれば也、而して此二篇今や此書に依て解說せらる、說明簡淨、條理井然、法律の眞意と立法の精神とは、兩々發揮せられて紙上に躍如たり。

法學士丸尾昌雄君著

民法 總則編 物權編 釋義

全一冊

定價 並製：金三拾五錢：郵稅八錢
上製：金五十錢：郵稅十錢

總則篇は民法全篇に通ずるの大則を定め**物權篇**は吾人の有する物的權利の得喪變更に關する事を定む。今此書此二篇に就き說明すると丁寧親切而かも繁冗に流れずして、能く立法の精神を發揮する處、解釋の巧妙を見る、**權利擁護の師友**としては、之に勝さるものなし。

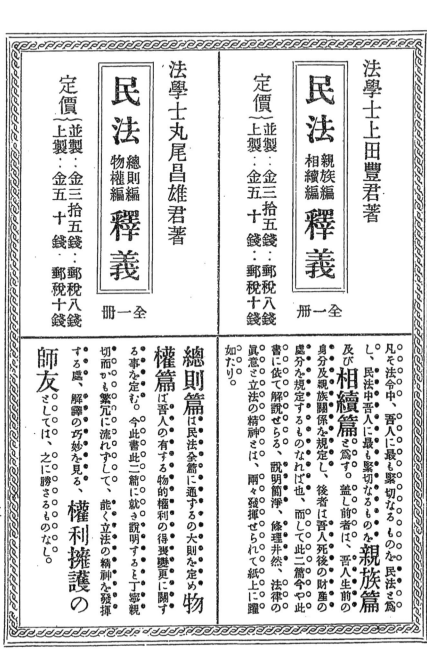

共同海損法　　日本立法資料全集　別巻 1191

平成30年５月20日　　復刻版第１刷発行

原著者　リチャード・ローンデス
訳述者　甲　野　荘　平
発行者　今　井　　　貴
　　　　渡　辺　左　近
発行所　信　山　社　出　版
〒113-0033　東京都文京区本郷６－２－９－102
モンテベルデ第２東大正門前
電　話　03（3818）1019
ＦＡＸ　03（3818）0344
郵便振替　00140-2-367777（信山社販売）

制作／(株)信山社，印刷・製本／松澤印刷・日進堂

ISBN 978-4-7972-7306-9 C3332

巻数	書　名	編・著者	ISBN	本体価格
950	実地応用町村制質疑録	野田藤吉郎、國吉拓郎	ISBN978-4-7972-6656-6	22,000円
951	市町村議員必携	川瀬周次、田中迪三	ISBN978-4-7972-6657-3	40,000円
952	増補 町村制執務備考 全	増澤鐵、飯島篤雄	ISBN978-4-7972-6658-0	46,000円
953	郡区町村編制法 府県会規則 地方税規則 三法綱論	小笠原美治	ISBN978-4-7972-6659-7	28,000円
954	郡区町村編制 府県会規則 地方税規則 新法例纂 追加地方諸要則	柳澤武運三	ISBN978-4-7972-6660-3	21,000円
955	地方革新講話	西内天行	ISBN978-4-7972-6921-5	40,000円
956	市町村名辞典	杉野耕三郎	ISBN978-4-7972-6922-2	38,000円
957	市町村吏員提要〔第三版〕	田邊好一	ISBN978-4-7972-6923-9	60,000円
958	帝国市町村便覧	大西林五郎	ISBN978-4-7972-6924-6	57,000円
959	最近検定 市町村名鑑 附 官国幣社 及 諸学校所在地一覧	藤澤衛彦、伊東順彦、増田穆、関惣右衛門	ISBN978-4-7972-6925-3	64,000円
960	鼇頭対照 市町村制解釈 附 理由書 及 参考諸布達	伊藤寿	ISBN978-4-7972-6926-0	40,000円
961	市町村制釈義 完　附 市町村制理由	水越成章	ISBN978-4-7972-6927-7	36,000円
962	府県郡市町村 模範治績　附 耕地整理法 産業組合法 附属法令	荻野千之助	ISBN978-4-7972-6928-4	74,000円
963	市町村大字読方名彙〔大正十四年度版〕	小川琢治	ISBN978-4-7972-6929-1	60,000円
964	町村会議員選挙要覧	津田東璋	ISBN978-4-7972-6930-7	34,000円
965	市制町村制 及 府県制　附 普通選挙法	法律研究会	ISBN978-4-7972-6931-4	30,000円
966	市制町村制註釈 完　附 市制町村制理由〔明治21年初版〕	角田真平、山田正賢	ISBN978-4-7972-6932-1	46,000円
967	市町村制詳解 全　附 市町村制理由	元田肇、加藤政之助、日鼻豊作	ISBN978-4-7972-6933-8	47,000円
968	区町村会議要覧 全	阪田辨之助	ISBN978-4-7972-6934-5	28,000円
969	実用 町村制市制事務提要	河邨貞山、島村文耕	ISBN978-4-7972-6935-2	46,000円
970	新旧対照 市制町村制正文〔第三版〕	自治館編輯局	ISBN978-4-7972-6936-9	28,000円
971	細密調査 市町村便覧(三府 四十三県 北海道 樺太 台湾 朝鮮 関東州)　附 分類官公衙公私学校銀行所在地一覧表	白山榮一郎、森田公美	ISBN978-4-7972-6937-6	88,000円
972	正文 市制町村制 並 附属法規	法曹閣	ISBN978-4-7972-6938-3	21,000円
973	台湾朝鮮関東州 全国市町村便覧 各学校所在地〔第一分冊〕	長谷川好太郎	ISBN978-4-7972-6939-0	58,000円
974	台湾朝鮮関東州 全国市町村便覧 各学校所在地〔第二分冊〕	長谷川好太郎	ISBN978-4-7972-6940-6	58,000円
975	合巻 佛蘭西邑法・和蘭邑法・皇国郡区町村編成法	箕作麟祥、大井憲太郎、神田孝平	ISBN978-4-7972-6941-3	28,000円
976	自治之模範	江木翼	ISBN978-4-7972-6942-0	60,000円
977	地方制度実例総覧〔明治36年初版〕	金田謙	ISBN978-4-7972-6943-7	48,000円
978	市町村民 自治読本	武藤榮治郎	ISBN978-4-7972-6944-4	22,000円
979	町村制詳解　附 市制及町村制理由	相澤富蔵	ISBN978-4-7972-6945-1	28,000円
980	改正 市町村制 並 附属法規	楠綾雄	ISBN978-4-7972-6946-8	28,000円
981	改正 市制 及 町村制〔訂正10版〕	山野金蔵	ISBN978-4-7972-6947-5	28,000円

別巻　巻数順一覧【915 ～ 949 巻】

巻数	書　名	編・著者	ISBN	本体価格
915	改正 新旧対照市町村一覧	鍾美堂	ISBN978-4-7972-6621-4	78,000 円
916	東京市会先例彙輯	後藤新平、桐島像一、八田五三	ISBN978-4-7972-6622-1	65,000 円
917	改正 地方制度解説〔第六版〕	狭間茂	ISBN978-4-7972-6623-8	67,000 円
918	改正 地方制度通義	荒川五郎	ISBN978-4-7972-6624-5	75,000 円
919	町村制市制全書 完	中嶋廣蔵	ISBN978-4-7972-6625-2	80,000 円
920	自治新制 市町村会法要談 全	田中重策	ISBN978-4-7972-6626-9	22,000 円
921	郡市町村吏員 収税実務要書	荻野千之助	ISBN978-4-7972-6627-6	21,000 円
922	町村至宝	桂虎次郎	ISBN978-4-7972-6628-3	36,000 円
923	地方制度通 全	上山満之進	ISBN978-4-7972-6629-0	60,000 円
924	帝国議会府県会郡会市町村会議員必携 附関係法規 第1分冊	太田峯三郎、林田亀太郎、小原新三	ISBN978-4-7972-6630-6	46,000 円
925	帝国議会府県会郡会市町村会議員必携 附関係法規 第2分冊	太田峯三郎、林田亀太郎、小原新三	ISBN978-4-7972-6631-3	62,000 円
926	市町村是	野田千太郎	ISBN978-4-7972-6632-0	21,000 円
927	市町村執務要覧 全 第1分冊	大成館編輯局	ISBN978-4-7972-6633-7	60,000 円
928	市町村執務要覧 全 第2分冊	大成館編輯局	ISBN978-4-7972-6634-4	58,000 円
929	府県会規則大全　附 裁定録	朝倉達三、若林友之	ISBN978-4-7972-6635-1	28,000 円
930	地方自治の手引	前田宇治郎	ISBN978-4-7972-6636-8	28,000 円
931	改正 市制町村制と衆議院議員選挙法	服部喜太郎	ISBN978-4-7972-6637-5	28,000 円
932	市町村国税事務取扱手続	広島財務研究会	ISBN978-4-7972-6638-2	34,000 円
933	地方自治制要義 全	末松偕一郎	ISBN978-4-7972-6639-9	57,000 円
934	市町村特別税之栞	三邊長治、水谷平吉	ISBN978-4-7972-6640-5	24,000 円
935	英国地方制度 及 税法	良保両氏、水野遵	ISBN978-4-7972-6641-2	34,000 円
936	英国地方制度 及 税法	髙橋達	ISBN978-4-7972-6642-9	20,000 円
937	日本法典全書 第一編 府県制郡制註釈	上條慎蔵、坪谷善四郎	ISBN978-4-7972-6643-6	58,000 円
938	判例挿入 自治法規全集 全	池田繁太郎	ISBN978-4-7972-6644-3	82,000 円
939	比較研究 自治之精髄	水野錬太郎	ISBN978-4-7972-6645-0	22,000 円
940	傍訓註釈 市制町村制 並ニ 理由書〔第三版〕	筒井時治	ISBN978-4-7972-6646-7	46,000 円
941	以呂波引町村便覧	田山宗堯	ISBN978-4-7972-6647-4	37,000 円
942	町村制執務要録 全	鷹巣清二郎	ISBN978-4-7972-6648-1	46,000 円
943	地方自治 及 振興策	床次竹二郎	ISBN978-4-7972-6649-8	30,000 円
944	地方自治講話	田中四郎左衛門	ISBN978-4-7972-6650-4	36,000 円
945	地方施設改良 訓諭演説集〔第六版〕	鹽川玉江	ISBN978-4-7972-6651-1	40,000 円
946	帝国地方自治団体発達史〔第三版〕	佐藤亀齢	ISBN978-4-7972-6652-8	48,000 円
947	農村自治	小橋一太	ISBN978-4-7972-6653-5	34,000 円
948	国税 地方税 市町村税 滞納処分法問答	竹尾高堅	ISBN978-4-7972-6654-2	28,000 円
949	市町村役場実用 完	福井淳	ISBN978-4-7972-6655-9	40,000 円

別巻　巻数順一覧【878～914巻】

巻数	書　名	編・著者	ISBN	本体価格
878	明治史第六編 政黨史	博文館編輯局	ISBN978-4-7972-7180-5	42,000円
879	日本政黨發達史 全〔第一分冊〕	上野熊藏	ISBN978-4-7972-7181-2	50,000円
880	日本政黨發達史 全〔第二分冊〕	上野熊藏	ISBN978-4-7972-7182-9	50,000円
881	政党論	梶原保人	ISBN978-4-7972-7184-3	30,000円
882	獨逸新民法商法正文	古川五郎、山口弘一	ISBN978-4-7972-7185-0	90,000円
883	日本民法鼇頭對比獨逸民法	荒波正隆	ISBN978-4-7972-7186-7	40,000円
884	泰西立憲國政治攬要	荒井泰治	ISBN978-4-7972-7187-4	30,000円
885	改正衆議院議員選擧法釋義 全	福岡伯、横田左仲	ISBN978-4-7972-7188-1	42,000円
886	改正衆議院議員選擧法釋義 附 改正貴族院令,治安維持法	犀川長作、犀川久平	ISBN978-4-7972-7189-8	33,000円
887	公民必携 選擧法規ト判決例	大浦兼武、平沼騏一郎、木下友三郎、清水澄、三浦數平	ISBN978-4-7972-7190-4	96,000円
888	衆議院議員選擧法輯覽	司法省刑事局	ISBN978-4-7972-7191-1	53,000円
889	行政司法選擧判例總覽―行政救濟と其手續―	澤田竹治郎・川崎秀男	ISBN978-4-7972-7192-8	72,000円
890	日本親族相續法義解 全	髙橋捨六・堀田馬三	ISBN978-4-7972-7193-5	45,000円
891	普通選擧文書集成	山中秀男・岩本溫良	ISBN978-4-7972-7194-2	85,000円
892	普選の勝者 代議士月旦	大石末吉	ISBN978-4-7972-7195-9	60,000円
893	刑法註釋 巻一～巻四(上巻)	村田保	ISBN978-4-7972-7196-6	58,000円
894	刑法註釋 巻五～巻八(下巻)	村田保	ISBN978-4-7972-7197-3	50,000円
895	治罪法註釋 巻一～巻四(上巻)	村田保	ISBN978-4-7972-7198-0	50,000円
896	治罪法註釋 巻五～巻八(下巻)	村田保	ISBN978-4-7972-7198-0	50,000円
897	議會選擧法	カール・ブラウニアス、國政研究科會	ISBN978-4-7972-7201-7	42,000円
901	鼇頭註釈 町村制　附 理由 全	八乙女盛次、片野続	ISBN978-4-7972-6607-8	28,000円
902	改正 市制町村制　附 改正要義	田山宗堯	ISBN978-4-7972-6608-5	28,000円
903	増補訂正 町村制詳解〔第十五版〕	長峰安三郎、三浦通太、野田千太郎	ISBN978-4-7972-6609-2	52,000円
904	市制町村制 並 理由書　附 直接間接税類別及実施手続	高崎修助	ISBN978-4-7972-6610-8	20,000円
905	町村制要義	河野正義	ISBN978-4-7972-6611-5	28,000円
906	改正 市制町村制義解〔帝國地方行政学会〕	川村芳次	ISBN978-4-7972-6612-2	60,000円
907	市制町村制 及 関係法令〔第三版〕	野田千太郎	ISBN978-4-7972-6613-9	35,000円
908	市町村新旧対照一覧	中村芳松	ISBN978-4-7972-6614-6	38,000円
909	改正 府県郡制問答講義	木内英雄	ISBN978-4-7972-6615-3	28,000円
910	地方自治提要 全　附 諸届願書式 日用規則抄録	木村時義、吉武則久	ISBN978-4-7972-6616-0	56,000円
911	訂正増補 市町村制問答詳解　附 理由及追輯	福井淳	ISBN978-4-7972-6617-7	70,000円
912	改正 府県制郡制註釈〔第三版〕	福井淳	ISBN978-4-7972-6618-4	34,000円
913	地方制度実例総覧〔第七版〕	自治館編輯局	ISBN978-4-7972-6619-1	78,000円
914	英国地方政治論	ジョージ・チャールズ・ブロドリック、久米金彌	ISBN978-4-7972-6620-7	30,000円

別巻　巻数順一覧【843 ～ 877 巻】

巻数	書　名	編・著者	ISBN	本体価格
843	法律汎論	熊谷直太	ISBN978-4-7972-7141-6	40,000 円
844	英國國會選擧訴願判決例 全	オマリー、ハードカッスル、サンタース	ISBN978-4-7972-7142-3	80,000 円
845	衆議院議員選擧法改正理由書 完	内務省	ISBN978-4-7972-7143-0	40,000 円
846	龗齋法律論文集	森作太郎	ISBN978-4-7972-7144-7	45,000 円
847	雨山遺稾	渡邉輝之助	ISBN978-4-7972-7145-4	70,000 円
848	法曹紙屑籠	鷺城逸史	ISBN978-4-7972-7146-1	54,000 円
849	法例彙纂 民法之部 第一篇	史官	ISBN978-4-7972-7147-8	66,000 円
850	法例彙纂 民法之部 第二篇〔第一分冊〕	史官	ISBN978-4-7972-7148-5	55,000 円
851	法例彙纂 民法之部 第二篇〔第二分冊〕	史官	ISBN978-4-7972-7149-2	75,000 円
852	法例彙纂 商法之部〔第一分冊〕	史官	ISBN978-4-7972-7150-8	70,000 円
853	法例彙纂 商法之部〔第二分冊〕	史官	ISBN978-4-7972-7151-5	75,000 円
854	法例彙纂 訴訟法之部〔第一分冊〕	史官	ISBN978-4-7972-7152-2	60,000 円
855	法例彙纂 訴訟法之部〔第二分冊〕	史官	ISBN978-4-7972-7153-9	48,000 円
856	法例彙纂 懲罰則之部	史官	ISBN978-4-7972-7154-6	58,000 円
857	法例彙纂 第二版 民法之部〔第一分冊〕	史官	ISBN978-4-7972-7155-3	70,000 円
858	法例彙纂 第二版 民法之部〔第二分冊〕	史官	ISBN978-4-7972-7156-0	70,000 円
859	法例彙纂 第二版 商法之部・訴訟法之部〔第一分冊〕	太政官記録掛	ISBN978-4-7972-7157-7	72,000 円
860	法例彙纂 第二版 商法之部・訴訟法之部〔第二分冊〕	太政官記録掛	ISBN978-4-7972-7158-4	40,000 円
861	法令彙纂 第三版 民法之部〔第一分冊〕	太政官記録掛	ISBN978-4-7972-7159-1	54,000 円
862	法令彙纂 第三版 民法之部〔第ニ分冊〕	太政官記録掛	ISBN978-4-7972-7160-7	54,000 円
863	現行法律規則全書（上）	小笠原美治、井田鐘次郎	ISBN978-4-7972-7162-1	50,000 円
864	現行法律規則全書（下）	小笠原美治、井田鐘次郎	ISBN978-4-7972-7163-8	53,000 円
865	國民法制通論 上卷・下卷	仁保龜松	ISBN978-4-7972-7165-2	56,000 円
866	刑法註釋	磯部四郎、小笠原美治	ISBN978-4-7972-7166-9	85,000 円
867	治罪法註釋	磯部四郎、小笠原美治	ISBN978-4-7972-7167-6	70,000 円
868	政法哲學 前編	ハーバート・スペンサー、濱野定四郎、渡邊治	ISBN978-4-7972-7168-3	45,000 円
869	政法哲學 後編	ハーバート・スペンサー、濱野定四郎、渡邊治	ISBN978-4-7972-7169-0	45,000 円
870	佛國商法復説 第壹篇自第壹卷至第七卷	リウヒエール、商法編纂局	ISBN978-4-7972-7171-3	75,000 円
871	佛國商法復説 第壹篇第八卷	リウヒエール、商法編纂局	ISBN978-4-7972-7172-0	45,000 円
872	佛國商法復説 自第二篇至第四篇	リウヒエール、商法編纂局	ISBN978-4-7972-7173-7	70,000 円
873	佛國商法復説 書式之部	リウヒエール、商法編纂局	ISBN978-4-7972-7174-4	40,000 円
874	代言試驗問題擬判録 全 附録明治法律學校民刑問題及答案	熊野敏三、宮城浩蔵 河野和三郎、岡義男	ISBN978-4-7972-7176-8	35,000 円
875	各國官吏試驗法類集 上・下	内閣	ISBN978-4-7972-7177-5	54,000 円
876	商業規篇	矢野亨	ISBN978-4-7972-7178-2	53,000 円
877	民法実用法典 全	福田一覺	ISBN978-4-7972-7179-9	45,000 円

別巻　巻数順一覧【810 ～ 842 巻】

巻数	書　名	編・著者	ISBN	本体価格
810	訓點法國律例 民律 上卷	鄭永寧	ISBN978-4-7972-7105-8	50,000 円
811	訓點法國律例 民律 中卷	鄭永寧	ISBN978-4-7972-7106-5	50,000 円
812	訓點法國律例 民律 下卷	鄭永寧	ISBN978-4-7972-7107-2	60,000 円
813	訓點法國律例 民律指掌	鄭永寧	ISBN978-4-7972-7108-9	58,000 円
814	訓點法國律例 貿易定律・園林則律	鄭永寧	ISBN978-4-7972-7109-6	60,000 円
815	民事訴訟法 完	本多康直	ISBN978-4-7972-7111-9	65,000 円
816	物権法(第一部)完	西川一男	ISBN978-4-7972-7112-6	45,000 円
817	物権法(第二部)完	馬場愿治	ISBN978-4-7972-7113-3	35,000 円
818	商法五十課 全	アーサー・B・クラーク、本多孫四郎	ISBN978-4-7972-7115-7	38,000 円
819	英米商法律原論 契約之部及流通券之部	岡山兼吉、淺井勝	ISBN978-4-7972-7116-4	38,000 円
820	英國組合法 完	サー・フレデリック・ポロック、榊原幾久若	ISBN978-4-7972-7117-1	30,000 円
821	自治論 一名人民ノ自由 巻之上・巻之下	リーバー、林董	ISBN978-4-7972-7118-8	55,000 円
822	自治論纂 全一册	獨逸學協會	ISBN978-4-7972-7119-5	50,000 円
823	憲法彙纂	古屋宗作、鹿島秀麿	ISBN978-4-7972-7120-1	35,000 円
824	國會汎論	ブルンチュリー、石津可輔、讃井逸三	ISBN978-4-7972-7121-8	30,000 円
825	威氏法學通論	エスクバック、渡邊輝之助、神山亨太郎	ISBN978-4-7972-7122-5	35,000 円
826	萬國憲法 全	高田早苗、坪谷善四郎	ISBN978-4-7972-7123-2	50,000 円
827	綱目代議政體	J・S・ミル、上田充	ISBN978-4-7972-7124-9	40,000 円
828	法學通論	山田喜之助	ISBN978-4-7972-7125-6	30,000 円
829	法學通論 完	島田俊雄、溝上與三郎	ISBN978-4-7972-7126-3	35,000 円
830	自由之權利 一名自由之理 全	J・S・ミル、高橋正次郎	ISBN978-4-7972-7127-0	38,000 円
831	歐洲代議政體起原史 第一册・第二冊／代議政體原論 完	ギゾー、漆間眞學、藤田四郎、アンドリー、山口松五郎	ISBN978-4-7972-7128-7	100,000 円
832	代議政體 全	J・S・ミル、前橋孝義	ISBN978-4-7972-7129-4	55,000 円
833	民約論	J・J・ルソー、田中弘義、服部德	ISBN978-4-7972-7130-0	40,000 円
834	歐米政黨沿革史總論	藤田四郎	ISBN978-4-7972-7131-7	30,000 円
835	内外政黨事情・日本政黨事情 完	中村義三、大久保常吉	ISBN978-4-7972-7132-4	35,000 円
836	議會及政黨論	菊池學而	ISBN978-4-7972-7133-1	35,000 円
837	各國之政黨 全〔第1分冊〕	外務省政務局	ISBN978-4-7972-7134-8	70,000 円
838	各國之政黨 全〔第2分冊〕	外務省政務局	ISBN978-4-7972-7135-5	60,000 円
839	大日本政黨史 全	若林清、尾崎行雄、箕浦勝人、加藤恒忠	ISBN978-4-7972-7137-9	63,000 円
840	民約論	ルソー、藤田浪人	ISBN978-4-7972-7138-6	30,000 円
841	人權宣告辯妄・政治眞論一名主權辯妄	ベンサム、草野宣隆、藤田四郎	ISBN978-4-7972-7139-3	40,000 円
842	法制講義 全	赤司鷹一郎	ISBN978-4-7972-7140-9	30,000 円

巻数	書　名	編・著者	ISBN	本体価格
776	改正 府県制郡制釈義〔第三版〕	坪谷善四郎	ISBN978-4-7972-6602-3	35,000 円
777	新旧対照 市制町村制 及 理由〔第九版〕	荒川五郎	ISBN978-4-7972-6603-0	28,000 円
778	改正 市町村制講義	法典研究会	ISBN978-4-7972-6604-7	38,000 円
779	改正 市制町村制講義　附 施行諸規則 及 市町村事務摘要	樋山廣業	ISBN978-4-7972-6605-4	58,000 円
780	改正 市制町村制義解	行政法研究会、藤田謙堂	ISBN978-4-7972-6606-1	60,000 円
781	今時獨逸帝國要典 前篇	C・モレイン、今村有隣	ISBN978-4-7972-6425-8	45,000 円
782	各國上院紀要	元老院	ISBN978-4-7972-6426-5	35,000 円
783	泰西國法論	シモン・ヒッセリング、津田真一郎	ISBN978-4-7972-6427-2	40,000 円
784	律例權衡便覽 自第一冊至第五冊	村田保	ISBN978-4-7972-6428-9	100,000 円
785	檢察事務要件彙纂	平松照忠	ISBN978-4-7972-6429-6	45,000 円
786	治罪法比鑑 完	福鎌芳隆	ISBN978-4-7972-6430-2	65,000 円
787	治罪法註解	立野胤政	ISBN978-4-7972-6431-9	56,000 円
788	佛國民法契約篇講義 全	玉乃世履、磯部四郎	ISBN978-4-7972-6432-6	40,000 円
789	民法疏義 物權之部	鶴丈一郎、手塚太郎	ISBN978-4-7972-6433-3	90,000 円
790	民法疏義 人權之部	鶴丈一郎	ISBN978-4-7972-6434-0	100,000 円
791	民法疏義 取得篇	鶴丈一郎	ISBN978-4-7972-6435-7	80,000 円
792	民法疏義 擔保篇	鶴丈一郎	ISBN978-4-7972-6436-4	90,000 円
793	民法疏義 證據篇	鶴丈一郎	ISBN978-4-7972-6437-1	50,000 円
794	法學通論	奥田義人	ISBN978-4-7972-6439-5	100,000 円
795	法律ト宗教トノ關係	名尾玄乘	ISBN978-4-7972-6440-1	55,000 円
796	英國國會政治	アルフユース・トッド、スペンサー・ヲルポール、林田龜太郎、岸清一	ISBN978-4-7972-6441-8	65,000 円
797	比較國會論	齊藤隆夫	ISBN978-4-7972-6442-5	30,000 円
798	改正衆議院議員選擧法論	島田俊雄	ISBN978-4-7972-6443-2	30,000 円
799	改正衆議院議員選擧法釋義	林田龜太郎	ISBN978-4-7972-6444-9	50,000 円
800	改正衆議院議員選擧法正解	武田貞之助、井上密	ISBN978-4-7972-6445-6	30,000 円
801	佛國法律提要 全	箕作麟祥、大井憲太郎	ISBN978-4-7972-6446-3	100,000 円
802	佛國政典	ドラクルチー、大井憲太郎、箕作麟祥	ISBN978-4-7972-6447-0	120,000 円
803	社會行政法論 全	H・リョースレル、江木衷	ISBN978-4-7972-6448-7	100,000 円
804	英國財產法講義	三宅恒徳	ISBN978-4-7972-6449-4	60,000 円
805	國家論 全	ブルンチュリー、平田東助、平塚定二郎	ISBN978-4-7972-7100-3	50,000 円
806	日本議會現法 完	增尾種時	ISBN978-4-7972-7101-0	45,000 円
807	法學通論 一名法學初歩 全	P・ナミュール、河地金代、河村善益、薩埵正邦	ISBN978-4-7972-7102-7	53,000 円
808	訓點法國律例 刑名定範 巻一巻二 完	鄭永寧	ISBN978-4-7972-7103-4	40,000 円
809	訓點法國律例 刑律從巻 一至巻四 完	鄭永寧	ISBN978-4-7972-7104-1	30,000 円

別巻　巻数順一覧【741 ～ 775 巻】

巻数	書　名	編・著者	ISBN	本体価格
741	改正 市町村制詳解	相馬昌三、菊池武夫	ISBN978-4-7972-6491-3	38,000 円
742	註釈の市制と町村制　附 普通選挙法	法律研究会	ISBN978-4-7972-6492-0	60,000 円
743	新旧対照 市制町村制 並 附属法規〔改訂二十七版〕	良書普及会	ISBN978-4-7972-6493-7	36,000 円
744	改訂増補 市制町村制実例総覧 第１分冊	田中廣太郎、良書普及会	ISBN978-4-7972-6494-4	60,000 円
745	改訂増補 市制町村制実例総覧 第２分冊	田中廣太郎、良書普及会	ISBN978-4-7972-6495-1	68,000 円
746	実例判例 市制町村制釈義〔昭和十年改正版〕	梶康郎	ISBN978-4-7972-6496-8	57,000 円
747	市町村制義解　附 理由〔第五版〕	櫻井一久	ISBN978-4-7972-6497-5	47,000 円
748	実地応用町村制問答〔第二版〕	市町村雑誌社	ISBN978-4-7972-6498-2	46,000 円
749	傍訓註釈 日本市制町村制 及 理由書	柳澤武運三	ISBN978-4-7972-6575-0	28,000 円
750	鼇頭註釈 市町村制俗解　附 理由書〔増補第五版〕	清水亮三	ISBN978-4-7972-6576-7	28,000 円
751	市町村制質問録	片貝正晋	ISBN978-4-7972-6577-4	28,000 円
752	実用詳解町村制 全	夏目洗藏	ISBN978-4-7972-6578-1	28,000 円
753	新旧対照 改正 市制町村制新釈　附 施行細則及執務條規	佐藤貞雄	ISBN978-4-7972-6579-8	42,000 円
754	市制町村制講義	樋山廣業	ISBN978-4-7972-6580-4	46,000 円
755	改正 市制町村制講義〔第十版〕	秋野沆	ISBN978-4-7972-6581-1	42,000 円
756	註釈の市制と町村制 市制町村制施行令他関連法収録〔昭和4年4月版〕	法律研究会	ISBN978-4-7972-6582-8	58,000 円
757	実例判例 市制町村制釈義〔第四版〕	梶康郎	ISBN978-4-7972-6583-5	48,000 円
758	改正 市制町村制解説	狭間茂、土谷覺太郎	ISBN978-4-7972-6584-2	59,000 円
759	市町村制註解 完	若林市太郎	ISBN978-4-7972-6585-9	22,000 円
760	町村制実用 完	新田貞橘、鶴田嘉内	ISBN978-4-7972-6586-6	56,000 円
761	町村制精解 完　附 理由 及 問答録	中目孝太郎、磯谷郡爾、高田早苗、両角彦六、高木守三郎	ISBN978-4-7972-6587-3	35,000 円
762	改正 町村制詳解〔第十三版〕	長峰安三郎、三浦通太、野田千太郎	ISBN978-4-7972-6588-0	54,000 円
763	加除自在 参照条文　附 市制町村制　附 関係法規	矢島和三郎	ISBN978-4-7972-6589-7	60,000 円
764	改正版 市制町村制並ニ府県制及ビ重要関係法令	法制堂出版	ISBN978-4-7972-6590-3	39,000 円
765	改正版 註釈の市制と町村制 最近の改正を含む	法制堂出版	ISBN978-4-7972-6591-0	58,000 円
766	鼇頭註釈 市町村制俗解　附 理由書〔第二版〕	清水亮三	ISBN978-4-7972-6592-7	25,000 円
767	理由挿入 市町村制俗解〔第三版増補訂正〕	上村秀昇	ISBN978-4-7972-6593-4	28,000 円
768	府県制郡制註釈	田島彦四郎	ISBN978-4-7972-6594-1	40,000 円
769	市制町村制傍訓 完　附 市制町村制理由〔第四版〕	内山正如	ISBN978-4-7972-6595-8	18,000 円
770	市制町村制釈義	壁谷可六、上野太一郎	ISBN978-4-7972-6596-5	38,000 円
771	市制町村制詳解 全　附 理由書	杉谷庸	ISBN978-4-7972-6597-2	21,000 円
772	鼇頭傍訓 市制町村制註釈 及 理由書	山内正利	ISBN978-4-7972-6598-9	28,000 円
773	町村制要覧 全	浅井元、古谷省三郎	ISBN978-4-7972-6599-6	38,000 円
774	府県制郡制釈義 全〔第三版〕	栗本勇之助、森惣之祐	ISBN978-4-7972-6600-9	35,000 円
775	市制町村制釈義	坪谷善四郎	ISBN978-4-7972-6601-6	39,000 円